中华泰山文库·著述书系

泰山风景名胜区管理委员会　编

泰岱史迹

崔秀国 吉爱琴 著

泰山古今

米运昌 著

山东人民出版社·济南

图书在版编目（CIP）数据

泰岱史迹　泰山古今/崔秀国，吉爱琴，米运昌著.--济南：山东人民出版社，2019.3
（中华泰山文库 · 著述书系）
ISBN 978-7-209-10760-0

Ⅰ. ①泰… Ⅱ. ①崔… ②吉… ③米… Ⅲ. ①泰山-文化史 Ⅳ. ①K928.3

中国版本图书馆CIP数据核字(2018)第282307号

项目统筹　胡长青
责任编辑　刘娇娇
助理编辑　吕士远
装帧设计　武　斌　王园园
项目完成　文化艺术编辑室

泰岱史迹　泰山古今
TAIDAI SHIJI TAISHAN GUJIN
崔秀国　吉爱琴　米运昌　著

主管部门　山东出版传媒股份有限公司
出版发行　山东人民出版社
出 版 人　胡长青
社　　址　济南市英雄山路165号
邮　　编　250002
电　　话　总编室（0531）82098914
　　　　　市场部（0531）82098027
网　　址　http://www.sd-book.com.cn
印　　装　山东新华印务有限责任公司
经　　销　新华书店

规　　格　16开（210mm×285mm）
印　　张　20
字　　数　326千字
版　　次　2019年3月第1版
印　　次　2019年3月第1次
印　　数　1-1000
ISBN 978-7-209-10760-0
定　　价　220.00元

立岱宗之弘毅

——序《中华泰山文库》

一生中能与泰山结缘，是我的幸福。

泰山在中国人民生活中有着广泛而深远的影响，人们常说“重于泰山”“泰山北斗”“有眼不识泰山”……在中国人心目中，泰山几乎是“伟大”“崇高”的同义语。秉持泰山文化，传承泰山文化，简而言之，主要就是学做人，以德树人，以仁化人，归于“天人合德”的崇高境界。

自1979年到现在，我先后登临岱顶46次，涵盖自己中年到老年的生命进程。在这漫长岁月里，纵情山水之间，求索天人之际，以泰山为师，仰之弥高，探之弥深。从泰山文化的博大精深中，感悟到“生有涯，学泰山无涯”。

我学习泰山文化，经历了一个由美学考察到哲学探索的过程。美学考察是其开端。记得在20世纪80年代，为给泰山申报世界文化与自然遗产做准备，许多专家学者对泰山的文化与自然价值进行了考察评价。当时，北京大学有部分专家教授包括我在内参加了这一工作。按分工，我研究泰山的美学价值，撰写了《泰山美学考察》一文，对泰山的壮美——阳刚之美的自然特征、精神内涵以及对审美主体的重要作用，有了较深的体悟。除了理论上的探索，我还创作了三十多首有关泰山的诗作，如《泰山颂》：

高而可登，雄而可亲。
松石为骨，清泉为心。
呼吸宇宙，吐纳风云。
海天之怀，华夏之魂。

这是我对泰山的基本感受和认识。这首诗先后刻在了泰山的朝阳洞与天外村。

我认为泰山的最大魅力在于激发人的生命活力。我对泰山文化的学习，开端于美学，深化在哲学。两者往往交融在一起。在攀登泰山时，既有审美的享受，又有哲学的启迪（泰山自然景观和人文景观的结合，体现了一种天人合一的艺术境界）。对泰山的审美离不开形象、直觉，哲学的探索则比较抽象。哲学关乎世界观，在文化体系中处于核心地位，对人的精神影响更为深沉而持久。有朋友问我：能否用一个词来概括泰山对自己的最深刻的影响？我回答：这个词应该是生命的“生”。可以说，泰山文化是以生命为中心的天人之学，其内涵非常丰富，可谓中国文化史的一个缩影。泰山文化包容儒释道，但起主导作用的是儒家文化，与孔子思想有千丝万缕的联系。《周易·系辞下》中讲“天地之大德曰生”，天地生育万物，既不图回报，也不居功，广大无私，包容万物，这是一种大德。天生人，人就应当秉承这种德行，对于人的生命来说，德是其灵魂。品德体现了如何做人。品德可以决定一个人的人生方向、道路乃至生命质量。人的价值和意义离开德便无从谈起。蔡元培先生讲：“德育实为完全人格之本，若无德，则虽体魄智力发达，适足助其为恶，无益也。”

“天行健，君子以自强不息；地势坤，君子以厚德载物。”这两句话深刻地体现了“天人合德”的思想。学习泰山文化要与时代精神相结合。泰山文化中“生”的精神对我影响很大，近四十年，我好像上了一次人生大学，感到生生不已，日新又新，这种精神感召自己奋斗、攀登，为人民事业做奉献。虽然我已经97岁，但生活仍然过得充实愉快，是泰山给了我新的生命。

泰山文化是中华民族优秀传统文化的主要象征之一，是我们民族文化的瑰宝。在这方面，历史为我们留下了浩瀚的资料，亟待整理。挖掘、整理泰山文化，是推动中华优秀文化遗产的创造性转化、创新性发展的迫切需要。

日前，泰山风景名胜区管理委员会的同志来舍下，告知他们正在编纂《中华泰山文库》。丛书分为古籍、著述、外文及口述影像四大书系，拟定120卷本，洋洋五千万言，计划三到五年完成。我听了非常振奋！这是关乎泰山文化的一件大事，惠及当今，功在后世，是一项了不起的文化工程。我对泰山风景名胜区管理委员会领导同志的文化眼光、文化自觉、文化胆识和文化担当，表示由衷钦佩；对丛书的编纂，表示赞成。我认为，编纂《中华泰山文库》丛书，将其作为一个新的文化平台，重要意义在于：

首先，对于泰山文化的集成，善莫大焉。关于泰山的文献，正所谓“经典沉深，载籍浩瀚”(刘勰《文心雕龙》)。从大汶口文化时期的象形符号，到文字记载的《诗经》，再到二十五史，直至今天，在各个历史阶段都不曾缺项。一座山留下如此完整、系统、海量的资料，这是任何山岳都无法与其比肩的，在世界范围内也具有唯一性。《中华泰山文库》的编纂，进一步开拓了泰山文化的深度和广度，对于古今中外泰山文化资料及研究成果的发掘、整理、集成、保存，都具有无与伦比的综合性、优越性和权威性，可谓集之大成；同时，作为文化平台，其建设有利于文化资源和遗产共享。

其次，对于泰山文化的研究，善莫大焉。文献资料是知识的积累，是前人智慧的结晶，是文化、文明的成果。任何研究离开资料，都是无米之炊。任何研究成果都是建立在资料的基础上。同时，每当新的资料出现，都会给研究带来质的变化。《中华泰山文库》囊括了典籍志书、学术著述、外文译著、口述影像多个门类，一方面为学术研究提供了所必需的文献资料，大大方便了研究者的工作；另一方面，宏富的文献资料便于研究者海选、检索、取舍、勘校，将其应用于研究，以利于更好地去伪存真、去粗取精，提高研究效率和研究质量。

再次，对于泰山文化的创新，善莫大焉。文化唯有创新，才会具有更强大的生命力。所以说，文化创新工作永远在路上。新时代泰山文化的创新，质言之，泰山文化如何引领新时代的精神文明，服务于新时代的精神文明建设，是一个重大课题。就其创新而言，《中华泰山文库》丛书的编纂本身就是一种立意高远的文化创新。它有目的、有计划、有系统地广泛征集、融汇泰山文献资料，集腋成裘，聚沙成塔，夯实了泰山文化的基础，成为泰山文化创新的里程碑。另外，外文书籍的编纂，开阔了泰山走向世界、世界了解泰山的窗口，对于泰山更好地走向世界、融入世界，具有重要的现实意义。而口述泰山的编纂，则是首开先河，把音频、影像等鲜活的泰山文化资料呈现给世人。《中华泰山文库》的富藏，为深入研究泰山的文化自然遗产，提供了坚实的物质保障。

最后，对于泰山文化的传承，善莫大焉。从文化的视角着眼，随着经济社会的发展变革，亟须深化对优秀传统文化重要性的认识，以进一步增强文化自觉和文化自信；通过深入挖掘优秀传统文化价值内涵，进一步激发其生机与活力；着力构建优秀传统文化传承发展体系，使人民群众得到深厚的文化滋养，不断提高文化素养，以增强文化软实力。毋庸讳言，《中华泰山文库》负载的正是这样一个优秀传统文化传承发展体系。如上所述，集成、研究、创新的最终目的，就是为了增强泰山文化的生命力，祖祖辈辈传承下去，延续、共享这一人类文明的文化成果。这是一个民族兴旺发达的源泉所在。《中华泰山文库》定会秉承本初，薪火相传，继往开来。

更为可喜的是，泰山自然学科资料的整理和研究，也是《中华泰山文库》的重要组成部分，无论是地质的还是动植物的，同样是珍贵的世界遗产。

中国共产党第十九次全国代表大会报告中指出：“文化自信是一个国家、一个民族发展中更基本、更深沉、更持久的力量。必须坚持马克思主义，牢固树立共产主义远大理想和中国特色社会主义共同理想，培育和践行社会主义核心价值观，不断增强意识形态领域主导权和话语权，推动中华优秀传统文化创造性转化、创新性发展，继承革命文化，发展社会主义先进文化，不忘本来、吸收外来、面向未来，更好构筑中国精神、中国价值、中国力量，为人民提供精神指引。”这是我们编纂《中华泰山文库》丛书工作的指南。

编纂《中华泰山文库》丛书是一项浩繁的文化系统工程，要充分考虑到它的难度、强度和长度。既要有气魄，又要有毅力；既要正视困难，又要增强信心。行百里者半于九十，知难而进，迎难而上，才能善始善终地完成这项工作。这也是我的一点要求和希望。

值此《中华泰山文库》即将付梓之际，泰山风景名胜区管理委员会的同志嘱我为之作序，却之不恭，写下了以上文字。我晚年的座右铭是：“品日月之光辉，悟天地之美德，立岱宗之弘毅，得荷花之尚洁。”所谓“弘毅”，曾子有曰：“士不可以不弘毅，任重而道远。仁以为己任，不亦重乎？死而后已，不亦远乎？”故而，名序为：立岱宗之弘毅。

杨辛

2018年7月

目 录

泰岱史迹

泰山古今

泰岱史迹

崔秀国
吉爱琴　著

张迁碑

无字碑

经石峪大字

温凉玉圭

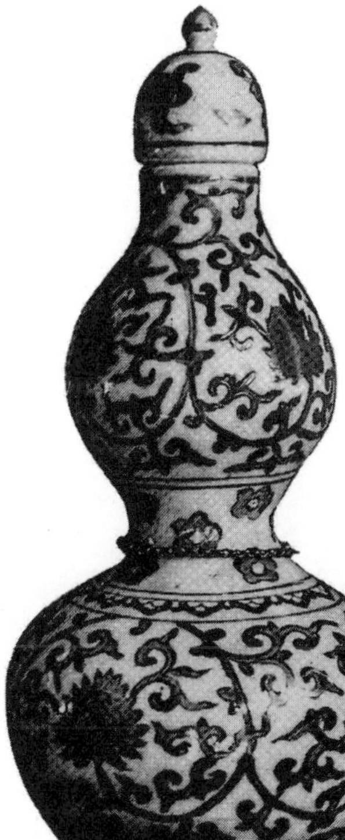

明黄釉瓷葫芦

《泰岱史迹》序

少时读姚鼐《登泰山记》：“苍山负雪，明烛天南，望晚日照城郭，汶水、徂徕如画，而半山居雾若带然。”心向往之，艰于路遥，难遂心愿。而遍访有关泰山书籍，聊作卧游耳。深觉泰山之景，有石有水，兼南北景物之长，而自秦汉以后，积千年文物于一山者，环宇中舍泰山而其谁耶。故余曾云：泰山者合风景与文化于一山，游泰山乃接受祖国山川与历史最巨之宝库，泰山者实我国之象征，万民之所仰。游泰山岂仅观景而已。

余登泰山屡，近年又草撰《岱庙》一书，粗解泰山史实。而吾友崔君秀国，以近著《泰岱史迹》一书见示，老眼一明，徒滋愧颜，此真解泰山者。书能引人入胜，启人入慧，固知山水之美，设无文化历史，即缺人文景观矣。无人文景观，未能发人深思，予人遐想，游兴淡然。故人论我国风景，其突出者，盖人文景观，其与天然景合之，则两难并矣。设游泰山仅知达日观峰而匆匆归者，余讥其不识泰山真面目，身至泰山实未见泰山也。泰山天然景观与人文景观，可谓无处无之，历史有导人深解泰山之功，读其史，知其山，心领神会，养天地正气，滋爱国热情，文化修养，道德品质，两受其益。

我国不论风景、园林，必皆寓之以德，用以教育人民，非吃喝玩乐而已。仁者乐山，智者乐水，言之明矣。而泰山为五岳之首，历来以参拜此山为殊荣，文章诗赋典籍所记，其数不可胜纪，颂德写景，各臻其美。盖泰山之情，既博且深，如流水行云，终萦游人，其能得此结果者，实在于游得其津。余读《泰岱史迹》一书，正度人以门径也。崔君居泰山久，究史证物，典实详核。余客泰山联床读山论史，洵知人矣。去冬重游其地，旧友重逢，而其学又有进境矣。复获读此篇，不以鄙陋而属为序。至于山中寺庙，石刻摩崖，胜迹奇峰，故事流传，余则不赘一辞，读者自能开卷得之。丁卯新岁，春节华灯，濡毫弁言，遥想此书出版之日，正我携之再游泰山之时，乐何如之也。

同济大学教授　**陈从周**

1987年春节于上海

第一章
岱宗夫何如？

泰山，巍然矗立于山东省中部，嘉靖《山东通志》云："济南诸山，其北麓也；兖州诸山，其南麓也；青齐海上诸山，其左翼也；河东诸山，其右翼也。"照此而论，整个山东大地的山都属泰山山系。但要谈到泰山的主体，那就是指盘亘在泰安、济南、长清、历城的部分了，其总面积约426平方公里，最高峰（玉皇顶）海拔1545米。由于泰山居处海拔很低、辽阔坦荡的华北大平原（主峰山基地海拔只有25米），因而相对高度特别大，具有高山平野，气势磅礴的浩然气魄。《岱志》曰："泰山元气浑厚，绝不以玲珑小巧示人。"再加之它东慑沧海，西镇长河，更大有主宰天地之概。

泰山，闻名古今。根据现今所见资料，《尚书》称"岱宗"，《周礼》称"岱山"。究其由来大致有三：岱者，一为大，二为始，三为代（交替意）。宗是长的意思。"泰山"之名出于《诗经·鲁颂》，即"泰山岩岩，鲁邦所詹"。在古代，"岱""泰"二字都取"万物终始""天地交泰"的思想含义，固使本来不甚高大的泰山，耀名显声于群山之列、五岳之首，成了古今人们众目所望、所敬、所畏的山。

泰山，生成于地质史上最古老、最漫长的时代——太古代。根据同位素测定，泰山岩石的年龄有二十四五亿年，《解放日报》曾提出为40亿年。"早在太古代初期，从沂、沭河以西的'鲁西'部分先开始沉陷，堆积了厚厚的碎屑物质和火山喷发物质。接着受来自西南和东北两方的挤压力，使这一地层发生强烈的褶皱隆起和变质，同时在地表出现了高大的褶皱山脉，我们称这次褶皱造山运动为'泰山运动'。"（《山东地理》）随着华北地区陆地的形成，泰山逐渐隆起为一个低矮的山丘。到距今一亿多年前的"燕山运动"时，泰山才快速隆起。后来，泰山又经过大规模的、复杂的地壳运动，大约至距今3000万年的新生代才形成基本的轮廓。

泰山一带年降水量充足，物产极其丰富。在林木方面，树木种类较多，泰山大约有200个树种，主要为松类和栎类，尤其是红松、樟子松、冷杉、华山松、金钱松、落叶松等异国他乡树种也在这里定居安家；在林果方面，有苹果、梨、核桃、山楂、板栗、枣、柿子等几十种品质优良、产量较高的干鲜果类；由于有非常昌茂的植物，所以泰山还有何首乌、紫草、参、柴胡、黄精等近300种中草药；泰山山高林密，也是野生动物赖以繁衍的地方，狼、狐、獾、狸、翡翠、火燕、金翘、云雀、百灵、杜鹃等百余种飞禽走兽，生活在泰山的茂草丰林中，特别是泰山“赤鳞鱼”更是独有的珍贵生物。

泰山，是历代帝王乞助神灵、维系统治的工具。在古代，由于泰山区经济、文化起源早、发展快，符合了“万物交代于东方”的原始哲学思想，成为人们崇奉的神山。根据史书记载，三代（夏、商、周）以前就有“七十二君”来泰山燔柴祭天，自秦始皇以下，详有记述的有秦二世、西汉武帝、东汉光武帝、东汉章帝和安帝、隋文帝、唐高宗与武则天、唐玄宗、北宋真宗、清圣祖、清高宗等先后到泰山封禅告祭，使泰山伴随着帝王们的封禅声价愈来愈高。

泰山，自古为文人荟萃之区。历史上的孔子、李斯、司马迁、曹植、陆机、谢灵运、李白、杜甫、刘禹锡、卢照邻、苏轼、苏辙、党怀英、元好问、王阳明、王世贞、张养浩、蒲松龄、姚鼐等文人名士，或者登岱览胜，或者在泰山传经授业，因此留下大量的诗词歌赋。尤其是北宋时代名儒孙明复、石守道、胡瑗创建的“泰山书院”（即今五贤祠），因唐代名流李白和孔巢父等人在徂徕山隐居而备受称道的“竹溪六逸”，是泰山文化史上的重大事件。

泰山，还是各种宗教流派活跃的场所。原始社会末期，人们头脑中朴素唯物主义的拜物教是泰山宗教史的开端。阶级的产生和国家的出现，使泰山成为统治阶级以“敬天”为核心的神道设教的区域；魏晋南北朝时期的政治、经济动乱和荒颓，使佛教在泰山得到发展，终成为有名的“泰山区”；唐代，佛教、道教同时得到提倡和发展；自北宋以后，泰山被“神化”，逐渐成为道教的天下。要探讨和研究中国的宗教史，泰山是不可忽略的一个环节。

历史上，历代劳动人民奋起反抗统治阶级残酷统治时，也往往以泰山为根据地。春秋末期，“从卒九千”“横行天下”的柳下跖奴隶暴动首先活动于泰山周围；西汉末年，樊崇领导的赤眉军起义曾借助傲徕峰的天然屏障，建立了根据地；东汉末以青徐黄巾军为首的多支农民起义在泰山一带亦是如火如荼；唐朝末年，黄巢起义开始就转战泰山区域，最后攻取长安，建立“大齐”政权，被唐军大肆反扑失利后，又东归至泰山狼虎谷，成为最后的归宿。南宋时期耿京、辛弃疾抗击金政权的斗争主要活动在泰山周边。泰山桃源峪崖壁的石刻记录下了元末红巾军的事迹。明末李自成起义军建立“大顺”政权后，曾展开了二进泰安的激战。清末的捻军遍及泰山周围的所有县，冲击了清朝的腐败统治。

泰山，可谓中华民族灿烂历史文化的缩影。这里至今保留了不同时期的古代建筑20多处，虽然它们都属释家道门的建筑，却以不同的形式和风格揭示了古代劳动人民的丰富智慧、才能和创造精神。泰山的重要历史遗迹还有各个时代的题字题诗、石碣碑刻，它们参差错落地散布在大小古庙宇和登山沿途。在这些碑林书刻中主要有经石峪金刚经文、唐摩崖以及秦篆刻石、东汉张迁碑和衡方碑、西晋孙夫人碑、唐双束碑等。岩岩泰山，如同一座“中国历代书法展览馆”。所以，它既是一座古迹遍地的文化山，又是一座历史的纪念碑；既是古代劳动人民精湛艺术才华的结晶，又是文明古国伟大历史的见证。

泰山雄伟壮丽，风景优美，正如诗圣杜甫“造化钟神秀”的诗句。泰山的景致既有“寓多样于统一”的自然之美，又有人文的精心雕琢景观，而且两者又能有机地融合为一体，共同营建了这座独具特色的名山胜地。古人称颂泰山曰：“矗突云霄，辉映日月，巍乎高哉，其天下之奇观，而独秀者乎。”(《岱史》卷九）它不仅有壮丽奇绝的“七十二峰”，宏伟幽险的清泉飞瀑，繁茂刚劲的古松老桧，而且一年四季、晴阴雨雪各具特色。春季这里遍山吐翠，山花烂漫；夏季云烟缭绕，气象万千；秋季苍松碧峦，红叶映天；冬季山舞银蛇，松柏映雪。晴则观赏群峰拱岱、众山若丘、大地尽览；阴则“荡胸层云浩如海”，如果时逢雨水，那就自然是“游山遇雨景更添”了。泰山这一明珠式的胜地，还以不同特点划分为旷、幽、妙、奥、麓（或丽）五大景区。特别是堪称“四大奇观”的旭日东升、晚霞夕照、黄河金带、云海玉盘，更是不可多得的美景。

泰山，在漫长的旧社会里，尤其自近代以来，同整个中华民族的命运一样，饱经忧患，蒙受了极大的耻辱和不幸，许许多多的庙宇、文物名义上转为公产，实际上成了军阀政客们的私产；他们利用职权，破坏历史古迹，盗卖名贵文物，造成了无法弥补的损失。新中国成立前，泰山更遭到前所未有的毁坏。好端端的风景名胜、历史遗迹，被那些“武夫”“夯汉”毫无顾惜地破坏，大批的殿宇亭堂坍塌荒废；大量的名贵石刻被毁坏，其情况不忍直视。1928年，日本侵略者制造的“济南惨案”发生后，国民党山东省政府迁驻泰安，致使岱庙经受一场浩劫，宋天贶殿被改成“大会场”，庙内开设了饭堂小铺、澡堂等，一部分古建筑被无辜拆毁。其后，又是军阀孙良诚驻防泰安，岱庙成了兵营，天贶殿成了马厩。他们还在珍贵的殿内壁画上凿孔打眼、安置木桩，岱庙城堞的角楼及围墙的古砖被驻军拆去拍卖。1930年的军阀混战，又使泰山文物受到重创，著名的蒿里山六峰塔此时被拆除，军阀的罪恶行径令人发指。有关军阀对山林风景的破坏，《新刻泰山小史》记载说：“十九年战役，晋军以一旅守城，以一旅守山，沿盘道设防，山顶的玉皇顶、孔子殿、碧霞宫皆为营房，天柱峰掘壕置炮，十八盘开掘壕置机枪，守防之固如是。”1946年夏，国民党“太兖警备司令”宁春霖以燃料不足为借口，对岱庙、玉皇阁、王母池等处古树大肆砍伐，还将红门至中天门盘道两旁的古柏统统砍去树头，至今仍依稀可见大量的无头柏树。

1949年，由中国共产党领导的、人民当家做主的新中国成立，历尽沧桑的古老泰山获得了新生。中国共产党和人民政府非常重视对泰山的保护和管理。1949年，首先建立了山东省古代文物保管委员会泰安分会；随后还建立了“泰山林场”机构，加强对泰山林业的管理，并开展了大规模的植树造林运动；1956年建立了专门的“泰山管理处”机构。国家每年都拨巨款加强对泰山名胜古迹的保护和维修，就是在动乱的“文化大革命”十年中，各项保护和管理工作也一直没有间断。特别令人难忘的是，周恩来同志生前曾先后于1952年和1970年对泰山做过两次加强对泰山保护管理的重要批示。1978年，泰山在全国率先正式对外实行全面开放，每年来泰山游览观光的国际友人、港澳同胞与日俱增，为促进各国人民的友好往来，以及祖国统一大业的实现发挥了巨大作用。如今的泰山，不仅名胜古迹得到妥善保护，而且各种有利于旅游发展的服务工作也得到了国家和社会的重视。

我们相信：古老文明的泰山，必将伴随着中华大地的振兴，更加生机勃勃，她将伸出热情友好的双手，欢迎更多国内和世界的旅游观光者。

第二章
五岳独尊

“五岳独尊”的泰山，就其高度而言，在五岳之中居第三位（西岳华山海拔2154.9米、北岳恒山海拔2016.1米、南岳衡山海拔1300.2米、中岳嵩山海拔1491.71米），同世界屋脊——喜马拉雅山的珠穆朗玛峰相比更是小巫见大巫了。然而几千年来，它一直被人们看成伟大和崇高事物的象征，成为著称于世的名山。

古时，历代的帝王把泰山人格化、神圣化，或驾临祭祀，或加官晋爵、顶礼膜拜，以期求得“国泰民安”“江山永固”；世代的文人雅士屐履相接，汇集到这里，挥毫疾书，使泰山成为人文荟萃之区。

第一节　悠久的历史文化

有关五岳的文献记载最早见于《尚书》，不过，当时只有东、南、西、北岳之分。《周礼》始言五岳，但没有说明五岳为何山。《尔雅·释山》对于五岳有两种解释：一是泰山为东岳，华山为西岳，霍山为南岳，恒山为北岳，嵩山为中岳；二是河南华，河西岳，河东岱，河北恒。邵晋涵《尔雅正义》说：“冀州之霍山与泰衡华恒，唐虞之五岳也；华岳泰恒衡，周之五岳也；泰衡华恒嵩高，汉初相承之五岳也；泰华霍恒嵩高，武帝所定之五岳也。”《汉书·郊祀志》载，汉宣帝神爵元年（前61）颁发诏书，确定以东岳泰山、中岳嵩山，南岳天柱山，西岳华山和北岳恒山（今河北曲阳）为五岳。至此，五岳制度大体定制。其后又改湖南的衡山为南岳，隋以后遂成定制。明代开始又把北岳改为今山西浑源的恒山。

另据有关的史书记载，尧时命羲和氏的四个儿子分别管理四岳，羲仲为东岳长官，羲叔为南岳长官，和仲为西岳长官，和叔为北岳长官。这时的“四岳”不是山名，而是主管方岳的官吏职称。到了舜时，主管方岳官吏的职称和所在地方名山的名字开始统一，天子巡狩某地，主管方岳的官吏就要在驻地选择一个适宜放火发信号的高山，以便召集诸侯，这样最早用来召集诸侯的这几座大山，就成了岳官的首府。

综合以上史料说明：四岳（或五岳）的说法产生于中国原始社会的末期，或者说夏的时代。如果我们以此与考古材料联系在一起加以分析，就会惊奇地发现：早期的五岳正好都处于中华民族历史文化的发源中心，即黄河和长江中、下游地区，而每个岳的所在地恰恰又是原始文化的繁盛地。这绝非是偶然的巧合，而正好是五岳形成的背景和源头。对于中国“五岳”的问题，顾颉刚先生曾有一种与众不同的观点，主要集中在《史林杂识》（中华书局1977年版）一书中，他以为：“四岳者，姜姓之族之原居地，及齐人、戎人东迁而徙其名于中原，是为两周时事，为民族史及地理志上的问题。五岳者，大一统后因四岳之名而扩充之，且平均分配之，视为帝王巡狩所至之地，是为汉武宣时事，为政治史及宗教史上之问题。”此论似乎与五岳和远古文化联系一说有矛盾。我认为按照顾先生五岳说，其出甚迟，那么“五岳”为什么偏偏定在这样五个地点呢？恐怕还应当取决于这五个地点自然条件优越，经济、文化繁盛，以及政治地位显著，更何况又直接关联着帝王的巡狩。其大体状况如下：

西岳华山所在的陕西东部地区，较早的新石器时代文化是华县老官台文化，C-14测定年代为公元前6000年到公元前5000年，系陕西省范围内，也是陕甘地区最早的史前文化。经过1000多年的发展，时至母系氏族制的仰韶文化时期，华山地区古文化更加繁盛，仰韶文化的半坡类型主要分布在这里，典型遗址主要有西安半坡、华阴横断村、华县元君庙、临潼姜寨等。到父系氏族制的龙山文化时期，陕西龙山文化的两种类型，即华县泉护村、华阴横断村为代表的庙底沟二期类型，以长安客省庄、西安米家崖、华阴横断村为代表的客省庄二期类型，都在这里产生并发展。

中岳嵩山所在的河南西北地区，发现了中原地区最早的史前文化，它们是新郑裴李岗和密县莪沟北岗文化，分布于陕西、山西、河南、河北等地的仰韶文化在嵩山西部的渑池县首先被发现以后，这种类型的文化又相继在嵩山周围的郑州、洛阳、新乡、南台、偃师、陕县、新安、宜阳、长葛、济源、沁阳、辉县、荥阳、栾川、襄城、巩义市、鲁山等市、县被大批量地发现，形成一层层的包围圈。继仰韶文化之后的河南龙山文化在这里也有比较丰富的发现。

南岳霍山（或天柱山）所在的鄂东、皖西地区，也是原始社会文化比较发达的地区，新中国成立后在巢湖地区、黄石、圻春、阳新、鄂城、黄冈、红安、麻城等地都有许多发现。北岳恒山所在冀西南地区的河北武安县磁山，有我国较早的原始社会文化——磁山文化。特别是种粟、养猪、养鸡遗址的发现，石磨盘、棒加工工具的出土，反映了农业、饲养业的相当水平。仰韶文化时期，以曲阳钓鱼台为代表的庙底沟类型在恒山地区发现不少；以邢台为代表的大司空村类型也有很多分布。另外，这一带的龙山文化遗址也比较丰富。总之，恒山地区的原始社会文化也是非常繁荣的，这在曲阳、正定、安新、滦县、永年、邯郸、邢台等地文化遗址中都得到充分的反映和说明。

东岳泰山所在的黄河下游地区更是远古文化的滥觞和繁华地区。1966年在泰山以东的新泰县刘杜公社乌珠台首先发现了“智人牙”化石，1981年又在沂源县土门公社骑子鞍山发现了距今四五十万年的猿人化石。进入新石器时代以后，这一地区更有其自己的发展序列，即北辛文化—大汶口文化—典型龙山文化。北辛文化的典型遗址就在泰山以南的滕县。泰山之阳的大汶口文化生动体现了黄河流域母系氏族和母系向父系过渡时期的繁荣景象，它的生产工具制作精巧，增强了生产力，从而又带来家畜饲养业的兴旺，如大汶口墓葬中多使用猪头和下骸骨殉葬。在工艺技术方面大汶口人已具有相当高的水平，尤其是使用玉石、象牙、玛瑙、绿松石等贵重材料，雕磨或镂刻成种种精美的工具和装饰品方面，开启了我国古代工艺制造的先河。另外，大汶口时期的经济生活水平也相对比仰韶文化时期高得多，主要表现在陶器的丰富，品种的繁多，以及制作的规整优美等方面。总之，大汶口文化在中华史前诸文化系统中居于领先的地位。这一文化类型在山东地区已发现的重要遗址和墓地达一百多处，已经正式发掘的有兖州王因、曲阜西夏侯、宁阳堡头和泰安大汶口、莒县陵阳河、安丘景芝镇、滕县岗上、邹县野店、胶县三里河等10余处重要遗址。

灿烂的大汶口文化不仅分布于泰山周围，遍及整个山东地区，而且还大大超出山东省的区划，并以旺盛的势头向江苏、河南、河北、辽东等地发展。然而在大汶口文化的发祥地——泰山周围却找不到仰韶文化的遗存。再者，作为中国父系氏族社会文化典型的龙山文化，就在泰山北面不远的章丘城子崖首先被发现并命名，随后又在山东被广泛发现。考古界根据其丰富的实物资料，把经历了500多年发展的龙山文化划分为两个类型：一是以日照两城镇和东海峪、胶县三里河、潍县姚官庄、诸城呈子、潍县鲁家口为代表的“两城类型”；一是鲁西平原以东的泰山周围至鲁南一线的“城子崖类型”。山东龙山文化的生产水平已经很高，尤以漆黑发亮的蛋壳陶为代表的制陶术和原始冶金术，较之其他地区的龙山文化有独到之处，而且对于河南、两湖、江浙等地区的龙山文化起着重大的影响作用。因此，对于泰山的历史地位，人们从口头传颂到文字赞扬可说是史不绝书。清末的学者章太炎先生认为泰山是中国古代政治中心。现代史学者杨向奎在《中国古代社会与古代思想研究》文中指出：泰山一代是古代中国的政治和文化中心。徐中舒教授在《论周代田制及社会性质》一文中也精辟地分析说：泰山一带是中国古代文化的摇篮，“《左传》载少皞之虚在穷桑（山东曲阜），大皞之虚在陈（河南淮阳），这就是龙山文化的摇篮及其延展区。黑陶、拍纹黑陶，可能就是少皞氏、大皞氏的遗物。原住的称少（或称小），迁徙的称大，故少皞在先，大皞在后，这犹如汉代月氏留在敦煌，祁连间称小月氏，而西迁大夏的称大月氏，同例。继大皞、少皞之后的有穷，后羿以善射著称，这也与龙山遗物中发现矢镞最多的条件相合，而低地区的开发，最初也只为邻近泰山区高地部族的猎场，由各个氏族社会分割为许多方形囿”。考古学家苏秉琦亦有类似上述的观点。他指出：泰山这个“大文物”在中华文明史上是有过特殊地位的。我国面向东南海洋的半壁江山古文化作为环太平洋古文化圈的一侧，与它们有许多共性，说明有其深远的历史渊源。因此，我们不妨说，古文明早期阶段，泰山又可能是这个“新月形”地带人们的神山。秦始皇到汉武帝百余年间的中华一统事业，实质上是实现了“三代”帝王“普天之下，莫非王土；率土之滨，莫非王臣”的理想。正是在此时此刻实现了把面向西北亚洲腹地的中华大地半壁和面向海洋的中华大地半壁合而为一，于是泰山升格为中华一统天下的象征，取代原来神山的地位。

总之，由于先进的、起主流作用的大汶口文化，龙山文化的发展，致使商周时期泰山地区的历史文化仍是经久不衰，蓬勃向上，成为当时政治、经济、文化的中心之一。有材料说商的始祖契就在泰山南的滕县一带住过，商汤的第十四代老祖“相土”就在泰山附近建立了“东都”（今泰安满庄）。至殷商时期（盘庚迁殷以后），这里依然是“帮畿千里”的重要地区，泰山附近长清小屯、泰安满庄和道朗、平阴胡坡、宁阳合山等遗址情况完全可以证明。西周灭商以后也非常重视以泰山为中心的山东地区，首先分封周公的长子伯禽在泰山南建立了鲁国，又把功劳卓著、德高望重的姜子牙封在了泰山北建立了齐国，进而使这里的经济、文化又得以高速度的发展。《战国策·齐策》有对临淄的一段描写：“临淄之中七万户……临淄甚富而实，其民无不吹竽、鼓瑟、击筑、弹琴、斗鸡、走犬、六博蹹踘者。临淄之途，车毂击，人肩摩，连衽成帷，举袂成幕，挥汗成雨，家敦而富，志高而扬。”足可想象出当时经济兴旺升平的盛况。经考古探掘所知：临淄大小城总周长约21433米。城中发现六处冶铁作坊，二处冶铜作坊，以及铸铁和骨器作坊，这无疑是对文字史料的最好证明。中外闻名的思想家、教育家——孔子就诞生在鲁国。军事家孙武、孙膑，思想家孟子、墨子、邹衍等名家都是这里人氏。齐国的“稷下学宫”则是这里文化发达、开放、活跃的具体表现。至于秦汉以后这里经济、文化的发展景况就更无须赘述了。

20世纪40年代初，著名的历史学家吕思勉在所著《先秦史》中也公开主张我国的华族起源于东方。蒙文通教授在他的《古史甄微》中也明确指出：“中国古代文化，创始于泰族，导源于东方，炎、黄二族后起，自应多承袭之。”因此，这些文献的记载，考古的资料，史家的论述，都雄辩地证明：泰山地区在整个中国历史的发展中起着举足轻重的作用。难怪古代的人们把它作为“群神所居”的圣地而加以崇拜。

第二节　帝王的封禅告祭

在漫长的原始社会中，人们共同渔猎，共同劳动，过着平等的生活，但随着原始生产力的发展，农业、畜牧业、手工业成果的日益丰富，使在原始氏族内部出现了私人占有的现象，这就是阶级的萌芽。这一点在大汶口遗址的墓葬中反映得尤为明显，如有的墓中随葬有精致陶器80多件，还佩有象牙梳、雕筒、玉质臂环、指环和铲子，以及成串的大理石头饰和颈饰。而另一部分墓葬中却只随葬了一两件简陋的陶器，甚至有的一无所有。到了奴隶制的商周时代，出现了奴隶主贵族。这些奴隶主贵族站在广大平民和奴隶的对立面，除在政治上、经济上征服和奴役他们，还在思想意识方面向人们宣扬自己地位的天经地义，于是他们把天奉为有意志的人格化的至上神，把自己则称为“上帝”——即天的苗裔和代言人，即“天子”。他们继承原始氏族公社时部落酋长们至泰山祭祀天、会鬼神的传统，便创立了一种与天交通的重要礼仪——封禅。所谓“封”，即到泰山上筑坛祭天；所谓“禅”，即在泰山下一小山扫除祭地，因此，封和禅是一种礼仪两个内容。汉代班固《白虎通》云：“王者易姓，受命而起，必升封泰山何？教告之义也。始受命之时，改制应天，天下太平，功成封禅以告太平也。所以必于泰山何？万物所交代之处也。必于其上何？因高告高，顺其类也。故升封者，增高也；下禅梁甫（泰山下众小山之一）之山基，广厚也；刻石纪号者，著己之功迹以自效放也。天以高为尊，地以厚为德，故增泰山之高以放天，附梁甫之址以报地。”《岱史·望典纪》亦记曰：“夫国之大事惟祀，祀之大事惟天地与五岳，而岱惟岳首，帝王狩望必先焉。”因此，封禅成了中国历史上最高统治者必不可少的政治活动、国家大典，成了显示帝王尊贵无上的象征，成了粉饰太平安乐、国家兴盛、政权稳固的标志。公元前651年，齐桓公称霸，会诸侯于葵丘，而欲封禅，宰相管仲曰：“古者封泰山禅梁父者七十二家，而夷吾所记者十有二焉。昔无怀氏封泰山，禅云云；虙羲封泰山，禅云云；神农封泰山，禅云云；炎帝封泰山，禅云云；黄帝封泰山，禅亭亭；颛顼封泰山，禅云云；帝喾封泰山，禅云云；尧封泰山，禅云云；舜封泰山，禅云云；禹封泰山，禅会稽；汤封泰山，禅云云；周成王封泰山，禅社首：皆受命后得封禅。”（《史记·封禅书第六》）《韩诗外传》载：“孔子升泰山，观易姓而王可得而数者七十余人，不得而数者万数也。”由此可见，中国古代君王在泰山行封禅之礼是由来已久的。今本《竹书纪年》有“（夏帝发）七年陟泰山震”的记录，不仅是举世最早的地震记录，而且也是古封禅礼义的较早记录。

在奴隶制高度发展的商和西周时代，封禅大典趋于严格的法律化，根据《周礼》规定：只有天子才能登封泰山致祭，任何诸侯、大夫等一概不得僭越。到了春秋时代，随着奴隶制的礼崩乐坏，这种封禅之典才开始起变化。1954年曾在泰安城西南的社首山附近发掘出七个整齐排列的青铜垒、铁盘，并有“楚镐”的铭文，很显然这是一组祭器。这可能与周定王十八年（前589）齐晋鞍之战后，楚国以救齐国为名而兴兵，后在蜀（山东泰安）与齐、秦、晋、卫等十国盟会有关。

中国历史上的封禅，除了典籍中“教告之义”的目的之外，还有一点应特别指出的就是“强化政权”。这是因为中国的古代社会首先是在长江以北的地区发展起来的，而长江以北又以黄河下游地区为中心（或者说以商为基础），但是自西周起，直至唐代，政治中心却都设在黄河中游的陕西地区，因此，治理好东方的黄淮地区则是关系一个封建政权生死存亡的关键。历史的发展总是以无数的事实反映着一定的规律性，早在西周朝确立不久，以商贵族武庚为首的叛乱爆发，西周成王在周公旦的辅佐下费了很大气力才得以平息。血的教训教育了西周奴隶主贵族，迫使其采取了大量措施来强化对东方的占领和控制，周成王的封禅泰山之典正是以此为背景而举行的。自此以后，中国历史上所有帝王泰山封禅告祭的目的都惊人的相似，并不断重复演进着。

在长达两千年的中国封建社会，封禅告祭泰山一直是一种旷代大典，而且礼仪臻于完备。如皇帝必须服三献，行二跪六叩首礼，甚至连吃什么饭、穿什么衣、怎样站立、怎样行走、面背方向等都有着明确规定。有史料记载封天仪式说：典礼开始，皇帝服衮冕登祭坛，祭祀昊天上帝，配位神座为该朝开国君主。天子首祭行初献礼，宗室亲王为亚献和终献。天子祭奠时，典仪官读祝祷词。词文刻于玉片之上，名玉简，用金线将玉片编串，成为玉策（汉称玉牒，唐、宋称玉策），祭祀毕，则将玉策分藏于金、玉匣之中，玉匣用金泥封固，用天子御玺加印其上，藏于台上石碱中。玉策藏于石碱之中，用金泥封石碱，加盖天子的“天下同文”御宝，然后用五色土封埋。如果有哪一个有理想的、有作为的皇帝不行封禅以告天，就证明他的事业还没有成功，还不配称为“天子”。就连当朝的官员谁能躬逢其盛，有幸随皇帝来泰山行致祭大礼，也是一种极高的荣誉。

开创中国大一统事业，具有雄才大略的秦始皇，没有沉溺在大功告成的庆贺中，更没有在穷奢极欲的环境里把雄心壮志消磨掉，而时刻想着求得延祚益寿，密切注视着内接泰山、外环东海、有强大势力的齐国贵族残余的可能叛乱，于公元前209年巡行东方封禅泰山。行封前，他邀集东方的一些士大夫商量如何行封禅之礼，结果遭到儒生们的嘲弄。他抛弃那一套俭薄寒酸的祭礼，命人开凿山路，乘坐鸾驾，排开仪仗，亲至岱顶，设坛举行庄严的祭礼，命丞相李斯篆书诏文刻石纪号于岱顶玉女池旁（今碧霞祠旁），其文曰：“皇帝临位，作制明法，臣下修饬。二十有六年，初并天下，罔不宾服。亲巡远方黎民，登兹泰山，周览东极，从臣思迹，本原事业，祗诵功德，治道运行，诸产得宜，皆有法式，大义休明，垂于后嗣，顺承勿革，皇帝躬圣，既平天下，不懈于治，夙兴夜寐，建设长利，专隆教诲。训经宣达，远近毕理，咸承圣志。贵贱分明，男女礼顺，慎遵职事。昭隔内外，靡不清净，施于后嗣，化及无穷。遵奉遗诏，永承重戒。”（《史记·秦始皇本纪第六》）礼毕，从泰山阴道下。泰山东路的“五大夫松”则是当年秦始皇升封的见证，《史记·封禅书》记曰：“始皇之上泰山，中阪遇暴风雨休于大树下。”公元前209年，秦二世胡亥即位后也接踵封禅于泰山，并仿效其先人又命李斯撰写诏书刻于始皇所立石侧，现残存九字，为我国最早石刻之一。

西汉王朝建立以后的相当一段时间内，局势虽较“楚汉之争”时的战乱大有好转，但基本还是不稳定的，如南部有分裂的闽越政权，北方有匈奴贵族势力的大肆袭扰，尤其还爆发了统治阶级内部的“吴楚七国之乱”。只是到了汉武帝刘彻统治时期，在政治、经济等方面采取了一系列有效措施，才真正发展到强盛的时期。汉武帝是一个自命不凡，确实也有一些作为的地主阶级的政治家，为了宣耀自己的文治武功，向上天禀告自己“国泰民安”的大一统事业，特别是震慑曾经作乱的泰山周围地区敌对势力，于元封元年（前110）东行至泰山封禅。西汉应劭《风俗通义》记载：“孝武皇帝封广丈二尺、高九尺，其下有玉牒书，书秘。江、淮间一茅三脊为神藉，五色土益杂封，纵远方奇兽飞禽及白雉，加祠兕牛犀象之属。其享曰：天增授皇帝泰元神策，周而复始，皇帝敬拜泰灵。其夜有光如流星，昼有白云起封中。于是作明堂汶上，令诸侯各治邸。车驾前后五至祠，以元鼎六年告封，改为元封，武帝已年四十七矣。”其后武帝不辞劳苦，又连续六次亲临奉祀，当年升封时遗留下的无字碑、明堂故址至今还可看到。封禅泰山的统治者还常常以铸造重器来表达自己的心愿，荔虞《鼎录》曰：“武帝封泰山，铸一鼎，高四尺，铜银为之，其形如瓮，有三足，太始四年造，文曰‘登于泰山万寿无疆四海宁谧神鼎传芳’大篆书。”今不知所在。

东汉王朝的开国皇帝刘秀，踏着千百万起义农民的尸骨，登上了光武帝的宝座，开启了东汉王朝时代。即位不久，群臣曾上言劝其封禅泰山，他深知东汉朝初期“百姓怨气满腹”的社会状况，开始不许谈封禅之事。后来经过30多年的治理，东汉政治、经济有了明显好转，于是光武帝刘秀便编造出夜读“河图会昌符”的神话，并以此为由决定于建武三十二年（56）封禅泰山。整个封禅大典持续一月之久。《后汉书》收录了马第伯的“封禅仪记”，生动叙述了汉光武帝封禅泰山的经过。汉光武帝的封禅活动不符合“改制应天”“易姓而王”的古制封禅教义，也没有什么“盛世”可言，他的东封，不过是借以镇压东方，并炫耀愚俗，即“赤刘之九，会命岱宗。不慎克用，何益于承？诚善用之，奸伪不萌”（《续汉书·祭祀志》）。然而，自此“封禅”就不再仅仅局限于有作为的帝王和向上天禀告功劳的含义，就连一些不显赫的帝王也纷纷来泰山举行封禅，如东汉章帝、安帝等。

《资治通鉴》记载：唐太宗李世民贞观十五年（641）欲赴泰山封禅，薛延陀真珠可汗借机纠集同罗、仆骨、回纥、靺鞨等势力合兵20多万渡漠南捣乱。唐太宗赶忙派兵部尚书李世勣、右卫大将军李大亮、凉州都督李袭誉讨伐。《新唐书》也说：“（贞观十五）四月辛卯，诏以来岁二月有事于泰山。乙未，免洛州今岁租……赐民八十以上物，惸独鳏寡疾病不能自存者米二斛。……六月己酉，有星孛于太微，丙辰，停封泰山……”“（贞观）二十一年正月壬辰，高士廉薨。丁酉，诏以来岁二月有事于泰山。甲寅，以铁勒诸部为州县，赐京师酺三日。虑囚，降死罪以下。……八月，泉州海溢，壬戌，停封泰山。”与此同时，大唐朝廷中许多有远见的大臣也反对封禅，因此，唐太宗多次想来泰山行封禅之礼的意愿始终没有实现。唐代最先实现泰山封禅的是唐高宗李治和皇后武则天，他们于麟德二年（665）十月，自东都洛阳出发，“从驾文武兵士及仪仗法物相继数百里，列营置幕弥亘郊原，突厥、于阗、波斯、天竺，罽宾乌苌、昆仑、倭国及新罗、百济、高丽等诸蕃酋长各率其属扈从，穹庐毡帐，及羊、牛、马填候道路……议者以为古来帝王封禅未有若斯之盛者也”（《册府元龟》卷三十六）。十二月，封禅队伍自灵岩寺（泰山北麓）抵达泰山下，第二年正月升山行封禅礼仪，禅于社首山。礼毕，特改年号为“乾封”，大赦，赐文武官阶、勋、爵，并将博城，改名“乾封”。唐玄宗李隆基统治时期，被称为“开元盛世”。唐开元十三年（725）十月，他自东都洛阳出发，“百官、贵戚、四夷酋长从行”，“有司辇载供具之物，数百里不绝”（《资治通鉴》卷二百一十二）。

“（十一月）备法驾泰山，仪卫罗列岳下百余里。诏行从留于谷口，上与宰臣礼官升山。……礼毕，藏玉册于封祀坛之石磩。然后燔柴燎发，群臣称万岁，传呼自山顶至岳下，震动山谷。”（《旧唐书》卷八）为标榜自己的大功大德，唐玄宗亲自挥笔撰写了《纪泰山铭》，并于第二年刊刻于岱顶的大观峰之上。这次封禅大典的规模和声势异常惊人，繁文缛节更是不言而喻。唐高宗、唐玄宗的泰山封禅之举，把演绎几千年的泰山旷世大典推向了高峰。

北宋王朝从开始就是一个政治基础薄弱的政权。至真宗时代更为加剧，不但统治阶级内部矛盾重重，而且各地农民起义蜂起，更为恼火的是北方辽、夏势力的大举进犯。公元1004年，辽军很快席卷黄河以北的广大地区，以寇准为首的主战派挫败了以丞相王钦若为首的妥协派，鼓动宋真宗御驾亲征至澶州（今河南濮阳）。前方将士群情激昂，高呼“万岁”声传数十里，一举打退辽军。腐败昏庸的真宗赵恒，没有抓住有利战机，彻底打败辽兵，反而与辽订立了一个屈辱苟安的“澶渊之盟”，以规定每年向辽进贡银十万两、绢二十万匹告终。“澶渊之盟”和议换取了一个暂时的平安，给宋真宗以喘息的机会。真宗极力想寻找一条“镇服四海，夸示外国”的出路，佞臣王钦若便抓住他享乐厌战的心理，策划了一场“泰山降天书”的闹剧。宋真宗赵恒借降“天书”之机，以示自己得到了上天的保佑，因而改元为“大中祥符”年号，改泰山下的乾封县为“奉符”县，并于公元1008年来泰山举行了规模空前的封禅大典。据《宋史》记载：为封禅，禁天下屠杀一个月，屏荤蔬食，自进发至行礼前禁音乐。十月辛卯，以王辂载天书先行，随后文武侍从、车驾仪仗2100多人，前簇后拥自京师开封启驾行十七日，到达奉符（今泰安）。然后发给所有登封者专门衣服，待祭祀之日，一律沐浴穿戴。自太平顶（今玉皇顶）、天门、黄岘岭、岱岳观（今王母池西），各竖长竿，揭龙灯下照，以相参候。休总两日后，真宗服通天冠、绛纱袍、乘金辂，备法驾，至山门幄次，改服鞾袍，乘步辇登山。卤簿、仪卫列山下，自山趾盘道至太平顶，凡两步一人，彩绣相间，树挡道者不伐，止萦以缯。第二天，奉天书，设坛以祭昊天上帝，山下传呼万岁，声震山谷。当天返回奉符，百官迎于谷口，接着奉“天书”升坛，禅于社首山。整个封禅礼仪结束后，宋真宗特在穆清殿大摆宴席，招待百官卿监、泰山父老。他还效仿唐代仪式，兴建封祀、社首、朝觐三坛，亲诏王旦撰“封祀坛颂”（现碑存岱庙）、王钦若撰“社首坛颂”、陈尧叟撰“朝觐坛颂”（两碑均失）。此外还晋封“泰山神”为“天齐仁圣皇帝”，命大学士晁迥撰勒“天齐仁圣帝碑铭”。为了把“泰山神”更加人格化，他还独出心裁地编造出一个所谓“泰山夫人”，即淑明皇后。随后，便传旨大兴土木拓修岱庙，逐步使之趋于现今的规模。

宋真宗封禅泰山，其规模之大，耗费之巨，达到登峰造极的地步。据有关资料记载，为了运送封禅时需用的木材器物，竟于陆路之外，利用两条水路为之运输。尚不算沿途和泰山当地供应的粮秣、方物及丁夫劳役。仅47天的封禅仪式就耗白银800余万两，更不用说他创修天书观、昭真祠（山顶碧霞祠）、大兴土木扩建岱庙的挥霍了。总之，每一个帝王的“有事于泰山”，都是一场耗国帑戕民力的严重事件，其结果必然是国运衰颓，广大劳动人民受难。

自宋真宗封禅开始，封禅礼仪由祭“天”转换成祭“神”，从而使在一定历史时期产生的封禅又在一定的历史发展中销声匿迹。金、元、明三代皇帝都未再来封禅，只不过在对“泰山神”的封号上做了些改动。元世祖至元二十八年，加封泰山为“天齐人生仁圣帝”，明太祖朱元璋洪武三年下诏改为“东岳泰山神”。金、元、明三代皇帝每年都派遣最亲近的大臣到泰山代祭，并成为经常性的制度。如明宪宗朱见深、孝宗朱祐樘命大臣代祭皆达七次之多。自金代以后，皇帝祭告泰山，往往都与自然灾害有关，如祈雨、祈雪、祈年等。封建皇室的所作所为，如无声的命令大大影响了广大人民群众，使“神”的观念牢牢地建立了起来。

清朝在政治上和经济上只能起接受和继承过去封建制度的作用，意识形态上也必然借助“神”的作用。由于统一结束了明末的动乱，使清朝前期的经济相对有所复苏，也就是所谓的“康乾盛世”。与此同时，使中断了近300年的帝王致祭泰山的活动恢复。清康熙二十三年（1684），清圣祖玄烨东巡到泰安，登泰山亲祭；清康熙四十二年又借南巡阅河之际，至山东泰安州，登岱，遣内阁侍读赵世芳致祭。长于游山玩水、享乐腐化的清高宗弘历（即乾隆帝）曾在1747年至1790年中十一次来泰安，六次登岱顶致祭。

概览历代帝王在泰山的封禅告祭史，不管他们是借封禅宣扬“受命于天”，还是搞“神道设教”，都是中国名山大川所仅见的，这就是泰山之所以凌驾于众山之上、扬名于世的重要原因之一。如同鲁迅先生分析孔子出名一样，泰山的盛名完全与历代帝王的捧、抬有直接关系。当代史学家郭沫若读袁枚的《随园诗话》礼记后说：“东方主生，帝出乎震，于是泰山便威灵赫赫了。自秦汉以来，历代帝王封禅，也就是向泰山朝拜。比帝王都还要高一等，因而谁也不敢藐视泰山了。”

第三节　优越的地理位置

当原始人类从蒙昧中走出来时，往往认为世间的一切吉凶祸福都与某一特殊事物有关，因此泰山这一庞然大物便成为他们的精神寄托物。正所谓（泰山）“万物之始，阴阳交代，云触石而出，肤寸而合，不崇朝而遍雨天下”。至少在商周时期，人们就在长期的社会生活实践中，总结摸索出一种带有朴素唯物主义色彩的“五方”观念，也就是后来自成一家的“五行”说的前身。所谓“五方”说，就是以东、南、西、北、中五个方向为基础，与一年的春、夏、秋、冬、中央（指夏秋之间）五个季节，以及青、赤、白、黑、黄五种颜色等相配合使用，来解释当时农业生产中，以至大自然中发生的一些现象。这些在商周遗址所出土的甲骨卜辞中有不少发现。如东方属青，为春，一年四季由春始，自然界一切植物都是在此时发芽，开始生长，论曰：“东方者春，春亦仁也，春之初为泰，故东岳为泰山。”因而人们就认为东方象征着万物孕育之所。什么“日出扶桑，万物以昌”“岱者代也，东方万物之始，交代之处”等，都集中说明了这个意思。对于这一点，许多的史书典籍均有专门的论述：南宋马端临《文献通考》曰“特谓泰山岱宗者，以其处东，北居寅丑之间，万物终始之地，阴阳交泰之所，为众山之所宗主”；东汉班固《白虎通义》曰“岱，言万物更相代于东方”；东晋袁宏《后汉纪》曰“东方者，万物之所始，山岳者，灵气之所宅”；清宋思仁《泰山述记》曰“泰山岳踞东土之中，载青阳之气，位五行之首，是以作宗诸岳，尊迈百灵”。

黄河中下游地区为中华民族历史文化的重要发源地，泰山正好地处这一地区，而且又为整个中国东部最高的山脉，高度发展的大汶口、龙山原始社会文化以及商周文化都恰巧环绕在泰山的周围，自然符合了“五方说”，成为“峻极于天、发育万物”、主人生命、占吉凶、吐灵异之宅所，势必使人们把它看成是“神”的象征而加以崇拜。因此，元代《重修朝元观碑》就曾记曰：“泰山者，蓬玄之洞天，洞天三十六，福地七十二，即其一也，故其门曰天门，其观曰日观，其风也来万里，其雨也遍九州，其星曰岁星，其帝曰青帝，既为众山之长，又为万物之宗。”这也就是对泰山最早称“岱山”“岱宗”的很好诠释。《太平御览》十八引《三礼义宗》：“东岳所以谓之岱者，代谢之义，阳春用事，除故生新，万物更生，相代之道，故以‘代’（即岱）为名也。”

总而言之，泰山所以位列名山之首，是有一定的历史渊源的，而这种地位的建立，很大程度上依赖于它得天独厚的地理位置。

第四节　优美的名胜景观

泰山自古以高大浑厚、雄伟多姿著称于世，享有“海内名山首岱宗”的赞誉。泰山景观的突出特征则是自然景观与人文景观的有机结合。实事求是地看泰山，它的名胜景观确实名不虚传。有人曾分析说：黄山之奇在于秀，它有山、有水、有树，但没有庙；曲阜名胜在于贵，它有水、有树、有庙，但没有山；而泰山名胜却有山、有水、有树，也有庙。古人称颂泰山曰：“矗突云霄，辉映日月，巍乎高哉，其天下之奇观，而独秀者乎。”（《岱史》卷九）泰山优美的胜景首先表现在历史文物古迹的丰富多彩上。在泰山广大的主景区内，富有独特民族风格的殿、庑、阁、亭、台等古代建筑样样俱全，庄严可观；历代石碣碑刻、摩崖题刻比比皆是，遍布全山。这些灿烂多姿的古代建筑与争艳斗奇的碑刻和摩崖题记，除直接给人以艺术美的享受外，还起着装点自然景观的作用。

泰山峰高谷深，步步有景，富有大自然壮丽的美。在这博大的山体上，有奇绝的峰峦，有飞湍的流泉，有千姿百态的古松老柏。正是这无限美好的大自然本身的造化，与丰富多彩的历史古迹彼此的和谐、衬托、互相交织、融合一体，共同营造了这驰名中外的名园胜地。

对于泰山的景观之美，前文已有所概述，本章中故不再赘述。

第三章
历史的石书

刻石艺术在我国已有几千年的悠久历史。在它自身的发展中，种类不断繁多，内容日臻丰荟，而作品之富，浩如烟海，它是我国民族文化遗产中的瑰丽珍宝。

刻石之所以被称为一种艺术，与我国的文字有关。河南殷墟甲骨文的发现证明：至少在4000多年前，中国已有最初的文字。当然，这最初的文字实际上就是一些写实的图画，被称之为“象形字”。后来，随着人们生产和生活的需要，作为人们记事交流思想符号的文字也就不断发展，出现了一些“会意”“指事”“假借”等类型的文字。又经过漫长时间的完善过程，最后才变成比较规范化的方块字。文字研究家们指出“书画同源”的规律，李苦禅先生概括道“书进极则便是画，画至高度即为书”。所以我们可以说：中国文字的最大特色，就是它的书体具有高度的艺术性。

据有关资料记载：“泰山自秦汉、以迄北齐、魏、隋、唐、宋、元、明、清碑碣如林。”尽管几千年来，大自然灾害和人间祸害不断发生，但幸运保存下来的秦至明清的石刻至少仍有1500多块，这在全国乃至世界的名山胜地也是罕见的。它们有的是稀有的国宝，有的是关系重大历史事件的丰碑，有的是考证人物事迹、了解历史地域的证据，有的是研究各代书法艺术的参考书，有的是探讨宗教问题的资料，有的则是诗词、曲赋之类的题记……这一座座丰碑，一片片摩崖，一块块形态各异的自然刻石，令游人临摹抄摄，反复品味，赞赏不绝。

泰山的书体石刻主要分布在岱庙等庵观寺院等古建筑群和登山的盘道两旁，总的可划分为二类：一为采石勒立的碑刻，一为因地制宜镌刻的自然刻石。人们多以“中国历代书法艺术展览”的美誉评价泰山刻石的历史价值和艺术价值，泰山刻石是当之无愧的。

第一节　碑刻

岱庙为文物古迹比较集中的地方，如果宏伟壮丽、金碧辉煌的古代建筑是第一标志的话，那么，历史悠久、争艳斗奇的历代碑刻则是第二个突出的标志。岱庙古之碑刻原主要集中在环咏亭中，清末以来屡遭破坏，如比较重要的韩琦、蔡襄、范仲淹、欧阳修、石曼卿、苏子美、林逋等石刻已相继坏失。尽管如此，这里仍保存有自秦汉以来的古代碑刻150多块。从书体看，中国书法艺术的真、草、隶、篆四种基本笔体样样俱全；从内容上看，它们中有的是封建帝王的祭告碑，有的是重修岱庙的记事碑，有的是颂扬功德的标榜碑，有的是赞颂泰山的诗词碑，还有的是历代善男信女表示虔诚的供奉碑等等。总之，如果领略一下岱庙的这些碑刻，便可窥到中国石刻艺术发展史之一斑。

中国最早的碑刻可以算是周秦时代的石鼓文（因石作鼓形而名），或称之为“碣”，因内容主要记述秦国君游猎之事，故又称“猎碣”。所刻文字为秦始皇统一文字前的大篆，即籀文。它上小下大，上圆底平，周身为圆形（或椭圆），文字环刻于周围，其形制很像是一个高桩馒头。这种形制的选择在当时可能是有意识的。《汉书 · 扬雄传》曰：“碣，山特之貌。”指山势逶迤起伏之形势，“山”字，古文形象作“”，如群峰并起之形，若以独峰观之，其状如“”。此种碣流行于西汉以前，据《史记 · 秦始皇本纪》载：始皇东巡刻石七种，即峄山、泰山、琅琊、芝罘、碣石、东观、会稽。现仅残存《泰山》《琅琊》二原石。

秦碣，也叫“泰山刻石”，为岱庙中保存最早的石刻。原立于岱顶碧霞祠东的玉女池旁，是秦二世元年（前209）封禅泰山时，为重申秦始皇二十八年（前219）泰山诏书，为表彰始皇帝伟业，命丞相李斯亲自篆书刻制而成。原文为“皇帝曰：金石刻尽始皇帝所为也，今袭号而金石刻辞不称始皇帝，其于久远也，如后嗣为之者，不称成功盛德，丞相臣斯，臣去疾，御史大夫臣德昧死言，臣请具刻诏书刻石，因明白矣。臣昧死请，制曰可”（加方框者为现存字）。此文即就原秦始皇所立碣一侧刻之，两则刻辞共处一石之上。

随着宋代以来金石学研究的兴起，秦刻石引起更多史学者们的重视，产生出许多著述，对它的历史状况和价值给予了应有的评说。《秦篆谱》序云：“余以大观二年（1108）春，从二三乡人登泰山宿绝顶，首访秦篆，徘徊碑下，其石埋入土中，高不过四五尺，形制似方而非方，四面广狭皆不等，因其自然，不加磨砻。……政和三年（1113）秋，复宿岳上，亲以毡椎从事，校之他本始为完善，盖四面周围悉有刻字，总二十二行，行十二字，字从西南起，以西、北、东、南为次，西面六行，北面三行，东面六行，南面七行，其末有‘制曰可’三字，复转在西南棱上，每行字数同，而每面行数乃不同，如此广狭不等居然可见，其十二行是始皇辞，其十行二世辞，以《史记》证之文意皆具，计其缺处字数适同，于是泰山之篆遂成完篇。……余既得墨本并得碑之形象制度以归，亲旧闻之多来访问，倦于屡报乃为此谱，大凡篆字二百二十有二，其可读者百四十有六。”南宋赵明诚的《金石录》云：“泰山刻石、大中祥符岁，真宗皇帝东封此山，兖州太守模本以献，凡四十余字。其后宋莒公摹刻于石，欧阳公载于《集古录》者皆同。盖碑石为四面，其三面稍磨灭故不传，世所见者特二世诏书数十字而已。”

以上材料说明：秦刻石在北宋徽宗时期还保存有146字。另据材料得知：明代嘉靖年间尚保存29字，被移于岱顶碧霞祠的东庑。清乾隆五年毁于火灾。清嘉庆二十年（1815），泰安知县汪汝弼、蒋伯生等人根据岱顶赵老人所提线索，在玉女池缒井得残石二，得李斯篆字10个，嵌于山顶东岳庙（今唐摩崖前）西新筑之室（即《金石索》中提的“宝斯亭”）。清道光十二年（1832），山洪暴发，岱顶东岳庙西墙圮，宝斯亭倾覆，篆字残石毁于瓦砾之中，后又于瓦砾中找到，由道士刘传业移至山下，嵌于岱庙道院墙壁间，并根据明嘉靖间29字拓片摹刻一石。清光绪十六年（1890），刻石又不幸被人盗走，由于当时知县毛蜀云大力稽查，盗贼未及运出，最后才在县城北关石桥下被发现，被重新安置于岱庙。清宣统二年（1910）专在岱庙环咏亭前“凿石为屋”保护。最后又被移至岱庙东御座院内的碑亭中。

秦李斯小篆刻石虽然遭受了许多曲曲折折的磨难，但也使我们清楚看到它一直被世代的人们所珍重，可见其价值之高。《文心雕龙》的作者刘勰曾写道“始皇勒岳，政暴而文泽”；宋朝的大文人欧阳修、朱熹、董逌均为之亲自写过跋语；元朝的郝经赋诗《太平顶读秦碑》一首予以褒扬曰“拳如钗股直如筋，屈铁碾玉秀且奇，千年瘦劲益飞动，回视诸家肥更痴”；清代的王家榕也曾高亢地赞颂说“零星两片石，卓越二千年”；当代杰出的文学家鲁迅也给予很高的评价，认为“质而能壮，实汉晋碑铭所从出也”。陈振濂先生论述说：泰山刻石这样的应时之作，在书法史上也还是有它特殊的价值，字形的长方与黄金律的相吻，至于线条的长而盘曲，似乎也是对甲骨文、金文那种线条形质上的新的改造（《光明日报》1986年9月2日）。这些恰如其分的评说，既是对秦刻石书法艺术的赞美，也是对当年秦皇“书同文”雄才大略的反衬。

自西汉武帝实行选拔官吏的“察举制度”以后，东汉封建统治阶级继续沿袭此制。在当时，实行察举、征辟，对于选拔封建统治人才，改变大官僚子嗣和大豪富垄断官位的局面固然起了一定作用，但其中也隐藏着一些消极的因素：就是随着察举制度的发展，使大豪富控制官位的现象变换了另外一种形式，一些大大小小的官僚士大夫结成了政治集团，大致到东汉明帝时期，被举、被辟的人都自然成为举主、府主的门生、故吏，这些门生、故吏为了利禄，不惜以君臣、父子之礼对待举主、府主，甚至“怀丈夫之容而袭婢妾之态，或奉货而行赂，以自固结”（徐干《中论·谴交》）。在当时，举主、府主死后，门生、故吏除服三年亡丧外，还要集资在墓前刻石作永久的纪念，这就产生了“石碑刻”。

东汉碑刻，一般是利用祭祀系牲和引纤下棺用的碑石镌刻文辞，因此碑刻上方多有一个圆孔，名曰“穿”。碑之正面为之阳，上刻为墓主人歌功颂德的赞语；碑之反面谓之“阴”，以为题名所用（捐款置碑人的姓名、资钱数字）；碑之顶谓之额（首或头），一般呈圭首、方、椭圆三种形式，也有雕刻螭龙、虎、鸟者。题额篆书为多。汉碑座尚无花纹，多为横长方形，碑多数高六尺左右。在汉代，广泛通行的官定正体是隶书，因而汉碑主体的文字一般使用隶体字。其实，隶书字体的兴起，可远溯至秦代，甚至更远的战国时代，湖北云梦睡虎地战国楚简和山东临沂银雀山竹简，其文字的大篆书体中就带有很浓厚的隶味。到了秦代，这种隶书雏形更在徒隶中间广为流传了，因为属于“俗体”，不能登大雅之堂，只能在“徒隶”中施行，所以取名为“隶书”。隶书到西汉时期，便在秦隶简化便捷的基础上，慢慢向汉代通行的正体字过渡。及至东汉时期，隶体字臻于成熟，尤其东汉桓、灵帝时期，发展到精熟的程度。字的形态端方劲挺，法度森严，雍容大度，风趣盎然，在中国书法史上形成一代风范。宋代欧阳修《集古录》云：“欲求前汉时碑碣，卒不可得，是则冢墓碑铭自后汉始有也。”

“汉故卫尉卿衡府君之碑”（简称“衡方碑”），为泰山保存最早的汉碑。立于东汉灵帝建宁元年（168），原在汶上县西南的郭家楼村，1953年移至岱庙保存。该碑高2.4米，宽1.1米，厚0.25米，碑首圆孔直径0.13米。衡方，字兴祖，东平陆（现山东汶上县）人。东汉桓帝时，经州里举为孝廉后，入朝官拜郎中，后又任胶东令，继升任会稽东部都尉，随后又调任右北平郡守，又接连改任太医令、京师长官——京兆尹和卫尉卿。汉灵帝即位后，仍召用旧臣，又被任命为步兵校卫，统六师，督守边疆，但到任不到半年因病而死。卒后其门生故吏为宣耀他“功德”刻此石立于墓前。

“衡方碑”为隶书字体。它以古拙朴茂，端凝浑厚，丰而不侈，方而不倨为特点独具一派。它的隶法以体丰骨壮而著名，笔画端正稳重，仪态敦厚，笔意虽粗壮古拙，但却妩媚动人，为汉碑中之佼佼者。而且还对中国后世书法体（魏晋楷书、唐颜真卿体）的形成产生了巨大影响，如清代翁方纲在《两汉金石记》上说“是碑书体宽绰而润，密处不甚留隙地，似开后来颜真卿之渐”。

“汉故谷城长汤阴令张君表颂”碑，俗称“张迁碑”，系东汉中平三年（186）谷城（今属山东东平）旧吏韦萌等四十一人为张迁调升荡阴（今河南汤阴县）令捐资一万七千八百钱所刊立。碑高2.92米，宽1.07米，厚0.2米。此碑长期被埋于地下，到明代才被发掘出来，固字迹尚完好。碑原立于东平学宫内，1965年迁至岱庙重点保护。

张迁，字公方，陈留己吾（今河南省夏邑县）人。碑文以流畅的词语追述了张迁的家世，从周宣王时“以孝友为行”的张仲到汉高祖时在帷幕之内、“决胜负千里之外”的张良；又从汉文景时期“建忠弼之谟”的张释之到汉武帝时“广通风俗，开定畿寓”的张骞，都一一进行了谱列；又歌颂了张迁本人在任穀城长时“路无拾遗，犁种宿墅”的政绩。还特别记述了他在轰轰烈烈的黄巾大起义风暴来临之时，为挽救行将灭亡的东汉封建统治拼死对抗的作为，文曰：“黄巾初起，烧平城市，斯县独全。”

“张迁碑”碑额为篆书，正文为隶书，字体端直朴茂，笔画方正古拙而多变，起笔和收笔都以方为主，书法家们有“蚕不并头，雁不双设，外方内圆，内捩外拓”的评语，历来为书家墨士的范本。另外，该碑形制典雅美观，两侧饰以近乎立体的高浮雕蟠螭，而且雕刻精细，与汉鲁相乙瑛碑共为后来石碑装饰雕刻的先驱。总之，“张迁碑”无论是从书法艺术，还是史料价值、雕刻工艺等方面来看都可算历史的珍品。

如果谈到两块汉碑的艺术特点，我认为1981年第三期《书法》杂志的《汉隶碑碣掇华》写得颇客观，文中概括云：《衡方碑》的书法以体丰骨壮而著名。笔画端正，折角敦方；顿挫分明，应规入矩。它妩媚动人，憨态纯真，孕育着绵延深厚的力量，为汉隶四类（劲笔类、透逸类、方整类、异变类）中的方整类，所以明清两代就有好几位书法家以此碑开篆。虽然它被公认为方整类的典型作品，但用笔大都以圆笔为主。它的笔法有三个特点：一，间架特别稳重，字字如千斤磐石，蹲踞其位，仪态敦厚。二，以粗壮、古拙之行笔，造成一些部首绝对方正的形象。三，运用收笔时重顿的笔法，配合造型的纯朴，显出特别的风格。文中对《张迁碑》书法艺术的评语是“起收笔都以方笔为主，字画二分书稍壮。形象龙威虎震，剑拔弩张，表现得气势万钧”。

“晋任城太守夫人孙氏之碑”，刻立于西晋武帝司马炎（三国司马懿之孙）泰始八年（272）。高2.5米，宽0.97米，厚0.2米。原在新泰县新甫山下张孙庄，清乾隆五十八年（1793）江凤彝访得，前人未经著录。后移至新泰县学，嘉庆二年（1797）新泰县令柳世珍等建亭保护，1965年冬又移置岱庙保护。

该碑通体为隶书，共20行，行37字。详细记载了当时的任城（今济宁）太守之妻孙夫人节、孝、贤、淑的“美德”，盛称夫人幼年即是贤而有才者。碑文笔势谨严，字画方劲厚重，文辞古雅，与魏黄初孔庙碑绝肖。晋代短碣流行，而此碑为晋碑中之巨制，又为现今发现晋朝最早的一块石碑。因此与历城郛休碑、河南太公望表被誉为晋代三大丰碑。

唐代的封建统治阶级在利用宗教工具方面是佛、道兼之，表现在碑刻方面就是众多修斋建醮碑和经幢的问世。

“双束碑”为泰山保存最早的唐代碑刻，《水经注》曰：“古帝升封设舍所跨处有石窍存焉，现南址有双碑以盖趺合而束之，俗名鸳鸯碑。”它由两块高2.36米、宽0.60米、厚0.22米的石碑合并而成，除两石衔接处无有刻字外，其余每束的三面均刻有文字，并且每面分四、五层不等，皆真书。此碑原在泰山王母池西北侧的古岱岳观东，就其每篇文字的内容，都属唐高宗至唐德宗（650～805）年间六帝一后时期岱岳观修斋建醮的记事碑，共27篇。《双束碑》一向被书法史研究家们认为“唐碑所独有”，它除保存了六帝一后时期的书法艺术和宗教资料外，很重要的一点是它的造型别致，包含有深刻的政治内容。它最早的一则碑文曰：“显庆六年二月二十二日，敕使东岳先生郭行真，弟子陈兰茂、杜知古、马知止，奉为皇帝、皇后七日行道，并造素像一躯、二真人夹侍。”说明该碑是郭行真等人奉旨为唐高宗、武则天皇后刻立的。再据《资治通鉴》记载，显庆五年，“百司奏事，上或皇后决之。后性明敏，涉猎文史，处事皆称旨。由是始委以政事，权与人主侔（侔，相等的意思）矣！”则说明立石的历史背景在皇后武则天摄朝政、欲意专权之时。另据武则天当政时期的几则题记中皆提到“×××道士奉敕”并且每次所降旨的庙观和方士皆易（无非是通过这些出家人的作用笼络人们）。因此，我们可以判定，这独具匠心的双石共束于同一碑首和碑座的造型处理，有可能是经武则天授意安排的，与其说喻义帝后权齐，同治一天下，不如说是武则天深怀帝意的自我表白。为凸显这一政治含义，还将碑首设计密檐歇山式殿庑顶状，而且雕琢精细逼真，可谓独具匠心。

此外，还需特别指出的是：27篇建醮文中，大周武则天时期的就占九篇，而且九篇中几乎都运用了武后改制的文字，如𠀑（天）、𠡦（年）、𤯔（人）、〇（星）、𡇃𠥱（月）、𡆠（日）、𨲢（圣）、𠙺（正）、𥠢（授）、𡔈（初）、埊（地）等。清代的叶昌炽《语石》云：“泰华多祭告之文，唐初祀岱宗投龙简设斋醮皆题名于石，自显庆六年郭行真以下二十余道，多道流之笔，今在老君堂（故址在今王母池西）内。”《双束碑》造型新颖，书法相异，为我国古碑刻所少见。同时，它也是我们研究唐代政治、宗教的宝贵实物资料。

《大唐齐州神宝寺碑》为岱庙所保存的另一重要石刻。它刻立于唐玄宗开元二十四年（736），原在泰山西北麓的神宝寺故址。碑高2.81米，宽1.3米，厚0.28米，体态比较浑大。碑额为方正古朴的大篆字，正文为笔力遒劲的隶书，记述了泰山神宝寺的创建史。神宝寺是唐代“四绝之一”的灵岩寺的前身，因此，该碑也是研究灵岩寺历史和胜迹的资料。碑的东侧面有行书雕刻佛说蜜多心经一卷，相传为唐代李北海所书，也恰好证明了“凡唐人纪游、题名皆就旧碑之阴及两旁书之”的说法。

在岱庙，人们往往被那一通通高大挺拔的龟趺螭首碑刻所吸引。关于龟趺螭首碑刻，是给人印象深刻的中国古石刻，从某种意义上讲，它几乎是古代碑刻的代表。过去人们多认为这种形制的碑刻大约开源于南北朝时期，以南京梁安成康王萧墓碑和梁始兴忠武王萧憺墓碑为证（《文物》1959年第四期）。1984

年，在山东平度县西北灰埠村的“九冢桃花山”发现一块东汉光和六年（183）四月立的石碑，名曰“王舍人碑”。此碑由螭首、碑体、龟趺三部分组成。这可以说是迄今发现的最早的龟趺螭首碑制了（《大众日报》1984年7月3日）。柳子厚述唐时葬令云：“凡五品以上为碑，龟趺螭首，降五品为碣，方趺圆首。此本唐六典盖所述者。时王之制也。”由此可知此龟趺螭首的使用，在古代是受其官位等级制约的，一般为高官显爵者用之。所谓“趺”，即碑座。其形象叫“赑屃”，为明代以来传说的“龙生九子”之一。根据早期文献资料和明以前的雕刻看，实际上就是“龟”的形象，只是随着“龙生九子”的传流，该形象尤其在首颈部分渐次趋向“龙”颜。那么，人们为什么要选择龟来雕作碑座呢？我认为大体有如下几点原因：其一，根据刘向《说文解字注》曰：“龟之言久。龟千岁而灵。……以其长久，故能辨吉凶。”所以龟代表长久，符合立碑要“万古流芳”的宗旨；其二，龟从原始社会的人类始就被当作神物、吉祥物，列为四灵（即麟、凤、龟、龙）之一。以至今天的日本人起名字还多使用“龟”字；其三，《张衡赋》曰“龙图受羲，龟书畀姒”，我国古代已经成熟的文字最早就是刻在龟甲上的，《尔雅·河图注》曰：“灵龟负书，丹甲青文。”后来人还一度把书籍称为“龟策”，如宋代成书，几乎可与《永乐大典》相比拟的《册府元龟》就是一例。因此，符合立碑就是“树碑立传”之意；其四，龟能负重，可表示碑主的德行厚载，唐代刘禹锡《奚公神道碑》载“螭首龟趺，德辉是纪”；《宋志》曰“王者德至渊泉，则雒出龟书”。对于此类碑的趺兽为何物？有许多文章依照明代李东阳《怀麓堂集》中“龙生九子”的说法称“霸下”，或赑屃，我认为有其道理，但比较片面，这主要因为他们没有对此进行历史的和客观的分析。根据上述分析可知，此类碑的趺兽最早都应是“龟”，而且其形象只能是龟。“龙生九子说”的创立者李东阳是明天顺（1457～1464）年间的进士，其说创立的时间一般不会早于天顺年间多少，甚至是以后的产物。这说明将碑趺兽的形象由龟改称“赑屃”的历史只能从明代后期开始，联系碑刻的实际情况来看也完全证实了这一点。仅就岱庙碑刻而言，宋、金、元、明初期皆是“龟”的形象，只是从明中后期到清代的碑刻才逐渐变成“赑屃”的形象，其容貌与传说的“龙”颜相接近。

《大宋封东岳天齐仁圣帝碑》为岱庙现存最早的龟趺螭首碑。它是北宋大中祥符六年（1013），宋真宗加封“泰山神”为“天齐仁圣帝”的封号碑。整个碑高8.2米，宽2.2米，厚0.6米。碑首由六条螭缠合倒垂组成三角形状，龟趺有一个四周雕以云纹的台座，通体古朴壮观。碑阳刻文34行，共计2319字，字径5厘米，碑文由尹熙古撰写，晁迥书丹。碑阴系明万历二十四年（1596）山东巡抚固安张允济、巡抚太原王元贤题并书“五岳独宗”四个大字。字径0.83米，广为人们所注目。

《大宋封祀坛颂碑》位于岱庙宋天贶殿东南方的碑台上，是宋真宗大中祥符二年（1009）东封泰山时模仿唐代高宗、玄宗建“三颂”（即“封祀坛颂”“朝谨坛颂”“社首坛颂”）而立。碑高4.5米，宽1.65米，厚0.8米，方趺圆首，计3777字。此碑由丞相王旦撰文、裴瑀行书并篆额，是探索古代帝王封禅泰山历史的较早资料。

《宣和重修泰岳庙记碑》是宋代的另一巨制。它树立在岱庙配天门的东南方向（即炳灵门外），与“大宋封东岳天齐仁圣帝碑”东西对称。它是北宋宣和六年（1124）重修岱庙的记事碑，形制基本同于“大宋封东岳天齐仁圣帝碑”，高达9.25米，宽2.1米，厚0.7米。仅龟趺就高达1.85米，长4.75米，重20多吨。为一巨石雕凿而成，其四肢稳稳抓地，头部昂起，面目生动，形象可爱，为岱庙龟趺之冠，也为全国所仅见。可以想见当时劳动人民在采石、运输、雕刻等方面的创造精神。碑阳刻文34行，计2319字，字径5厘米，晁迥撰文、尹熙古行书并篆额。碑阴为明万历十六年（1588）山东巡抚中州李戴、巡抚清源吴龙徵题，田东所楷书的“万代瞻仰”四个大字，字径1.2米，格外醒目。

《宋天贶殿碑铭》在天贶殿西南方向的碑台上，园首方趺，北宋大中祥符二年（1009）刻立。高3.5米，宽1.5米，厚0.42米。碑阳刻文2184字，由杨亿撰文、尹熙古书。主要刻记了宋天贶殿的来历及修建过程，是岱庙所谓“秦既作畤”“汉亦起宫”的记载资料之一。同时，此碑还保存了部分宋真宗来泰山活动的史料。碑阴为明天顺五年（1461）的“东岳泰山之神庙重修碑”。

岱庙阁老池东侧的《大观圣作之碑》也可谓一大丰碑。高4.5米，宽1.55米，厚0.41米，龟趺螭首，勒立于宋大观（1107～1110）年间。此碑原在古泰安城文庙的泮桥旁。其文由北宋徽宗赵佶亲撰并书，由权相蔡京题额。其内容是宣扬封建德行的八项规定（即“善父母为孝，善兄弟为悌，善内亲为睦，善外亲为婣，信于朋友为任，仁于州里为恤，知君臣之义为忠，达义利之分为和”。反是为“八刑”。）作为学馆必须遵循的法典，因此又名“御制学校八行八刑之碑”，是研究古代科举制度的资料。另外，碑文从书法角度上保存了作为中国古代书法一派、由宋徽宗创立的“瘦金体”。

《大金重修东岳庙碑》位于宋天贶殿东南隅的碑台上，高6.37米，宽1.85米，厚0.8米，龟趺圆首，雕刻精细。立于金大定二十二年（1182），碑文计1050字，楷书。碑文详细记录了金大定十八年春岱庙遭受大火灾的情景，以及重修的经过。碑由杨伯仁撰文，文学家党杯英篆额，黄久约楷书，从造型、碑文、书法三个方面表现了独有的风格，又被人们称颂为“三美碑”。在中国书法史上占有一定位置，被赞颂为“书笔秀逸，实为金元一代金石之冠”。

岱庙中还有一通不太触目的石碑，那就是《宋升元观敕牒碑》，高仅1.54米，宽0.66米，为宋徽宗赵佶准泰山建封院改为道观并赐额“升元”，而由尚书省发的敕牒行文。此碑原在泰山南麓的升元观院内（今岱宗坊北约200米处）。按敕牒行文原样摹刻行草书体，刻立于宋政和八年（1118）。除时代较早、有书法特点外，主要对研究北宋敕牒文格式有重要参考价值。

《大元太师泰安武穆王神道之碑铭》是岱庙中现存元代最大的碑刻，高6.35米，宽1.77米，厚0.65米。元延祐四年（1317）立，原在泰安城武穆王祠。元武穆王博罗欢，蒙古族人，在元朝的建立和巩固中武功卓著，立下了汗马功劳。碑文全篇叙述了博罗欢一生的经历。此碑有雕工精细剔透的龟趺螭首，实有高大挺拔的气势，隐有碑主人当年跃马陷阵气魄之意。

明代的开国皇帝朱元璋曾尊“五岳”为神，五岳独宗的泰山更为他所崇奉，岱庙中保存了他的两块大碑：一为明洪武三年的“去封号碑”（题为笔者加），主要内容为罢去自唐朝以来加封东岳大帝为王、为帝的称号，改称“东岳泰山之神”。碑高6.55米，宽1.6米，厚0.6米，龟趺螭首，原有高大壮丽的御碑亭。二为洪武十年派近臣李文忠、道士吴永舆、邓子方为钦差代祭泰山的祭告碑。高4.37米，宽1.5米，厚0.51米，龟趺螭首。如果我们注意观察一下岱庙的这两块明代碑刻，就会发现它与以前的巨碑有许多不同。第一，两碑都没有“碑额”（实际碑首空留有额处）；第二，两碑都为大字楷书；第三，两碑的碑文都为简短精练的文辞；第四，两碑的趺龟造型已脱离了龟的写实面目，趋于华丽（有了传说“龙生九子”的赑屃的形象）。这些可能就是明代碑刻的特点吧！由此说明：延续近千年的碑制至此才发生了大的变化，这很可能是当时经济、文化变化的一种反映。

位于天贶殿东南侧的《重修岱庙碑记》，也是岱庙不可忽视的巨制丰碑。它是清乾隆三十五年所立的重修岱庙记事碑。高5.2米，宽1.5米，厚0.5米，龟趺螭首。此碑虽年代较晚，但有优于其他碑刻的两大特点：其一，造型优美，比例协调，精工细作，尤其碑身阳面磨砺精湛，被誉为“透明碑”；其二，用汉、满两族文字对照镌刻，由乾隆皇帝亲自撰写，更显得别具一格。

古代的泰山与中国历史上的某些哲学思想密切相关，因而遗留的文物中也颇有反映，如明嘉靖年间刻立的“五岳真形图”，石碑根据“岳者，称考功德黜陟之故，谓之岳。四方皆有七宿，各成形，东方成龙形，西方成虎形……南方成鸟形，北方成龟形”(《风俗通义佚文》)。以粗墨笔刻了中国古代五岳的图像，然后在每个图形下引刻了一段附会道经的文辞，概略是谈每个岳为什么教掌，以及它们的神圣地位，言词不完全属于封建迷信。传说带上“五岳真形图”可以镇百鬼，压百殃。《抱朴子》云：“凡修道之士栖隐山谷，须得五岳真形图佩之……渡江海入山谷或夜行宿凶房，邪魔魑魅魍魉悉皆隐遁。”这当然是无稽之谈。该刻石与河南嵩山中岳庙里“真形图”同为姊妹，是现存最好的两块。日本学者小川琢治认为这是中国古代一种晕滃法所绘制的地图，他还用东岳真形图与等高线绘制的泰山地形图进行对比，认为和原形很相近。英国科学家李约瑟也赞叹“这幅图中所勾画山形方法完全不逊于近代所用的方法”。明代的“太极图”石碑，主要刻有阴阳八卦的变换和五行(金、木、水、火、土)的关联图像，以及“坤道成女，乾道成男”的词句。该图最初为北宋周敦颐所绘，其意兼采《易经》和道教思想，提出一个以“太极”为最原始、绝对的实体，由它的一动一静产生阴阳五行和宇宙间万事万物，带有一定朴素唯物主义和辩证法的思想。碑的阴面刻有明嘉靖年间摹写的“秦刻石”二十九字，现岱庙光绪年间的摹刻秦刻石则仿它而就。它是我们研究“五行说”和道教思想的珍贵实物资料。

另外，岱庙中还保存有许多有特色、有价值的古碑刻，如明万历丙午年(1606)凌志魁和于慎行的《登岱八首》诗词碑也是值得称道的石刻，它刻书行草，诗词生动俊逸。碑阴为明成化七年(1471)山东等处提刑按察司在岱庙置造备用供器的缘由和所置供器分类明细单，是今天我们研究泰山供器分类与祭祀礼仪的宝贵资料。《御制汉柏图之彝碑》为清乾隆皇帝亲手绘画的汉柏所刊刻。乾隆皇帝长于诗赋，并喜爱写一手流利的行草书，故有“乾隆御笔遍天下”的称道，但他的画却不多见，此画生动逼真，可谓乾隆皇帝的得意之作。岱庙中的碑刻丰富，艺术灿烂，佼佼者还有不少。如明崇祯十五年《汉柏图赞碑》；清康熙十七年《皇清重修东岳庙记》；清泰安知府朱孝纯撰书的《泰山赞碑》(碑阴刻泰山图)；明万历年间穆光允《登岱诗》方碑；清定亲王、成亲王撰写的歌颂泰山的碑，使人百看不厌。颜筋柳骨的明代张钦书“观海”二大字石碑；能写善书的清乾隆皇帝11次来泰山的38块大字草书诗碑……都是富有研究价值的碑刻。这里还要特别说明的碑刻有“第一山”碑刻，由宋代大书法家米芾撰书，行草大字，字径1.06米，刚劲流畅。原刻在山东平阴县东阿镇的“小泰山”，可能是仿湖北武当山“第一山”碑刻。《望岳诗》碑，为清乾隆四十九年泰安知县四川绵阳人何人麟草书，此刻利用狂草笔法，豪放潇洒，苍劲挺拔，犹如唐代书僧怀素再现。《秋兴八首》石刻，同出于何人麟之手，此刻为5.74米长、0.48米宽的横幅。因篇幅较长，采用小草的形式，除保留上刻的特点外，还表现以大小配搭呼应、疏密适度，轻松婉转如龙蛇展伸的特点，为人们所称赞，有“草书之榜”的美称。

保存在灵岩寺的主要碑刻有:《灵岩寺碑》为唐代“碑版照四裔”的大书法家、北海太守李邕所书，字迹刚劲豪放，清代书法家何绍基赋诗赞曰“光出千载前，寒销万冰冻；拓出宛新硎，字字堪洛诵”。现存灵岩寺鲁班洞内。《敕赐十方灵岩寺碑》，刻立于宋熙宁三年(1070)八月，园首方趺，碑文字体完全按照当时的敕牒文样刊刻，其内容是皇帝对灵岩寺住持困难于管辖请求吐退的批复文。它同岱庙的敕牒碑一样，不但是研究灵岩寺历史的宝贵历史资料，而且是古代御制公文格式的展观；《圣旨》碑，是元朝的先祖成吉思汗“兔儿年八月二十八日”下给灵岩寺的，内容大体为元朝统治者提高灵岩寺经济地位的规定，即“每除税粮以外，不拣大小差发……”等等。《皇帝圣旨》碑，明正统十年(1445)二月十五日立，其内容主要是强调保护灵岩寺的地位，规定“务须敬奉守护，不许纵容杂间之人私借观玩，轻慢亵渎，致有损坏遗失，敢有违者必究治之”。此外还有唐太宗御笔题写的“御书阁”(篆书，字径0.55米)及《施五百罗汉记》(宋宣和元年刻立)、《大元国师法旨》《灵岩寺田园记》(由金代大文学家党怀英篆额)、《释迦宗旅图》等等。北宋元符二年蔡卞书刻四石，也有很高的艺术造诣。

第二节　自然刻石

自然石刻，在我国古代石刻艺术发展的历史长河中，是最早出现的一种刻石形式，远在商周以前，即已有之。如贵州红岩山古字，张介侯考为禹迹；河北坛山古字，欧阳修《集古录》引穆天子传，定为周穆王刻石。自然刻石，一般是就山之自然石面加工刻成，有的因势而就，有的稍加凿磨；有的是悬崖立面，有的是倾斜石屏。自然刻石也叫摩崖刻石，冯云鹏《金石索·石索》曰“就其山而凿，曰摩崖”。自然摩崖刻石，其制作简易，虽多草率，却极富天然之美。文字内容丰富多彩，无所不包。自商周始，这种巍然巨制，几乎遍及我国的名山胜迹，而且历久不衰，是不可忽视的古代文化的组成部分。

在泰山，通向各名胜点的道路两旁到处可见大大小小、参差错落的自然刻石，可谓丰硕灿烂。泰山的自然石刻主要集中在蜿蜒20里的东路。在其盘道两旁的岩石峭壁上，凡能引人注目、适于刻凿的地方，大都没有被历代纷至沓来的名流显贵所放过。这些绚丽多彩的历代石刻，析其内容，大致可分为十二大类别：一为标志地点，如“御帐坪”“快活天”“仙人桥”“瞻鲁台”“天外村”“罗汉崖”等。二为颂赞崇高雄伟，如“擎天捧日”“泰山岩岩”“东天一柱”“气通帝座”“拔地通天”“峻极于天”“登峰造极”“天岳同青”“置身霄汉”“昂头天外”“河山元脉”等。三为颂扬泰山盛名，如“冠盖五岳”“五岳独尊”“天下名山第一”“万代瞻仰”“仰止”“出乎其类，拔乎其萃”。四为描写自然风景，如“月色泉声”“松壑云深”“松涛云壑”“石面迸出水，松头穿破云”“至此奇绝”“山静泉清”“海日奇观”“拦环翠秀”等。五为触景生情，如“饱赏眼福”“果然绝景”“绝然高大”“一尘不染，万境皆空”“洗心涤虑”等。六为鼓励登攀，如“勇攀仙境”“山险心平”“渐入佳境”等。七为纪事题跋，多是篇幅较长的摩崖石刻，如“天门铭”“泉”等。八为宗教内容，如“洞天福地”“神州磊落”“忠心诚祝”“神功利济”“从善如登”“问心朝山”“仰答神庥”等。九为历代帝王封禅告祭物，如“纪泰山铭”“万丈碑”“宋摩崖”“清摩崖”等。十为游人题记（包括名人达士）。十一为农民战争遗记，如宋末姜博士起义、元末红巾军起义等刻石。十二为历代名人的诗词集句，如“在山泉”（杜甫“在山泉水清，出山泉水浊”）、“既雨晴亦佳”（杜甫“皇天久不雨，既雨晴也佳”）、“天门长啸”（李白《泰山吟》）、“排闼送青”（王安石“一水护田将绿绕，两山排闼送青来”）、“振衣冈”（左思“振衣千仞冈，濯足万里流”）、“山高水长”、（范仲淹“云山苍苍，江水泱泱，先生之风，山高水长”）。再如“登高必自”“仰不愧于天，俯不怍于人”“能成其大”“登泰山而小天下”，皆出自《孟子》一书。“仰之弥高，钻之弥坚”出自《左传》一书。“从善如登”（引自《国语》“从善如登，从恶如崩”，如登喻其难，如崩喻其易）还有近、现代许多爱国志士仁人在泰山留下的豪言壮语，如冯玉祥的“洗我国耻”“还我河山”“行利他”（隐指做一切事都要有利于他人之意）等。

漫步于泰山繁星点点的历史自然刻石周围，使人情不自禁地为几千年来祖国文化艺术的卓绝而感叹，同时也使人们程度不同地受到文明的陶冶，尤其是那些艺术的精华之作。本书拟择取主要刻石简述如下：

北齐《泰山金刚般若经》。在泰山大罗汉崖下址，斗母宫东北方的山涧中，有一片广约3000平方米的平滑石坪，自东南而西北隶书镌刻下了上卷《金刚般若波罗蜜经》文，因名经石峪。经石峪金刚经文字径50厘米，铭深1～2厘米，字迹波磔古宕，气势雄奇，历有“大字鼻祖，榜书之宗”的颂称，被中外书法家和历史学家誉为稀世珍宝。

经石峪地处窕邃的山谷，从椁椁岗、龙泉峰、老云寨、中溪山、泮黄岭等山峰下来的山水直冲这里，使西半部经文常年沦于川流不息的水中。因此，经常年风雨剥蚀、严寒酷暑、山洪暴发等大自然的无情侵袭，再加人为破坏和摧残，致使这大片的佛说金刚经文到明隆庆（1567～1572）年间已损毁过半，至今仅存上部的1071字。由于整片经文失去了下半部，因而使这优秀杰作的经主、书者和刊刻年代等成了不解之谜。多年来，对经石峪《金刚般若波罗蜜经》刻石的年代和书者一直众说纷纭，争论不休。如清代文人魏源认为是北齐僧安道一所书；清初聂剑光的《泰山道里记》以徂徕山刻石为据，认为是北齐梁父县令王子椿所书；还有根据邹县铁山摩崖的经主定为韦子琛所书；日本友人曾提为僧人符和所书等等，不一而足。对此，笔者想就此谈一点粗浅的看法，试图为泰山《金刚般若经》文的研究起一个“抛砖引玉”的作用。

一、关于《金刚般若波罗蜜经》文刊刻的时代

泰山《金刚般若波罗蜜经》文的刊刻年代，人们多认为是北齐时代，本人基本同意这种观点，并认为其年代最迟是在北齐时代。其根据是：《般若波罗蜜经》为东晋著名高僧道安法师注释说明的佛经，由于与魏晋南北朝的“玄学”唯心主义哲学相吻合，因而它是这个历史时期中最有影响的禅学。隋唐以后，对此经的崇尚逐渐走下坡路。泰山《金刚般若波罗蜜经》应该是问世于此经的盛时之作，而决不可能产生于它的衰时。这是泰山《金刚般若波罗蜜经》有可能镌刻于南北朝时期的客观基础。

魏晋南北朝时期是泰山佛教发展最昌盛的时期。早在前秦皇始元年（351），泰山东北麓就建起了有影响的“朗公寺”（即现在的神通寺和四门塔处），北魏孝明帝正光元年（520），泰山的西北麓又由名僧法定正式创建“灵岩寺”。当时的许多高僧，如佛图澄、道安等都曾卓锡这里讲佛说法。泰山之阳远不及东北和西北两麓广远清幽，而且以坚硬的花岗岩为山体，不易开凿石窟造像，自然没有形成有影响的大佛家寺院。“天下名山僧占多”，佛家要占领泰山，要在泰山之阳因地制宜刻下自己的经典，以扩大影响和弥补不足应是理所当然的事情。经石峪金刚经文产生于泰山佛教昌盛的南北朝时期则是历史的客观条件。

从泰山《金刚般若波罗蜜经》文的书法角度看，经石峪大字结构端庄、笔法古茂，许多笔画保留着竹、木简字体的某些特点和风格，与西晋永嘉二年的《波罗蜜经》真迹有点相似。同时，经石峪大字点划峻厚、气韵高逸，而且具有结体自然、不受隶法的拘束，杂以草、楷、篆、简化字体等方面的特点，完全与北朝时期的书法艺术风格相同，从书法风貌的分析上完全能找到共同点。

北朝后期大兴石刻佛经之风，北齐特进骠骑大将军唐邕，以为“缣缃有坏，简策非文，金牒难求，皮纸易灭”，于是发愿把佛经镌刻在名山，以为保存之计（《中国佛教》）。泰山自古为名山，又居于当时北齐王朝所辖的中心地带，首先应列入佛经镌刻的重点地区。这不能不使我们考虑到泰山经石峪经文成刻于北齐时期的可能性。

所有的泰山经石峪经文“北齐说”者，都同山东徂徕山映佛岩的《般若经》（武平元年刻）、山东邹县尖山刻经（武平六年刻）和铁山《般若经》（大

象元年刻）相比较，这种同类事物互相印证的手法固然也有它的不太科学之处，但具体到泰山经石峪经文的研究方面，却是不可忽视的良好佐证。

二、关于泰山《金刚般若经》文的书者

有关泰山经石峪文的历史资料不太多。在泰山最早涉及石经的是宋政和年间陈国瑞的刻石，其文曰“游石经谷，熟视笔画，字径尺余，非人所能，历千百年曾不磨灭，岂非神力护持，以遗观者”的赞文，刻文虽提到年代久远，但没有提到具体的年代和书者。另据泰山和金石研究方面的专著，多是明末、清代和民国时期的史籍，时代较晚，无从记述，仅能做一些推测。如《山左金石录》载“相其（邹县铁山摩崖）格度，当于泰山峪《金刚经》，焦山《瘗鹤铭》相颉颃，云峰山郑氏（郑道昭）诸碑尚觉不及”；《魏源集·岱山经石峪歌》载“泰山经石峪摩崖，隶书金刚般若经，字大如斗，雄逸高古，与徂徕山水牛洞及岗山（即铁山）文殊般若经如出一手”。明代华亭、孙克宏《古今石刻碑帖目》云“东岳之阳刻金刚经，大尺许，相传王右军书，今考其笔法，实于邹县北齐韦子琛刻经同出一手”。这些前人通过比较字体得出的结论尽管不那么可靠准确，但毕竟是研究工作的进展和成果，对于我们今天研究经石峪经文是很有用的，至少给我们以启发。如果我们拿泰山经石峪、徂徕山映佛崖、邹县铁山三处的经文拓片加以对比分析，就会发现虽然这三处的经文在字体大小、笔画粗细等方面存有一定差异，但在结构字体、用笔手法上确实有相同之感。

泰山、徂徕山、铁山三处般若经文中，现只有邹县铁山经有确切的经主和书者，徂徕山佛经文只有经主（经主为佛经刻的主办人，不是书者）。北周大象元年八月，东汉丞相匡衡的后代匡喆为铁山摩崖写“石颂”（即跋文），文中说“有大沙门安法师者，道鉴不二，德悟一原，匪（非）直秘。相咸韬书工尤最，乃请申豪于四显之中敬写大集经穿菩提品九百册字”。《金石学·说石篇》中说：“小铁山刻经颂，为匡喆撰书。小铁山摩崖佛经铭，为相咸韬书。”由此说明邹县铁山佛经文的书者应是相咸韬。清代的文人魏源曾根据铁山摩崖刻石下方的题名“东岭僧安道一著经”，把“著经”误解为“写经”，从而断定泰山经石峪、徂徕山映佛崖及铁山摩崖皆为北齐僧安道一所书（《魏源集》上卷）。在这里，他不仅犯了误解的错误，而且在人物的年代上也存有问题，其观点显然

是不妥当和不宜成立的。

综上所述，根据历史资料的记载和经文对比，泰山、徂徕山、邹县铁山佛经文如出一手，基本上是无可非议的。由此我们可以推断，三处《金刚般若经》文的书者也有可能为相咸韬。相咸韬的生平，我们查阅了正史和地方志，尚未发现任何资料，《中国名人大辞典》也不曾提供。看来书者很可能是当时的一位没有显赫地位的民间名流。另外，有人曾提出书者为唐邕的主张，拿《明拓唐邕写经颂》与泰山经石峪拓本相比较，尽管有某些字体酷相仿，但总的书法风格差别较大。这里特别应该指出的是：20世纪80年代末，在山东平阴县旧县镇二洪顶发现了多处大齐河清三年（564）题名书者“安道一”的刻经，也为《金刚经》。横向联系泰山、徂徕山、尖山刻经的特色，似应安道一为书者更充分些。因此，这些观点的何去何从，都还有待于进一步的考究。值得庆幸的是作为明拓孤本的《经石峪金刚经》（每字1页，共24册）已于1987年2月在湖南邵阳松坡图书馆发现，被称为“海内第一善本”。是否能解开经石峪刻经书者之惑还是个谜。经石峪处还是自然石刻比较集中区之一，如明隆庆六年的“高山流水亭记”长篇；“曝经石”三字，每个字尺寸为1.85米×1.5米，为泰山大字之魁。

唐《纪泰山铭》位于岱顶大观峰的南面，是泰山最负盛名的摩崖刻石。它高13.3米，宽5.3米，额高1.3米，为唐玄宗李隆基于开元十三年（725）封禅泰山时亲笔撰书所刻。成刻于开元十四年（726）。全文共分4段，24行，每行51字，共996字，连同额铭正好1000字。其内容一是颂扬泰山，二是宣耀自己的功德、粉饰太平，把自己的统治说成是上承天意，下顺民心。此刻文为隶书，字径五寸，不但文辞雅训，而且书法遒逸婉润、端严雄浑，被后人评为“最为得意之笔”，《语石》书曰：“古称封泰山者七十二家，勒石千八百余处，今传于世，自秦刻石以外，无闻焉。唐高宗、玄宗皆尝东封，玄宗为盛，其文御制御书，摩崖……汉以来碑碣之雄未有逮者，以明皇之才，而燕（燕国公张说）、许（许国公苏颋）修其辞，韩、史润其笔，欲不工而不可得矣。”朱彝尊跋云：“御书遒劲若怒猊渴骥，羁束安闲，不比《孝经》多肉少骨，若唐隶尽如此，何惭汉碑碣乎！”唐摩崖整体利用大观峰的南面开凿而成，刻面处理平滑、规矩。特别是摩崖的额部被雕刻成麒麟腾云的画面，并做贴金处理，熠熠生辉，确实巍巍壮观。它不仅是我们研究古代封禅史、唐代书法、雕刻艺术的可贵资料，而且是祖国优秀历史文化的一份瑰宝，同时也是古代劳动人民智慧才能的象征。古有“欲访唐碑当入秦”的断语，就唐摩崖而论，似有不完全之处。新中国成立后国家曾两次（1959年、1982年）拨专款，使丰碑得到妥善保护。另外，在摩崖碑的左面，原刻有唐玄宗封禅泰山时，礼部尚书苏颋撰、梁升卿书的《朝觐坛颂》摩碑，后被明代福建籍官员林焯磨损铲平，刻上了朱熹的“忠孝廉节”四字，真是历史的遗憾。

以唐摩崖刻石为中心的岱顶大观峰是泰山石刻最集中的地方，历代石刻琳琅满目。这里疏密相间，重叠错落的布满了历史石刻。比较重要的有：宋真宗封禅泰山模仿唐玄宗的宋摩崖，即“登泰山谢天书述三圣功德”，摩崖高7.8米，宽4.1米，被明代人翟涛打去刻上字径近1米的“德星岩”三字，此后，明清时又刻上了“天高与山齐”“只有天在上”“登峰造极”大字。唐《纪泰山铭》的西侧是清乾隆皇帝刻立的“清摩崖”刻石，草书大字，刻石之上有仿古建的石造顶。南宋的大文人赵明诚（女词人李清照之夫）的亲笔题刻也在唐摩崖的东侧，为不可多得的胜迹。此外，泰安知州仲言水题的“壁立万仞”、明嘉靖济南府通判徐南全题的“天地同攸”、明万历翰林侍讲韩世能题的“弥高”等也为颇有特色的书刻。至于那字径1米多的“青壁丹崖”“置身霄汉”“云峰”（康熙正楷）亦是令人瞩目之大作。

泰山最大的摩崖刻石要数“朝阳洞诗”刻，位于泰山朝阳洞东北方的御风岩绝壁上，它是清高宗弘历乾隆十三年（1748）祭泰山时亲撰的“朝阳洞”诗词刻石，文曰：“回峦抱深凹，曦光每独受，所以朝阳名，名山率常有，是处辟云关，坦区得数亩，结构奇幽偏，潇洒开牕牖，万险欣就夷，稍憩复进走，即景悟为学，天穷戒株守。”书体为楷书，字径1米左右，整块摩崖碑石刻高约30米，宽12米，俗称“万丈碑”。该刻石择处泰山之阳最显眼的部位，一般在泰山南麓几十里外都可望及。诗刻选择在这个下无立脚之地、上与青天相接的大绝壁，据分析当时的人是利用空中悬梯的方法，由比较熟练的匠人一锤一凿打平，再磨光，落字刻制而成的。它的问世，不能不给人们以奇迹般创造的印象。

当我们叙说泰山的碑刻和自然摩崖石刻之际，还想谈论一下泰山“无字碑”。此石刻位于泰山极顶处，高6米、宽1.3米、厚0.9米，重达17吨。其形式为自下而上渐次收分，顶部覆以大于主石的方石，方石之上又有一雕刻的小型雕柱顶，姿态十分古朴浑厚。碑石主体为一种呈黄白色的花岗岩，通体光亮平滑，但遗憾的是查找不到半个刻字，因此势必引起后人众多的揣测。有的根据它的形状，简称为碑，又因不曾镌刻一字，取名为“无字碑”；有的认为它不是碑，是“石表”（类似于华表）或石阙；还有的认为是“神主石”；更有人认定它是秦始皇所立的碑。

矗立于泰山绝顶的这一庞然大物究竟是何物呢？我认为它不是一个普普通通的石刻，而是一个古代封禅的遗物。从这个石构物的气势和造型看，它不仅是封禅的遗物，而且还必须与一个不平凡的帝王有关。那么它究竟是哪位帝王的作为呢？最早系统地谈“封禅”的是《史记》。司马迁先谈到三代以前有七十二代君王封禅泰山，但没有提到哪一个王在泰山顶立石的事。《史记·封禅书》详细记载帝王的封禅活动，从秦始皇开始，并记述了秦始皇的泰山封禅始末，特别记录了他在泰山顶立石一事，又尽收秦始皇立石的所刻全文。后又记载了秦二世胡亥封禅泰山立石和石刻全文。这就无可置疑的说明此物与秦朝的皇帝毫无关系。

《史记》详细记载的第二个封禅者是西汉武帝。《史记·封禅书》曰：“……东上泰山，山之草木叶未生，乃令人上石立之泰山巅。”由此说明此无字碑应为西汉武帝封禅泰山时所立。《西汉会要》曾谈到汉武帝令人上石立之泰山巅，后东巡海上返回时又再次上山，检查立石事。汉武帝是历代帝王祭封泰山次数最多的一个。他自公元前110年第一次行封禅泰山之礼后，曾在21年中先后7次来泰山封禅，为什么立石不刻字呢？对于这位自命不凡的帝王来说，绝不是一时的疏忽和遗忘，这必须从他封禅的意图上来寻找答案。西汉武帝刘彻统治时期是中国封建社会史上第一个“盛世”，按照古封禅的含义向上天禀报自己的文治武功则是一件自然的事；震慑安抚以泰山为中心的关东地区，避免“吴楚七国之乱”的事件重演也必然来行封禅。他不仅连续频繁登封，而且树立起如此庞然大物，并精心设计出逐渐上收三叠石的整体，给人以稳重、崇高的感觉。完全符合“因高告高”高上加高的升封之意。立石而不刻石纪号、著己之功，完全是汉武帝故意为之。大概是想借以显示自己“受命于天”，功高莫名，不能用任何语言来表述之意。陕西乾陵也有一个高大的无字碑，为唐武则天所立，也意为功德不能用文字可以刊记，这可能是武则天来泰山后受汉武帝启发的效法之作。

泰山无字碑自古曾有许多人考证论述，比较著名的是明末清初的顾炎武，他在《日知录》中曾考定为汉武帝所立。现代的历史学家顾铁符先生也曾撰文论述。他在1964年的《文物》杂志上长篇论述了无字碑的时代和主人，认为此石属东汉的遗物，并推定为东汉的安帝或章帝所立。对此我认为，该推定值得商榷。根据《后汉书》《册府元龟》《资治通鉴》等史书，都找不到东汉安帝、章帝封禅泰山立石山巅的记载，而且本身事件记载都很简单。顾先生的文中曾谈到《史记》只提上石，不提刻石一事，正是因为这样，定汉武帝立石更有可能。此石当时不曾刻字，或根本没打算刻字，当然司马迁在写《史记》时就不会提刻石的事。司马迁的《史记》在史学界一般被认为是史料确凿、语言精美，因此其记载不会挂一漏万，特别对于旷代大典的帝王封禅更不会掺以戏言。更何况司马迁本人当代就曾跟随汉武帝来泰山参加过封禅大典。也许有人要问：为什么《史记》不记述此石不刻字的原因？我们认为《史记》是史的体裁，以记载历史大事迹为主，不可能评论每一事件。而且汉武帝立石的意图如果本人没有专门的谈吐，史家是不敢望风捕影，予以穿凿的。

浏览泰山的自然石刻，还需留心一下清末的文学家、金石学家、对古文字很有创见的吴大澂的笔迹。一是万仙楼后路西石崖上的仿李斯小篆书刻的杜甫“望岳”诗。此石刻书法古拙秀丽，与秦时李斯手笔有真假难辨的感觉；二是中天门北面山崖上的象形篆书大“虎”字，此字高1.06米、宽0.66米，字迹刚劲古雅。吴大澂不仅是一个著名的文人，而且也是一个具有强烈爱国气节的军人，他曾义正词严地舌战沙俄来使，收复被沙俄侵占土地，自请率军参加中日战争。因而他的书法艺术也带有刚正不阿、挺拔雄健的特色。

第三节　楹联

楹联，也叫“楹帖”“对联”“对子”。它是悬挂或粘贴在门口壁间或柱子上的联语，字数多少无定规，要求对偶工整、音韵和谐、用字精炼、立意含蓄、平仄协调，是诗词形式的演变。它首先源于古代的“桃符”，“桃符”是用一寸宽、七八寸长的桃木做成，上面画有传说中能压服邪祟、驱逐鬼魅的神荼和郁垒两个神像。传说人们每到正月初一在门上挂上这两块桃木，就能保得一年的平安。当初的“桃符”上只有图画，后来才在画旁加上一些吉利的话。目前见诸记载的最早楹联，开始于五代后蜀主孟昶。《茅亭客话》里说：“蜀后主每岁除日，诸宫门各给桃符一对……”蜀后主孟昶是个爱好文学的人，有一年过春节，叫学士们题桃符。他认为学士们题的不太好，就自己拿笔题道“新年纳余庆，嘉节号长春”，给他儿子贴在门旁。据说这也就是“春联”的渊源。楹联到了宋代才被推广用在楹柱上，后来又被普遍作为交际庆吊之用。到了明代，出现了一股以明太祖朱元璋为代表的社会上层的“对联”热，他定都金陵后，要当地家家户户于除夕夜在大门上贴一副对联，以示庆祝。他自己也带头题写了许多对联，如“清风明月本无价，近水远山皆有情”（南京莫愁湖亭）、“此事如棋一着争来千古业，柔情似水几时流尽六朝春”（金陵明故宫）。贴对联，借着统治阶级的倡导，在广大社会下层群众中也蔚然成风。

在古代，楹联也被广泛运用在作为社会一角的宗教庙宇中，称“名胜楹联”，此类联大体始自五代十国时期，可以五代僧契盈题碧波亭“三千里外一条水，十二时中两渡潮”为例。它们从宗教角度出发，常常用一些浅近通俗的词语，组成富有一定哲理的楹联形式，来宣扬戒己行善等说教。但以唯物辩证的观点去分析思忖一下，也能使人得到某种教益。在泰山，至今还保存有不少历史楹联，它们多被镌刻在古建筑的门侧、牌坊等石料上。这些楹联有的文情并茂，加之与书法艺术融为一体，成为一种艺术的“美”；有的诗意浓郁、章句精炼，对名胜古迹起着画龙点睛的作用。因此，当你寻访泰山的名胜古迹时，注意察看一下分散各处的楹联，哪怕来不及抄录，也总会增进对名胜古迹的了解，得到一种艺术的享受，受到一定知识熏陶的。

岱庙坊柱：

为众岳之统宗，万国具瞻，巍巍乎德何可尚；
掺群灵之总摄，九州待命，荡荡乎功孰与京。
峻极于天，赞化体元生万物，
帝出乎震，赫声濯灵镇东方。

天阶坊（红门宫处）：

人间灵应无双境；
天下巍岩第一山。

红门宫坊：

万壑泉声沉宝磬；
千峰云影护禅关。

壶天阁：

外联：登此山一半已是壶天；
造极顶千重尚多福地。
内联：壶天日月开灵境；
盘路风云入翠微。

观瀑亭（或“酌泉事”在云步桥处）：

风尘奔走历尽艰辛思跪乳；
因果研究积成功德敢朝山。
跋险惊心到此浮云成梦幻；
登高极目从兹俗虑自销沉。
且依石栏观飞瀑；
再渡云桥访爵松。

南天门：

门辟九霄仰步三天胜迹；
阶崇万级俯临千嶂奇观。

孔子庙（岱顶）：

仰之弥高钻之弥坚可以语上也；
出乎其类拔乎其萃宜若登天然。

西溪石亭（黑龙潭处）：

龙跃九霄云腾致雨；
潭深千尺水不扬波。

筛月亭（普照寺内）：

（东面）高筑两椽先得月；
不安四壁怕遮山。
（南面）引泉种竹开三径；
援释归儒近五贤。
（西面）曲径云深宜种竹；
空亭月朗正当楼。
（北面）收拾岚光归四照；
招邀明月得三分。

菊林旧隐山房（普照寺内）：

松曰好青竹曰好绿；
天吾一瓦地吾一砖。

白云洞（岱顶处）：

品物流形万民所望；
山泽通气百谷用成。

灵岩寺千佛殿：

甘露洒诸天现清净身说平等法；
兹航超彼岸以自在力显大神通。

在泰山的历代著名碑刻中，还有两通非常特殊的古碑，这就是碧霞祠中的铜碑。它位于岱顶碧霞祠正院中，分列于香亭前的东、西两端。东边为大明万历四十三年（1615）“敕建泰山金殿碑记”（阴额“圣孝圣诚永垂亿世”）、西边为大明天启五年（1625）“敕建泰山灵佑宫记”（阴额“圣德神功永传亿载”，均楷书），两碑均为红铜冶铸。两铜碑分别为创建碧霞祠和泰山金殿的记事碑，除内容有别外，在形制、装饰等方面基本一样。铜碑通高3.72米，宽1米（主体碑身），厚0.395米。碑趺为梯形状，碑首为方形，是宋、金、明、清碑制的混合体。在碑的装饰方面表现得异常华丽庄重，趺和首皆饰高浮雕式二龙戏珠，碑身的四缘完全用线刻的行龙环绕而成，整个铜碑的大小龙饰构图生动、铸作精细。铜碑为厚壁空腹处理，尤其是外表铸造工艺高超，如此高大的庞然之物，竟找不到任何麻眼和孔洞，其细腻程度几乎使人认为这是一个木质之作。总之，两块铜碑在铸制技巧、装饰工艺、体形设计等方面都展现了相当高的科学水平，实为举国少见。

在泰山的重要碑刻和摩崖刻石艺术之外，还有一组特别的刻石艺术值得一述，那就是冯玉祥先生的“诗配画”刻石。整组刻石共四十八块，现陈列于泰山普照寺东北方的“烈士祠”院内。

冯玉祥先生是我国近现代著名的军事家、政治家，中国共产党的真挚朋友。他曾于1932年至1935年间，两次隐居泰山普照寺。他身居逆境，仍致力于革命理论和文化知识的学习，积极利用个人的影响宣传抗日救国，热心奔波于唤起人民大众觉悟的社会工作。因此，他在泰山遗留下许多光辉的遗迹，如烈士祠（为辛亥革命滦州起义死难烈士所建）、辛亥革命滦州起义纪念碑、武训小学（现冯玉祥小学）、大众桥、科学山以及大量题记刻石等。冯玉祥在泰山期间，每时每刻不忘记广泛深入群众、交际进步人士，革命艺术家赵望云就是其中的一个。赵望云是倾心反映劳动人民生活的画家，当时与冯玉祥交往密切、至为投契。奋斗目标的一致、感情的融洽，使两位爱国斗士开始了艺术上的合作，共同创作出了泰山有名的《泰山诗配画刻石》。

该组刻石每块均高0.96米、宽0.7米，刻石皆分上下两部分，上部为刻画，下部为题诗。题诗为冯玉祥先生在1925年10月至1926年5月期间所撰书。诗文格律不拘，有三言、四言、五言、六言、七言不等，还有的为长短句结合。诗句朴实精炼、通俗活泼、寓意深远、生活气息浓厚，被周恩来同志誉为“丘八诗”的代表。尤其是冯先生的每一首诗都紧紧抓住民间生活的一个小侧面，深刻阐明一个大道理、催人振奋，在中国新民主主义革命时期发挥了巨大作用。如“教育不猛进，国弱大家贫”（《上山烧香》）、“快雪仇恨救中华，惟一救法定要打”（《播种》）、“着眼在如今，剧本贵革新”（《庙中的舞台》）、“须知菩萨泥塑成，求子求福皆胡闹”（《求佑的一群》）、“生活穷苦追根源，努力生产为首要”（《求佑的一群》）等等。

配画的作者赵望云先生对冯玉祥的每一首诗文内容和含义很通晓，他选择了民族、民间的绘画艺术形式，在整个画面的布局、环境的构思上紧紧把握主题，而在每个画面的用笔上则力求简括明快，即“勾勒取神、不假渲染”，往往用笔疾迅而又变化多端，旨在能够表现出诗的主题和人物的心理、性格特色。整组刻画看上去风格朴素自然、生动真切，为群众所喜闻乐见，然而也正是这种艺术形式，在单纯、平易之中包含了很高的艺术技巧，更便于发挥战斗作用。

诗配画（或题画诗）的艺术形式，至少在南北朝时期就已有之，如南北朝时期的杰出诗人庾信，曾有《咏画屏风》诗25首，在题画诗创作的发展史上占有很重要地位。冯、赵两位先生同生在中华民族内忧外患交迫、国难深重的岁月，他们不仅仅停留在忧国忧民的感情上，而是更以一个伟大的爱国者的姿态，身体力行为复兴中华民族始终奋斗不懈，正如冯玉祥先生的自传诗所述“平民生，平民活；不讲美，不要阔；只求为民，只求为国；奋斗不懈，守诚守拙；此志不移，誓死抗倭；尽心尽力，我写我说；咬紧牙关，我便是我；努力努力，一点不错”。两位著名人物的杰作，是寓政治与艺术统一的典范，它在伟大的新民主革命中发挥了巨大作用，而且在我们社会主义建设的今天也同样具有一定的教育和启迪作用。

第四章
“神”的府第

第一节　中国古典建筑的形成

谈到泰山的古代建筑，有必要先简略叙说一下中国古代民族式建筑的形成和发展。

中国古代民族式建筑作为世界上一种独特的建筑体系至少经历了六七千年的发展过程。在其漫长的历史进程中，我国古代的人类（或者说远古的人们）在生产和生活的实践中，根据我国当时的地理条件、气候状况以及材料来源等方面的客观情况，紧密结合生活习惯、宗教信仰、审美观念诸方面的要求，逐步形成了古典建筑的结构体系。近几年来，考古工作者先后在河南省密县莪沟北岗遗址和河北的磁山遗址发现了距今近8000年的半地穴式房基6座；又在浙江余姚市河姆渡遗址发现距今7000年左右的大片带榫卯结构的干栏式木构建筑……这些重要发现证明：我国无论是黄河流域，还是长江流域，7000年前都已经有了专供人们居住的房屋建筑，而且还比较名副其实。新石器时代中晚期，作为原始人类赖以定居生活的房屋建筑又得到进一步发展，以黄河流域的仰韶文化（河南省渑池县）为例，其基本形式为半地下式，就是在平地向下挖出方形或圆形的房身（或者利用坑壁做墙），墙壁都以木柱、木棍为起架，内外抹草泥土，中夹秸秆，即“木骨泥墙”；房顶也是以木为架，铺上草，树枝或秸秆，外部抹草泥土，呈坡状，整个建筑样式类似今天的窝棚。后来的发展趋势是向平地起建过渡，但仍不失这种基本的结构形式。这里需特别指出的是：木骨泥墙的出现，是地下建筑发展为地面建筑的关键；直立的墙体、倾斜的屋顶，为后世建筑的基本形式奠定了基础，这些都在中国建筑史上具有重大深远的意义。

根据已经发现的原始房屋遗迹和柱洞的排列位置，可以想象这些房子已经采用了比较进步的木架结构修筑，同时，在整个群体的设计和具体的施工上都注意了按客观规律办事。如有的屋内树立的两根或四根大主木柱下面垫上一块大石头，以防柱子下沉，这是我们所知道的最早的柱础，再如山东日照东海峪建筑遗址的台基、护坡及住屋地面，均系分层夯筑而成，并发现了用天然石块夯筑时留下的夯窝，这是后世大量采用夯筑技术的萌芽（山东省博物馆《一九七五年东海峪遗址的发掘》）；另外，在仰韶文化晚期，还发明了檐下立擎柱支撑建筑的方法。总之，由于当时黄河中下游一带的气候远比现在温暖而湿润，周围生长有茂密的森林，因而木材成了中国建筑自古以来所采用的主要材料。为了抵御严寒，北方的房屋朝向一般采取南向，以便冬季阳光射入室内，并使用火炕与较厚的外墙和屋顶，建筑外观厚重庄严。（刘敦桢主编《中国古代建筑史》）

商周时代，北方的以黄河流域为中心的建筑技术，在长期的原始建筑萌芽基础上又有了大的飞跃。其原因除了人们长期的生产生活实践之外，主要就是由于青铜金属的使用，才有可能砍斫木材，并进行加工，从而向较大的建筑群体迈进。1960年，考古工作者在河南省偃师县二里头遗址的第三期文化层中，挖掘出一个面积约10000平方米的夯土台基。在夯土台基上面有规则的墙基和排列成序的柱洞。根据这些柱洞和墙基的排列轮廓，可以证明它是一座宫殿遗址。而且是双重屋檐的四坡式屋顶形式。经初步复原可知：遗址的中心建筑是一座东西长30.4米，南北宽11.4米，面阔八间，进深三间、四面出檐的大型殿堂。殿堂的屋顶呈坡状，屋檐下面还有一周间隔相等的挑檐柱。中心殿堂前面是开阔的庭院。南面有宽敞的大门，为一座牌坊式建筑物，四周环绕有彼此相连的廊房，墙是木骨结构。这是一组十分宏伟壮观的建筑，被认为是商王朝早期的殿堂，与《周礼·考工记》对商代宫室“堂崇三尺，四阿重屋”的记载基本相符。中国的古典式建筑至此已基本有了雏形。

西周时代的生产力有了进一步提高，建筑技术已有相当的水平。西周早期，已经有了在屋脊上施瓦的做法；西周后期，房顶上全部铺瓦，单体建筑和平面布局都有一定的格式遵循。几年前，考古工作者在陕西岐山风雏村发现一处西周早期宫殿遗址，它的全部房基在夯土台基上。这组建筑以门道、前堂、过廊和后室为中轴线，东西两边配置门房、厢房，左右对称，布置整齐，主柱井然有序，结构严谨。春秋时期抬梁式木构架建筑已基本完备，并开始施以彩画。瓦的使用普遍，除了板瓦、筒瓦、人字形断面的脊瓦和圆柱形瓦钉以外，又出现了瓦当，且饰以凸起的饕餮纹、涡纹、卷云纹、铺首纹等美丽的装饰图案。随着奴隶制的向前发展，特别是奴隶主贵族的需求，营造建筑已成为国家必不可少的大事，因此朝廷专门设置了管理这方面事业的官职“司空”，这就是中国历史上“工官制度”的开始。战国时代各国都有大兴土木、营建宫室的习惯，而且更注意了建筑物的装饰美观，表现在瓦饰上，这时期的瓦当一般做成半圆形，纹饰有兽纹、云纹、树纹、鸟纹等。西汉中期以后，建筑物开始使用砖砌。东汉建筑取得了更大进展，如当时作为我国古代木结构建筑特点之一的“斗拱”已被大量成组地使用，多层的木构楼阁逐渐增多，砖石建筑也发展起来。中国古代建筑作为一个独特的体系，在汉朝基本形成。这时期，木结构的屋顶已经有庑殿、悬山、囤顶、攒尖和歇山等五种基本形式；建筑顶饰更加齐全和多样化，如瓦当的圆形纹样，已有四神（即青龙、白虎、朱雀、玄武），还浮雕上了诸如“上林甘泉”“长乐未央”“千秋万岁”等吉祥语的字样。这些秦汉砖瓦的精巧制作，是当时建筑业已臻成熟的象征。虽然汉代的大规模建筑遗迹我们今天已不复睹见，但从遗传下来的石阙、石祠、砖石墓室、明器、画像砖石和铜器等的刻饰足以想见当时的风采。

魏晋南北朝时期除继续发展中国传统的建筑形式外，出现了一种新的建筑类型，就是佛教和道教建筑。佛教建筑合理地吸收了印度、犍陀罗和西域佛教建筑的技术，从而丰富了中国建筑内容和体系，为隋唐建筑的进一步发展奠定了基础。这时期比较突出的一点是：琉璃瓦已正式应用在一些比较重要的建筑物上，同时，在正脊两端开始使用鸱尾（整体似鱼尾，卷曲向正脊中央）。瓦当为尖而长的莲花纹饰。它们的出现，为以后的建筑在装饰方面起了巨大推动作用，而且成为中国民族式建筑的重要特征之一。

隋唐时代，社会经济、文化发展繁荣，仅就古建筑技术的进步和提高而论，这时的宫室殿堂建筑，无论布局或造型都具有较高的艺术和技术水平，如檐头板瓦已经有了“勾滴”；琉璃瓦和瓦饰更加普遍；特别是唐代正脊出现了鸱吻（整体为一兽头短尾、张口吞脊）；斗拱的使用成熟，与梁、栿、柱子结合得更加谨严；木结构已趋于定型化；装饰、彩画也相当讲究；依附于建筑的雕塑和壁画尤为精美。这些都从大量的古代陵墓、殿堂、石窟、塔、桥及城市宫殿的遗址方面清楚地反映出来，如山西五台山南禅寺大殿、佛光寺东大殿等，都有力地说明：中国古代建筑体系至此已发展到成熟的阶段。

宋辽金元时期，中国古代建筑在唐代大发展的基础上又有了新的飞跃。尤其自宋朝始商业、手工业的发展促进了建筑技术的提高。在建筑群布局上出现了若干新的手法和技艺；在建筑的艺术形象上注重绚丽和柔和；在建筑的装饰和彩画方面都强调一定的艺术效果。特别是对中国民族式建筑的科学研究成了专门的学科，出现了不少有关建筑的专著，重要的有北宋李诫的《营造法式》，并被颁布为官方法规。木构建筑的设计和施工达到一定程度的规格化。这时期还出现了纯以砖石拱券构成的楼阁殿堂建筑，即所谓“无梁殿”，丰富了我国古代建筑的结构形式。

中国古代建筑发展到明清时代，又有了一些新的提高和完善。主要表现在简化梁架结构和应用斜梁等方面。如原来起承托作用的斗拱变成纯粹的装饰，并且比例缩小、排列密集。黄绿琉璃瓦的制作高超，能达到经几百年雨雪风霜，鲜艳光辉而不衰。这时期的官式建筑已完全程式化、定型化，建筑装饰琐碎繁缛。尤其表现出严格的礼制观念。如最高的皇宫建筑采用金碧辉煌的“和玺彩画”；王府庙宇施以富丽堂皇的“旋子彩画”；园林宅第的彩画多采用生活气息的“苏式彩画”等，就连建筑顶部的装饰吉祥兽，也按规格依次由行什、斗牛、獬豸、押鱼、狻猊、海马、天马、狮、风、龙、骑风仙人向前递减，完全实现了政治、实用和艺术的统一。同时，这一时期中，还出现了一些汉族和少数民族建筑样式相结合的新型建筑物，构成了既丰富多彩又具有统一风格和特征的体系状况。

综上所述，中国历史文化中的古典建筑的代表主要产生和发展于黄河流域。它首先以地理气候和自然资源为前提，产生了以木架为主体的建筑形式。这种建筑形式又随着生产力的发展和人们精神文化水平的提高而一步步完善。如木构架底部容易腐朽，就在建筑物下部建造台阶（早期夯筑、后为石砌）；在檐柱外面包砌墙壁，以阻隔风雨，并使木架不易走动；由于最早的墙体多系用木板夹筑的土墙，经不起风雨剥蚀，于是将屋檐挑出（建筑物越高檐挑越长）；为承托屋檐又产生层叠复杂的斗拱结构；为了美观和保护木料的寿命则又使用繁缛的彩画。所有这些木架结构和外观的特征，再加上均衡对称的布局方式，便形成了我们自成一派的中国建筑的特有风格。它的基本风格是：以木结构为骨架，举架的木柱立于台基之上，梁枋加置在柱上，组成承托屋盖重量的结构，顶覆以盖瓦，装饰脊兽，四周筑以墙壁，装设门窗。屋顶荷载全部由柱子支撑，是一种与近代楼房和西方建筑截然不同的构造建筑。

中国古代建筑之所以独树一帜，是因为它在建筑功能、建筑艺术和建筑技术等方面都有自己的成就，但主要取决于它的结构形式、外观作风的个性特点。首先它不同于不惜耗费人力物力，采取巨石堆砌，而以巨大宏伟著称的埃及大金字塔、底比斯阿蒙神庙；也不同于以木石兼用结构起来的阿育王的宫殿为代表的古印度的建筑；更不同于被奉为欧洲建筑造型典范的古希腊和古罗马的多利安柱式、爱奥尼柱式、科林多柱式和组合柱式的建筑。由于航海技术的发展带来各国的互相交往，大致从秦汉开始，最晚也在隋唐时期，中国式的建筑艺术就传布到了东亚、南亚和东南亚各国，因而成为流布范围较广的建筑形式，成为世界东方独立的建筑体系之一。只是因为它以土木为主要架构，极易遭受自然和人为的破坏，所以完整保存下来的，尤其有代表性的早期古建筑不多。

据调查所知，我国现尚存元代及元代以前的木构古建筑200余座，这不仅是我们的稀世珍宝，也应被列为世界的宝贵财富。散布在各地反映祖国古老而又光辉灿烂文化的古建筑，是我们民族的骄傲。因此，妥善保护好这些古老的历史建筑是对人类历史文化的贡献；深入研究中国古代建筑的技术、艺术则富有特别重要的价值和意义。《华夏意匠》一书的著者李允鉌先生说：“建筑的发展基本上是文化史的一种发展，有人强调，‘建筑是人类文化的结晶’，言下之意，建筑不仅是人类全部文化的一个组成部分，而且还是全部文化的高度集中。”

第二节　丰富多彩的泰山古建筑

泰山，历来是最高统治阶级朝拜奉祀的地方。在中国两千多年的封建社会中，各代的封建帝王或者封山以祭天，或者朝山以祀神，其目的都不外乎是为了显示自己的淫威，震慑广大劳动人民，以达到巩固统治的目的。这些频繁往来的历史过客，除了极力为虚幻的所谓“泰山神”涂脂抹粉、加官晋爵外，便是利用封禅告祭之机大肆挥霍劳动人民的血汗，修庙立神，借以流芳百世，扬名显声。什么“昊天上帝”，什么“泰山神”，什么“天仙玉女”等等，都没有因为帝王们的供奉而赐予什么“国泰民安”“江山永固”，正如宋代人所说：“当日东封安在哉，茫茫今古泯尘埃。”然而，由于他们所醉心的修庙立神活动，也给泰山遗留下了遍布全山、琳琅满目的古代建筑群。《泰山述记》载：“自岱庙至玉皇顶凡祠庙七十有余，风雨之所飘零，山气之所蒸浥，其剥落者多矣。”

泰山的古代建筑均系庵、观、寺院等宗教性质的庙宇，而且还盛行一神多庙。仅关帝庙从泰安城到泰山顶就有14处之多。其余如“东岳大帝”“碧霞元君”“玉皇大帝”等都有上中下三大主庙。因而泰安才赢得一个海内驰名的“神州”之称。据有关历史资料记载，泰山从秦汉时开始就有建筑，以后随着帝王的活动和佛、道教的发展而蓬勃发展。虽然由于近代以来人为和自然的破坏，但仍保持了大小古代建筑群32处，总建筑面积14万多平方米。主要包括二塔（四门塔、辟支塔）、三宫（灵应宫、斗母宫、红门宫）、五阁（壶天阁、飞云阁、蓬莱阁、摩空阁、御书阁）、七门（配天门、仁安门、炳灵门、碧霞神祠东西神门和两心门）、十桥（八仙桥、云步桥、高老桥、步天桥、长寿桥、注水流桥等）、十一楼（寄云楼、摩松楼、万仙楼、歌舞楼、钟鼓楼等）、十二坊（遥参坊、岱庙坊、岱宗坊、一天门坊、孔子登临处坊、回马岭坊、升仙坊、龙门坊、白鹤泉坊、瞻岩初步坊、灵岩胜景坊等）、十八殿（天贶殿、红门弥勒殿、王母池七仙殿、北斗殿、碧霞元君殿、大雄宝殿、千佛殿、玉皇殿、元始天尊殿、灵应元君殿等）、二十三亭（观澜亭、更衣亭、五松亭、西溪石亭、金星亭、观日亭、望月亭、望河亭、萃美亭、观瀑亭、高山流水亭、御碑亭、对松亭、香亭等）。至于各组建筑群体中的配殿、厢房等辅助性建筑就更不必赘述了。

泰山的古代建筑虽不及山西五台山古建筑时代悠久，也不如河北承德避暑山庄和外八庙古建筑的宏伟壮丽，更不如北京古建筑的规模高尚，但也不失其自己的个性和特色。第一，创建年代久远；第二，由于是宗教圣地，所以不同形式的庙宇分布广、数量多；第三，由于建筑的目的和地势不同，官式、民间式建筑种类齐全。如果来泰山进行一定实地考察，便可对中国古代建筑的结构形式、组织布局、艺术形象等有一个基本的认识。

一、岱庙

岱庙是泰山创建时代最早的古代建筑群，曾有“秦即作畤，汉亦起宫”的记载，它是历代帝王祭告泰山举行大典的地方。北魏郦道元《水经注》卷二十四引“从征记”曰：“（岱庙）墙阙严整，庙中柏树夹两阶，大二十余围，盖汉武所植也。……门阁三重，楼榭四所，三层坛一所，高丈余，广八尺……”1963年，在清理岱庙后载门内的堆积时，从地下曾发现一个大型的殿基，根据少量出土物和规模看，可能是唐代岱庙大殿的地基（唐代正殿多位于庭院的后侧），这就证实了“唐代大增修”的记载。北宋真宗大中祥符年间初具现在的规模，总面积96063平方米。元至正十三年（1353）四月立的《东岳别殿重修堂庑碑》记载：“宋大中祥符肇建今祠，大其制一如王者居，其殿宇、门观、长廊、回阁，总八百一十有二楹。”（《岱览》卷七）以后历朝屡修不止。《泰山述记》载，“圣天子崇重泰山神祇之意，距乾隆三十五年，殆几两载凡神像大殿以及各殿宇廊庑门垣全行拆改新修，次第具举”。现在所看到的岱庙建筑基本属于明清时代的产物。

岱庙从组织布局上完全仿效古代帝王的宫城制度而建。整个组群设计使用了中国古代建筑的第三种形式，即纵横双方扩展。总体布局以南北为纵轴线划分为东、中、西三轴。中轴为主轴、前后建有正阳门（今圮）、配天门（据孔子“德配天地”而名）、仁安门（据孔子“天下归仁焉”句得名）、宋天贶殿、中寝宫、后宰门；东轴前后设汉柏院、东御座（清改名）、花园；西轴前后置唐槐院、环咏亭院（今圮），雨花道院（今圮）。岱庙四周围以城堞式院墙，长三华里，高三丈，原有八个城门（即正阳门、左掖门、右掖门、仰高门、见大门、东华门、西华门、后宰门），每个城门上皆有城楼，尤以正阳门楼最大，又名“五凤楼”。庙城四隅分别建有巽、艮、乾、坤角楼，是为今天所看到的北京紫禁城的式样。

另外，整个岱庙建筑在色彩的处理上也享有皇宫的规格，即“红墙黄瓦”。黄色在我国古代一直被认为是尊贵色彩，这主要源于五行学说里“黄”代表中央方位。在唐代黄色就已被规定为皇室色彩，明清时期更有明文规定，只有皇帝的宫室、陵墓及奉旨兴建的坛庙等建筑才准许使用黄琉璃瓦。至于红色，则在我国古代被视为美满、喜庆的色彩，意味着庄严、幸福、富贵。自周代始，宫殿建筑上普遍施用红色，随后，一直是封建帝王显示“至高无上”和“尊贵富有”的专用色。

中国古代建筑的艺术形象主要分组群建筑的处理和单体建筑的结构两个方面。在组群建筑的艺术处理上，岱庙以遥参亭为前导（其他几岳的遥参亭一般建筑在岳庙内），或称序幕，而遥参亭又是一个具有独立性的群体，这种既独立又联系的设计，更加烘托了岱庙的尊崇气氛，这是我国现存古建筑群艺术处理上不多见的范例。遥参亭后矗立着一座大型石牌坊，名曰“岱庙坊”。越过牌坊才是岱庙的正门“正阳门”。进正阳门后，通过两门两进院落，才是岱庙的主体“天贶殿院”，然后还要穿过两个院落才能步出岱庙的厚载门。由于整个岱庙的中轴线南出正阳门，贯穿过遥参亭、通天街，直达泰安城南关；北出厚载门又贯穿岱宗坊直通登泰山古御道（中路），以整个雄伟的泰山作为尾声，因此形成以附属建筑衬托主体建筑，有层次、有深度的空间，生动体现了中国古代群组大建筑艺术形象特点。另外，在岱庙中轴线的建筑排列上，配天门与仁安门都建筑于1.2米左右的高台上，两门中间又有宽4.4米的高台甬道组成“工”字形，然后由仁安门逐级而下，越过阁老池向北又是拾级而上的高台直通大殿的平台，最后才是巍峨于平台之上的宋天贶殿，形成中轴线的高潮。岱庙以天贶殿院面积为最大，四面围廊组成廊院，东西廊房中间又置重檐的高大建筑钟鼓楼（待复），院内原还有几座带台基的碑亭，本身又形成主中有主的气势。东西两轴分布以彼此独立的院落，然而在整个建筑群体的纵横关系上和对称的强调上都严格入规，达到了主次分明、结合紧密、互相依存的艺术效果。与山西万荣县汾阳后土祠（建于北宋景德三年）的布局和艺术处理近似，具有宋代大型建筑总体布局的典型特点。

中国古代建筑在个体结构的处理上，往往取决于使用者的政治地位、经济状况和功能方面的要求。宋天贶殿是岱庙的主体建筑。宋真宗大中祥符元年（1008），因“泰山降天书”后感上帝恩赐而兴建，中祀“东岳泰山之神”。由于“东岳泰山”之神自唐代开始被最高统治者人格化为“王”，宋又加晋为“帝”，所以这位人们想象出来的泰山神自然要在建筑上享受封建统治阶级的最高代表——皇帝的规格待遇。《玉海》卷一百六十记：“祥符元年七月乙酉，诏泰山灵液亭北天书再降之地建殿，以天贶为名。先是六月丁酉，六日，臣钦若奏‘天书降于泰山’，十月壬子，幸天贶殿，十二月庚子，命学士杨亿撰碑。”天贶殿分九楹广十二筵，长48.7米，宽19.79米，高22.3米（不计平台基座），端坐于白石雕栏环绕的847平方米露台之上。它以柱网72根大木柱起架，重檐庑殿式殿顶，复黄色琉璃瓦，剑把鸱吻，复盆式柱础。殿身檐柱间，有额、阑额、垫板相连，柱上有普柏枋和斗拱，补间铺作除稍间外为四朵，外槽均单翘重昂三跳拱。内槽殿顶为四个复斗式藻井，余为方形平綦天花板。整个大殿栾栌迭耸，雕梁画栋，贴金绘垣，红墙壁立，俨若一座金碧辉煌的“金銮殿”。大殿的两层出檐较短，五彩缤纷的檐下结构形式可以被尽览无遗，使大殿更显雄伟庄严，真无愧于中国古代三大宫殿式建筑之一的称号。天贶殿曾先后在金大定十八年（1178）春、明嘉靖二十六年（1547）、清康熙七年（1668）遭受大火、地震的破坏，因而有几次大的重修。从重檐短出，昂头“⌓”馒头状等特点看，明清时在保持原规模的基础上有一些大的改动。现存大殿基本可定为明末清初的产物。

配天门是岱庙的第二道门，面阔五间，进深三间，单檐歇山式建筑，三柱对接七架梁，梁下有悬梁和随梁，柱上有普柏枋和斗拱，补间四铺作。斗拱上托檐枋和檐檩，复盆式柱础。顶复黄琉璃瓦、大脊饰剑把螭吻、垂脊、戗脊均施脊兽。阑额、檐枋、斗拱彩绘以忍冬、二龙戏珠、缠枝莲花等。配天门建于宋真宗大中祥符二年（1009），东西两侧，分别建有三灵侯殿（祀周朝谏官唐宸、葛雍、周武）、太尉殿（祀唐朝郧国公杜悰）。

仁安门为岱庙第三层门。面阔五间、进深三间、通高11米，单檐歇山式，黄琉璃瓦盖顶，剑把螭吻、戗脊四走兽。其木架结构为七檩中柱式，三架梁上有驼峰，对接处有持额轕鞓拱相托，脊檩有扶脊和脊枋，金枋上施一斗二升的斗拱，承托上金垫板和上金檩，檐柱上施普柏枋，柱头为七踩重下昂斗拱，承托蚂蚱头和尾，三个菊花拱承托。值得注意的是：此建筑整个斗拱结构机能仍保存其原来的结构意义，较之明清时代的斗拱结构均有很大不同，这是岱庙现今建筑中唯一反映元代以前特点的建筑结构。

后寝宫位于天贶殿之后，是为泰山神妃“淑明后”而修建的象征帝王皇城的后宫。因此分东、中、西三宫，中寝宫前有高1.65米、宽10.72米的甬道与天贶殿相通，形成第二个“工”字布局，中寝殿五间，面阔23.1米，深13.27米，高11.7米，四柱五架梁、重梁起架，单檐歇山式顶。覆以黄色琉璃瓦，柱下施复盆式柱础，檐柱上施普柏枋和斗拱，补间四铺作。东、西寝宫与中寝宫一线排列于左右。两寝殿都建于高0.65米的石砌台基上，重梁起架、复盆式柱础，单檐歇山，顶复灰色筒瓦，补间四铺作。

岱庙中还有一组较重要的古建筑就是“东御座”，旧为迎宾堂，为帝王来泰山致祭落榻之处。康熙年间增置“三茅殿”（祀汉朝的茅盈及其弟茅固、茅衷），清乾隆三十五年（1770）改为驻跸亭（又名东御座）。此组建筑由垂花门、仪门、大门、正殿、东西厢房组成，共分两个部分。前部有串通的垂花门、两仪门、东华门和影壁一座。进两仪门的南大门为后部，系“东御座”的主体院落。由正殿、东西厢房、四面交合的回廊组成。正殿建在东西长19.06米，南北宽10.5米，高1.7米的石砌台基上。殿为5间，面阔18.6米、深10.1米、高6.8米，四柱六架梁前后廊式，卷棚硬山顶，复盆式柱础，檐下阑额、檩椽、垫板均饰彩绘。殿前有75多平方米的露台。东西厢房各3间，皆卷棚硬山顶。环廊建于石砌台基之上，双柱四梁卷棚式。此组群位于岱庙的东轴线，采用中国北方典型的四合院格式建造，而且自成一体，确为岱庙组群中安全、幽雅、静谧的小天地。

岱庙自北宋真宗时初具规模以来，由于历代封建统治阶级都不放弃这个“神灵”济助，因此对于岱庙的保护维修就成为不能忽视而又不遗余力的事情。如明万历三十三年（1605）曾进行过一次维修，前后进行了两年零两个月的时间，花费黄金4955两（《岱览》卷七明“重修东岳庙碑”）。清康熙八年（1669）的维修，记载说，所需木料、琉璃瓦、颜料等全部从江南采买，仅差旅费就用银1600两；在安徽芜湖一带买杉木2000根，桐油10000斤，银珠200斤，铜绿400斤，宫粉400斤，大绿200斤，赤金200箱，腾黄、烟子、黄油等料，完全用绳缆扎成木排，由300余名撵夫经大运河水路运至济宁，仅南京至济宁一段路程就用了一年多的时间，然后再用600多辆马车运到泰安，仅车价就需银2000多两。另外又差人到山西阳城买铅4000斤，在泰安四乡购买大榆、杨树2000余株，征调木作、泥水等工匠400余人（不包括大量辅助壮工），整个维修工程持续6年之久（据岱庙康熙十七年四月立“重修岱庙履历纪事”碑）。所以我们不能不说岱庙是中国历代劳动人民血汗、智慧、才能的结晶。

有的同志提出“秦即作畤”一言不能作为泰山自秦即有建筑的凭证，其认识有片面之处。所谓“畤”，即是专为祭祀修筑的土台，而且是重要祭祀之所。瞿宣颖纂辑的《中国社会史料丛钞》曰：“秦之建筑足以代表其特殊文化思想者，其惟畤乎。”因此，以“秦即作畤”作为泰山自秦开始有建筑的说法是有道理的。前面所引《水经注》中“三层坛”的记载，或许就与“秦即作畤”有关。

遥参亭，为面积3442平方米的古建筑群，位于岱庙之南10多米，其中轴线由条石甬道与岱庙连通，是一组既独立又统一的组合设计形式。这里因是帝王们临驾后举行简单参拜仪式的地方，有遥参、草参之含义，所以有“遥参亭”“草参亭”的称谓。据初步考查，这里最早可能只有一个供帝王祀典的亭子，大约从宋元开始扩建。这组建筑主分两个院落，以南山门、仪门（双券棚悬山式）、正殿、亭子、后门为中轴，东西设配殿和厢房，前后门的两侧分别置有掖门（券棚歇山顶）。主要建筑为南门、正殿和北门。其特点分别是：南门和北门相同，均系三间，九脊歇山顶，檐下为影作斗拱，柱下施复盆式柱础。大殿是主体建筑，为五楹，面阔10.8米，进深7.75米，通高7.9米，重梁起架，前后双步廊式；九脊歇山顶，覆以黄色琉璃瓦和吻、兽等；檐下额枋，斗拱均施彩绘，斗拱补间三铺作。大殿前有高65厘米、面积30.9多平方米的平台。由于院落和附属建筑物较小，进而使大殿显得高大宏伟、气度不凡，整处建筑虽然规模不大，但设计布局和建筑形式都非常规范严格，与岱庙保持着一定的协调和衬附作用，是我们研究泰山古建筑不可忽略的一点。这里特别应当指出的是，在大殿的斗拱中尚存几个“△”形昂头，这显然是元代以前的遗物，这是泰山全部古建筑中唯一保存的较早的木构件。在遥参亭古建筑群前面还有一座有特点的石牌坊，即“遥参坊”，为四柱三门式，此坊主以四根方形立柱，每柱头雕塑一“望天吼”，柱间有上、下石枋联结，正门枋上雕饰主体火焰纹宝珠，造型十分古朴大方。石坊为清乾隆三十五年（1770）建立。坊的附近还有“双龙池”、石旗杆座、铁狮子一对等古迹。

岱庙坊是泰山现存最大的古石坊。为四柱三门式，宽9.8米，深3米，通高11.3米，坊建于两块长3.3米，高0.8米的巨型石基上，东西各立两大石柱，中间施以过梁，其下有垫板、额板、阑额。坊顶为九脊歇山顶，正脊中饰宝瓶（立雕四金刚拉桩），两端雕螭吻。坊滚墩石上立雕一大狮及不同形态的小狮子，共计25尊。在整个牌坊的立柱、额梁等面部皆浮雕麒麟、鹿、羊、鸟、缠枝莲花、梅花等图案，诸如“丹凤朝阳”“二龙戏珠”“群鹤闹莲”“天马行空”“喜鹊登梅”等瑞禽祥兽20余幅。均刻镂透细不凡。岱庙坊系清康熙十一年（1672）山东布政使施天裔主持重修岱庙时修建。岱庙坊位于遥参亭和岱庙两建筑群的中介，空间面积小，更使其呈现高大雄伟的气势，尤其石坊两中柱的楹联题刻高度概括了泰山的崇高地位和声望。

二、王母池

王母池位于泰山南麓的登山中路东侧，是奉祀西天王母的道庙。根据初步资料查得，至少创建于三国时期，有曹植的泰山《仙人篇》“东过王母庐”诗句为证。唐代又名“瑶池”“王母池”(院中有清泉得名)。李白有“朝饮王母池，暝投天门关”(《泰山吟》)的诗句。王母池以西50米即是唐代香火最盛、修斋建醮庙会最多的岱岳观(泰山神的中庙)和老君堂旧址。可推测与之毗邻的王母池这时定会有大的扩修。宋代王母池的建筑更加可观，王母池东配殿西南角的圆孔石碣(实际为拴牲石)上隐约可辨有“政和”年号等字刻，或许是一个有力的说明。现王母池古建筑群因地势而建为三进式庙堂院落。主要建筑有王母池、王母殿，东西配殿、悦仙亭、七真殿、蓬莱阁、禅房等。王母池是一座用雕石栏杆围成的泉水池，长7.3米，宽3.45米，深1.8米，中间有一弧形石桥把池面分为东、西两部分。桥边望柱头雕以姿态生勃的卧狮。正殿三间，四柱七檩五架梁，硬山五脊顶，殿内神台供奉西王母铜像一尊。东西配殿各三间、五檩五架梁，硬心单脊顶。东配殿向东延伸一亭名“观澜亭”，悬山卷顶。正殿后的方形石台基上有一四柱方亭，角梁、扶角梁、金枋相迭，角梁交麻叶头、四角攒尖。顶部饰三脊兽，中有方形雷公柱。七真殿分前廊、后殿两部分，前廊5间，东西阔15.6米，进深7.2米，高5.3米，前有六根圆形檐柱，中间有方柱12根；后殿3间，七檩五架梁、硬山五脊顶(原祀吕洞宾等七真人)。蓬莱阁在七真殿东。附近还有八仙桥、吕祖洞等胜迹。这里林木映隐，清泉甘洌，建筑古雅，风景幽美。

三、神通寺

大约从4世纪后半叶开始，在山东地区伴随着佛教的广泛传播，便逐渐形成了以泰山为中心的齐州佛教区。虽然随着时光的流逝，许多反映佛教在这里兴盛的遗物已成为历史的陈迹，但仍幸存下了一批释家伽蓝。这些建筑物的保存为研究我国古代建筑具有一定的资料价值。

迄今所知，早在公元351年竺僧朗来到泰山一带从事佛教活动，并建立了“朗公寺”（今泰山东北柳埠），这是泰山佛教发展的开端。隋文帝开皇三年（584）该寺改为神通寺，得以继续发展。这里现今保存的重要古代建筑有四门塔和龙虎塔。四门塔（因四面各开一门得名，不一定是当时的名号），是一座方形单层石塔。其四面阔7.41米至7.94米不等，通高15.04米，青石砌筑。每面正中各开一半圆形拱门，塔心正中为一大石方柱，柱上擎三角形石梁16条，上置石板拱起，形成方形廊道，四面向拱门处各置一尊佛像，此塔是我国现存最早的单层石塔。其建筑形象和特点是檐部建成叠涩五层挑出，塔顶在挑出的石叠梁上用23行石板层层内收成为锥形，塔的攒尖部分是一个由露盘、山华籍叶、相轮等构成的塔刹。整个塔体简洁朴素，浑厚稳重，是我国单层塔的早期建筑范例。“四门塔建于何年，不见文献记载。1972年，国家拨款对四门塔作了一次大修，在塔顶内部拆下的一块拱板石上，发现刻有‘大业七年造’的字样，同时还在塔心柱内发现一个舍利函，函内贮有隋代五珠钱。两相印证，可知四门塔是一座隋代后期建筑物，建于大业七年（611），从而解开了四门塔建造年代之谜。”（济南市博物馆《四门塔与神通寺》）

龙虎塔，因塔身雕以龙虎图案而得名。塔高10.8米，砖石结构。塔基为平面四边形，共为三层，每层有平石突檐，重重叠落如束腰形，每层基座彼此相连互为一体，具有独特形式的基座下两层每面有两个长方形凹陷的槽，内有浮雕。基座最上一层为一个完备的须弥座，转折处雕莲花瓣。束腰部分有兽形浮雕，左右有飞天，四角有力士像。塔身为方形，每边长3.2米，高宽相当，塔室四面各开一宝珠券门，券面雕作火焰纹，门两侧雕有持国、增长、广目、多闻四大天王像和阿难、迦叶的雕像，门上和四角有菩萨、飞天、伎乐、龙虎等精美高浮雕，皆构图生动，雕刻精美，布局适度，华丽壮观。塔的顶部用砖层层叠涩挑出塔檐。檐下用砖制成柱头和斗拱状。再上檐顶内收为细腰形，又用砖假做成斗拱挑出一层檐，方形的塔刹座，正中结为较大的圆顶，形成重檐华拱的砖砌塔顶。该塔是一座优美造型与精湛雕刻水乳交融的杰出建筑，一般讲创建无考，根据其精工细作的高浮雕艺术的塔身分析，它应属于中国古塔中的花塔类型，花塔大都是宋辽金时期的产物。因此，我们可以把龙虎塔的建造年代定在宋辽金时期。这也可以从附近遗物中找到佐证，塔的北面不远就是一个墓塔林，现存41座墓塔、皆系宋元时代的和尚墓，所以，龙虎塔应为这一时代墓塔林的一部分，之所以有别于其他的墓塔，可能为某一高僧所建。

另外，柳埠镇东南的灵鹫山还有一造型别致的古塔，原因塔顶有9座小塔，起名为“九顶塔”。塔高13米多，塔基呈八面形，砖砌塔身为单层，檐部叠涩挑出17层，然后又选叠涩收为16层，每面塔檐呈内弧状。塔顶中部砌一高5.3米的小塔，八面又围以高2.84米的小塔。都为水磨砖对缝砌成。塔的南面有一佛室，内有石雕佛三尊。室顶作以天花藻井，四壁尚有残存壁画。根据塔的建筑风格和艺术形象，应为佛教发展繁荣的唐代。

四、灵岩寺

灵岩寺在泰山西北麓的方山（又名“玉符山”）下，北魏孝明帝正光元年（520）由和尚法定创建，唐代大发展，被称为“四绝第一”（其余为浙江天台国清寺、湖北江陵玉泉寺、南京栖霞寺）。北宋时期是灵岩寺发展的高峰阶段。灵岩寺现存古建筑仅是盛时的三分之一多点，主要有千佛殿、辟支塔、慧崇塔、御书阁、钟鼓楼和墓塔林。

千佛殿是灵岩寺的主体建筑，始建于唐代，北宋仁宗嘉祐六年（1061）拓修。明嘉靖年间重建，明万历十五年重修。现梁间尚留有“大明万历十五年岁次丁亥九月初八日德府重修”题字一行，说明现存殿顶梁架基本为明万历年间所置。随后的清朝康熙、同治年间都有重修。千佛殿面阔七间，进深四间，单檐庑殿式，坡度和缓的殿顶覆以绿琉璃瓦、形制遒劲的剑把鸱吻。斗拱为三跳，直接承托挑檐檩，且用材较大，昂头为“⌂”形，这些都具有元代及元代以前的特征。它出檐较深，檐下斗拱额枋饰彩绘。殿顶内部正中有八角二龙戏珠藻井。其疏朗雄大，给人以庄严稳固的印象，仍保留有宋元建筑的风格。最值得注意的是大殿前檐的8根石柱和柱础，石柱为周围刻深凹直棂16条，至顶微有收分，在我国古建筑中甚属少见。柱下石础，明间二檐柱础刻龙和凤及花叶水波纹样，雕刻更为精美，亦是唐宋柱础中不多见的。次间、稍间及屋内柱础均刻作莲瓣，就中尤以宝装莲花柱础与佛光寺大殿前檐宝装莲花柱础极相类似，因此，这八根石柱和柱础可能至少是宋初之物，其中有一部分还有是唐代的可能（罗哲文《灵岩寺访古随笔》，《文物参考资料》1957年第五期）。千佛殿主祀毗卢遮那、释迦牟尼、卢舍那，被颂为“海内第一名塑”的宋代四十尊彩色泥塑罗汉像就置于殿内四壁的坛台上。

辟支塔位于千佛殿西北隅。创建于唐代天宝（742～756）年间，北宋嘉祐年间重修，元、明屡有重修。塔高54米，塔基座石砌为八角形，四周刻有阴曹地府浮雕。塔身分九级，下两层置平座，重檐，三层以上为单檐，檐下有砖砌斗拱，均作二挑华拱，上承托椽檐。每层东南西北四面辟门，其余四面设直棂假窗。塔刹由刹杆、相轮、园光、仰月、宝珠组成，塔刹有铁链八条分别由九层檐上的八尊金刚拽引加固。塔底部四层有塔心柱，设砖砌阶梯可循级而上，登临远眺。五层以上则沿塔身外檐旋转方才登至塔顶端。辟支塔属楼阁式古塔。北宋以来重修中有较大改动。它挺拔雄伟，巍然硕大，在灵岩寺古建筑群中起着高潮的作用。在我国古代沙门领地里，建筑物的主次排列有着一定的格式，南北朝时期，塔是佛寺组群中的主要建筑，因而多建筑于伽篮的中心位置。到唐代，则起了变化，不再以塔为中心。根据灵岩寺中千佛殿和辟支塔的排列，就说明了这一点。

惠崇塔是灵岩寺大墓塔林中时代最早的一个，建于唐天宝（742～756）年间，它是这一时期灵岩寺大住持僧慧崇的墓塔。慧崇僧活了一百多岁，对灵岩寺的建设和发展功绩卓著，与朗公、法定齐名。因此塔的建筑也就非同一般。塔为全石建筑，造型与柳埠的四门塔相似，为单檐方塔，高5.3米，塔基由五层厚薄不一的石条砌成方形。塔身亦为方形，宽3.75米，高3.12米，四面开启以拱形门。唯南面为真门，余均为半掩之假门，门上槛、左右抱框均起“枭混”，槛以上为火焰形半圆拱，券顶刻一兽面，券脚刻有椭圆形旋纹头。假门作半掩状，内半出一人，门上刻门钉。门上雕有狮头、伎乐、飞天、武士等图案。塔顶出檐两层，以石板叠涩挑出又逐层内收，上置露盘、仰莲、宝珠组成的塔刹。其整个形态与河南登封市嵩山会善寺的净藏禅师塔和山西平顺县明惠大师塔同为一例（刘敦桢主编《中国古代建筑史》）。它古朴优美，结构简洁，雕工精细，具有很高的建筑艺术水平。

御书阁在千佛殿东北，面阔三间，单檐庑殿式，顶复绿琉璃瓦。《灵岩志》云：“唐贞观三年陈玄奘译经于此，太宗赐以手敕，因建此阁，至宋太宗、真宗、仁宗、徽宗皆赐有御书，金贞祐中寺遭兵燹御书尽毁，惟空阁存焉。”另外，灵岩寺现存较重要的古建筑还有大雄殿，原为献殿，面阔七间，为硬山卷棚式，覆以灰色筒瓦，创建于北宋嘉祐（1056～1063）年间原塑有大佛像三尊。

五、普照寺

普照寺是泰山之阳现存最完整的古刹。《泰山道里记》载：“为唐宋古刹，金大定间奉敕重建，额曰‘普照禅林’，有敕牒石刻勒于殿壁。”但从久负盛名的六朝古松来看，佛寺可能创建于南北朝时期。寺院为递高五进，以一山门、二山门、大雄宝殿、筛月亭、摩松楼为中轴，东西配以庑殿及禅院，层层起台，院院嵯峨，总面积6169平方米。一山门三间，五梁五檩门楼式，五脊硬山顶，二山门一间卷棚顶，均施彩绘。钟鼓楼分列一山门里的东西，砖石结构，为两层方形楼阁，通高7.7米，四壁窗外平雕忍冬纹饰，楼顶结构有四梁迭以四扶角梁，四老梁后部攒尖于雷公柱。大雄（系佛教对释迦牟尼的尊称，即“一切无畏”的“大勇士”之意）宝殿是主体建筑，面阔三间，四柱五架梁，五脊硬山顶，上复灰色筒瓦，脊端施鸱吻，大脊正中有佛家宝瓶，檐下木结构施以彩绘，殿中供奉释迦牟尼涂金大铜像一尊。大雄宝殿背后是一四方石柱支撑、木结构攒尖的方形亭子，名曰“筛月亭”。摩松楼坐北朝南位于筛月亭北，两层五开间，五脊硬山顶，覆灰色筒瓦、鸱吻，戗兽俱全，大脊正中安一骑兽宝瓶。摩松楼西侧有一院落，清康熙初年著名诗僧元玉修葺扩建，遍植菊花，号为“菊圃”。现有悬挂“菊林旧隐”匾的五间正房；东侧称石堂院，有正房三间，耳房两间，东厢房三间，为元玉（号石堂老人）僧的居处。

普照寺的东轴线两个院落，皆为禅院。普照寺虽从建筑规模看不算太大的佛庙，但它选址于山环水绕、茂林修竹、野花芬芳、曲径通幽的山坳中，使人深刻感到有一种超脱红尘的意境。古人有诗曰：“门前几曲流水，寺后千寻碧峰，鸟语溪声断续，山光云影玲珑。”从寺院的布局和设置来看，门前的开阔地带有两层高台和石砌甬道与大门连通，整个建筑群为茂密的古柏老桧映掩，只有一山门微露，就是走到门前，也只能看到一山门和院内钟鼓楼顶端，以及远望到中轴迭次的院落。进入寺院后仍为层层的高台和迭阶递进引深，建筑布局继承了南北朝、隋唐佛寺的建筑设计传统，以殿堂门廊等组成以庭院为单元的组群形式，特别是单体建筑摩松楼的建造，自然而然成为整组群筑的高潮，符合古代组群建筑的艺术处理。总之，普照寺地处优越，再加地平标高逐步提升，建筑物形体逐量加大，而且富有层次、深度，赋予了“佛海无边”、超俗、神圣的效果。

六、碧霞祠

碧霞祠是高居于泰山之巅的古代建筑群，也是现今泰山保存最完美的一处古迹。它是传说中碧霞元君女神（俗称泰山老奶奶）的府第。史料记载：宋真宗大中祥符元年东封时，曾雕玉女像凿龛供于玉女池旁。此后始建玉女祠，名曰“昭真祠”。今为“昭真观”，明洪武年间重修，号碧霞元君祠。碧霞祠历经清顺、康、雍增修，至乾隆年间形成现在的规模。“顺治时知州曲允斌增葺歌舞楼，东西各建石阁，门外火池以焚楮币”；“乾隆庚申（1740）毁，命内务府员外郎江都重建，庚寅（1770）重修，悬栋结阿，云楶星棁之丽，拟于彤宫璇室矣，祠正殿五楹，中祠天仙玉女碧霞元君，范铜为像，步摇翘凤，锦帔飞龙，七宝庄严，备极崇奉。盖瓦鸱吻檐铃之属亦以铜，高揭孽以搴云，上歙艴而丽日”（《岱览》卷九）。碧霞祠以山门为界划分前后两院，主要由大殿、配殿、香亭、山门、御碑亭、钟鼓楼、歌舞楼、神门组成。

前院东、西神门均为条石筑拱形门洞，上筑卷棚歇山式3间阁楼，面阔8.8米，深3.5米，高4.9米。南神门为条石筑方形门洞，其上建有戏楼3间，面阔9.79米，深4.95米，卷棚歇山式顶，檐檩、额、枋、雀替饰以沥金粉彩，于清顺治十八年（1661）增建，但戏楼平面尺度一致，没有固定的前后台的分隔等特点，具备元代戏楼的特点，与明清特点不相符。钟鼓搂面阔进深皆5.4米，通高7.38米，重檐歇山式顶，覆以灰色筒瓦。内部结构为四通柱起架。南神门向其左右各延伸两间耳房与东西神门相连，其平房顶上有砖砌花墙栏杆通道与神门楼阁串通，形成“└──┘”形。

山门是两个群体的中介，为单檐歇山式殿门，分五间，面阔19.8米，深11.2米，九檩中柱前后廊式，重梁起架。面开三门，两稍间各开拱形窗一个。殿门顶盖瓦、滴水、螭吻、戗兽均为铁铸。檐檩、斗拱、额枋饰沥粉大乌金彩绘，门内前后稍间分别祀四天王铜铸像。

进入山门则是碧霞祠古建筑群的主体部分。东西御碑亭分别列山门的两边。皆为重檐歇山式方亭，阔深尺寸6.2米，高7.9米，檐檩、角梁、额枋、斗拱饰以彩绘。顶盖黄色琉璃瓦。东亭内树有清乾隆六年“重建泰山神庙”御制玉碑一通，西亭内树有清乾隆皇帝登岱诗韵碑。

碧霞祠大殿是这个主体部分的主体建筑。坐北朝南巍座于整个建筑群的最后端。大殿分五楹，面阔24.7米，深15.1米，通高13.7米，单檐歇山式，重梁起架，四角梁下有角柱支撑。柱间有额枋、阑额、普柏坊，内外柱间施以穿插枋、抱头梁。檐下斗拱为单抄双下昂，补间六铺作，次间稍间递减一作铺。柱础为合莲柱础上落鼓形石梀类。殿内槽柱上施四个隔架斗拱，天花板绘以云龙纹饰，正间有一八角藻井，雕栩栩如生的二龙戏珠。殿内、廊下悬有康熙“福绥海宇”，乾隆“赞化东皇”大型浮雕匾额。大殿的上顶所覆筒瓦、鸱吻、戗兽，浮雕有双凤缠枝莲花纹饰的大脊等，均系铜铸，仰瓦为铁铸。另外，歇山的檐根与山墙结合处饰以立体浮雕的仙人图案，每山九个。特别是360垅瓦（喻指每一年360天之意）的末端都施一条精致的飞龙，其瓦下有一根长钉，牢牢钉在檐檩上，致使常遇大风侵袭，也不会使重重的铜瓦垅下溜脱檐。人称“飞龙檐”。这样除了在结构上起到不可少的作用外，并且成了艺术上的装饰，增加了造型上的美感，是为比较奇特的结构与艺术的统一处理。

东西殿为悬山式，各3间。面阔13米，深7.7米，高8.4米。内部结构均为重梁起架，三踩单下昂头拱。殿脊饰忍冬纹，两端配以螭吻，檐下木结构和殿顶天花板皆彩绘，殿顶盖瓦和饰兽都为铁铸。香亭位于大殿前的院中心，系重檐歇山式方亭，下层列十二根圆木柱举架，其中四通柱，有穿插坊，连接角柱和檐柱，上有四角梁、扶角梁、金枋承托三架梁，又立蜀柱承脊檩。下层檐柱用以普柏枋，枋与檐檩间施斗拱，平身科每面八铺作，上层为六铺作。该亭双檐木构部分施彩绘，上复黄色琉璃瓦。亭内供祀碧霞元君铜像一尊。

碧霞祠的建筑面积只有3900多平方米，但聚集了12座大型建筑物，而且排列有序，主次分明，牢牢遵循着中国古代建筑组织布局的基本格式。碧霞祠建筑群使用的是纵向扩展的组群手法，最前是一个刻有醒目的“万代瞻仰”的大型影壁，起一个序幕的作用。紧跟着是一座宝库（纸火池）建筑，然后是一盘43级的台阶组成的石阶通入南神门，进入院中仍因地势层层起台，造以建筑。进入主体院内，前视最先看到的是五光十色的香亭，院中主体建筑被蕴于后面，这样可在有限的空间增强深度和层次。特别是顶部瓦饰的区别，对于突出重点和祠主人的地位起着很大的烘托作用。碧霞祠建筑有主有从，高低起伏，参差错落。尤其若逢云雾缥缈之时，望之实有“仙山琼阁”的感觉，如果再伴有莲花峰上的“宝光”，更是奇妙无穷。碧霞祠主体院建筑一律施以铜、铁铸件，为全国高山建筑所仅见，仅殿的一个鸱吻就有一吨多重。这些不能不使人们体会到劳动人民奇迹般的创造精神，也使人们清楚地看到封建统治阶级大肆“神道设教”的历史事实。

七、南天门

迢迢造天庭的南天门，是元代初期的建筑物。根据门西侧石栅中的“天门铭”（杜仁杰撰文、严忠范书）得知，南天门于元世祖开国之前的中统（1260～1264）年间由岱庙住持道士张志纯创建，距今已有700多年。南天门建筑分上下两部分：下层为拱形门洞，条石垒砌。东西面阔9.65米，南北宽6.26米，高4.7米，自下而上有收分处理。上部四周有冰盘式出檐，并围以砖墙，拱门（南向）上正中额“南天门”三字。门洞两旁有石刻对联一副，门座东西两侧有石阶可上，类似北京天安门的样式；上部为摩空阁，面阔3间，长8.43米，深5.2米，高5.3米，为四柱单檐歇山式，顶覆黄琉璃瓦，四角有墀头角，大脊浮雕忍冬纹，两端配以螭吻，戗脊上饰装三走兽，檐下木构均施彩绘。阁南面中间为拱形门，次间各开一拱形窗。

南天门坐落在泰山有名的“紧十盘”之上，翔风岭、飞龙岩两峰雄峙东西两端，居处位置恰中要害，使南天门显示出雄伟端庄的气魄。再加上陡直的紧十八盘石阶，红墙黄瓦，以及绿地红字的楹联，大有天庭门面之概貌。人们往往取这一富有特点的画面作为泰山的标志。值得注意的是：南天门的梁架结构为二内柱上置横向的大内额以承三架梁，呈现出柱子分隔的间数少于上部梁架的间数，梁架不直接放在内柱上的现象，这明显反映出元代建筑的一个特色。进南天门迎面有一个面阔3间、重梁起架、五脊铁瓦硬山顶的厅堂，系关帝的上庙，院中东西原有配房3间，现仅存房基。

八、斗母宫

斗母宫也是泰山规模较大的古建筑群之一。它原为供奉“先天斗姆大圣元君”（传说是北斗众星之母）的道观，后改为佛门的尼姑庙院。斗母宫的创建年代无考，现能找到的最早的记载是明嘉靖二十一年（1542）重修。斗母宫现为南北三进庙宇。紧临登山路径的西门为五檩四柱破山墙式门楼，门口枕石上有做工精细、形象逼真的石狮子一对。门楼两侧连以钟鼓楼，为四柱方形，卷棚歇山顶，覆灰色筒瓦，螭吻脊兽俱全，柱头施普柏枋，座斗交三单浮云栱，普柏枋下有阑额和雀替，木构露明处均施以沥粉墨线大点金彩绘，雀替浮雕莲花，清乾隆五十三年创建。正殿坐北朝南，三间，面阔10米，进深8米，高8.2米，有高0.7米的石台基，其结构为五柱前后廊式，正间檐柱下施鼓形石柱础，内柱下八棱形柱础，老檐柱下复盆式柱础。顶为五脊硬山顶，上复绿琉璃瓦，正脊浮雕莲花，两端有螭吻，两山墙砖砌成山花状，四角有墀头和腰线，勾头滴水饰龙纹，檐下柱间有阑额，上饰莲花，檐檩和檐枋施彩绘，枋心高浮雕贴金二龙戏珠。东配殿为五脊硬山顶，螭吻、脊兽具备。面阔三间，檐下木构饰以莲花，博古、书画等图案。

正殿东的垂花门内有一影壁，壁上镶有一块“尼姑世系图”碑，向北就是斗母宫的后院，建有观音殿三间，九脊硬山顶；东配殿三间，五脊硬山顶；西配殿四间，五脊硬山顶。从中院的南穿堂（三间）进入斗母宫的前院，建有南山门三间，五脊硬山顶；羁云楼五间，卷棚歇山式，四面有环廊。还有禅房十间，天然池一座，池畔绿树婆娑，池水碧波荡漾。斗母宫自明嘉靖年间重修以后，一直被封建统治阶级所重视，有碑可查的就有清康熙、乾隆、嘉庆、道光、咸丰、光绪年间的重修和增建。斗母宫东紧临中溪之水，特别有“三潭叠瀑”胜景，使这里众山合抱，林木荫翳，水光山色，古香古色，饶有景趣。

斗母宫北不远有一古老石板桥，因为一位姓高的老人倡建而得名“高老桥”，桥曾于明嘉靖三十九年（1560）重修，明代连接桥石的铁制“工”形扒锔还保存完好。再上为三官庙，明代称“人祖殿”（祀秦始皇），清代改为“三官庙”。

九、红门宫

红门宫在岱阳东路线上，因其西北大藏岭两块并列如门的红色岩石（此石为混合花岗岩，内含大量红色钾长石）而得名。这一组古建筑群分东、西两院，中间有飞云阁相连，是一处佛、道教并存的庙宇。飞云阁为横跨盘路的二层楼阁，下层为高4.1米、深11米、阔9.35米的门洞部分；上层为楼阁部分，楼分三间，东西长8.1米，进深6.82米，高4.25米，五脊硬山顶覆以灰色筒瓦，正脊饰以鸱吻，四角脊也有兽，楼的前面有卷棚悬山出廊。飞云阁西为元君庙，主要有正殿三间，面阔10.8米，深10.75米，高8.4米，五脊硬山顶。檐下檩椽，随枋均施彩绘，正间开门；且止亭三间，五脊硬山前步廊式，正脊有鸱吻，檐下木构饰彩绘；合云亭位于且止亭东南，卷棚式，前后有门相通。飞云阁东为弥勒院，主要有正殿三间，五脊硬山顶，正脊有鸱吻。正间开门，次间开窗，面阔9.3米，进深8.7米，高7.9米；更衣亭三间硬山卷棚式，檐柱有透雕云龙雀替；东配殿三间，单脊硬山顶，施有脊兽。另外，这里还有“小坊群”之称，保存有大小四座牌坊。“一天门”坊高4.7米，两方立柱，脊枋上列以五斗承托四阿石坊顶，清康熙五十六年巡抚李树德重建。“一天门”坊额为明参政龙光题；“天阶”坊高六米，造型基本同“一天门”坊；“孔子登临处”坊为四柱三门石坊，中门上有雀替，两中柱下有基座，两旁滚墩石上有石雕狮子和祥瑞图饰，坊顶影作房屋顶式，坊额为明代罗洪先所题；“瞻岩初步”坊（另额“红门宫”），两柱五斗式，顶部影作五脊庑殿式。

十、万仙楼

万仙楼在红门宫以北，为跨道城门楼式建筑。明万历四十八年（1620）创建，原祀王母列仙。下层系门洞部分，东西长17.4米，进深13.6米，高4.4米，城座上部栿石探出0.2米，周围砌砖花栏墙。上层楼阁3间，面阔13米，进深6.3米，高11米，重梁起架，九脊歇山顶覆黄色琉璃瓦，脊端饰剑把鸱吻，戗脊为二兽，四挑角装套兽，挂有风铃，楼前为重檐双步廊式，檐下斗拱阑额均饰彩绘。万仙楼下层南面墙内有一拱形门洞，名“隐真洞”，传为明万历皇帝的母亲修炼处。另外，楼东南两面原有许多建筑，相继倾圮，仅存房基和甬路。整个万仙楼地处登山必经之处，又高地起架，显得十分高大庄丽。

十一、壶天阁

壶天阁位于鸟吟蝉鸣的柏洞尽头，也为跨道城门式楼阁，明代称“升仙阁”，清乾隆十二年（1747）扩建后，更名“壶天阁”（因地势命名）。阁楼为重檐歇山式，黄色琉璃瓦覆盖，重梁起架，面阔10米，进深5.4米，高5.9米，1980年重修。阁北为元君殿（奉祀碧霞女神，泰山碧霞元君的中庙），殿为3间，面阔11.5米，进深7.2米，高7.4米，鼓形柱础，单脊硬山顶复灰色筒瓦，檐椽、门枋彩绘。此外还有倚山亭3间，卷棚硬山顶，饰以脊兽。壶天阁以北是“回马岭”石枋，二柱五脊四注式顶。回马岭坊以上不远是药王殿（又俗名金星亭），方形，单脊筒瓦柱顶，全石结构，其西北连有三大士殿（祀佛教的观音、文殊、普贤），为3间前廊式。

十二、玉皇庙

玉皇庙，或曰“玉帝观”。位于泰山的主峰之上，为传说的玉皇大帝所修建。有正殿3间，内祀明代铜铸玉皇大帝像尊。有山门一间，卷棚歇山顶，顶部螭吻，垂兽及全部盖瓦均为铁铸。大殿东面配以观日亭3间，向北延伸禅房两间，皆系悬山卷棚式复灰色筒瓦；殿西侧建望河亭3间。玉皇庙创建年代不详，可查的最早重建年代为明成化十九年（1483），后历有重修。泰山的至高点“极顶石”在其庙院中，这里还有著名的无字碑和“古登封台”等碑刻。

在“岱宗最佳处”的对松山胜景中起“画龙点睛”作用的还有“对松亭”一座。为砖石木结构的方形亭子，边长4.6米，高7.1米，亭四周围以石墙，四角柱上有四角梁，叠涩扶角梁，其中部有垫木承金枋及子角梁、老角梁，老角梁上端连在雷公柱上，下有垂珠。亭东开门，南北墙各开一圆窗。

泰安城西南隅有一组大型建筑群灵应宫，为泰山女神——碧霞元君的下庙，它为长方形二进庙堂建筑群，现存古建筑有：大殿5间，面阔21.5米，进深12.75米，高9.8米；五脊硬山顶覆以灰色筒瓦，安五脊兽。后檐柱、两山金柱、前廊两端檐柱半显。钟楼，双层卷棚硬山顶，高5.9米；山门，单间卷棚歇山式；另还有厢房数间。这里曾是泰安城除岱庙外最大的古代建筑群，也是古代泰安城中香火最旺的古庙，近代以来被破坏最为严重。

十三、关帝庙

关帝庙是现今保存位于泰山东路的第一个古建筑群，其规模较大，共分三个部分。影壁，东西长10米，厚0.8米，高4.55米，单脊筒瓦顶；南山门3间，二层楼式建筑，卷棚顶，门北为戏台，卷棚歇山式顶，四角飞檐；从戏台北登石阶而上是拜棚3间，悬山筒瓦顶；东西配房各3间，五脊硬山顶，上有鸱吻，脊兽等。关帝庙的主体大殿，共五间，五脊硬山顶，上覆灰筒瓦，脊饰浮雕缠枝莲花，大脊有鸱吻，垂脊有五兽，面阔15.5米，进深8.1米，高7.3米，六明柱，十二金柱举架，两山墙柱半显。此外，这里还有3间正殿，茶厅（四间）、东山门（一间）、憩厅（三间）、厢房（二间）、过厅（三间）、正堂（三间）、南山门等建筑。关帝庙创建无考，根据现存碑记来看，明代有小规模维修（可能创建就在明代）；清代康熙、乾隆、道光、嘉庆、咸丰时期均有重修。关帝庙院落交错，布局分散，古代建筑的组织格局无所遵循，建筑的艺术形象也没有多少个性特点。

除上述之外，泰山还有三阳观（三进庙宇）、五贤祠（在普照寺西侧，也是古泰山书院故址）、元始天尊庙（泰山傲徕峰下）、梦仙龛、五松亭、后石坞元君庙，以及亭、坊等古代建筑群体，因保存不善，多破坏严重，此不一一赘述。

总而言之，泰山的古代建筑基本都系供神的庙宇，又多系中国土生土长的道教庙堂，因而它紧紧沿着以入世的、与世间生活环境相联系的中国宗教建筑的道路前进；牢牢把握住平面铺开、严格对称、线的流动这一中国土木构建筑的艺术特点发展。不管历史的长河多么漫长，时序有什么变化，它的大大小小的古代建筑，始终不破古典建筑之格，甚至在明清以来园林艺术大发展的时期，泰山的建筑也是如此。

在泰山，还保存有两处金属性质的古代建筑，既是一种特殊建筑物，又是泰山重要史迹之一，这就是铜亭和铁塔。现将它们的建筑风格和艺术特点分述于后：

铜亭，又名“金阙”，系一全铜铸长方形亭，面阔4.65米，进深3.57米，高5.6米。它的造型和结构完全仿效木结构，为重檐九脊歇山顶，正脊两端饰以鸱吻，创脊饰以兽头，四蹲兽，檐头施以圆形瓦当和滴水，并铸为一体。檐下影作一斗三升斗拱承托下檐檩，上迭扶角梁，其上立有中柱。上层檐下施阑额垫板，下层四角柱间有额、垫板、阑额相连，每柱两侧有抱柱。底部为复盆式柱础。此亭原四面装有槅扇，并能转动开关，是一座宏伟壮丽的铜铸鎏金体。整座建筑从结构体形到局部构件和装饰，都极其精细和逼真地模仿了中国木构建筑，而且铸工精密、结构严谨，可谓古代劳动人民的一份完美杰作。泰山铜亭为明万历四十三年（1615）的遗物，原建筑于岱顶碧霞祠（即今香亭处），明末因李自成起义军破坏而移于山下灵应宫，1972年迁入岱庙。它虽经400多年的风雨雷电侵袭，至今仍金碧绚烂，宏丽如初，实为我国古代建筑和铸造工艺之灿烂明珠。据初步调查，我国现存类似的铜铸大型建筑物已经为数不多了。除泰山铜亭外，还能在湖北武当山、云南昆明鸣凤山、北京颐和园、山西五台山显通寺等地寻觅到，它们也大多为明代铸建。

铁塔，现仅存四层，即一层塔座和三层塔体，皆为八角形，每边长0.85米，每层高0.6～0.9米，通高3.8米；塔体四面各开一个高0.5米、宽0.3米的拱形门，铸饰以花草图案。此塔原为13层，全高10米以上，每层为一整体，然后套合，并迭次上收。富有个性特点的是：它从第一层开始通体铸上了全部捐款者的姓名和籍贯，而且字迹清晰，这是各地遗留古铁塔中所少见的。从铸文内容看，该塔是河南怀庆府内县清上乡李封村张庆等六位“金火匠”铸造的。铁塔原在泰安城的天书观内，从“泉侧铁浮图十三级，明嘉靖十二年（1533）造”材料看，铁塔已有480多年的历史了。可以想见：在明代，劳动人民能铸造这样巨大的建筑物，并从遥远的河南送到山东，是十分难能可贵的，同时也生动反映了这些善男信女们的无比虔诚。遗憾的是它在抗日战争时期成了日本侵华战争的牺牲品。我国历史上很早就有铸造铁塔的习俗，现存最早的铁塔是广州光孝寺的铁塔，建于南汉大宝六年（963），岱庙铁塔虽历史不太悠久，但也是颇具研究价值的历史遗物。

第五章
美的塑造

马克思指出："人是依照美的尺度来生产的。"在历史的长河中，无论是生产、生活的物品，还是一定精神意识方面的需求物，人类总是从美的角度去理解，去创造自己物质的、精神的世界，给后人留下美的财富。

在古代，人们利用周围的自然物按照思维意志雕琢、刻镂、捏制一些物品，来满足精神文化的需要。中国是世界上历史文化悠久的文明古国之一，在雕塑、泥塑、铸塑等方面有着三千多年的文化艺术发展历史。从今天遗留的大量历史文物来看，我们的祖先不仅工艺启蒙早，而且发展道路光辉灿烂，他们以传统的聪明和智慧，以勇敢的创造精神，以辛勤劳动的血汗，为全世界展现了华（花）族对"美"的鉴赏和追求。古老、文明的东岳泰山，是我国文化荟萃的地方，因而也是"美"的艺术塑造比较集中的地区之一。这些瑰丽多彩的艺术品，主要是与宗教有关的"神"的塑造，使人从一个侧面见证了我国"美"的形象塑造的发展历程。

第一节　石雕塑

我国古代，雕塑技术主要分浮雕、透雕、立体雕三种。用自然石材雕塑一些小动物的形象，早在我国的新石器时代已经出现，如甘肃永昌鸳鸯池新石器时代遗址中曾出土一浮雕人头像。1981年秋，山东大学历史系考古专业师生在山东泗水县尹家城龙山文化遗址中曾发掘出一长度10多厘米的立体猪雕像，说明在距今四千年左右我国已经出现立体石雕塑艺术的萌芽。至于玉、骨雕在新石器时代发现数量还要多，题材还要广泛，工艺还要精细。在商周时代，石雕塑工艺有较大发展。如在河南安阳侯家庄——武官村一带的墓葬中，就曾发现了大批动物的白石雕像，最大的双兽雕像长达1米有余；侯家庄甲种“I”式大型墓出土的白色大理石虎首人身虎爪坐式立体雕像，通高37.1厘米，全身作曲膝跪坐状，龇牙咧嘴、似虎非虎，造型十分生动。以人像为题材的雕塑品，曾在安阳侯家庄中发现一件大理石跪坐像，上身穿大领衣，右衽，腰束宽带，下身着过膝裙；服饰绣纹雕刻细致，可惜残缺头部。1943年在安阳四盘磨出土过一完整石雕人像，头戴平顶而周郭稍高的圈帽，身穿无纽对襟衣，衣饰花纹，作箕踞而坐状（北大历史系考古教研室编《商周考古》）。这些都清楚地说明：商周时代我国石材雕塑工艺已发展到相当高的水平。

到了汉代，伴随着社会经济、文化的大发展，作为精神文化方面的雕塑工艺水平得以更大提高。这时期的雕塑不仅气魄大，而且题材丰富、工艺精致。那时的石雕塑仍以人物和动物为主，一般在形式上反映客观实际，但又突出题材的性格。在风格上古拙质朴，体现出雄健、壮美的特点，为以后的古典雕塑奠定了现实主义的基础。反映这一时期特点的立体雕塑，不但脱离开工艺品范围的独立艺术品增多，而且大件石雕像表现突出，主要有西安的牵牛织女像、霍去病墓前“马踏匈奴”等雕像，山西夏县、安邑和青海海晏西汉及王莽时期的石虎等雕像，山东曲阜孔庙中的高大汉石人。尤其是霍去病墓前的石雕最有时代的代表性。“马踏匈奴”雕出马昂首挺胸，足踏匈奴的征战气势，立体感很强。值得注意的是，霍去病墓前的石雕中有的留有题铭，其中有一件题铭为“平原乐陵□伯□造”，可知当时长安官府手工业有来自全国各地的工人，这件石雕的作者，无疑是从现在的山东地区去的。反映东汉时代石雕塑工艺成就的可以四川雅安高颐阙前的石辟邪为代表，它以挺身昂首之姿，给人以精力充沛之感，反映出本时期石雕的艺术特色。

艺术属于上层建筑的范畴，它自觉不自觉地反映出时代的特点。到了魏晋南北朝、隋唐时代，雕塑艺术更为发达。由于佛教的兴盛和封建统治的崇尚，以及受到印度犍陀罗和毱多王朝式佛教雕刻的影响，中国的雕塑内容由从前的以人和动物为主题转变为以宗教内容为主。在技术上由简朴逐渐发展到精致熟练，在风格上由雄伟、挺秀、姿态生动变为庄严、整洁、富丽。我国迄今发现的最早的佛像实物是在湖北武昌莲溪寺附近吴墓中出土的一件镂刻释迦立像的鎏金铜饰，但真正意义上雕塑佛造像的风气则始于北魏，盛行于隋唐。造像人除释家沙门、皇室贵族以外，更多的则是老百姓。这主要因为他们政治上受到沉重压迫，经济上受到残酷剥削，精神上受着迷信思想的桎梏，所以常借着雕造宗教的偶像，以求福祐，逃脱苦海。久而久之，中国遂成为世界上古代佛教石窟艺术最为繁荣和发达的国家之一。无论是开凿时间之长，规模之大，还是分布之广，数量之多，都超越任何受佛教影响的国家，甚至包括佛教和佛教石窟艺术的故乡尼泊尔、印度在内。

泰山现存的石佛雕塑基本上是隋唐代以来的作品，而且主要集中在北部的神通寺和灵岩寺。神通寺的千佛崖是佛像最集中的地方，也是山东地区唐代石雕像艺术的精华部分。中国佛教协会编的《中国佛教》一书，曾提示说："隋唐时代是中国佛教的大成时期，灵祐经过周武帝的法难，为了预防佛法灭尽，于开皇九年八宝山开凿石窟……此外，所开凿的石窟，还有历城的神通寺千佛崖等。"这里在南北长65米的崖壁上保存有大小造像220躯，造像题纪43篇，其中有纪年的题纪十篇。从有纪年的造像题纪分析，千佛崖可能开凿于唐朝第一代皇帝李渊时期。现存最早的雕像是贞观十八年（644）的，位于南数第三窟。窟内雕有两尊大佛，为僧人明德所造。此处造像面相方圆，眉细眼长，略下视，扁鼻作秀骨清相，高肉髻，显示出和悦恬静、飘逸、慈祥的神情，保留有北魏以来雕塑艺术的风格；外着垂双领通肩袈裟，内着僧祇支，胸前打结，从佛像的形态和雕刻风格上都给人以古拙的感觉。千佛崖最南端一窟，系显庆二年南平公主的造像。有"显庆二年南平公主为太宗文皇帝敬皓（造）像一躯""大唐显庆二年六月十五日齐州刺史上柱国驸马都尉谕国公刘玄意敬造相供养"的题记。南平公主是唐太宗李世民的三女儿，因其丈夫刘玄意任齐州刺史，即在此造像为已去世的父皇太宗祈福。该造像圆盘形背光，螺形髻纹，丰腴、短而厚的嘴唇，饱满的下巴，面容丰满、安详，口角眉梢微微透露出一丝笑意，给人以仁爱、睿智的感觉。佛身虽然风化较严重，但从衣纹的细密可以看出其刀法的流畅柔和。从其面相饱满、肩宽胸厚，以及脖颈上出现明显的蚕节纹来表示肌体的胖状等特点看，具有典型的从北魏以来概括、简洁、刚健瘦劲向以形写神、丰满健美演变的过渡性特色。显庆三年（658）僧人明德造像窟位于南平公主造像以北。本尊佛像螺形髻，面相丰圆，内着僧祇支，胸前打结，外着对襟式袈裟，交手结跏趺坐，袈裟下垂遮座上部，雕工洗练。

自北数第二大窟，窟门中间有一石柱，迎门有两躯大佛像，北边大佛高2.8米，宽1.85米，南边像高2.65米，宽1米。系唐太宗第十三子赵王福为太宗所造。其题记云："大唐显庆三年，行青州刺史清信佛弟子赵王福，为太宗文皇帝敬造阿弥陀像一躯，愿四夷顺命，家国安宁，法界众生，普登佛道。"四周小佛像十九躯，有刘操、王玄亮等人的题记。窟门中间石柱上小型造像，为唐永淳二年史同、王方等百余人所造。两本尊佛像皆有中间雕成莲花纹样的圆盘背光，螺形髻头纹，两耳垂肩，面相方形，粗颈，丰颐秀目，仪表堂堂，褒衣博带式袈裟，姿态静穆自若，结跏趺坐于方形座上。其衣褶简洁朴素，流畅有致。圆刀刀法自如，比较娴熟。尤其衣纹紧裹两腿使肌肤透露，并垂在座前、将座的上半部遮住等特点，与洛阳龙门的唐代造像风格相似。比较生动地反映出中国封建社会黄金时期——大唐帝国的文化发展状况。

神通寺的石雕佛像除千佛崖的五窟大佛外，就属四门塔塔心柱上的雕像价值比较高了。据记载四门塔塔心柱内每面各有三尊石像，由于封建社会漫长的动乱致使每面只保存下了本尊（即中间主佛）。塔西面造像高1.47米，底座宽处0.97米，为结跏趺坐式，双手平叠置身体中部，作入定姿态，螺形髻，面相丰满、细眉长眼，身着对襟袈裟，内着僧祇支，胸前打结，袈裟下部裹于趺腿之上，娴熟运用平直刀法，雕工洗练。北部佛像身高1.23米，衣宽处为1.11米，座正面有"住持福胜、宝山、禹城王贵、男王凤刊、王禄、玉俊"等题名。本尊为高螺形髻，面相较清癯，细眉长眼，略下视，鼻部较高，嘴唇较薄，外着对襟袈裟。其左手放于左膝上，右手反掌置于右膝上，有说法之意，衣褚雕刻流畅有致，其风格似应年代较早，最晚也在隋前期。南面本尊高1.47米，底宽1.06米，为本塔中最大个体。此尊佛高螺形髻，面相饱满，细眉小眼，姿态静穆，为结跏趺坐式，双手交叠于胸前正中。衣纹皱褶生动，衣裙垂于台座上部并作羊肠状纹。东面造像高1.35米，腰宽1.75米。

灵岩寺现存的佛像雕塑主要在功德顶（又名悬星崖）石龛，又称证盟殿。内有弥勒佛并侍卫、菩萨、神兽等共九躯。根据唐大中八年（854）牟珰撰"修方山证明功德记"，可知该石窟为唐初的遗物。本石窟平面呈马蹄形，顶为穹窿形，但没有藻井。位于北壁正中的主佛像高约5米，与益都驼山石雕造像交相媲美，也是山东地区大佛雕像之一。该佛像上身硕大，偏袒跏坐于高台座上，一手抚于膝上，一手亮掌举起，坐说法像，体态形象给人以臃肿笨拙之感，没有北魏以来造像的内在含蓄美。其面相较丰满，高螺髻，眉间有白毫，嘴角眼神微露笑意，有容貌端庄和慈祥和蔼的亲切感。本尊在雕刻技法上比较简括，衣褶朴素，袒胸部分的袈裟纹饰保留一定的平直刀法，具有隋和唐初的特点。同时本尊充分运用了雕刻艺术的语言，夸张变形，将前额眉弓高高凸起，把一双眼窝深深凹下，近看之，不符于人样，远观之，则神态盎然，生动逸丽，艺术效果恰到好处。

另外，灵岩寺西南角的鲁班洞内，还有唐代石刻造像两躯，可与天宝元年（743）的李邕撰并书的《灵岩寺碑》共赏。

第二节　泥塑

泥塑，是中华民族悠久历史文化艺术的又一个重要组成部分。中国古代的泥塑雕像也主要呈现在宗教祠庙中，尤其是泥塑在运用于宗教之时，由于所用原材料容易取得，材料性能柔软，极宜使人们按照自己的主观愿望和要求，去随心所欲地塑造那些“神”的形象，再加上泥塑容易使用矿物质颜料加以美化装饰，因此使泥塑成为有别于其他工艺手段的艺术品。

我国的泥塑历史源远流长。1977年至1978年，考古工作者发掘了河南省密县莪沟北岗遗址，在清理灰坑和墓葬时发现了经过烘烤的泥塑老人头像。属于黄河中下游新石器时代早期偏晚的文化。这是我国目前发现的最早的泥塑艺术品。在距今六千年左右的仰韶文化西安半坡遗址中也发现有烧制的陶塑人头像，其头部滚圆，戴着尖顶形的饰物，眉毛粗浓，双眼眯成一条线，鼻子为三角形，一张呈对等三角形的大嘴，耳部附近各有一条小鱼，也别有风趣。考古工作者还在陕西临潼邓家庄原始文化遗址发现一件陶塑半身人像，头上有冠，五官端正，比例恰当，造型优美细腻。有关反映原始人类泥塑工艺的陶塑，在辽宁喀佐县、甘肃秦安县等地都有发现。由此可说明，我国用泥塑造人类本身形象的历史至少已有七千多年的悠久历史。

进入文明时代以后，泥塑艺术得以继续发展。在商代，尤其是商代后期，立体人物泥塑品比较多见，如河南安阳殷墟15次发掘时出土了三个奴隶男女陶俑，河南郑州二里岗遗址发现的跪坐人像等。根据与人塑同出的精美动物雕像看，在当时的手工业生产中可能已经产生出专门从事艺术加工的制作工匠。正是这些艺术人员和广大手工工匠的辛勤劳动和创作，才产生了构图新颖、造型奇特、意境深远的精湛雕塑佳作，充分表现了创造者们的艺术才能。秦汉时代，由于人们相信死后有灵魂存在，特别是统治者梦想死后还要继续过生前的享乐生活，于是放置丰厚的随葬品，客观上促使泥塑工艺更加发展起来。这类艺术品的典型代表，就是1969年春在济南市无影山出土的西汉乐舞杂技陶俑，杂技陶俑泥塑于一个不大的长方形盘上，有姿态生动、矫健稳重的表演杂技俑七人；有操持不同乐器的乐队俑七人；还有观看、享乐的贵族七人。从构图造型到形态处理，都具有相当高的艺术成就。从魏晋南北朝、隋唐开始，雕塑随着绘画艺术的进步得到飞跃性发展。特别是泥塑被突出地运用到了佛像和人像上面来，为加强艺术效果还较多地使用粧銮处理为彩塑。唐代许多绘画家也都是泥塑家，当时的杨惠之就被称为“神笔路”，并著有《塑诀》。宋代在隋唐发展的基础上，泥塑工艺更得以蓬勃发展。特别是彩塑，继承了唐代的传神、洗练的风格，而在写实、想象、概括、提炼和夸张等方面更趋向纯熟。众所周知的山西太原晋祠的侍女彩塑便是这时期的典型代表作。

泰山，自古被誉为“神州”，神庙众多，因而设置的神像当然也就多。其中泥塑神像占有相当数量。比较有名的如王母池栩栩如生的“七真像”（“文革”中被毁），岱庙高大雄伟的东岳大帝像（现为毁后复塑），形象逼真的蒿里山七十五司和丰都庙阎罗殿（民国时期毁坏），灵岩寺千佛殿罗汉像等。随着历史的风云变迁，许多的优秀泥塑艺术湣灭销迹。现只有灵岩寺千佛殿的彩塑罗汉像还能启发人们去联想这里曩昔泥塑艺术的繁荣景象。

走进灵岩寺雄大疏朗的千佛殿，迎面是居于高台莲花座上的三位主尊大佛像，这叫“三佛同殿”，也称“三身佛”。这种供奉形式多据天台宗的说法：一为“法身”，指佛从先天就具有的将佛法体现于自身的佛身，也就是体现了佛法的佛本身。二为“报身”，指以法身为“因”（有“基础、根据、泉源”等义），经过修习而获得佛果之身。三为“应身”，指佛为度脱世间众生需要而现之身，特指释迦牟尼之生身。（《文史知识》1983年11期）。中间的主尊系“法身佛”，为昆卢遮那佛，藤胎髹漆，通体贻金，坐于高莲座上，据宋元丰三年（1080）十月“李公颂金象记”，此系宋僧惠从于北宋治平（1064～1067）年间造自浙江钱塘。左尊为“报身佛”“卢遮那佛”，高螺形发髻，额头宽大，为明成化十三年（1477）孙海通发愿募施，用铜五千斤铸制。右尊为“应身佛”释迦牟尼像，面为深褐色，螺发髻，趺坐式，云龙饰背光，为明嘉靖癸卯（1543）贾信等施金铸造，重约五千斤。此三大本尊皆被塑得丰颐秀目、仪表堂堂、穆静安详、和蔼可亲。尤其是大体迎门而作稍倾斜状，与站立佛前的人的仰视目光自然交汇在一条斜线上，令人有可敬可亲的感觉，产生“大慈大悲，如月如日”、普度众生、祈福禳灾的强烈渲染力。

被梁启超誉为“海内第一名塑”的彩塑罗汉像安置在三本尊为中心的东、中、西三面壁坛上。壁坛台座高80米，塑像自座面至罗汉头顶高101～120厘米。整体看上去如同大小一致的真僧在禅房入定。罗汉是指佛教中断绝了一切嗜欲，解脱了烦恼的僧人。他们受佛之敕，永住此世而济度众生，因为他们还尚未修行成佛而保留一定世俗的人性。所以四十尊泥塑罗汉像在塑造上打破神秘化规程的限制，趋于人世间的现实生活情趣，以形写神、形神兼备的审美观，使之显得真实、亲切、生动、富丽，充满着活力，带有高尚韵调的艺术效果。如若身临其境亲自领略一下，足可以使人瞠目结舌。其塑造手法之精炼，造诣之精湛，不独面目入神，而且躯肢比例适度匀称，体态真切传神，丰腴者肌肉圆润，似乎膏腴的体魄散发出阵阵温暖；癯瘠者筋骨绽露，似乎胸肋随呼吸而起伏，血管随血液的循环而微凸。在各自的神态上，有的垂袖，有的露肘，有的牵裙，有的端拱，有的拄杖，有的合掌趺坐，有的双手平举，有的伸手指点，有的在昂然说法，有的在侧耳恭听，有的在慨然争吵，有的愤然欲吼，有的安详思维，有的凄怆潦倒，有的雍容华贵，有的喜形于色，有的怒目凝视，有的恍然大悟，有的盛气凌人，无一雷同。甚至每一个细小的环节都处理得逼真传神、惟妙惟肖、栩栩如生。从每个罗汉的肤色上，有的白嫩，有的棕黄，有的红润，有的淡褐，有的黝黑，分明他们来自不同的区域——或者东亚，或者小亚细亚，或者南亚……从他们各自的艳丽服饰装束，则反映出异国他乡的不同生活习惯。利用矿物质颜料不透明的原色，以黑、白、金三色调节每两个纯色的强烈对比，取得所需要的富丽的色调，是我们民族艺术的一个基本特征。我国最晚从春秋战国时就已掌握运用朱、青、绿色等装饰了。根据有关史料记载，清同治十三年（1874）曾对罗汉塑像进行过一次大的整修，但仍基本上还保持着原来的风韵，衣服花纹与色彩、塑像的神态仪容不失调谐……

灵岩寺泥塑的创作者们，利用一些普通的自然材料，塑造出如此富有生命的、运动着的人间艺术形象来，不能不使我们对这些神采飘逸的不朽作品感到无比惊叹。有权威的《中国佛教》一书分析评价说：“（宋代）在佛教艺术方面，塑像技巧显著提高，而以写实见长，形象亦端严优美，能刻画性格。遗存的代表作有麦积山石窟中供养人像，长清灵岩寺罗汉像……”

关于泥塑像的雕塑技法，主要先做出塑像的胎骨，然后根据要求用麻刀泥涂模定型，最后在外表装饰处理而就。外部处理各时代大同小异，但内部的胎骨制作却有迥异的时代区别。如北魏和隋代塑像的头部大多系单独做成再插到身体上，身体通常用一根长木棍做骨架，木骨外边再用芦苇绑出所需要的雏形。唐代塑像木骨是四段木头连接成的，从头到臀部为一根粗木，上端略加砍削作为脖颈，并留出一个粗木来容纳头部。在脖颈以下粗木后面刻一凹槽，用接榫的方法安一细横木为两肩。元代塑像是先用木削成两个裸体的人形做骨架，然后把一层类似木渣的东西粘在上边塑成轮廓，最后把两像合在一起。

灵岩寺的泥塑罗汉像如何呢？1982年国家拨款对这里的塑像进行了一次大整修，揭开了塑造技法的奥秘。根据《考古》（1983年11期）的报告，主要有两种胎骨处理法：一是铁质胎骨（西第11尊），二是木制（以西第13尊为代表）。先说铁胎骨的第11尊，内胎实际是一尊完整的铁造像，然后再在外面涂了一层厚0.5厘米（手背处）至5.9厘米（头部）的麻泥塑成。作为胎骨的铁铸罗汉像“身着袈裟，衣纹简洁流畅。双手合抱于胸前。两眼平视，目有炫光，大耳与眉平齐。嘴角微向内收。神态安详，坦然自若，给人以庄严肃穆的感觉。此像通高1.64米，端坐于63厘米高的八角细腰铁座上。像身与座中空，用生铁一次铸成”（《考古》1983年11期）。铁像座上部边框周围铸有铭文，楷书，可识者55字，即“大宋兴德军长清县和平乡天花南管寿侯丘二村纠首创铁铸铒罗汉都维那头李宗竺时熙宁三年岁次庚戌孟冬月……日……高氏……汉……官……刘……和同高”。由此可知，其铁像年代是北宋熙宁三年（1070）。再根据铁像的个体、造型，以及嘴唇涂朱，脸上残留有白色粉彩痕迹来看，本铁像原来不是作为泥塑胎骨用，而是直接供奉的。那么何时作为胎骨的呢？经C-14对泥塑体木材测定，得知距今530±65年，说明此彩塑时代最早不过明代。上述现象虽然在40尊泥塑中仅属个别现象，但对我们研究古代的铸造工艺和泥塑技术处理的变化具有很重要的价值。木制胎骨的西13尊塑像情况是：塑像胸腔内部以一个铁钉连接多块木板而成的空木箱支撑，木箱上部榫扣一横木枋为肩，然后横枋中立一个5.5厘米经的木棒作头支架。C-14测定胎木为距今1020～1135±70年，证明塑像为宋塑。整个胎骨的做法比较少见，无疑它在节省塑泥、降低泥塑重量及减少泥层开裂等方面更具显著的科学性。

灵岩寺千佛殿的罗汉塑像生动显示了我国古代能工巧匠们的卓绝艺术才华，是我们民族灿烂历史文化的光辉篇章。著名艺术家刘开渠在《中国古代雕塑的杰出作品》一文中写道："长清县灵岩寺的罗汉，大约为宋末的作品，每个像都极为写实而又富有性格和心理的表现，好像作者都是照着性格显明、情感丰富的真实人物做成的。如果我们将文艺复兴的作家来比的话，这些作家完全可以与都拿泰娄并美。"

但是，佛教寺院一般为十八罗汉或五百罗汉塑像，为什么这里偏要塑四十个呢？宋宣和六年（1124）灵岩寺住持妙空大师的《五百罗汉记碑》曾记载"灵岩巨刹佛事最胜，而五百罗汉之像未观其杰……政和之初，得官闽中，闽俗伎巧甲于诸路，而造像之工尤为精致，于是随月所入，留食用外，尽以付工人，洎乎终更而五百之像成矣。端严妙严，奇庞古怪，颦笑观听，俯仰动静，无一不尽其态，自闽而北，水陆几五千里而后至于齐之灵岩"。是否可以推测：现四十尊罗汉像就是当年的五百罗汉像之一部分呢？有待进一步研究考查。

第三节　冶铸尊像（铸塑）

我国的冶铸史可以上溯到四千年左右的原始社会末期，这主要是从1971年在甘肃永靖县大河庄齐家文化遗址发现的含铅量达百分之五的铅青铜，以及1972年在河南安阳石岗龙山文化遗址发现的青铜炼渣得到确凿的证明。20世纪50年代，考古工作者先后在河南省郑州的洛达庙，洛阳的东干沟，偃师县二里头等处发现了一种介于龙山文化和早商文化之间的古代文化类型，命名为"二里头文化”，初步被科学界推定为与我国历史的第一个朝代——夏有关。就在二里头文化的遗址中，发现了青铜冶铸的小刀、钻、锥、凿、锛、鱼钩、镞等生产工具和武器，还有爵、铃等礼器。这充分表明，我国的冶铸术至少在夏代就已经正式开始。

真正把人的形象用金属铸塑出来则开始于商代后期。《后母戊鼎》的耳部饰纹和湖南宁乡出土的人面方鼎，即用浅刻或半浮雕的人面为装饰，而安阳武官村商代末期陵墓出土的人面铜器，就铸有人面浮雕。安阳小屯发现的《妇好钺》纹，安徽阜南出土的龙虎尊纹和传为湖南安化出土的饕餮食人卣（北京大学历史系考古教研室商周组编著：《商周考古》，文物出版社1979年版）。新中国成立前，在河南安阳殷墟出土一人面龙身盉（现藏美国佛利尔艺术博物馆），可说明商代已经把人的形象运用到了神的传说中，有了浓厚的宗教意识。据1986年12月10日的《光明日报》载：在四川省广汉县三星堆村发现两座三千年前的西周窖坑，出土一躯高约1.72米的青铜立体雕像，还有40多个与真人头部大小相当的青铜人头雕像，这批铜像皆造型生动，制作精细，其仪表、服饰表现出非凡的风度，它是我国首次出土的与真人相当的青铜人物雕像。春秋战国时期，随着文化艺术的发展，把人的形象刻镂、铸造成金属体的作品已经很丰富。如1965年在山西长治出土一件我国早期的青铜牛犊主人盘，立体地铸塑了一个童子双手捧盘轴承的形象。1980年冬，秦俑考古队在秦始皇陵封土西侧发掘出土了两乘大型彩绘铜车子，其中有铜涂金御官俑一躯，高51厘米，重51.95公斤，头戴冠束，身着右衽交襟长袍，腰佩长25.45厘米的圆首剑一柄，面部丰满，弯曲的双眉下有一对炯炯有神的眼睛顾视前方，上唇蓄有稀疏的髭须，整个躯体前后按照其驾驭的动作铸塑出自然娴熟的衣纹（《文物》1983年7期），可以称得上是被誉为东方金字塔——秦俑坑的精华。它集中反映了秦汉时期人的形象美的铸塑技艺无比高超。唐宋的铜铁铸塑技术经过几千年的发展呈现出非常灿烂辉煌的景象，如山西太原玄中寺唐开元二十九年（741）铸铁弥勒像和天龙寺后晋开运二年（945）铁铸佛像，晋祠金人台宋绍圣四年（1097）和元祐四年（1089）的铁铸武士，以及河南嵩山中岳庙的宋铸镇库铁人，都是这时期的上乘佳作。

明朝时期，在科学技术和文化艺术方面曾显现出一次回光返照。联系到泰山铜铁神像的铸塑可有所佐证。泰山现存的冶铸神像一般都属明代的产物。数量最多，分布较广的神像便是碧霞元君女神。其主尊安置于岱顶碧霞祠大殿正中的神龛内，神龛台基为青石须弥座形。据《岱览》卷九记载：“嘉靖朝大内施金拓建，额曰碧霞灵佑宫，万历年修葺，又为慈圣太后禳目眚乃镀金……祠正殿五楹，中祠天仙玉女碧霞元君，范铜为像……”铜铸碧霞元君趺坐状，高1.75米，最宽处1.03米，头梳高髻，戴如意桂冠，衣着阔袖长裙，外穿花边对衽帔肩裙。两腿正中下垂绶带，双手执笏于前胸。面相雍容华贵，典雅逸丽。使人有宽人厚德、慈悲善良的感觉，有督人敬恭的效果。神像两边各一男装侍女，铜像有天宫女神的架势。碧霞元君像两侧各有一陪祀神龛，皆一神二仆的铜像，东龛主神高1.73米，宽1米，为“眼王娘娘”像尊，传说她是专治人眼疾的神灵；西龛主神高1.73米，宽1.07米，为“送生娘娘”的像尊，传说她是专管求生嗣子的神灵，因此本龛两旁的侍女都作托婴的姿势。大殿内除三龛主尊外，还有六尊大型铜铸像，均系女神像尊，高度在1.50～1.95米。她们头戴凤冠，身佩璎珞，浑身装饰繁缛华贵，加之制工精细，更使之花枝招展，姿态生动优美，远远超过装束简朴的碧霞元君等三主尊，其烜赫程度实为“喧宾夺主”之势。关于这六个“母系”“大家庭”中成员的姓氏，由于分别来自早已荒废的岱顶青帝宫、东岳庙、寝宫等庙院，当时又没有留下资料，因此无法分辨清楚。类似此种情况的铜铸鎏金神像在碧霞祠还有近20尊。为了大力宣扬和强调碧霞元君尊崇地位，满足络绎不绝的朝拜者，又在大殿前建立一五光十色的香亭，也供上碧霞元君的铜座像一套，分别又在东西配殿供上眼王娘娘和送生娘娘，形成单独一组。此外，碧霞祠宽敞的山门内还有四尊体态高大的铜神，即外门两旁的青龙（东间），白虎（西间），皆依其名施以彩饰，通体塑造成衣着铠甲的武士，个个威武雄壮，气势逼人；内门两旁的刘廷、赵公明，皆头戴乌纱，衣着朝服，俨然是一表朝廷大员的文官打扮。四尊神像虽居处僻陋，其铸塑工艺一点不亚于正位的主尊，他们的衣饰装束，特别是外表形象等方面都处理得精细入微，栩栩如生，达到以形传神，形神兼备的艺术效果。

玉皇观建于泰山至高的天柱峰顶，符合古代道观多建于山上的习惯。这里供奉着道教尊崇的最高神灵——玉皇大帝（即“昊天金阙至尊玉皇大帝”的简称）。玉皇大帝铜像置于玉皇观正北殿内，高1.70米，宽0.95米，作趺坐式，头戴高筒花冠，身着龙袍，神态庄重，双目凝视，三络长须垂拖胸前。大有威严赫赫、至尊无上的容貌。此系明代铸塑。

红门宫西院大殿内的九莲菩萨是泰山现存最大的铜像（原在城西南角的灵应宫内），双手合掌于胸前，盘腿趺坐于九朵莲花组成的座上，通高3.4米，宽2.28米，高发髻，饰以帔肩瓔珞，衣襟、袖口饰缠枝莲花和牡丹。衣纹浑圆流畅自如，面容丰润娴静，目光微启。此铜铸体魄高大，但找不到一道铸合缝隙和沙眼洞孔，有较高的铸术工艺和技巧。另外，此处还有两尊站立菩萨铜像，高2.4米，宽0.85米。皆头戴法轮花冠，上身着小领内衽，广袖，袖口、衣襟饰缠枝莲花和牡丹图案，中间垂以绶带。圆润丰腴的右臂裸露，双手施无畏印状。两铜像身材修长，比例适度，尤其面相清秀自然、恬静端庄、婀娜多姿，给人以艺术的美感，其铸作工艺较之本尊更加超然。类似的铜铸神像现在灵应宫处尚有七尊，每每都闪着神圣的光辉，透出善良的微笑，可管见明代铜物铸造技术的一斑。

壶天阁大殿内的铜铸像是泰山现存单体最大的碧霞元君女神像，高1.87米，宽1.25米，趺坐式，头戴凤冠，耳佩宝相花坠饰，其体态形象与上述碧霞元君像尊基本雷同。

普照寺大雄宝殿中的释迦牟尼铜像是泰山之阳庙宇中最大的佛祖像，高1.33米，宽0.9米，趺坐式，高螺发髻，其体态丰硕，神情端庄，含眸凝视，温良敦厚，基本模拟中国人的面部形象而塑造。

第四节　壁画

关于绘画艺术，在距今八千年左右的浙江余姚河姆渡文化遗址中，我们已经发现划刻于陶器上的阔叶花纹图案，这是迄今为止发现的最早绘画资料。到了新石器时代中期，这种绘画于陶器上的艺术更加绚丽多彩，如陕、豫两省仰韶文化，川、贵大溪文化，甘、青马家窑，齐家文化，鲁、苏大汶口文化等。其中最典型的原始绘画有二：一是青海大通上孙家寨出土的舞蹈图，即在彩陶盆内壁上画了十五个人的舞蹈场面，画面中每个人头梳发辫，并肩携手，翩翩起舞，姿态非常生动而富有韵律和节奏感，烘托出人们在节日共庆欢乐的生活气氛和场景。二是1978年在河南临汝阎村发现的鹳鱼石斧图，饰于陶缸的腹部，画面高37厘米，宽44厘米，是迄今发现的最大的原始绘图。整个画面分鹳叼鱼、带柄石斧两部分。尤以鹳叼鱼部为突出，鹳身体态椭圆，圆眸明睁，嘴长而直；它两腿稳踏如柱，昂首挺立，竖叼一条大鱼，形象逼真、古朴优美（《中国原始社会史》，文物出版社1983年版）。两件绘画作品皆系写实性的图案，因来源于当时的现实生活，固所绘具有形象真切、生动活泼的直感，同时画面简洁古朴，线条比较流畅，中国画的勾线、没骨、填色等传统技法都反映的比较明显。

中国的绘画艺术开始于远久的原始社会时期。自旧石器时代晚期以来，在我国的宁夏、内蒙古、青海、新疆、甘肃、广西、江苏、云南、贵州等地出现了大批少数民族、新石器时代绘制在崖壁上的岩画，虽然构图简单，但却生动逼真地反映了各族先民的宗教、战争、劳动、舞蹈等活动场面，这既是中国壁画的先驱，也是具有较高历史价值和艺术价值的作品。

在上古时代，城堡、宫殿的出现预示着国家的产生，当然也象征着阶级社会的确立，而统治者宫殿建筑的堂皇，也要求绘画艺术进入新的领域，这就是壁画的产生。我国有关壁画的最早记载，只能在《诗经》《孔子家语》等少量典籍中找到只言片语。战国时期，规模宏大的壁画已经出现。如王逸《楚辞章句》为《天问》所作的序中提到："楚有先王之庙及公卿祠堂，图画天地山川、神灵，琦玮僪佹，及古贤圣怪物行事。"1974年陕西咸阳羊村秦都第一号宫殿遗址，发现四百四十块壁画残片，其中最大一块高37厘米，宽25厘米，壁画五彩缤纷、气韵犹存，这可以说是最早的壁画实物资料。壁画到了汉代便广泛应用于殿堂、衙署、驿站等建筑内，特别被应用到了墓葬中，于是就产生出一种丰富多彩的画像石和画像砖艺术品，成为研究古代文化艺术的一个专门学科。魏晋南北朝时期，除继续两汉以来的壁画艺术以外，又相继出现一种如甘肃敦煌莫高窟和麦积山石窟之类的佛教石窟壁画艺术。隋唐时代是中国古代文化金光灿烂的阶段，因而也是壁画艺术异彩焕发的时代，尤其表现在佛教石窟领域，如甘肃敦煌莫高窟。在宋、金壁画发展的基础上，元代的石窟、道观壁画仍有不少发展，山西芮城县永乐镇的永乐宫，大型彩色壁画当是这一时期的代表作。明清两代民间画工比较多，因而这时期的壁画多反映出画匠的水平。总之，壁画作为一种艺术在我国具有悠久的历史，而且是我们民族古代文明中的重要组成部分。

具有"神州"之称的泰山有许多庙宇，自然要有大量的壁画存在，其中比较重要者有蒿里山七十五司壁画、丰都庙壁画、岱庙天贶殿和殿院回廊壁画，其中大部分已不复存在，只有岱庙天贶殿壁画保存下来。

在宏伟庄丽的宋天贶殿内，有一幅绘据东、西、中三面墙壁的大型壁画，名为“泰山神启跸回銮图”。整幅壁画全长62米，高3.3米，用浓郁的矿物色彩绘画出传说中的泰山神出巡和返回的全过程。该壁画以大殿后门为界分东、西两部分，大致内容是：自后门开始向东折南为“启跸”，依次画有：泰山神的銮宫及其宫人，肃立桥上手持笏板送行的18位学士，乘坐四轮六马轿车的东岳泰山神及其文武侍从109人，陪同出巡的炳灵王和延禧真人（都坐八人亮轿、有执伞），随行的神物法器（狮驮宝瓶、白象背宝瓶、麒麟等），分列左右的仪仗队（手持金瓜、钺斧、朝天镫等杖物），净街开道的乐队，各路神迎驾的场面等。从大殿西山南端向北转东为“回銮”，其内容场面安排大致与“启跸”部分同，但因主题所要求而增添了部分场面，以突出泰山神出巡成功，满载而归。出现在画面上的有：各路神祇拱手欢送泰山神离去；泰山神及其文武侍从队伍（此处后部添二夜叉抬虎的画面，主要根据古帝王“出巡”称“巡狩”，而“巡狩”最早来自“狩猎”，来喻意泰山神巡幸收获很大）、炳灵王和延禧真人、神兽法物、骆驼背负卷轴（属增添内容，骆驼属远行负重之物，背负许多卷轴象征卷宗公文等，也喻指泰山神出巡的满载而归），行至桥上的仪仗队、随行乐队、迎驾的文武官员、宫廷仪仗、銮殿及恭候的官宦等。该壁画场面之宏伟，内容之繁复，在古代壁画中实属少见。

天贶殿壁画系道释画，既是宗教绘画，就必须把给人以诱惑力作为宗旨，而这种精神作用的产生必须靠艺术的美来实现。壁画中除身份不同、动作有别、姿态各异的657个人物和一些吉祥神兽外，还有殿、阁、亭、台、桥梁建筑和大自然的山川、河流、花草、树木，每每都安排得恰如其分。尤其在人物的主体画面处理上，构图丰满、布局井然、疏密相间、有起有伏，产生出疏而不散、多而不乱的艺术效果，有的部分可与永乐宫壁画不分轩轾。在构图上，也不失为伟大精密之作品，壁画始终把握主题，设计场面庞大，如果作者缺乏一定魄力是很难奏效的。

关于壁画的时代问题，历来众说纷纭，莫衷一是。美术学家俞剑华教授和浙江美术学院的王伯敏副教授认为：壁画中的建筑物画法运用的是西洋画的透视法，显示了清初西画输入以后的画工之风格。俞剑华教授还根据画中人物的表现手法为传统旧法，前后近远无大小之分，多用正面及七分脸；以及色彩平涂无晕染，用笔谨严，但不够挺拔等特点，确定画的主题人物方面是原来的稿本，重绘时照描，无大变动，其他山石树木则重绘时由画家随意挥洒。笔者认为此分析非常中肯和科学。在宏大的庙堂建筑内绘写壁画由来已久，尤其在宋代，由于小农经济的发展与市民阶层的扩大，民间绘画非常发达，有人曾用“车载斗量”来形容宋代画工的蜂起。宋真宗创建如此雄伟的天贶殿，一直是供奉东岳大帝的地方，迄今所知此大殿内未曾再塑过别的什么神，大殿创建后绝不会孤零零的只塑一尊泰山神，利用大殿的墙面空间搞一幅与之有密切关系的壁画是势在必行的事情。根据画面的内容与《宋史》中有关宋真宗封禅泰山的记载，壁画创作于宋代是无可置疑的。据记载大殿曾经在金大定十八年、明嘉靖二十六年和清康熙年间先后遭受大的火灾和地震，有几次大的重修，这也是确凿的历史事实。可以设想地震、火灾过后，大殿的墙壁是会有大的损失的，尤其是墙的上部。这样，上部壁画也就随墙的破坏而遭到不幸，至于中下部一般破坏不会太严重。所以俞剑华专家的分析是经得住考辨的。泰山文物资料研究室林昌的文章，从古代的服饰、仪仗、乐器、礼仪、建筑等方面定制对壁画进行了具体分析，结论也是壁画创作于北宋时代，明清有大的修补（参见南京艺术学院《艺苑》1983年第2期）。从实际画面看，如上部江南苏州一带弄堂房子的画法，带有清代输入的西洋画风，下部建筑、人物、山石树木的表现手法也与主体画面有差别，而且线条处理不够严谨，这些都证明壁画确实有不少复画的成分。

总而言之，壁画自宋代创作以来，虽经后代多次大的改动和复画，有的面目已非，已不再是当时原物。但至少保存了宋代壁画规模和画面主题内容，仅此也是非常可贵的，是我们探索宋代壁画的珍贵资料。壁画以道教为题材，是我国数量不多的几处道观壁画之一，在研究中国自有的道家画派方面具有与山西永乐宫等壁画同样的价值。特别是壁画内容又与帝王来泰山活动紧密关联，更对我们研究中国封建社会中的封禅史有直接的参考价值。壁画为后代所改动，固然给我们研究原作的艺术价值造成极大遗憾，但也给我们研究明清画风以及西画的传入带来很大方便，提供了一定资料。壁画在中国美术史、绘画史、壁画史上占有重要位置，它不仅是山东地区的宝贵历史财富，也是中华民族的优秀古代文化遗产。

第六章
丰富多彩的瑰宝

《水经注》卷二十四记曰：“（岱庙）库中有汉时故乐器及神车木偶，皆靡密巧丽。又有石勒（应为后赵主石虎）建武十三年永贵侯张余上金马一匹，高二尺余，形制甚精。”由此可见，由于两汉帝王的封禅告祭，岱庙里至少从汉代起就设置了专门的“宝库”，用以存放皇族达官的馈奉之物。宋元以来，尤其是明清两代的封建王室贵族，为了欺骗愚弄劳动人民，借以维持和巩固其统治，对所谓“东岳泰山之神”“碧霞元君女神”极尽供奉之能事，向“神灵”馈送了大量的祭祀礼品。对此，《泰山志》卷三盛典纪“御赐金玉宝器”篇、《岱览》首编“颁赐”篇都有详细的记述。这些封建皇帝的慷慨解囊，给泰山遗留下了丰富的珍品宝物，它们是我国精华宝藏的一部分。就现存文物来看，主要有瓷器、珐琅器、漆器、竹木雕、刺绣、玉雕等类别。

第一节　瓷器

我国是世界著名的陶瓷古国，早在公元前16世纪的商代，我国古代人们就创造出了原始瓷器。到东汉时期，就烧制成了器形规整、胎坚质细的成熟青瓷器。瓷器的发明是我国古代劳动人民对世界物质文明的一项重大贡献。

我国制瓷业在1800余年的历史长河中经历了一个由低级到高级的发展过程。魏晋南北朝时期、制瓷区域由南及北迅速发展。北方成功地烧出了洁白如雪的瓷器，为我国以后制瓷业的发展奠定了基础。在唐代，“如冰似玉”的邢窑白瓷与“千峰翠色”的越窑青瓷分别代表了北方瓷业与南方瓷业的最高成就。此外，绚丽斑斓、富于浪漫色彩的釉陶——唐三彩成为影响古今的陶瓷工艺品，各种类型的三彩陶俑，形态逼真传神，记录了开元盛世的安富与尊荣、豪华与放纵。其塑工的高超技巧，是我国艺术宝库中的珍品。唐代的瓷器大量从陆路与海上输出国外，成为中外贸易往来的重要商品之一。

宋代是我国瓷业发展史上的一个百花争艳的繁荣时期。如：紫口铁足、灰蓝色釉面点缀以本色纹片美的杭州官窑；满布断纹、呈现出有意创作的缺陷美、瑕庇美的哥窑；釉色莹润、幽雅怡人的河南汝窑；图案工整、印花严谨的河北定窑；灿如晚霞、变化如行云流水的钧窑……都是反映这时期陶瓷成就的代表。元代，景德镇青花、釉里红的烧成，使中国绘画技巧与制瓷工艺的结合更趋成熟。高温烧成的卵白釉、红釉和蓝釉，是熟练掌握各种呈色剂的标志，从而结束了元代以前瓷器的釉色主要是仿玉类银的局面。景德镇因此成为全国的制瓷中心，赢得了瓷都的桂冠。

明代，景德镇的青花器代表了全国瓷器生产的主流，同时瓷器新品种层出不穷，鲜红、翠青、娇黄、孔雀蓝鲜丽夺目。以成化斗彩为代表的彩瓷是我国制瓷史上的空前杰作和重要里程碑。清代康熙、雍正、乾隆年间，中国瓷器的生产达到了历史的高峰，进入了瓷器的黄金时代。凡是明代已有的工艺和品种，大多都有所提高或创新，同时也创制了很多新的彩釉和品种，如粉彩、珐琅彩、釉下三彩、墨彩和乌金釉、天蓝釉、珊瑚红、松绿釉，以及采用黄金为着色剂的胭脂红等。尤其乾隆时期，除了仿制清代以前各种名窑和外国瓷的制品外，还盛行仿制铜、木、漆制品和其他各种工艺品，镂雕和描金的工艺达到了登峰造极的地步。

岱庙中所保存的御赐供器中以瓷器为上宗，其中堪称精华的有：明嘉靖款青花黄釉葫芦瓶、清乾隆款奔巴壶、奔巴瓶、泥金瓷法轮、霁蓝描金开光婴戏瓶、清嘉庆款珊瑚釉描金五供等等。现将其简要介绍如下：

一、明嘉靖款青花黄釉葫芦瓶

此瓶通高23厘米，口径3厘米，底径6.3厘米，下腹围35.5厘米，通体饰七层青花纹饰。子母口，盖与瓶配合紧密、浑然一体。盖饰三朵青花云纹，瓶上腹饰青花缠枝莲三朵，下腹饰青花缠枝莲四朵，束腰处饰弦纹及梅花九朵。下腹肩部饰两条弦纹及三角几何纹图案。底为卧足，白釉，有“大明嘉靖年制”六字楷书青花款。葫芦瓶是明代嘉靖时期极普遍的吉祥陈设品，但像这种带盖的葫芦瓶则是少见的。此瓶造型敦厚古朴，线条柔和浑圆。青花色泽呈现一种蓝中泛紫的浓重鲜艳的色调，为典型的嘉靖时期回青料的青花色泽。在明代，黄色是宗庙祭器的重要颜色，此瓶的釉色为嘉靖时期盛行的一种较深的黄色，在这种黄釉的衬托下，青花色泽显得更加“幽菁可爱”，为嘉靖官窑中的精品。

此瓶能完整无损地保存下来，还有一段曲折的经历。据《泰山志》记载：“乾隆五十二年御赐……蓝花黄地葫芦瓷瓶一对，有盖连座……”1942年冬，这一对瓷瓶被杨安一盗去，落于济南鸿宝斋，又被京商翠珍斋店员徐少山购去，转售于北京冀东银行监事赵汝珍。后由当时山东省民国政府民政厅派员追回，送归岱庙。现在仅存一件完整的和另一件的瓶盖，另一件瓶身，据说新中国成立前夕因库房倒塌而被砸坏。

二、乾隆款粉彩奔巴壶

奔巴壶为喇嘛教的一种佛前供器。泰山岱庙内现存比较完整的有19件，皆高19.3厘米，口径7.2厘米，底径9.8厘米。壶口外形似洗，内呈漏斗形，壶颈为葫芦状，鼓腹，高足外撇；曲柄式流，饰以龙口吞流状。根据纹饰的不同，可划分为四种类别：

其一，为缠枝莲托八宝纹奔巴壶，整个器身从上到下分八层纹饰。器口、颈部、足部及流上部皆饰色彩艳丽的缠枝莲纹，其边沿都饰一周金线或金彩连珠纹；壶肩部饰如意云纹，腹部的主体纹饰为八朵缠枝莲花托吉祥八宝图案。八宝的排列顺序为：盖、鱼、罐、花、螺、肠、伞、轮。腹、足底部饰变形海水纹。纹样相同而底色不同的有黄、白、粉、紫四种釉色。器口及底足内施天蓝釉或白釉。纹饰采用胭脂红、矾红、翠绿、蓝、黄、白、黑、金彩等十多种色彩。底部有“大清乾隆年制”六字篆书款。

其二，为白地矾红彩蝙蝠云龙纹奔巴壶。口、颈、底足及流皆绘蝙蝠及祥云纹，腹部绘两条行龙窜云戏珠。龙为五爪，墨彩点睛，生动形象，白地矾红彩鲜艳夺目。底有“大清乾隆年制”六字篆书红印章款。

其三，为粉绿地金彩云龙纹奔巴壶。壶的口、颈、流、足皆饰蝙蝠祥云纹，腹部饰两条凸起的升龙，足的下部饰海水纹，都涂以金彩，显得富丽堂皇。底有“大清乾隆年制”阴文泥金印章款。

其四，为白地青花粉红彩缠枝莲纹奔巴壶。器口、颈、腹、足、流都饰青花粉红彩缠枝莲纹，莲叶为釉下青花，莲花及流部龙头为袖上粉红彩，青花色彩娇艳明快，粉彩格外柔丽，相互衬托，给人一种素雅优美之感。底有“大清乾隆年制”篆书青花印章款。

三、清粉彩缠枝莲托八宝纹奔巴瓶

奔巴瓶，也叫藏草瓶，是喇嘛教的一种佛前供器。泰山岱庙现存完整的有5件，均高25.7厘米，口径2.5厘米，腹径15.7厘米，底径9.8厘米，分别有天蓝、黄、紫三种地色。瓶口呈扁罐状，平肩，斜壁，敛口；颈上细下粗，饰粉彩竖条纹；鼓腹，饰粉彩缠枝莲托八宝纹图案；足外撇，下部饰黄、红、蓝、绿、紫、白等彩色双层变形莲瓣纹。底有“大清乾隆年制”篆书红款的二件；有“大清嘉庆年制”篆书红款的三件。像这样的粉彩瓷器还有香炉、香筒、烛台，组成的五供及杂宝等。

四、清泥金瓷法轮

现存较完整的法轮有32件，为乾隆、嘉庆两朝送给岱庙的供器。法轮高28厘米，宽16.7厘米，底径11厘米，其形制皆呈扁平桃形。两面纹饰相同，印有凸起的海水卷浪纹，通体涂以金彩，中心饰矾红花蕊、天蓝瓣菊花一朵，周围镂雕八个红、绿彩的菱形方块与轮壁相连接。轮的内边沿一周饰八组红、蓝、松绿釉的圆珠纹，每组三颗。轮座上部两面印有凸起的卷浪纹，座下部浮雕一圈祥云和莲瓣纹。底部涂金，有“大清乾隆年制”篆书阴文印章款的17件，有“大清嘉庆年制”篆书阴文印章款的15件。此法轮金碧辉煌，使人看后往往误认为是镶嵌上红、绿宝石的金器。

我国很早就用金来装饰陶瓷。宋代定窑和建窑瓷器上就有用漆粘贴金箔的工艺，瓷器贴金到明代更为盛行。而清代则改用金粉代替金箔，其法为：用笔将金粉描绘或涂于瓷釉表面，再在700～800℃的高温下烧烤，金就能紧贴在釉

面上，然后用玛瑙棒、没有棱角的石英砂或稻谷等来摩擦，使其发光。这种方法叫描金。(《中国陶瓷史》)

五、乾隆款霁篮描金粉彩开光婴戏瓶

瓶高34厘米，口径7.8厘米，腹径23.5厘米，底径12.3厘米。此瓶长颈，直口稍外侈，内施天蓝釉；颈为黄地，上饰粉彩璎珞纹，下饰一周变形蕉叶纹和蓝色回纹；云肩内为黄地，饰粉彩莲花纹；整个腹部为霁蓝地，饰描金缠枝莲纹，四面圆形开光，内绘婴戏图。其中三幅分别为三个顽童，一幅为两个顽童，在苍翠茂盛的大树下玩耍。有的双手抱花瓶，有的高举彩灯，有的手持树枝或如意，象征步步登高、平安如意。腹下部饰一周粉彩仰莲纹，口沿、足边描金，底有“大清乾隆年制”六字篆书红印章款。此瓶造型美观庄重，釉色艳丽，有胭脂红、矾红、草绿、翠绿、霁蓝、黄、白、黑、褐、紫等10多种颜色，每种釉色又有深浅浓淡多种层次，渲染生动。此画采用国画与西洋透视画法，画面有远近之分，幽静的山石，古老苍翠的大树，天真活泼的顽童，真可谓妙笔传神，使人如身临其境，足见当时画工之精。

此瓶采用高温霁蓝釉和低温描金、粉彩相结合的工艺，显得富丽堂皇，代表了乾隆朝瓷器生产的工艺水平。粉彩是在康熙五彩基础上受了珐琅彩制作工艺的影响而创制的一种釉上彩新工艺。粉彩的特点是在彩绘画面的某些部分采用以玻璃白粉打底，用中国传统画中的没骨画法渲染突出阴阳、浓淡的立体感，所以彩色比五彩更多，更为娇艳，以淡雅柔丽名重一时。

六、明万历青花云龙瓶

在泰山的供器祭品中，还有一件是民间信士供奉碧霞元君女神的瓷器——明万历青花云龙瓶。

青花云龙瓶，高35厘米，口径25厘米，底径24厘米。子母口（原盖已失），短颈，圆腹，平底。通体绘青花图案。颈部为锦地纹，四面开光，相背面分别绘祥云飞鹤和圆钱纹；周肩饰萱草纹；腹部绘有三条姿态各异的五爪巨龙，腾跃于飞云之间，有的翘首凝视，有的作行走状，有的作翔舞状，皆造型优美；下部绘以海水江崖图。整个瓷瓶图案布局合理，用笔流畅豪放。瓶底部无釉，有弦纹和放射纹。另，腹部中间有一道明显的接痕。瓷瓶胎体厚重，胎白质密；釉色细腻，厚而均匀，青花色泽清淡，稍有晕散。这些都显示出明代制瓷工艺的特征。

瓷瓶腹部另一面绘有一方形蓝字匾牌，匾牌上下施荷花纹，中间九行铭文："江西饶州府浮梁县景德镇信士程时振敬造大青花瓶一副，在于泰山顶上娘娘御前恭还供奉，专保父亲程珊寿命延长，兄时恭、弟时启合门皆吉，及自己买卖往回平安，百事遂意，福有攸归。万历己亥年孟秋月吉日书。"瓷瓶底部边沿有"江西饶州府浮梁县景德镇信士程时振施舍"不规则刻画字一行。

泰山是远近闻名的宗教活动中心，尤其是祭祀碧霞元君（俗称"泰山奶奶"，相传为东岳大帝之女，宋真宗封为天仙玉女碧霞元君），达到炽热的程度。明人记载"自碧霞宫兴，而世之香火东岳者咸奔走元君，近数百里，远即数千里，每岁瓣香岳顶数十万众"（《东岳碧霞宫碑》），"统古今天下神祇，首东岳，而东岳祀事之盛，首碧霞元君"（《岱览》卷九）。该青花云龙瓶充分印证了历史文献的记载。因此，它不仅对研究景德镇制瓷和绘画艺术具有一定历史价值，而且也是研究古代泰山宗教活动的实物资料。

第二节　珐琅器

铜胎掐丝珐琅器，又称景泰蓝，是我国古代劳动人民吸收外来技术而改造成民族形式的伟大发明。它创始于明代初年，距今有六百多年的历史，它以鲜明的民族风格和绚丽的艺术风采闻名中外。

元代，掐丝珐琅作为贡物由波斯传入我国。到明代宣德年间，铜掐丝珐琅制作已达到成熟的阶段，并且完全以独特的民族风格取代了外来的伊斯兰风韵。明景泰（1450～1456）年间这项工艺提高很快，这时期的珐琅器不仅数量最多，而且制作质量及釉色也胜过以往任何朝代，所以，后人就将这种工艺品统称为"景泰蓝"。

珐琅器的釉色以浅蓝为地，有赭、黄、白、蓝、绿等色，釉彩主要成分为石英、瓷土、长石、硼砂、铅、硝石等，与瓷同属硅酸盐类，掐丝珐琅的制作过程比较复杂，首先用铜做胎打成各种器型，然后在器胎表面绘出精美的图案纹样，再用细铜丝按照花纹的屈曲转折，掐成图案，粘焊在铜胎上，填满珐琅，再经过烘烧、磨光、镀金等几道工序，才能制作成器。

掐丝珐琅的制作发展到清代乾隆时期，出现了空前的繁荣局面。当时除仿古、仿景泰、仿欧的作品外，还创制了大量有本朝特色的精美新品种。在质地上，除铜胎掐丝珐琅外，还有金、银胎掐丝珐琅；金银錾胎珐琅；铜胎画珐琅和瓷胎画珐琅。在制作范围上，除继承明代制作器物的范围外，还有大至丈许的屏风、日用桌椅、床榻；小至笔床、酒具、砚匣卷签、轴头等室内陈设和用具。与此同时，清代宫廷还大量制造佛教法器。泰山岱庙内保存的一部分乾隆时期制作的珐琅佛教法器现主要介绍如下：

一、铜镀金掐丝珐琅天神八宝

据《泰山志》卷三《盛典记》载，“乾隆四十一年皇太后赐珐琅八宝吉祥一分，盖、鱼、罐、花、轮、螺、伞、肠八件”。八宝是佛家常用的象征吉祥的八件供器。它们分别表示：法轮，万劫不息，誓不退转；法螺，佛说具，妙音吉祥，召唤天神；宝伞，张弛自如，滋荫众生；白盖，编结覆盖，庄严佛土；莲花，出于浊世，清净不染；宝瓶（罐），福智圆满，甘露清凉；金鱼，坚固活泼，福德有余；盘肠，回环贯彻，一切通明。“八宝”是我国的传统纹样，元代瓷器图案中就很盛行八宝题材，其排列次序一般为：轮、螺、伞、盖、花、罐、鱼、肠。清代八宝排列次序与元代相同。而乾隆祭泰山的这批供器中，八宝却是按盖、鱼、罐、花、螺、肠、伞、轮的次序排列。

天神，佛教中又称“八部众”“天龙八部”“龙神八部”等。《舍利弗问经》释名为：天众、龙众、夜叉、乾闼婆（香神或乐神）、阿修罗、迦楼罗（金翅鸟）、紧那罗（非人歌人）、摩喉罗加（大蟒神），据称其中天众和龙众最显神灵。

珐琅天神八宝供器形制由底座、天神和八宝三个部分组成。底座为半球形，饰云纹，掐丝珐琅填以深蓝与月白色釉，看上去既像行云流动，又好似碧波荡漾。每个座上立一尊天神，其形态各异，服饰多样，但都在身前缠绕一条鎏金长带，通往身后的肩部，沿头顶上部托起一朵徐徐升起的金色蘑菇状祥云，每朵祥云之上置一件精致的掐丝珐琅八宝，每件八宝顶上还装饰一件三面呈火焰状宝珠。现将其基本特征分述如下：

珐琅天神盖宝　通高43.5厘米，珐琅座上立一兽头天神。身穿蓝地卷云纹宽袖袍，腰束金色飘带，赤三趾脚，两手交叉作拱手状于胸前；长嘴前伸，两嘴角各露出一颗尖利的牙齿，鼻子凸起，无孔；双眉紧皱，两眼珠鼓起，脑后及耳边毛发竖立，面相似人似兽。天神身后祥云之上托一顶彩色白盖（即八宝之一）。盖顶为圆形，宝蓝地，由细而匀的掐丝勾成六朵白色莲花围绕顶部一周，盖上别开生面地装饰着六片金色叶子，叶脉凸起，顺边缘伸出上翘，好似六角亭顶部的屋脊和挑檐。下部挂一周曲线纹彩色帷子，分上、中、下三层，分别设黄、蓝、粉白三种釉色，色彩十分富丽。

珐琅天神鱼宝　通高43.5厘米，天神身穿蓝地云纹袍，外围一黄地红珠纹裙，腰束金色飘带，头戴一顶鎏金兽面冠，脚穿白色横条纹靴；张嘴，两眼圆睁怒视前方，下巴有一圈胡须，两鬓毛发竖起；两手拱抱。身后祥云之上托着两条翠绿色金鱼，饰黑色眼珠，鱼腹部施粉白、淡黄及淡绿色彩，背部施墨绿色彩，用色巧妙，呈现出不同颜色的渐变。再加掐丝勾成的鱼鳞排列有致，增强了“鱼”的立体感，收到栩栩如生的艺术效果。另外，鱼身缠绕鎏金绶带，宛转自然，翩翩飘舞。

珐琅天神罐宝　通高45.3厘米，珐琅座上立一尊六臂三眼天神。上身穿宝蓝地云纹短袖衫，下身围墨珠纹淡黄地裙，腰束镀金飘带，肩系金色帔巾；头戴鎏金莲花冠；赤脚，佩莲花脚玲；手腕佩金镯；前面两手抬至胸前，手中所持法器已无；中间两手，左手拿弓，右手执箭；身后两手举至头部；一手握拳，一手持金刚宝杵。额中间生出一眼，三眼齐瞪，龇牙咧嘴，面目凶恶。身后祥云上置一白地蓝花莲纹罐。罐盖饰二层蓝色梅花纹，罐体为短颈，丰肩，腹部内敛，肩部饰八朵祥云，腹部饰四朵盛开的莲花，腹下部饰一周蕉叶纹，器身两边饰鎏金绶带，罐底为金色覆莲座，造型典雅庄重，色泽凝重而鲜明，纹饰古朴美观。

珐琅天神花宝　通高45.5厘米。在云纹珐琅座上立一龙首人身天神（佛教中称为“龙众”），身穿天青色云纹宽袖袍，黑色领边，腰围蓝色锦地裙，脚穿红、蓝色靴；龙头上竖起两角，双耳；嘴前伸，露出口舌和牙齿。眉、眼、龙须及毛发表现得极其显明；两只龙爪作抱球状，神态生动。肩后祥云上置一朵由绿色枝叶衬托着的盛开的粉白色莲花，色彩淡雅、形象逼真。

珐琅天神螺宝　通高45.5厘米，珐琅座上立一独角天神，上身赤露，肩系红色帔巾，腰围红斑虎皮裙；手腕及脚腕各佩带鎏金镯；横眉竖眼，龇牙咧嘴，满腮卷胡，面目狰狞；双手抬至胸前，手中法器已无；身后腾起的金色祥云上托一白色卷草纹法螺，螺的上部饰金色掐丝条纹，呈盘旋状，下部为金色卷草纹，螺口金边，内施蓝、红、黄等釉色，螺身缠鎏金飘带，其造型美丽别致，色彩清新素雅。

珐琅天神肠宝　通高44厘米，一鸟首三趾足天神立于蓝色云纹座上。身穿绿地缠枝莲纹袍，蓝色领边。腰围黄地红珠纹裙，外束金色飘带，头戴蓝色小帽；鹰嘴前伸，嘴角两边各露出一颗牙齿，一双小眼炯炯有神，耳边毛发竖起；双手执一金笛，似在低头吹奏，形象奇特。背后祥云之上托一红地回纹盘肠，金色飘带自然穿绕盘肠，色彩艳丽。

珐琅天神伞宝　通高45厘米，一独角天神立于珐琅座上，袒胸露腹，肩系红色帔巾，下身束黄地黑斑虎皮裙，赤三趾脚；龇牙咧嘴，怒目凶光，耳边毛发竖起，头上立一独角；右手半握于胸前，左手举至头部。背后祥云上托一顶黄地缠枝莲纹伞。伞上部饰红心蓝边莲瓣纹，伞身系金色飘带。造型美观谐调，制作纤细精微。

珐琅天神轮宝　通高40厘米，云纹珐琅座上立一僧人，身穿茄紫地夔龙云纹袍，黑色领边，袍下露出绿地云纹内衣，脚穿黄色条纹靴；秃顶，两耳垂肩，面目和善；右手抬至胸前，左手垂于身旁；神情举止飘逸自然。背后祥云托一鎏金法轮。

以上八件珐琅天神八宝供器，天神个个形象生动、丰姿多彩，衣冠纹饰细致流畅，所配八宝充满着浓厚的宗教色彩。就其制作工艺而论，铜质精纯，磨光细润，镀金匀实，精工细作，一丝不苟；掐丝整齐，挥洒自如，勾出怒放的瑰葩和宛转的缠枝、流云等纹饰。釉色坚实，典雅浓丽，表面呈现一层莹净的宝光；尤其是天神的面部、手足、衣袖、飘带及祥云等多处采用铜雕镀金的装饰，增添了金光灿烂的富贵气氛。

清乾隆年间，宫内及圆明园等处专设有38个为宫室制造用具和艺术品的机构，叫“造办处”，这里集中了全国优秀工匠。这些珍贵的艺术品，为乾隆所馈送，当是宫廷造办作坊中的精美之作。

二、饕餮纹四夔足画珐琅盖鼎

此鼎仿商代方鼎造型，高43厘米，口长30厘米，宽21厘米。鼎表面饰商周时饕餮纹图案，器内壁为淡绿色。整个器物由盖、双耳、器身、足四部分组成。铜胎较薄，整个器物重量较轻。

鼎盖，纽为椭圆形，饰缠枝莲花纹，纽下为仰覆莲式座，盖的上半部四周镂空，雕黄色夔龙纹，盖下半部为天青地，四面及四角各饰以饕餮纹；分别竖立在口沿两边的空心双耳，两面各饰饕餮纹与回纹；器身上部一周饰12条夔龙，下部四面各饰一饕餮纹。饕餮的面部施宝蓝色釉，白眼球，黑眼珠，红眉毛，绿嘴巴。四足为夔龙状空心足，施黄地褐彩，器底部有“大清乾隆年制”六字篆书蓝款。

此鼎造型优美，典雅古朴，它以画珐琅的手法仿掐丝珐琅工艺，每个图案都以金线勾边，特别是施以浓淡分明、色泽艳丽的胭脂红、矾红、粉绿、黑、白、祭蓝等十多种掐丝珐琅常用的釉色，加以宝蓝色地，达到了以假乱真的地步。清乾隆朝代珐琅器产地除北京之外，还有扬州和广州。据《泰山志·卷三·盛典记》“御赐金宝器”一文记载“乾隆三十四年，御赐广珐琅长方鼎炉一对……”可以证明此鼎的产地应为广州。

三、铜胎画珐琅开光六方瓶

铜胎画珐琅，原通称为“洋瓷”或“珐琅”。据《明史》卷三百二十六记载，珐琅(即拂郎)是在明初从古里国进来的贡献，古里国在印度南端喀拉拉地区。清康熙时画珐琅制作技巧已达到了惊人的程度。清乾隆时画珐琅盛行锦地开光，主要有人物、山水、花卉等图案，人物画以西洋人物为代表，其锦地即在一个器物上常有几套几层不同组织的花纹。釉质细腻温润而不以光亮取胜。岱庙所存画珐琅开光六方瓶就属此类。

该瓶高31厘米，最大腹径21.5厘米，口径17厘米，底径11.5厘米，瓶口外侈，长颈，鼓腹，高足，均为六面方形。器内壁为白釉，整个器表在粉色锦地上分颈、腹、足三层，绘三套不同组织、不同色彩的缠枝莲纹。莲花有黄色、藕荷色、浅蓝色、胭脂红四种；叶为粉绿和翠绿色两种。这种“锦上添花”的图案寓有百花呈瑞的意思，歌颂升平而趋于繁缛，为乾隆时期画珐琅器中典型的图案。瓶腹部六面用翠绿、黄、红、姹紫四色勾勒出宛转美丽的开光，内绘花草、山水、人物图案，每相背一面的图案相同。花草图：在碧蓝的天空中飘着几朵白云，绿色草丛边有一只金黄色佛手，周围盛开着艳丽夺目的月季花。山水画：远处青山白云，近处小桥下流水涟涟，树影倒垂，漂亮的西洋小房参差排列在岸边。人物风景画面，是三幅图案中最为精彩的一幅。画面内容是：在郊外幽静清雅的田野小路上，一幢白色天主教堂坐落在路边，一位头披翠蓝巾，身穿蛋黄上衣，腰围蓝宽带，下身着姹紫色肥裙的西洋中年贵妇人，神情悠然地乘坐在一辆高轮木车上，左手扶车，右手牵一对拉着车摇头摆尾的长毛狮子狗，好像刚做完礼拜，从教堂那边徐徐归来。另外，在路边的一颗苍翠茂盛的大树下，坐着一位身穿紫裙的老年胖妇人，手举一绿色花环，好像向乘车而来的妇人招手祝福。整个画面有主有次，远近和谐，意境开阔。在艺术手法上作者吸收了透视和阴影的西洋画法，立体感特别强，给人以轻灵明快的感觉。山水、人物姿态、流水、树木、小桥、房屋等画面都富有浓郁的诗意。底有“大清乾隆年制”篆书蓝款。

康熙末年，意大利画家郎世宁和法国珐琅艺人陈忠信来到我国，直到乾隆朝他们一直在宫廷服务。此件精品的绘制第一种可能是由西欧国家提供图案样品，由我国工匠照样绘制。第二种可能就是郎世宁、陈忠信或者其他西方画家绘制的。第三种可能是中国画珐琅艺人与西方画珐琅艺人合作绘制而成。第三种可能性较大，因为开光以外的锦地花卉以莲花、月季花等我国传统的花卉图案作装饰，有可能出自我国艺人之手；而开光内的教堂、西洋人物画得如此逼真，很可能出自西方艺人之手，可以说此瓶为中西文化艺术互相交流的见证。

四、银质錾胎珐琅五供

錾胎珐琅就是在画样之后，将器胎花纹以外的空白处减凿，填以珐琅，再烘烧磨镀而成。此五供为银雕与珐琅烧蓝相结合的工艺品，又称“银发蓝”，为乾隆二十九年御赐岱庙的供器。《泰山志》卷三“盛典纪”御赐金宝器一章记载：“乾隆二十九年，御赐：银珐琅炉一个，有铜香靠楠木座；银珐琅烛台一对，有木烛一对，楠木座；银珐琅瓶一对，有花一对……”

质银錾胎珐琅炉　通高26.5厘米，口径17.7厘米，双直耳立于口沿之上。

圆形深腹，下部微鼓，三柱足，整个造型与商代青铜鼎礼器相似。口沿外周饰回纹图案，中间有“大清乾隆年敬造”七字阳文楷书款。腹部遍饰浮雕的银白色祥云纹，减凿的空白处施以蓝色珐琅底。浮雕的“八宝”图案均匀地排列在自然的祥云中，显得异常醒目。此炉从造型设计、图案制作等方面，都给人以古朴庄重、美观大方的美感。

银质錾胎珐琅烛台　高32.2厘米，底径12.5厘米，由烛柱、烛盘及烛座三部分组成，整个器身以蓝色珐琅为底色。烛柱浮雕着云纹和两组结带宝杵纹，宝杵之间为一阴阳图案。烛盘口沿外侈，沿外饰一周回纹，中间刻有“大清乾隆年敬造”七字阳文楷书款。烛盘腹部浮雕四组宝杵纹，底边一周浮雕蕉叶纹。烛座分为上下两层，上为凸起的两个扁球形，浮雕云纹及宝珠纹，下为高圈足，外撇，肩部浮雕莲瓣纹，中间浮雕莲花托八宝纹及祥云纹，底边饰一周回纹。两件烛台，一件浮雕盖、鱼、罐、花；另一件浮雕螺、肠、伞、轮。

银质錾胎珐琅瓶　高31.5厘米，底径12厘米，口径16.6厘米，其造型似商代的觚，上口呈喇叭状，腰间为椭圆球形凸起，整个器身雕錾凸起祥云，填以蓝色珐琅为地。自上而下浮雕宝杵、阴阳图、蕉叶、莲瓣、八宝等十多层纹饰。口沿处刻“大清乾隆年敬造”七字阳文楷书款。

总之，这套银质錾胎珐琅五供，胎体厚重，造型古朴，银质纯正。这套五供采取浮雕与阴刻相结合的工艺，精雕细凿，一丝不苟，刀法熟练，图案工整。珐琅蓝釉色泽浓艳，微闪光泽，填釉均匀，实为清乾隆年间錾胎珐琅中的精品。当时，清宫内廷所用珐琅器多由养心殿造办处珐琅处承做。珐琅处分别设于紫禁城和圆明园，另外属于广储司（内务府中的一个单位）的有珐琅匠属银作（见“大清会典”和内务府则例），因此这组银质珐琅五供很可能是制作这类银质珐琅器物的以上部门之产品。

第三节　玉雕工艺

玉雕，在我国工艺美术的百花丛中，可算最早的品类之一，有“玉石之国”的盛誉。远在新石器时代的遗物中已有不少发现。如1986年9月，浙江省文物考古研究所在良渚遗址的10座墓葬中出土1200多件文物，其中百分之九十九是玉器。除璧、琮、钺外，还有透雕的玉珮、玉璜、D形玉饰、形象逼真的玉鸟、玉龟、玉鱼等。特别是34号墓中有52块玉璧集于一个墓内。(《光明日报》1986年9月27日)。古雕玉技术分浮雕、透雕、立体雕。在原始社会时期，玉雕还没有从石器中分离出来，成为一种独立的工艺。大约在商代，这“石之美者”的制玉工艺才成为独立的工种，攻玉之术日趋精进。西周时期，玉器的制作和使用与礼制结合起来，使之道德化、迷信化，甚至作为君子的象征物，即“君子比德于玉”。因此，这时的“玉”器，远不简单是一种装饰品，而是表示统治权的法物，或宗教用的礼器，有“五瑞”(圭、璧、琮、璜、璋)、“六器”(仓璧、黄琮、青圭、赤璋、白琥、玄璜)之分。《周礼·考工记》上说：“玉人之事，镇圭、尺有二寸，天子守之；命圭九寸，谓之桓圭，公守之；命圭七寸，谓之信圭，侯守之；命圭五寸，谓之躬圭，伯守之。”说明玉圭是代表统治权力的一种信物。此外如璋、瑁、琮、璧等都是封建礼制和祭祀的瑞宝。到了汉代，玉器已成为封建社会王室贵族们普遍使用的器物，除玺、珑、玦、珌、带钩、玉几、玉案、玉爵外，尚有砚滴、书镇、杖首、杂佩、虎子等。宋代宫廷中已设有“玉院”，专为宫廷生产各种精美的玉器。明中期至清中期是琢玉工艺发展的兴盛时期，新疆和阗一带的玉璞由边境的瓦市而入北京，然后散至各地雕琢成器，以苏州、扬州、北京的琢玉最为著名。故宫所藏著名的《大禹治水图》玉山和《会昌九老图》玉山，就是清朝时期玉雕的代表作之一。清代，由于玉料来源的增多，雕琢物大至床架棂槅，小到各色各样的陈设件，应有尽有。供祀庙宇的祭品也是这时玉雕的重要内容。

一、清乾隆款温凉玉圭

温凉玉，又名玉圭。因系青色，也称“青圭”。《泰山志》“御赐金宝器”篇记载：“乾隆三十六年，皇太后赐……大玉珪一件，长三尺五寸，宽八寸，名温凉玉，半煖半寒。”此温凉玉圭，质地细腻、结构致密、温润而有光泽。全长92.2厘米，分上、下两截，上宽29.5厘米，下宽21.7厘米，重27.75公斤。因上、下截玉质有细、粗之分，所以上凉、下温。上截的上部浮雕曲线连接的三个圆球，分别代表日、月、星。下面雕刻波涛滚滚的海水浪花，海浪中间立一圭形层叠的高山，立体感特别强。它的下截雕刻有“乾隆年制”四个楷书大字，字高6.5厘米，宽4.5厘米，楷书工整秀丽。玉圭的图案设计寓有皇权主宰天地、与日月争辉、与山河共存的含义。

据《周礼》记载：“以玉作六器，以礼天地四方，以苍璧礼天，以黄琮礼地，以青圭礼东方。”可见当年的乾隆皇帝选这样一种色泽、形制、雕饰的玉器来供奉泰山神，是经过一番精心考虑、周密设计的。其虔恭和笃信之情反映尤为突出。总之，温凉玉在质地、造型、图案、雕琢工艺等方面都具有很高的研究价值，是泰山珍宝中的“镇山宝贝”之一。

二、清“泰山天仙圣母碧霞元君之印”

玉印高5.5厘米，方6.6厘米，印平顶斜肩，顶上雕一对夔龙纹，肩四周雕回纹，两侧穿孔相通，作系绳之用，印文为阳刻“泰山天仙圣母碧霞元君之印”篆书十二字，字体线条流畅，结构紧凑，玉石青黄色，造型古朴，雕工精致，为清朝皇帝祭泰山时送碧霞祠的祭品。

第四节　漆器

漆器也是我国劳动人民杰出的发明创造，在文化史上是一枝灿烂的花朵。漆器的发明可远溯到夏代，西周时已颇为发达，春秋战国时代已进入成熟阶段，如长沙出土的战国漆器制作和工艺已很精美。汉代漆器的制作技术发展更快，当时主要有木胎、夹纻、木心夹纻三种技术，外部工艺多用彩画、浮雕或镶金银等来做装饰。唐代漆器的装饰方法从楚汉的银扣、金铜扣，发展为“金银平脱”，即将金银薄片以胶漆贴于漆胎上。唐代还创造了剔红（今称为雕漆）。宋元继续发展，至明代漆艺更盛，使用广，种类多。当时最流行的有剔红、剔犀、填漆及螺钿四种工艺。清代漆器产地北方以北京为中心，南方则首推福州。乾隆时期剔红、雕填、朱漆、彩漆诸法并行，多以人物楼阁为主题。

泥金胆雕漆莲花梵文净水碗

泥金胆雕漆莲花梵文净水碗，为乾隆年间御赐岱庙的供器，共两件。每件通高13厘米，口径15.5厘米，底径7.5厘米，其造型为侈口、深腹、折底高圈足。器内铜胎泥金灿烂；器表，朱漆艳丽，以细雕的棕色方格锦纹为陷地，朱漆厚0.4厘米，器腹部雕刻八朵缠枝莲托八个梵文字。莲瓣及莲叶叶脉刻细线纹，碗的折底处雕刻一周莲瓣纹，圈足上部雕云纹及璎珞纹，底内壁有“大清乾隆年制”一行六字篆书描金款。

此碗造型美观大方，图案结构组合谨严，花纹走势委婉生动，刀口搓磨光洁，雕刻娴熟洗练，内金外朱，色彩鲜明，富丽华美。

第五节　木雕

我国民间工艺美术丰富多彩，竹、木雕工艺最早记载见于《齐书》，北齐高祖曾赐隐士僧绍竹根如意。在我国古代，工艺美术家们依据自己丰富的想象力，在原料的自然形态基础上，进行巧妙的构思和设计，略施雕镂便可制作出各种富于变化、精巧而具特征的工艺美术品。树根的形体富于变化，有的屈曲臃肿；有的槎枒四出，表面又有凹入的孔穴、凸起的鸡眼、瘿瘤；更有细裂的纹路和多种多样的斑疤；甚至还有空心只剩外壳的。古代木雕艺术家之所以采用这些材料来雕刻，就因为它有这许多非人工所能刻画出来的特点。

一、沉香狮子

沉香狮子，系清乾隆二十七年（1762）御赐岱庙。两只狮子体型基本相等，分别为：一件高37.5厘米，长36.5厘米，重3.5公斤；一件高36厘米，长38厘米，重3.75公斤。其基本造型为：前腿直立，臀部坐地，尾巴翘起，全身疙瘩形似蜷毛，双目圆睁，炯炯有神。一只面左，一只面右，张嘴微微启口，露出牙齿和舌头，面貌十分生动可爱。这对雕狮选用布满凹入孔穴、凸起瘿瘤的怪状沉香树根疙瘩加工黏合而成。它是智慧的工匠们在原料的自然形态基础上，进行反复巧妙的构思、设计和精心雕镂后的产物，在外形上看完全出于天然，丝毫不露斧斤痕迹，自然素雅，达到意想不到的妙趣。这对狮子体现了清乾隆时期我国树根雕刻工艺的高超水平。

这里需要指出的是，在岱庙的古籍书库中有一本日文版的泰山书，其中刊载了一幅沉香狮子的照片，与现存狮子差异很大。到底哪一对是清乾隆皇帝所送，还有待进一步考证。

二、檀木架镶玉雕嵌螺钿如意

如意，顾名思义，即如人之意。其物首形状如心、如云，如芝，长柄微曲，多用竹、木、骨、玉、镶嵌制作。是一种象征祥瑞的古器物。《酉阳杂俎》引三国时期《胡综别传》谓孙权曾掘得秦始皇所埋白玉如意。在清代，如意倍受推崇，重大节庆、堂室陈设广而用之。

檀木架镶玉雕嵌螺钿如意，全长49厘米，头呈云形状，柄微曲，上部与中部镶嵌浮雕的白玉葫芦，下部镶一对白玉寿桃。如意柄部镶嵌螺钿雕刻的暗八仙纹。其立面一周镶嵌螺钿圆珠纹。此如意雕刻精细，螺钿五光十色、闪闪发光，其图案为吉祥长寿之意。

第六节　刺绣

相传在夏虞时代已出现刺绣的萌芽，周代就有“绣绩共职”之说。汉时出现了专业的刺绣艺人。汉代精美的彩锦通过横亘欧亚的丝绸之路，大量地从安息（波斯）输往古罗马帝国等地。当时刺绣盛行于山东一带的民间，主要应用在衣服、旗帜、宗教幡幌等方面。至三国时，东吴孙权夫人赵氏，绣有“山川地势图”，称为“针绝”。从这时起，流行于苏州的“苏绣”逐渐发展起来。唐代的刺绣已经运用了齐针、套针等针法。宋代的刺绣变唐时多种针法而创平线绣，刺绣受到绘画艺术的影响，在技术上更有了提高。明代以上海露香园顾绣最为有名，顾绣始于顾汇海妻缪氏，摹绣宋元名画劈丝细过于发，针刺纤细如毫，运针如笔，能以丝绣表达出古代绘画的精神来。清代刺绣业更为繁盛，刺绣主要有三种派别：顾绣以上海为中心，湘绣以长沙为中心，粤绣以广州为中心。顾绣继承明代作风，并有新的创造，居于领先地位。清乾隆时期御赐岱庙的刺绣品有：绣黄缎金龙净十团袍、绣蓝缎升龙长幡、绣八宝纹及瑞兽纹长幡等。

一、绣黄缎金龙净十团袍

据《泰山志》卷三“盛典记”记载：“乾隆四十二年，御赐绣黄缎金龙净十团袍三身。”

鹅黄色素缎绣金龙净十团袍。身长2.1米，肩袖通宽4.4米，袖肥1米，下襟宽度为2.3米。袍以绯红色素纺绸为里，鹅黄缎面施赤圆金线和彩绒线绣金色团龙、五彩江崖海水和吉祥八宝图案。前胸、后背及两肩各绣一金色正面团龙，直径为52厘米，前后下襟各绣升龙两团，直径为42厘米，两袖各绣升龙一团，直径为45厘米。团龙周围绣五彩祥云、吉祥八宝及花卉，云龙之间饰宝珠一颗，蝙蝠一只。八宝图案每两件为一组，分为盖鱼、罐花、螺伞、肠轮四组。前后大襟下部，施彩绒绣斜线海水及祥云，海水之中饰六只盛满鲜花的花篮；祥云之上饰三座层叠的高山；祥云之间点缀彩色金钱、珊瑚、犀角、宝珠、方胜、书画、银锭、如意等吉祥杂宝。彩丝绒线有红、蓝、绿、紫、黄5种主要颜色。每种由深至浅又可分四种，共计20余种色彩，由于保存较好，色彩鲜艳、熠熠生辉。

此外，还有两件绣黄缎金龙净十团袍，其特点是大。一件身长3.9米，肩袖通宽8.4米，袖肥2米，大襟下摆宽3.6米。胸前、背后绣正龙各一团，直径1米；双肩各绣正龙一团，直径90厘米；前、后襟各绣升龙两团，直径80厘米；两袖各绣升龙一团，直径90厘米。绯红仿绸里，鹅黄色素绣缎施赤圆金线和彩丝线绣金色五爪团龙。团龙周围绣五彩八宝及杂宝，前后下襟绣彩色海水江崖图案、祥云、杂宝及带寿字的花篮。此件较残破，曾为岱庙天贶殿内巨型泰山神（即东岳大帝）塑像所穿过。另一件身长4米，肩袖通宽6.2米，袖肥1.35米，前后襟下摆宽4.6米，全身绣赤色金线正面龙十团。前胸、后背团龙直径75厘米，双肩及前、后襟团龙直径70厘米，两袖团龙直径65厘米，团龙周围绣祥云宝珠、海水江崖图案。前后襟下摆素面无纹饰，此件保存尚好。

以上三件金龙净十团袍，精湛的刺绣技巧和八宝团龙图案中所显示的豪迈气魄，表现了古代劳动人民的巧思和智慧，对研究清代工艺美术的装饰风格和丝织刺绣的技术发展及衣冠制度，有着重要的参考价值。同时，根据元代以来服饰制度规定：黄缎五爪金龙服饰只有皇帝才能使用，金龙净十团袍恰恰是黄缎五爪金龙图案。这充分说明：此袍不仅为皇帝赐命为供奉泰山神所专做，而且把泰山神抬举到了与之平起平坐的地位，反映了封建社会中君权和神权的统一。

二、刺绣八宝纹幡

刺绣八宝纹幡，由六个不同颜色不同图案的绣包用丝线连接起来组为一套，通长2米。每个绣包的制作，均为先用各种不同颜色的锦缎剪成不同形状，绣上各种图案，然后粘贴在与其相同形状的厚0.5厘米的纸壳上，再把两个相同图案、相同形状的绣件相背而对，沿周边缝合在一起，内装褐色粉末，构成中间微鼓两面纹饰相同的绣包，形似一盏盏彩灯连成一串。此绣幡第一个绣包为荷叶形，长18厘米，宽32厘米，红缎上绣一顶五彩宝盖，周边绣葫芦、花卉纹。第二至六个绣包尺寸，形状相同，均长20厘米，宽22.5厘米，为长方形曲线边沿绣包。一为蓝缎，中心绣一对金鱼；一为橙黄缎，中间绣一彩色宝瓶，两边分别绣一朵莲花和一朵牡丹花；一为红缎，中心绣一只海螺；一为黄地中心绣一个红色盘肠；第六个为绯红缎，中心绣一把五彩宝伞和一个带火焰边的法轮。每件绣包下边装饰一条长5厘米，宽18厘米，绣满花卉的沿子，沿子下边都坠有天蓝色穗子。绣包的主体纹饰排列起来为盖、鱼、罐、花、螺、肠、伞、轮。主体纹饰周边都绣有葫芦花藤纹样。每件绣包两侧又各配鎏金花插耳，上面坠着一件精致小巧的彩绣荷包。此幡采用多色丝线绣成，色彩缤纷。

三、刺绣瑞兽纹幡

刺绣瑞兽纹幡，由四个不同图案的绣包连接起来组成一套，通长1.5米。第一个绣包为荷叶形，长16.5厘米，宽31厘米，明黄缎上彩绣狮子滚绣球图案，第二、三、四个绣包形状与尺寸相同，均长19厘米，宽22.5厘米，为长方形曲线边沿绣包。有的绣包红缎上绣一只白色宝象，宝象身配彩色褡裢，驮着盛有万年青的宝瓶，回首静视；有的绣包为明黄缎，中心绣一只五彩麒麟；有的为红缎，上面绣一只仰首朝天吼叫的飞豹，满身花斑，双翼申展。每个主体图案周边都绣松、竹、梅环绕。下部边沿都以丝线结成网式图案，上面有剪纸贴花，下面坠天蓝色丝线穗子。绣包两侧各配小件彩绣荷包为耳。每两件绣包之间饰一件长4.5厘米，宽16厘米的贴花荷包，上面分别贴着苹果、佛手、石榴图案。

此外还保存有彩绣暗八仙纹幡，四季花卉纹幡等。以上几套绣幡，均造型别致，图案繁缛，寓意深奥，色彩华丽，刺绣技艺极为精湛，是研究清代刺绣工艺及宗教信仰的宝贵实物资料。

第七章
什物的风华

在泰山的古寺院庙观中，在泰山的古御道登途上，我们随处可以见到一些古代的陈设物、施用品，以及古花木等。它们各以自己的时代、质地、作用、工艺甚至来历等特点，包含着其固有的历史文化内容。因此，领略一下这些历史的什物、遗植，对泰山古老文明的深入了解有一定益处。笔者在此仅能择取一些重要的什物做一概述。

谈到古代的什物，须得先加上一个“谈龙说凤”的小插叙，这是因为古代一些有价值的什物几乎都与之息息相关。龙，在我国一直是一种很神秘的“动物”。中国最早的百科全书《说文》描述说“龙，鳞虫之长，能幽能明，能细能巨，能短能长，春分而登天，秋分而潜渊”，这里所说的这种“龙”应该不属于七千万年前中生代时的“恐龙”，而是人们在与大自然斗争实践中想象出的一种动物。这种龙的形象在六七千年的原始社会陶器上就已出现，在商周青铜器纹饰上基本成形，后来则被历代广泛运用到了建筑、礼器、什物中，因而我国有“龙的传人”的说法，当代著名文人闻一多先生把“龙”当作我们民族发祥和文化兆端的象征。凤，也是神话中的一种神鸟。《说文》曰：“凤，神鸟也。”《礼记》曰：“麟、凤、龟、龙，谓之四灵。”《周书》王会曰：“凤鸟，戴仁抱义。”在漫长的中国封建社会，龙和凤的观念得到延伸，龙的形象成为皇帝政治权威的象征和“帝德”“天威”的标记。凤的形象成为皇宫后妃政治地位的标志。特别到了元代以后，对龙、凤图案的使用颁以严格的规定。明朝时期，在民间又产生了“龙生九子不成龙，各有所好”的传说，这就是广泛用于建筑物、陈设什物装饰构件的“龙生九子”形象。

第一节　陈设

吉祥缸　在岱庙金碧辉煌的“宋天贶殿”前的宽阔平台上平行放置着两个铁铸大桶，这就是泰山现存最早，而且也是仅存的吉祥缸。吉祥缸，古代也称为“门海”，它的出现大抵与我国古代建筑特点有关。因为中国的古代建筑基本上是一个木材的筑合体，最怕遭遇火灾，古代又没有专门的消防队和效率高的消防器材，所以就在一些大型建筑物前设置“门海”，喻义门前有大海，就不怕闹火灾，所以这“门海”也叫“吉祥缸”。主要用途是防火，实际上是一种意愿的寄托物，因为真遇火灾，就是放置多少个缸也是无济于事的。后来，吉祥缸就变为殿堂前定制的必备品，如今天北京故宫里的情形，成了显示皇家庭院尊严、华贵的象征。天贶殿前的铁缸（也叫铁桶），其形制具有宋代上侈下敛的特点，高1.15米，口径1.785米。铁桶外表通体铸有浮雕式图案，自上而下共分为四层，其内容为：一层划分为等大的八个长方块，由缠枝牡丹和铭文（记载着时代、施钱者姓名、籍贯及数量等）间互组成；二层是不同姿态的八只凤凰翔舞于缠枝荷花中，吉祥缸所特有的四个铺首等分地铸在此处（铺首衔环已失）；三层有八条生动的巨龙走动，均系四爪，显示出尊贵地位；四层铸塑有十只活跃的麒麟、狮子、飞虎等动物图案。整个铁桶装饰繁缛而精细、美观而大方，实属现今所少见，就是陈放于北京故宫的鎏金大缸也无法与之相比美。两铁桶体态庞大，但外表光滑，找不到一道铸合的缝隙，由此可见，其铸造工艺采取的是我国三大传统铸造技术（泥范法、铁范法、熔模法）之一的泥范法，所以造型规整、器壁均匀、光洁度好，显示出异常古朴、精致、富丽风貌。根据铸铭所知，该桶为“莱芜监铜冶铸”（莱芜自春秋时代就是我国古代著名冶铁中心之一），清楚代表了当时当地冶铁技术的高超水平，也可为我们今天研究古代冶金史提供重要资料。二铁桶于北宋建中靖国元年（1101）五月，由兖州奉符县李谅等人奉献。令人不解的是，两吉祥缸近千年暴露在光天化日之下，从不染锈，而体表光亮。

历史上的明朝时期，铸造钟的风气盛行，因而在各朝各代的城市中、庙宇中多创建有钟、鼓二楼，我国现存各地的古钟鼓楼多是这时间创建的。泰山较大的庙宇中也都建有钟鼓二楼；因此保存下来的钟可说为数不少，这些当年悬挂在钟楼内的金属鸣器如今大多都被请出楼阁，成了庙堂的陈设品，择取一、二说之于后：

万历铜钟（现在岱庙天贶殿檐下）　钟体高2.2米，径围4米，大明万历三十四年（1606）九月铸造。钟纽由二条蒲牢（即传说中的龙所生的第四子）尾部交缠托一火焰宝珠组成；钟顶铸以周环浮雕莲花纹，全部莲瓣中铸有佛经一篇；腹中部铸出三道横园突棱箍把钟表面分为上下两层，每层又横铸出四个方形开窗，铸满了不同内容的铭文；钟翼为水波纹形，比较平缓，翼部均匀地分布有四个直径14厘米的圆饼形撞击点。此钟打破“风调雨顺，国泰民安”铸文的俗套，而铸有新颖的文字内容。其大体安排是：在两个铸满捐舍者名单的方窗形框间别致地铸有龙纹神牌，分别铸以“当今皇帝万岁万岁万万岁”“大明中宫皇娘娘王”“大明东宫皇太子”“大明慈圣宣文明肃贤端献恭喜皇太后”铭文；再根据铸名看，捐施的人除了“东宫贵妃郭、大明荣惠宜妃、荣昌大长公主、瑞安长公主、大明东宫皇贵妃王”之类外，大多是“内府各衙门太监、乾清宫近侍内宫监、各衙太监”等。这些都说明该钟的主人不是一般的社会平民，而是来自皇室的宫妃官宦。因此，铜钟从造型设计，图案装饰、文字书写等方面都比较考究和严谨。在冶铸工艺上虽采用了模铸法，但接隙技术表现出较高的铸造水平。万历铜钟系泰山现存最大最完美的金属鸣钟，遗憾的是竟没有留下冶铸地点和工匠姓氏的资料。

“天书观钟”（原在宋天书观中，后移岱庙天贶殿前檐下）　铁铸，高1.72米，径围4.5米，钟唇厚9厘米，重2000余斤。明嘉靖元年（1522），钟铭曰：“河南开封府太康扶沟陈留杞县乡老韩孝（学）、王友、王伟、韩钺等发心督众舍资造钟。”钟纽为一蒲牢；钟顶铸饰莲花纹，每个莲瓣中又有细线阳纹灵芝；腹部正楷为“风调雨顺，国泰民安”大字；钟翼缠枝牡丹花纹，并饰有八卦图案。也是泰山现存最大的铁钟之一。

弘治铁钟（现在泰山南天门内）　钟高1.25米，钟铭曰：“大明弘治九年（1496）岁次甲辰九月吉日，泰安州铸匠把作钟成造。”钟顶周环铸饰莲花瓣，腹中部铸成方窗形，内饰以缠枝荷花，并楷书有“风调雨顺，国太民安”，钟翼处铸有“八卦”图案。此铁钟铸造较粗犷，而今古锈斑驳，但它却是泰山现存最早的钟。

碧霞祠铜钟 高1.16米，明万历四十二年（1614）铸造。蒲牢钟纽，顶饰铸莲花，钟翼有“八卦”图案。钟腹部用四道圆棱箍界划成上、下两层，铸有长篇铭文“泰山老君事迹……”对研究道教具有一定资料价值。同时该钟在冶铸技法上实用了传统的泥范法，形体规整，光滑细腻，比较精致，为泰山现存历史价值较高的金属铸物。

类似的金属铸钟在泰山的普照寺、王母池、斗母宫、灵岩寺等处还有不少。它们在科技、思想、文化史等方面都具有一定的历史资料价值，是珍贵的文化遗产。

照妖宝镜（现陈列于岱庙宋天贶殿内） 红铜铸制，整个镜体为一高1.45米、宽1.50米的方形，四周饰有缠枝花纹的边框，镜面为直径1.31米的圆形，呈凸形。镜面上端两余角部分铸饰浮雕云纹，云纹当中各铸14颗凸面圆饼，合起来正好为28颗，意指二十八星宿；下端两角皆为缠枝荷花图案；镜体上端正中还铸有一立体执圭女神像，博衣广带，线条比较流畅。照妖宝镜为“大明国弘治十七年（1504）八月弟子杨福宣募钱造”，原为遥参亭内碧霞元君神像的背光镜，20世纪30年代装石座架陈列于大殿内，“文革”期间被保藏在库房中十多年，虽没遭灾祸，但因库房通风不良而使镜面锈蚀严重，已失去原来光鉴照人的本来面目。该镜如此巨大，装饰美观，镜面磨制平洁（以至今天还能直接贴上硬币），显示出较高的冶铸技艺。

铜釜（现陈列于岱庙天贶殿内） 高0.8米，口径1.22米，腹上部铸有等分的八个釜翼，完全仿效古代铁釜（古代炊食用具，类似锅的用途）的样式铸造，为明代遗物，系古代举行大型庙会时布施百姓粥食的用具。

青龙偃月刀（现在岱庙东御座院内） 铁制，系明清时代泰山关帝庙的陈列品，喻义三国名将关羽的青龙偃月大刀，全长3.4米，刃部长1.1米，刀柄直径为7厘米，柄与刀交接处铸一大型青铜龙首。总重量400余斤，是泰山现存最大的仪仗物。

关于历史上关羽使用青龙偃月刀一事，1987年2月14日《四川日报》提出否定意见。作者查阅了《三国志》和正史以外的杂史笔记，均未发现关羽使用青龙偃月刀的记载。根据《刀剑录》可知：三国时代没有出现长柄大刀，以双手执用的长柄宽刃的青龙偃月刀直到宋代才有。另据龙门文物研究所保存的岳飞画关羽像石刻，关羽使用青龙偃月刀的说法大约起于宋代。因此，在元代的《三国志平话》里面，关羽挥舞82斤青龙偃月刀征战沙场的英雄形象就确立起来。

在泰山陈设物中，为数比较多的要属狮子。我国历史上有在宫室门外、庙宇前面设置狮子雕塑，以显示华贵威严地位的传统习惯。然而这一历史传统并不太悠久，这是因为我国自然界的狮子在几十万年前就已经绝迹的缘故。先秦时期，我国在大门前用以示威驱邪而设置的是石虎。只是到了西汉武帝时代，从张骞通西域以后，狮子这种动物才逐渐从西域（包括西亚）、南亚传入中国，史书上有许多有关西域、南亚国王向汉皇帝进献狮子的记载，《汉书·西域传》曰乌弋"有桃拔、师子、犀牛"。明朝大医学家李时珍曾在书中记曰"狮子出西域诸国"。把狮子的形象雕塑成艺术品作为陈设，大约从西汉时起步。唐代王叡的《炙毂子录》曾有"事始汉霍去病，去病墓前始置石人，石马及大狮子等"的记载。普遍设置狮子雕像则从东汉时代开始，很可能与佛教的传入有直接关系。佛经上说："狮吼可震天地。"如山东嘉祥武氏祠石狮，四川雅安高颐墓石狮等。南北朝时期，石狮子被广泛应用于宫室、庙宇中，如山东临淄有北齐时代的石狮子，高约三尺，长约五尺，姿态雄伟。唐宋时期，使用狮子雕塑的领域更广阔，特别在陵墓方面，这时期比较有名的有陕西乾县乾陵石狮子和河南巩义市永昭陵石狮。后来，又出现铜铁铸狮子，我国现存最大的铁狮子是河北省沧州市的一尊，铸造于后周广顺三年（953），狮高5.3米、宽3米、长6米，重约40吨。比较有名的还有山西太原晋祠的宋铸铁狮。早期的狮子形象一般为站立式，大约从南北朝以后颈部出现短稀的卷鬣。到明清时代，不同质地的狮子形象造型固定化，它们多为头颈上满是长卷鬣、蹲踞于台座上的姿态，而且又往往以前足下踏绣球表示其雄性，按一只幼狮表示雌性。在雕刻技法上则追求生动活泼的特点。

岱庙配天门铜狮　高1.9米，为明代万历（1573～1620）年间所铸造。其造型为蹲坐式，面部的表情、头颈的卷鬣以及足爪等都雕铸细致，体态浑圆，光洁度高。特别是它昂首挺胸、高大雄伟的生动造型以及线条简括、以雄威气质取胜的外表处理，构成了其独具的个性特点，保留着早期铸塑的艺术特色。

遥参亭铁狮　分列遥参坊的两侧，蹲坐于长1.3米、宽1.02米、厚0.1米的铁座之上，狮身高1.45米。铁狮眉骨凸突，两眼深陷而炯炯有神，咧嘴卷舌，犬齿裸露；从颈至头披满卷鬣，线条纹粗尾高翘；背缠绶带，颈系三颗圆铃，四肢粗壮有力，分别按以绣球和幼狮。该对狮虽然形象较呆板，但仍给人以庄严浑厚、威猛有气势的感觉。从风格看应属明代作品无疑。

此外，在岱庙仁安门前、泰城灵应宫、普照寺、斗母宫、灵岩寺等处还陈设有姿态优美、栩栩如生的石雕狮子，皆蹲踞状，亦是具有独特风格的文化艺术品。至于被雕塑于庙堂门砧和牌坊之上的狮子像就更是屡见不鲜、丰富多彩了。

第二节　古老花木

古老文明的泰山，不仅以悠久、灿烂的历史文化引人注目，而且还以丰富、多样的古老花木遐迩闻名。

古代有对泰山“峻极于天、发育万物”的称誉。据地质专家们研究，泰山在地质史的第四纪时期，就已经形成了夏绿阔叶林。它们既不同于南方的亚热带常绿阔叶林，也有别于东北的温带针叶与落叶阔叶混交林，而是属于在暖温带比较湿润的气候条件下，主要由冬季落叶的阔叶林树种组成的森林群落（徐本坚《东岳泰山》）。经过几百万年的发展变化，苍苍茫茫的泰山山地绿色植被群落欣欣向荣。泰山的树种主要是松类和栎类，林下常有落叶灌木和草木层。古籍有记载说“海、岱惟青州”，而青州之木为松。

正因为泰山的树木古远，也就自然流传下了许多出类拔萃者，它们或者以自己的自然美姿而闻名，如六朝松、望人松、卧龙槐、华盖松、摩顶松、姊妹松等；或者与历史上的重要人物、重要事件密切联系而被人们所注目，如五大夫松、汉柏、独立大夫、一品大夫、唐槐等。古人说得好“山得水而活，得草木而华”，这些古松老桧、奇花异木，每每承载着各自的自然和历史元素，使泰山历史和名胜古迹大为生色。

总之，泰山的古老花木，以它们的珍奇名贵成为我国文物的重要组成部分，也是我们考查、研究、发展自然生态的科学资料宝藏。

银杏　又名白果，也称“鸭脚树”（因叶子形状像鸭掌），还有因它寿命长、结果迟，有“公公栽树，子孙得食”传说，因而诙谐地叫它“公孙树”。另据银杏生长的年限极长，可达两三千年，与古传说的轩辕氏历史相当，轩辕氏复姓公孙，故称“公孙树”。它是一种最早出现于古生代二叠纪的裸子植物，距今已有两亿三千多万年的历史。据初步考证，在距今一亿四五千万年期间的侏罗纪，是它的繁盛时期。大约在第四纪冰期时，由于地球上气温下降，地面上的万物都冻僵了，各地的银杏几乎全部摧毁，只有浙江天目山的银杏树大难不死幸运保存下来，后来又传到了华北地区，再从华北传流到朝鲜、日本等许多国家。它是现今世界少见的珍贵树种，被人们称为“活化石”。在中国古代，往往在较大的庙宇中，尤其是大型建筑物（或主体建筑物）前后都栽植银杏树，据说因它长的高、树形大，而且寿命长等，可起到避雷防火的作用。所以，它的繁衍常常与历代文物古迹、名人轶事相连，亦称“活文物”，郭沫若同志称它“东方的圣人”“东方人文的有生命的纪念塔”。泰山古寺观较多，自然保存的银杏树就多，在灵应宫、岱庙、遥参亭、王母池、斗母宫、普照寺、佛爷寺等处都能突出看到，而且都比较高大。其中最招人瞩目的就是岱庙宋天贶殿后面的两棵。它们昂首云天，分列殿左右两侧，高度为29米，最大胸径170.3厘米（两树粗细略有差别），最大冠幅为23.3米。根据碑文记载为清康熙八年（1669）所植，也有人分析可能历史还要远些，但至少可以测定已有三百多年的时间。现仍枝叶婆娑，一派生机勃勃，尤其常有白鹤翔落于上，更使之状貌不凡。

汉柏　居岱庙汉柏院内，相传系西汉武帝刘彻东封时所植。共五株，最南端一株为圆柏，其余为侧柏。历史上有关汉柏的记载较多，《东巡金石录》曰：“岱庙东院汉柏六株，森郁庭宇，信数千年神物。”《泰安县志》曰：“汉柏，在岱庙炳灵宫（今汉柏院）内，树身扭结上耸，若虬龙蟠旋，苍古葱郁莫可名状。”《从征记》云：“泰山有下中上三庙，墙阙严整，庙中柏树夹两阶，大二十余围，盖汉武所植也。赤眉常（尝）斫一树，见血而止，今斧创犹存。”《初学记》云：“山南有庙，悉种柏千株，大者十五六围，相传云汉武所种。”《岱览》曰：“泰山庙在山南，悉种柏树千株，大者十五、十六围。长老传曰：‘汉武种。’”元代文人王恽有诗赞曰：“苍柏无城拥汉陵，閟宫遗树郁峥嵘。崔嵬不植明堂础，造化潜通岳顶灵。万鏊烟霏封杰干，半空风雨撼秋声。白头会见东封日，秀映鸾旗一色青。”五株古柏最高者为12.5米，胸径1.56米，冠幅10.5米。

踰两千多年的风雨摧残和多次战火洗礼，除一株因枯死外，都筋骨嶙峋，苍劲葱郁，富有天骄古茂之姿。古人曾用“苍皮溜雨，秀荫重城，翠叶迎风，香通古殿”等词句形容汉柏。此类汉柏在岱庙院内尚有两株。另外，在泰山关帝庙院内还有一株被铭志为“汉柏第一”的古柏树，古拙朴茂，也有五六百年历史。

望人松　在泰山中天门以上的拦住山东侧，为松亚科中的油松。因傲然孤立于岩壁之上，树干上部有一长松枝如手臂伸向空谷，作招望盘路上来往游人状，定名为“望人松”，又称“迎客松”。此松树高7.8米，胸径70厘米，冠幅为14米，其树冠虬枝交接嵯峨，针叶茂密，呈华盖形。它优越的地理位置和绝佳的自身形象，都给予人一种壮美的印象。据说它曾经亲眼看见过当年秦始皇东封泰山松下避雨时的情景，所以又被刻石志为“秦松”。

“五大夫松”　就在望人松的下面。根据《史记》记载，当年秦始皇登封泰山至此，遇上大雨，就地避于大松树下，后感树护驾有功，遂加封为“五大夫”（秦官爵的第九级）。当时被封的松树只有一棵，有唐代人把“五大夫”误认为是五个大夫，于是后人就理解为五棵松树了。《泰山县志》记载说：“万历壬寅（1602），泰山起蛟，遂失所在”，“雍正八年正月内奉旨钦差大人丁皂保植补松树五株”。所以，现存的三棵松树已非原物，但总可以说得上是有确凿历史根据的重要遗址。

“六朝松”　在泰山之阳的普照寺院内，亦属油松树种。该松高6～7米，主干胸径83厘米，冠幅为16.7米，树干长势优美，松枝屈曲盘缠，枝叶繁茂，树冠如棚。六朝松枝干多富有转折，俯仰疏密，到了高处边缘，细枝又互相谦让，形成布满空间的密网，阳光，明月洒落其上，大有过筛的妙处，因此树下的古亭又称“筛月亭”。虽经1500多年的沧桑，至今仍生机盎然，风华不减，是泰山最为著名的古松之一。六朝松西侧还有一株古松，叫“一品大夫”松，为明代人栽植，有石刻可见。它高3.6米，胸径35.2厘米，冠幅为13.2米，呈盘伞形，也为自然造型优美的古松。

唐槐　在岱庙西南隅院内。树高11米，胸径1.18米，冠幅11.7米，距今约1300年。《泰安县志》记载曰：“唐槐，在岱庙延禧殿前（今唐槐院），树大合抱而皴裂，传为唐植，荫晴盖于闲阶，发新萌于枯干，郁盘苍古。”原树1953年因故枯死，唯朽木及其“怀中抱子”尚在。树下有两块古代石刻并立：一为大字题刻“唐槐”；一为清康熙五十九年（1710）张鹏翮所题《唐槐》诗，即“潇洒名山日丘长，烟霞为侣足徜徉。谁能欹枕清风夜，一任槐花满地香”。唐槐也系泰山久负盛名的古树。

卧龙槐 在泰山东路的斗母宫门外，该树为两株连体形，犹如一条躺卧的苍龙在昂头翘尾翻腾，俗名“卧龙槐”。南株高10米，北株高13米，胸径50.3厘米，最大冠幅15米。据林学工作者分析：南株为槐树的本身，其中有一8米长的侧枝向北垂地后，则天长日久扎根地下，又形成北边的一株，最后才长成今天这种畸形状态。卧龙槐距今约六百余年，早有人在其身旁深深刻下了“卧龙槐”三个大字，古代文人赋的诗也可谓不少。卧龙槐不仅属泰山奇异的名贵树木，而且在全国也属罕见自然现象。

“独立大夫” 为泰山朝阳洞以上的一棵古侧柏树。高11.2米，胸径43.4厘米，冠幅为8米，据《泰安县志》记载：“朝阳洞北一松独挺山崖，曰‘处士松’。有明代方元焕题识，涂泽民碣曰‘独立大夫’。”《泰山小史》云：“万历三十一年，一夕风雨，失其树，惟碣存焉。”这说明原来的“独立大夫”是一棵松树，只是到清嘉庆元年（1796）时才被补植的这棵柏树所替代。为什么起名为独立大夫呢？大致与针对秦始皇加封“五大夫松”有关，这实际是出于一种“成见”心理作用使然。现存树北的一则清代石刻最能说明这一点，文曰：“虬枝万千嵌危峰，稷稷清风翠影浓；自是腰间森傲骨，当年不受大夫封。”现在的“独立大夫”已于1979年因游人剥皮过重而死亡，照此下去，恐怕再过几年这里的遗迹也将在泰山史册上一笔勾销了。

“摩顶松” 在灵岩寺院内、树高10.5米，胸径95.5厘米，最大冠幅7.4米。元《大唐新话》记载玄奘法师西域取经，手摩灵岩寺松曰：“吾西去，汝可西向；若归，即东向。”及去果西向一年，枝忽向东，弟子曰：“吾师归矣。”果然。号摩顶松。摩顶松实际为一侧柏，因“柏”字与“悲”同音，为避讳才改称为“松”字。摩顶松是泰山有名望的古树之一。

除此之外，泰山还有许多与历史有联系的古树名木，如岱庙的“孤衷柏”和“云列三台”（柏树）、后石坞的“姊妹松”和“一亩松”、灵岩寺的“十里松”和万仙楼的“三义柏”（寓意三国时代刘、关、张“桃园三结义”）、后石坞的“过街槐”等，都是具有观赏和研究价值的古树名木。

泰山现存较重要的花木有：王母池院内的蜡梅。高7米，冠幅达10多米，据园林专家初步考查为三百多年前遗植，至今仍生长旺盛，每逢腊月初春，蜡黄色的小梅花布满枝条，满院馥郁清香。红门宫的牡丹，距今亦300余年，仅古老根桩就有拳头粗细，尚经久不衰。还有孔子登临处坊和天外村处的紫藤、樱桃园的玉兰等。

盆景是自然美与艺术美的巧妙结合体，它造型优美，寓意深远，小中见大，深受我国历代人民的喜爱，很早就被称为“立体的画、无声的诗”。盆景作为一种特别的艺术也有其悠久的发展史，在浙江余姚河姆渡原始文化遗址距今7000年左右的第四文化层中，曾发现几块刻画有盆栽图案的陶片，这可以算是中国盆栽艺术的原始雏形。另外，在河北省望都东汉墓壁画中所见一具长着六枝红花的园盆和西安章怀太子墓壁画所见盆栽图案，都可谓盆景艺术发展的宝贵史料。以独株老桩为主的盆景大致从宋代已成范例，这与当时帝王达官和文人学士的相率崇尚有关。到明清时代，盆景艺术日趋完美，谈及盆景的著作也相继问世，如明代王象晋的《群芳谱》、吴初泰的《盆景》、清代的《广群芳谱》等。“小六朝松”是岱庙盆景园中最瞩目的一品。它是新中国成立前的土改时从泰安一户官僚地主家收集来的，这户地主自明朝初期开始经营当铺行业而发家。“小六朝松”就是从初开当铺时栽植的，其寿命至少有五百多年的历史。五百多年来，它借着这狭盆浅壤生就出一副苍古矫健、姿态动人的俊秀美容。尤其他松冠如伞，枝叶交织有致，如同缩小了的著名普照寺六朝松，故一直被人们誉为“小六朝松”。它可谓是泰山奇古花木中的无价之宝。

第三节　古供器

我国从原始社会时期，就有了祭祀的习俗。从奴隶社会开始，便蔚然成社会风气。以至在整个封建社会中，仍然是上至统治阶级、下至广大民众的重要社会活动。因此，在与人们生活密切相关的什器中自然会出现一些祭祀供奉方面的物品，主要有礼器、供器等。焚香用的香炉则属于其中的一类供器。所谓香炉，皆以古人宗庙祭器为之，始源于战国和汉代的博山炉，多用陶瓷或金属制成，通常取商周时代青铜鼎的形制。特别是随着佛、道教的发展，大型金属香炉的制造更加普遍，几乎成为庙宇中的重要什物。现在的泰山庙宇中还保存有一大批香炉供器，它们各以自己的优美造型、动人装饰和铸造工艺，显示了古代人民聪颖的智慧和才能。昔日的庙堂神品，今天成了供人们欣赏的艺术品。

泰山碧霞祠山门内的铜炉是现存最早的供器。它通高1.95米，底部有莲花园座，直径为1.02米。整体为圆形三足鼎状，两侈耳，三兽头足，炉顶为八卦、莲花、宝葫芦等图案组成的镂孔形，造型庄重大方，铸造光滑。炉外壁分别铸有“大明国京都顺天府琢州房山县等处地场大石窝店等处众善人铸造香炉一鼎，连座一千斤”“泰山顶上永远供奉”“嘉靖二十九年捌月”等铭文。另外，这里还有一个与之交相比美的大铜炉，又名“万岁炉”，明万历十七年（1589）铸造。它通高1.94米，炉下部为三足圆形鼎状，上部为重檐圆亭楼形，双层顶表面仿铸有瓦垅，檐下影铸有斗拱，亭楼由六根蟠龙柱定格出六个面，其中五面开门，一面为三条浮雕龙体组成的匾板，中铸“皇帝万岁万岁万万岁”的凸面铭文。炉下为莲花须弥座。此铜炉造型别致，装饰华美，是现存艺术性较高的香炉，很可能与铸造者的显赫地位有关。

岱庙天贶殿露台的长方形铁炉是泰山现存最大的供器。它高1.87米，长1.7米，宽1.12米。其形制为束腰鼓腹方鼎形制，口沿两侧各竖一侈耳，腹下有四根兽头柱形蹄足。炉表装饰比较少，主要集中在炉的前后沿外表，前沿是三只凤鸟翱翔于祥云中，后沿为二龙戏珠，皆作高浮雕饰，如龙的首高出表面七厘米多，而且雕铸精细，甚至每一片鳞、每一支凤毛都刻画的细致入微、栩栩如生。铁炉腹表铸有“东岳泰山碧霞元君圣母”“山西潞安府长治县铸”“大明国万历元年菊月造”“潘藩镇康王施造”等铭文，这就清楚记载下了铸造者、炉主、时间、用途等方面的资料。铁鼎炉体魄硕大，铸制工艺高超，是古代铸铁术的一个极好的例证。此炉原可能不是这里的陈设物。

岱庙天贶殿内的铜五供是现存既大又完整的成套供器。一鼎炉为方形，高71厘米，口沿竖直耳，高兽足，前后腹部凸饰“五岳真形”图案，两侧腹分饰乾、坤符，腹四角棱为三翼状，口沿部各饰二行龙；二香筒为方形，高66.5厘米，上腹表前后饰二龙戏珠，下腹表饰“五岳真形”图案，足、腹、口四角各铸三翼状纹饰；二蜡台亦为方形，高64厘米，方圈足前后为“五岳真形”案饰，蜡盘外表饰二龙戏珠纹样，蜡台心柱为一直立龙饰，足和盘的四角各有三翼形棱饰。本套供器有“大清乾隆年制”的题款，是来自皇室独有特色的历史文物。

普照寺院内的铁炉，为三足鼎四柱亭式，主要分两部分：下部鼎炉系三人面蹄形足，圆折肩鼓腹；上部亭盖系四柱重圆檐，顶饰莲花托雷公柱。它虽然冶铸年代晚在清道光二十一年（1841），但通高2.65米，为泰山现存最高的金属供器，在器表纹饰和铸造工艺等方面也很有特色。

除此之外，在岱庙天贶殿前、红门宫西院、碧霞祠和斗母宫、三阳观等泰山庙宇中，还陈设有一定数量的铁铜香炉供器，均体型高大、各具特色，不再多述。

第八章
析谈“神州”

泰山古有“神州”之称，当地历有“济南府人全，泰安州神全”的说法。倘若让我们具体分析一下泰山的精神文化发展史，目睹一下这宗教圣地的历史状况，就会使我们感到所谓“神州”之名称当之无愧。因此，了解和研究泰山的宗教史，是我们研究中国历史的一个不可忽视的内容。

泰山的宗教也同其他一些事物一样，经历了一个从无到有、从小到大的发展过程。新中国成立以前的泰山，主要有佛教、道教、天主教、伊斯兰教、儒教等在这里共存和发展着，以至今天仍庵观、寺院、教堂并存，当地有“泰安三步一庙”的俗话。据调查所知，新中国成立以前，泰山（包括泰安城）就有四百余处庙宇，仅见于《泰安县志》记载的大庙就有188处，约占旧泰安城面积的一半以上。在两千多年的封建社会时期，泰山笼罩着浓厚的神的气氛，道观佛寺遍布全山，炼师羽士不乏其人，善男信女寒暑不绝。历史上，没有一个著名教派的创始人在这里诞生，也没有哪一种宗教派别在这里起源，然而为什么这里竟然成为历史上的“神州”呢？这大约有四方面的原因：一是泰山成山古远，历史文化起源较早，原始的宗教信仰意识为宗教文化的发展奠定了基础；二是泰山为历代帝王封禅告祭之所，最高统治者兴师动众，威严赫赫地往返于这里大搞祭天封神活动，不但影响深，而且也因他们各自政治目的不同决定崇尚的有别，使许多教派应运而生；三是这里峰高谷深，真山真水，风景幽美，适宜脱离世俗的各家宗教定居发展；四是中国封建社会后期，帝国主义列强的大举侵入，尤其清朝晚期的政治腐败、经济崩溃，致使带有精神文化侵略性质的外国宗教和本国五花八门的民间教派得到滋生发展。总之，泰山神州，是君权与神权长期结合的产物。如果把泰山几千年的宗教发展历史粗犷地勾勒一下，便可以呈现出这一宗教圣地的形成大体经历了这样几个阶段。

第一节　以“祭天”为中心的“神道设教”

恩格斯指出：“思维对存在、精神对自然界的关系问题，全部哲学的最高问题，像一切宗教一样，其根源在于蒙昧时代的狭隘而愚昧的观念。”（《马克思恩格斯选集》第四卷《路德维希·费尔巴哈和德国古典哲学的终结》，人民出版社1972年版。）中国在进入新石器时代以后，特别是从“母系氏族”社会的原始农业出现以来，使人类与大自然界的关系更加密切了。又随着原始生产力的发展，终于使当时的人类开始从蒙昧中解放出来，朝着文明的方向缓缓迈进。他们既不但有了一定的艺术观念，而且还能通过大脑思维对于与其生存有关的大自然有了一定的直观反映。当时的人类，对大自然的客观物质世界及人类本身缺乏认识，出于依赖和畏惧心理，往往把生活中的得失胜败归功于自然力，看作是自然的恩赐或惩罚，错误地把自然现象超自然化，认为“万物有灵”，并且加以崇拜。如他们把山、水、土、石、花、草、树、木等自然物，以及猪、羊、牛、鱼、鸟、虫兽等生物作为本氏族（或一个群体）的象征加以崇拜，即“图腾”拜物教。还对于自然界中的日、月、星、辰、雷、雨、闪、电，甚至人的生死，都认为是有意识的，有灵气的，从而产生了某些直观的解释。如通过做梦这种正常的人脑思维活动，想象人死以后还有一个灵魂的存在。这些我们从许多新石器时代墓葬的葬式（如头向、姿势、随葬品等），特别是随葬人在世时用过的生产工具（石器）、生活用品、器具等都可以清楚地推断当时的人已经有了对于“灵魂”的信仰，这就预示了原始宗教的产生。尤其引人注意的是，在泰山脚下的典型大汶口文化中期墓葬中发掘出不少小型陶器，如有的小陶鼎高只有几厘米，容量极小，没有任何使用价值，这种类似小孩玩具一样的陶器排列在成年人的墓室内，可以断定它不是玩耍游戏的含义，而是专为死者“使用”的明器。这无疑是对五千年前人类原始宗教信仰的很好说明。

殷商时代，人们对于自然界，以及自然界同人之间联系的认识又向前跨进了一步，由过去的“万物有灵”上升到了“申”（即神）的观念。他们把自然界中凡是对人们有好处的东西都当作“神”崇拜，并且根据不同性质把这些神分为三大类：一类是自然物，如日、月、星、辰、名山大川（山川能出云下雨），以至猫（能吃田鼠）等；一类是有关日常生活的物；一类是为民带来好处的名人贤士，如羿（射日除害）、禹（治平水土）、舜（勤劳而死）、汤（伐夏桀虐政）等。为了不忘记这些给人们带来好处的“神”，就设想出一种表示尊崇的形式，这就是祀典。对此，《礼记·祭法》文曰：“夫圣王之制祭祀也，法施于民则祀之，以死勤事则祀之，以劳定国则祀之，能御大灾则祀之，能捍大患则祀之。”诸如把圣人、英雄、功臣当作神祭祀的现象正是我国古代“天人合一”的宗教传统。这种祀典的例子在我们已识的商代甲骨卜辞中能找到很多。再如《公羊传·僖公三十一年》有这样一段话：“……触石而出，肤寸而合，不崇朝而偏雨乎天下者，唯泰山尔。”主要也是说泰山碰一下石头水就出来，不到一个早晨而遍雨于天下，施德博大的意思。

泰山一带是远古大汶口、龙山文化的发祥地，而且无论在原始农业、畜牧业，以及制陶为首的物质生产方面，还是在精神文化需要方面都属同时期领先地位。从墓葬内随葬猪头和各种形制陶杯（有人分析当时已懂得酿酒）的现象看，只有农业的发达，才能提供饲养业和酿酒的粮食。《淮南子》曰：“中央之美者，有岱宗。”因此在当时人们缺乏科学的天文历法知识，对复杂的自然现象还不能做出科学解释的时候，把风调雨顺，年景丰裕的处境归结于“擎天捧日”“青云可接”的泰山，并把它奉为“天神”，则是很自然而然的事情，虔诚地祀典泰山就成了自觉的行动。在大汶口文化的莒县陵阳河和宁阳堡头遗址中曾发现六个刻在陶器上的象形文字，被考古学界认为是我国现行文字的远祖。其中有一个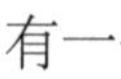形文字，引起了考古学、历史学和古文字学家们的极大兴趣，唐兰先生把它释为“炅”即“热”字（《关于江西吴城文化遗址与文字的初步探索》，《文物》1975年第七期）；于省吾先生则把它释为“旦”字（《关于古文字研究的若干问题》，《文物》1973年第二期）。我认为它既然是代表一种语义的意符文字，其语义应该与“敬天”宗教观念有关，试分析该意符文字共分为三个部分：其上是一个圆圈，形同太阳，喻义上天；中间是人为的燃烧火焰；最下面是“山”的形象体。整个符号是否可以这样理解：人们选择大地上山的最高处，点燃起一堆熊熊燃烧的大火，与上天的太阳光交相辉映，从而表达向“上天”的膜拜和祈求，或者要禀告什么……因此，把它看成远古人们祭天的符号似乎更为确切。这一理解和释义，也从事物发展的角度印证了《尚书》

《礼记》等对泰山封禅的记载和传说。只不过当时这种祀典仪式可能是由专门的人（如部落酋长或祭司等）所从事的罢了，但这也应该视为是代表民众的，或者说是代表着一个氏族部落团体的行动。只是到了阶级社会，才成为奴隶主贵族“君王”精神上禁锢广大奴隶、巩固统治的工具，而收归个人所独断专行，成为其与天地交通，宣扬“君权神授”“受命于天”“替天行道”的“圣典”，这就是所谓的“封禅”。但是，这时的封禅还因条件不许可，礼仪只能是一个简朴的宗教活动。他们以巡狩的名义出现，到泰山选择一块高地（不一定登到岱顶）点燃起一堆大火，燔柴祭天，表示交通了“上帝昊天”，秦始皇以前的封禅泰山大致都如此。这就是所谓泰山被人们奉祀为“天”，以至发展到奴隶主君主在泰山封禅的本义和基本过程。谈到封禅泰山的祭典，史学界过去和现在都有人认为：古代的泰山封禅仪礼开始于秦始皇，包括《史记》在内的“三代以前说”都是附会的。我们认为不尽然，因为封禅既然是实实在在的历史事实，而且又作为帝王的壮举，它应当同其他事物一样，也有自己的起源、形成和发展过程，只不过苦于上古文献缺乏或者说保留下来的不多，其源流的上限不甚清楚罢了。如果孤立地判定封禅开始于秦，所谓的封禅岂不成了无本之木，无源之水了吗？以祭天为中心的原始宗教——封禅，到西周时代已经正式确定为奴隶主阶级所掌握的“国教”，甚至要大大超过对宗庙的祭典。周天子掌管天下名山大川祭权主要表现在泰山封禅大典上。《周礼》中规定：只有“王”才有祭泰山的权力，公、诸侯只能在其封土内祭山川，或者只可望祭一下泰山，一般的大夫和士只能祭自己的祖先。这是“王”向“天神”报告功德、答谢天地最神圣、最庄严的礼节，什么公、侯、伯、子、男，任何人不得僭越。如《论语·八佾》中曾记载鲁国大夫季氏“季氏旅于泰山”，孔子对这种僭越行为和越礼现象进行了严厉的谴责。到了封建社会中，这种传统更被封建皇帝们继承发扬下去。“千古一帝”的秦始皇，要表明自己是“真天子”，是一个建立丰功伟业的主宰，就一定非要到泰山来封禅不可，并一定要登顶亲封、刻石纪号。秦汉时泰山祭祀大致包括两种类型，一是以泰山作为祭祀场所，即所谓“积柴而燔”（《汉书·郊祀上》），主祭天、地，以显示泰山的神圣地位；二是对泰山本身的祭祀，显示对泰山神的崇拜，诸如望秩、行旅于泰山。如《汉书·武帝纪》张晏所注：“天高不可及，于泰山上主封又禅而祭之，冀近神灵也。”在秦汉时期，人们对泰山的神道设教还突出地表现在：泰山是鬼神汇合之所、寻求长生不死、阴间最高归宿三个方面。这些观念一直到民族错综交织的魏晋南北朝时期，仍左右着人们对泰山统管鬼神的理解。

第二节　佛教的兴盛

东汉末至隋朝时代，社会长期处于风云变幻、兵戎不息的动荡状态，封建政权更替不息，一个个封建王朝犹如走马灯一样，民族矛盾和阶级矛盾非常尖锐。社会越动乱，越需要一种精神支柱。舶来佛教的神魂不灭、因果报应、三世轮回、天堂地狱的说教，既能帮助各族统治者巩固政权，又能诱劝人们安于现状，安于贪贱，还能调动人们对死后与来生希望的向往，因此佛教伴随着封建统治阶级的大力提倡而得以兴盛。“天下名山僧占多”，在封建帝王间断了泰山封禅活动达五百年之后，佛教乘虚而入，逐渐发展为东方的泰山佛教区。前秦皇始元年（351）高僧朗公移卜泰山东北麓的琨瑞山，创建了朗公寺（隋开皇三年改为神通寺）《魏书·释老志》云：“先是，有沙门僧朗，与其徒隐于泰山之琨瑞谷，帝遣使致书，以缯素、旃罽、钵锡为礼，今犹号曰朗公谷焉。”随后泰山西北麓的方山于魏孝明帝正光元年（520）由大禅师法定始建灵岩寺，泰山前面兴建了普照寺（后改名）等。当时有不少高僧卓锡过这里，如朗公、佛图澄、法定、道安活动于泰山背后，支敦在泰山之阳。《高僧传·法和传》有记载说：“……后于金舆谷设会，与安公（道安）共登山岭，极目周睇。既而悲曰：‘此山高耸，游望者多，一从此化，竟测何之。’安曰：‘法师持心有在，何惧后生？若慧心不萌，斯可悲矣。’”从一个侧面反映出高僧齐集、兴旺发达的景象。泰山经石峪的隶书“般若波罗蜜金刚经”的气魄之大，生动反映了佛家昌盛发展的景象。只是因为泰山主体属花岗岩层，石质坚硬，不易雕凿，更缺乏石灰岩山那样的洞穴，所以石窟造像较少，远不及洛阳龙门、山西云冈的气势，但就几个大寺院的规模，特别是后来的发展情况看，魏晋南北朝时期佛教在泰山的兴盛还是无可非议的。朗公寺（神通寺）和灵岩寺的建立在中国佛教史上，尤其在山东佛教史上是一个重大事件。对于这一点，许多历史资料都给予了证实，《广弘明集》中就保存了朗公寺建立后大得封建统治者重视的资料，如东晋孝武帝、前秦苻坚、后燕主慕容垂、后秦姚兴、南燕主慕容德等致信朗公，在军、政方面向郎公请示方略，并各有馈遗，如孝武帝送五色珠像，苻坚送紫金数斤。再如《三宝感通录》也保留有类似的记载说：“秦（前秦）宋（刘宋）燕赵莫不致书崇敬，割县租税以崇福焉。故有高丽、相国、胡国、女国、吴国、昆仑、北代七国所送金铜像，朗供事尽礼……”由此可见泰山的佛家的至高地位以及在封建统治阶级面前受宠若惊的境况。

佛教在泰山占统治地位的局面一直延续到唐代中期，这当然与唐朝此时经济繁荣、社会安定、国家隆盛、有条件足以容许寺院扩张，国势上足以吸引外国高僧介入的有利条件有关，尤其武侧天时期对佛教的崇尚，更使之振兴。在这一时期内，泰山一带急剧增拓了藏神寺、谷山玉泉寺、资佛寺、神宝寺、法华寺、竹林寺、天烽寺、西幽寺、牛山寺等二十余处较大的佛家寺庙。根据《灵岩志》记述，唐贞观初年，著名僧人唐玄奘曾慕名住在灵岩寺译过经文。当时，就连皇帝来泰山的封祀也必先参拜一下佛门，如公元665年，唐高宗与武则天封禅泰山，就打破了历来帝王东封路线，先至泰山北的灵岩寺拜佛后才来泰山祭典，对此举许多历史资料都有记载，《说铃·山东考古录》曰：“古时帝王巡狩东岳，大抵自兖州而东，唯唐高宗自齐州而南。”《资治通鉴·唐纪》曰：“（麟德二年，十二月）丙辰，发灵岩顿，至泰山下。”可见佛家势力的鼎盛和尊贵程度。不仅如此，单从这时期的法迹遗存来看，这里有我国现存最早的古塔——“四门塔”，有造型别致的龙虎塔和九顶塔，有丰富多彩的千佛崖造像，有时代特色浓郁的慧崇墓塔，有精工细雕的红门龛释迦坐像，还有规模宏伟的千佛殿等等，无怪乎灵岩寺被唐代人称誉为“四绝第一”。

第三节　佛、道的并存

唐朝中期至宋代，为佛、道两家在泰山并存的时期。首先，由于中外交通的发达，佛经被大量译进、传播，使泰山的佛教在经五六百年发展的基础上又有新的发展。宋代《灵岩千佛殿碑记》记载说："（灵岩）野有良田可以封万户，□有华屋可以荫万夫，帑有羡资可以苏万民，僧有方便可以化万心。"（《岱览》卷二十四）足见当时的灵岩寺和神通寺都已发展成为有相当财势的大僧侣庄园。根据《敕赐十方灵岩寺碑》可知：自北宋熙宁三年（1070）开始，灵岩寺的住持僧人历代都由皇帝直接派遣。闻名的灵岩寺辟支塔、千佛殿内被誉为"海内第一名塑"的四十尊罗汉像，大住持和禅师的墓塔林，都可以说得上是那时佛门繁盛的见证。宗教历来是统治阶级麻痹人民的工具，因历史条件的不同，也导致了不同宗教体系的兴衰。佛教之所以兴盛一时，是与魏晋以来，直到唐代的封建皇帝的崇尚分不开的。

在这一时期中，道家在泰山的状况又是如何呢？这要先从唐朝的帝王说起。唐朝皇帝李渊、李世民、李治、李隆基等都曾以道教追尊的教祖老子李耳与之同姓而大倡道教。唐高祖武德时依托晋州人吉善，梦见老子，因此立庙。唐高宗于乾封元年（666）东封泰山，归途又追尊老子为太上玄元皇帝。及至唐玄宗时，更不痴信佛教那套虚无的说教，认为要真正从社会意识、精神方面统治天下，还是那个中国土生土长的道教更为实惠些，因此他托言梦见老子，画老子像，颁布天下，并亲注《道德经》叫人学习。根据《唐会要》记载，当时长安城中就有道观30所之多，一时间诸如张果老等所谓"八仙"相继出观。为显示对道教统治的宠信，他精心安排了盛大的泰山封禅，他不仅以所谓"开元盛世"的功德祭告于天，而且还带来了十多个信奉异教的蕃国使臣，特别亲自撰书了《纪泰山铭》，标榜个人的千秋功业，褒封泰山神为"天齐王"。宋朝的统治阶级不仅继承了对道教的尊崇，而且直接发展到借助神功济己的地步，如宋太祖赵匡胤称"玄武大帝下凡"，宋仁宗是"赤脚大仙转世"，宋徽宗更自称是"道君皇帝"（《范文澜历史论文集》）。在这些封建最高统治者的大肆尊奉中莫过于宋真宗的热衷。宋真宗是北宋的第三代皇帝，在他的执政时期国家战争频仍、经济衰败，没有什么浩功大劳，根本不具备古来封禅泰山的资格，为了继续维持住腐败懦弱的赵氏朝廷的统治，经过大臣王钦若等人的一番密谋之后，表演了一场泰山降"天书"的活报剧，借此向国民及辽、金贵族显示只有"我"才是当今天下的"真龙天子"。为了进一步粉饰，他不惜劳动人民的血汗，大肆修庙立神，对什么"天齐大生仁圣帝"的泰山神，什么大慈大悲的天仙玉女"碧霞元君"之类的尊崇达到了无以复加的程度。所谓"一自祥符禋祀后，太平顶上最崔嵬”正是一个很好的写照。这清楚地反映了封建社会君权与神权的结合与对人民精神渗透的加深。因此，由于宋王朝继承和延续历代对泰山的尊崇，强化了民间的信仰和敬畏，致使我国历史上修建“东岳庙”“泰山行宫”的风气兴起，东岳庙如雨后春笋般，遍布大江南北。幸存至今又影响巨大的还有山西太原、山西晋城、山西蒲县、山西万荣、河南新乡、陕西西安等大型庙宇七座（《中国名胜辞典》）。

总之，唐宋时期，由于封建统治者的作用，使佛、道两派并行发展于泰山地区，又由于两教都与封建王朝的脉搏跳动息息相关，因而两个宗教派别尽管教义、教俗不同，但仍可以互不干涉地和平共存起来。特别是由于宋真宗的泰山封禅，使长达两千多年的封禅“祭天”转变为“祭神”的实质，这一巨大的变化，揭开了道教要在泰山压倒佛家的序幕。

第四节　道教的鼎盛

宋代以后，佛家在泰山的地位每况愈下，而以“泰山神”“碧霞元君”为代表的道家则处于蓬勃发展的趋势。

泰山自被道家誉为“群山之祖，天地之神，神灵之府”之后，屡有名道士于此传经修炼，泰山前有一座有名的长春观，就是金代名道丘处机女弟子訾守慎修真之所。元朝的封建统治者采取了“以汉制汉”的方针，大力尊重汉人的宗教信仰，泰山长春观就曾立有成吉思汗皇帝敕旨碑（今佚）。尽管元朝皇帝因政治、经济、军事的各种原因未能来泰山活动，但仅维持了90多年的元王朝，遣使到泰山的活动却也为数不少，尤其在利用道家的封建迷信色彩上开创了空前的局面。他们秉承自汉以来“中国人，死者魂神归岱山也”（《后汉书·乌桓传》），“东岳泰山君领群神五千九百人，主治死生，百鬼之主帅也。血食庙祀所宗者也”（《云笈七签·五岳真形图序》，“人死归蒿里（泰安一小山）”等说教，创建了蒿里山阎王庙，塑以七十五司及三曹对案之神像，丰都庙十殿阎罗，通过壁画、雕塑形式活灵活现地营造出令人毛骨悚然的妖魔鬼蜮。正如元代

《重修蒿里山祠碑》所记："望之者，入者则肃然，近则威然，出则怖然。"其目的显然是宣扬"听天由命"的思想，让人们服服帖帖地安于现状。惹人眼目的泰山南天门摩空阁是现存元代早期的遗迹。元朝封建统治者所以要颇费苦心地大搞道家一套，旨在宣扬"死生由命，富贵在天""因果报应"，从思想意识上抹杀人们的反抗意识。

元朝是由北方的民族建立起来的政权，没有自己主导的宗教信仰，因而形成多种神祇的崇拜。在元代的多种崇拜中，影响最大的首先是对泰山的信仰崇拜，被列入国家祀典之内。在这个时期中，对泰山的信仰和祭祀活动，主要有两个方面：一是朝廷官方，定期派遣官员奉厚礼亲赴泰山致祭；二是受官方影响自发的民间祭祀，主要表现形式是通过定期举办庙会祈福还愿，以及频繁地进香膜拜。赵天麟《太平金镜策》卷四《停淫祀》记曰："夫东岳者，太平天子告成之地，东方藩侯当祀之山。……有不远千里而来者。"

明代的开国皇帝朱元璋出身贫寒的农家，其固有的社会存在奠定了他比较重实际的思想方法，在意识形态上对那些天高路远的外来异教自然不会那么笃信，对于切中汉人心理的道教则相当重视，并将神灵变成人格之神。他深知道家所做的清净之事对国极为有利，可以"暗助王纲"。在他登基后的第三年就亲下诏书罢去历代帝王对泰山的所有封号，单称"东岳泰山之神"，并专门刻石立碑（即岱庙天贶殿院《封东岳泰山之神碑》，俗称"去封号碑"）。随后，他每年都要派遣最心腹的特使代祭泰山，致使所谓"东岳泰山神""碧霞元君"身价大增，豪华的神庙观祠也如雨后春笋般地兴起、扩建。推崇道教是明朝历代皇帝的传统，且以嘉靖、万历两代最甚。明神宗万历二十七年（1599）四月二十四日，特差道经厂掌坛尚膳监太监李昇斋到泰安，下旨给东岳泰山天子庙住持及道众人，敕谕所有住持及道徒都要崇奉"大道藏经，虔洁俱安，朝夕礼诵"，以祈所谓"民安国泰，天下太平"。这样一件圣旨，清楚地反映出明代皇帝对道教的崇奉，以及泰山道家与皇室的密切关系。如万历皇帝的母亲孝定皇太后、崇祯皇帝的母亲孝纯皇太后都曾居卜泰山修炼，被分别尊为"九莲菩萨""智上菩萨"。有史料记载，明清两代的泰安岱庙住持一直是由朝廷直接任免。在明代，全国各府均设有东岳庙。

清朝要维持封建政权统治，单靠自身强悍、粗犷的军事行动是根本不行的。因此，学习汉文化，继承汉族地主阶级的儒家、道家意识形态，成了清前期康熙、乾隆两位较开明皇帝的共识和行动。如乾隆皇帝曾十一次来泰山，他是来行封禅吗？封禅礼教已在北宋时结束，他完全是来祭祀泰山神和碧霞元君的。从他每次带来的丰厚祭品看，多属喇嘛教的法物，或者不加针对地挑选一些礼品来表达对神的敬意。

明清时代，佛教在泰山的地位处于相形见绌的境地。许多盛行一时的释家寺院逐渐凋零荒废。仅就泰山之阳来说，唯比较偏僻（不在登山主干道）的普照寺幸存下来。登山沿途佛庙的僧尼也不得不破戒改俗，这就形成了佛道两教在泰山混杂的现象。如泰山红门宫，原为佛教的地盘，后竟在一路之隔的对面并建了“碧霞元君庙”，而且整天香烟缭绕，供奉丰厚，东院的几个和尚万般无奈，只好也在自家的庙内供奉上了“碧霞元君”神像，这样才改变了香火稀疏、供奉微薄、岌岌可危的困境。泰山斗母宫为泰山较大的尼姑庙，这时在成为达官贵人逢场作戏、寻花问柳的场所后才得以生存，而且也离奇地在殿内供起了碧霞元君神。

明清两代封建帝王、贵族豪绅们大肆在泰山神道设教，必然深深影响到被奴役压迫、穷途末路、文化贫瘠的劳动人民，因而使挣扎中的人们找到一丝精神安慰，幻想解脱的出路，纷纷来泰山朝山求神。对此许多史籍碑志专有详细的记载。明代《泰山东岳庙碑》文记曰：“余往行齐鲁道中，顶斋戒弥陀者声闻数千里，策敝足茧而犹不休。问之，曰：有事于碧霞。问故，曰：元君能为众生造福如其愿。贫者愿富，疾者愿安，耕者愿岁，贾者愿息，祈生者愿年，求子者愿嗣，子为亲愿，弟为兄愿，亲戚交厚，靡不交相愿，而神亦靡诚弗应。”再如明代《东岳碧霞宫碑》文曰：“自碧霞宫兴而世世香火东岳者咸奔走元君，近数百里，远数千里，每岁办香岳顶数十万众。”（《重修泰安县志·金石节》）清代《重修碧霞宫碑》曰：“……历代尊奉已久，逮我朝崇重之典尤盛，有宝香异品之颁，有华冠锦袍之锡，岁时遣官致祭，以致奔走天下豪杰及士女商贾之类，皆斋心戒誓，道路间关，岁进香帛者恒以亿万计。”（《岱览》卷九）“元君像不及三尺，而香火之盛，为四大部洲所无。”（《琅嬛文集·岱志》）各朝各代的封建统治阶级不仅通过“山神”对人民进行精神灌输和引导，还借此大搞经济剥削。明代首先在泰山设立了专项香税，“岳之有香税惟岱也，方其摩肩涉远，接踵攀危，襁至辐辏，岂特助国而已”（《岱史·香税志》）。明清王朝均从遥参亭至山上的红门宫和岱顶各点，设总巡官一员，分理官六员，收入来自山前山后善男信女的香税，“一律验单放行”，“规定本省香客每员五分四厘，外省每名九分四厘”(《岱史·香税志》)。根据有关史料所知，仅岱顶的碧霞祠一处每年就要收银近二万五千两，至于香客施舍的珠宝玉石、首饰、金银娃娃、铜钱、旛盖袍服、纱罗缎布等更是不计其数。朝廷各年分夏冬二季委府佐一员前往，会同总巡香税委员登顶启门收验，同香税一并解赴布政司储库。明代人陶允宜曾有诗讽刺说：“自是神人同爱国，岁输百万佐升平。”清雍正十三年(1735)诏令废去香税，目的在于诱导更多人朝山进香。封建王朝的这一举动，不知使多少百姓因希望求得神灵保佑而倾家荡产。

明、清两个朝代，是中国历史上封建制度走向衰落、崩溃的时代，因而借助“神灵”维持封建统治则是历史的必然。同时，也正是封建王朝崇尚的原因，使供奉朝拜泰山神灵的风气上升到了高潮，进而达到了鼎盛的阶段。人们近者络绎不绝亲临泰山奉祀，远者自行就地营建东岳庙，因而出现了黄河上下、长江南北遍立东岳庙的情景，伴随而起的“东岳庙会”也成为明清时期重要的宗教活动。如坐落在北京朝阳门外的东岳庙，是元、明、清三代皇家举行祭岱仪式的地方，《帝京景物略》记曰：明末的东岳庙会除了每年三月廿八日(东岳大帝生日)外，每月的初一、十五也都有庙会。平时就是“士女瞻礼者，月朔望日晨至，左右门无闲阈”。到东岳大帝生日这一天更是热闹非凡，“倾城趋齐化门，鼓乐旗幢为祝，观者夹路”，“都人陈鼓乐、旌帜、楼阁亭彩，导仁圣帝游”。这种岳庙的情景在全国各地也都屡见不鲜。尤其那所谓“镇百鬼，压灾殃”的“泰山石敢当”石碣更是流布于全国一些城镇乡村。旧时各地都有东岳庙，并规定每年夏历三月二十八日为祭祀日，至时多举行大型庙会。

第九章
造化钟神秀

中国历史文化悠久灿烂、名山大川丰富多彩，因而蕴含的风景名胜浩如烟海，遍布各地。驰名中外的重要名胜地如28座文化名城，20处重点风景区等。这里试图从美学的角度，仅就古老的泰山风景名胜作以概述，使人进一步提高对泰山美的认识，加深对泰山美的热爱。

第一节　“内容与形式特定统一”的美

根据美学原理：“美的事物经常是以其鲜明生动的形式——色彩、声音、形体等诉诸人们的情感感受的。各种形式美更以突出的合规律性的自然形式成为美的对象。”(王朝闻《美学概论》)普列汉诺夫曾指出：“对象的美是和事物的‘样子’，即事物的具体形象分不开的。”这就更通俗地揭示了形式美的定义和实质。

古老的泰山位于鲁中山地的西北翼，主峰巍然屹立于泰安城北。它的周围环绕以高低参差的低山和丘陵，形成一个“泰山山区”，其东以明水、口镇断谷同鲁山为邻，南有自古闻名的“汶阳之田”与徂徕山相望，西边伸展至东平湖滨，北缘至黄河以及小清河的南岸。整个泰山山区丘陵与主峰自然形成“群星拱月”的地势；主峰山体拔地擎天，山头云烟缥缈，特别其东、南、西三面宽阔的汶河谷地，更使主峰部分呈现出高山平野、气势磅礴的气势。又因地质造山运动的原因，使山地剧烈上升及发生大小断裂，形成泰山峭壁悬崖，深谷巨壑，巉岩嶙峋，头角峥嵘，显示出挺拔、深厚、深沉的山体特性。

泰山茫茫苍苍，雄峙于中国的东部，海拔高度虽仅有1545米，但由于其所处的沿海平原海拔基数较低，相对高度大，故有拔地通天之势，傲然挺立之姿。所以泰山又给人以“雄伟高大”的印象。

泰山除了自己形体外表的英姿以外，还有它实实在在的外表色彩的美。首先，泰山区的气候属于华北暖温带温润和半湿润季风型气候，据地质地理专家们研究，泰山自地质的第四纪以来，就形成了夏绿阔叶林。泰山植被特色主要为松类和栎类，并有旺盛的林下落叶灌木和草本层。正因为如此，雄伟的泰山被装扮得郁郁葱葱，遐迩闻名，特别在我国长江以北的大山岳中几乎无一能与之相比拟。泰山主体岩层为生成于太古代的各类变质岩和花岗岩，岩石本色以青、蓝色为主，近视的泰山体表呈灰蓝色。如果远视山体，它绿色植被和岩体更随着峰峦迭次呈现出最美的蓝色和翠色，这在泰山之阳的视觉上表现尤为显著，其色调与一幅山水国画的效果相酷似。

美作为内容与形式的特定统一，还表现为它丰富多样的特点。按照古代美学者郭熙的“山形步步移”“山形面面看”理论观察泰山，也确实“一山而兼数十百山之形状”，倘若你不是固循古人之道，而且又“游山不厌深”，那你定能观察到黄山的奇伟、武夷的透逸、华山的峻峭、匡庐的飞瀑，衡岳的云烟、雁荡的嶙峋等万千景象之美。因此西汉东方朔曰：“（泰山）微九河其线，委小七泽其杯，盈彼王屋太行、终南、五老、岷嶓、雁荡之秀，拔天台、会稽之奇，峭不啻塠阜之争雄。”（《岱览》卷八）

综上所述，泰山从现象上具有名副其实的形式美，但更重要的是它的美蕴含了历代社会生活的内容，是不同时期人类活动所追求高尚精神的体现。这就是内容与形式统一的泰山“美”，诸如“重于泰山”“稳如泰山”，等名言警句，正是“泰山之美”的生动体现和写照。对此，西汉大文人司马迁在2000多年前就将这一特性作了精辟的概括，成为激励中华民族自强不息、勇于奉献的座右铭。

泰山的“崇高”美誉，大约源于原始社会末期和奴隶社会的开端。当时人们赖以生产的主要工具是石器，社会生产力极端低下，他们在生产和生活的实践中，往往把自然界中的山川河流崇拜为神灵。作为古代文化繁荣发展的泰山区，人们自然把泰山的崇高看成了“天”的象征。所以，人类社会生活的这种寓意和象征，则成了生活美的一种表现形式。泰山最初的命名为“岱山”（喻义阴阳交替、万物更始内涵），基本上可以说是自然美中自然属性与社会属性统一特点的产物。这就同众多古代神话《后羿射日》《女娲补天》《愚公移山》等一样，成为人们对生活美的最初感受和幻想的“记录”。

第二节　“寓多样于统一”的美

自然的美往往以其自身的自然现象而取悦于人，它不需要完全改变其外在的面貌、形式和规律。这种自然之美现象的法则就是把具体的自然山水色彩的多种形态映衬在一起，即美学上的“寓多样于统一”。“单调、划一的形式是无所谓美的，它不但不能表现复杂多变的事物，而且也不能唤起人们观赏它的兴趣。”（樊莘森、高若海：《美与审美》，福建人民出版社1982年版）

特定的地理环境使泰山形成丰姿美妙的胜景。泰山地处北温带，山区地理纬度优越，因而日照充足，四季分明。泰山区年平均降水量为1164毫米，雨水充沛，再加上太古界结晶岩作用而引起的裂隙泉较多，所以这里林木繁茂，无时不绿，且山深泉清，或湍飞于云天，或直泻于谷底。泰山的自然景致因时因地各有特色。因时，指一年四季变化无穷。春天，阳光明媚，遍山吐翠，处处生机；夏天山峰丛峦郁葱，百花争艳，云封雾绕，千山万壑隐现于云海雾潮之中，且伴有最盛的千峰飞瀑，万崖水声，气象万千；秋天山苍水湲，红叶映天，层林尽染，整个山水明净如妆；冬天漫山飞雪，银装素裹，山峦如睡。常人游泰山主要有东、西两路，而且又以不同的特点和地貌划分为丽（或麓）、幽、妙、奥、旷五大游区。

幽区　指自一天门至十八盘的东路部分，这是泰山游路最长，最深幽的风景区。这里石级千盘，林荫夹道，峰回路转，深壑流溪，文物古迹众多，步步有景，举目成趣，是这一景区的特色。人们可以从这里循着古登封的御道，一步一层天，层层如画卷。整个幽区以中天门为界分成两个部分：中天门以下山复路缓，自然景观与人文景观有机融合，情趣无穷。中天门以上是幽区的精华所在。站立中天门北望。森严壁垒、云梯高悬，突兀的山峰迭错，犹如一幅浓淡相宜的庞大山水国画。中天门向北，有一段平坦舒适的山路，名曰“快活三里”，这里可欣赏到“五大夫松”“独立大夫”“望人松”“接驾石”“飞来石”等。云步桥泉响云飞，御帐坪巨瀑垂帘。要讲风光无限当然要数朝阳洞以北的对松山了。此处奇峰对峙，万松叠翠，松生石间，皆作虬龙状，葱郁青蒙，到此如入画图。难怪长于游山玩水的乾隆皇帝写下了“岱宗最佳处，对松真绝奇”的赞美诗句。讲到这些形态各异、婀娜多姿的绿色天使，它们脚踏实地立足于悬崖之上，峭壁之间，身子扭得像盘龙柱子，在半空中展开枝叶，像是和狂风乌云争夺天日，又像是和清风白云游戏；有的昂首苍穹，傲然挺立，在高处倾身张望；有的回环曲折，匍匐山岩。虽然扎根之处仅有可怜的几抔黄土，但仍一派生机，顽强竞上，显示出一幅潇洒飘逸的模样。特别是由于地势海拔高，风力强等原因，使这个松海家庭的每个成员都呈平顶的伞形，更加姿态动人。路越险，风景越秀，著名的十八盘如同一条灰白的巨蟒悬挂在这壁立万仞的翔凤岭、飞龙岩两峰之间。明代的祁承㸁赋诗曰：“拔地五千丈，冲霄十八盘，经从穷处见，天向隙中观。”它好像是一架检验每个攀登者恒心和力度的标准仪，南天门两侧“门辟九霄仰步三天胜迹，阶崇万级俯临千嶂奇观”的楹刻则正是对此地此景最生动真实的写照。古园林、古建筑学家陈从周先生概括说：“泰山有十八盘，盘盘有景，景随人移，气象万千，至南天门，群山俯于脚下，齐鲁青青，千里未了，壮观也。”(《说园》，同济大学出版社1984年版）

妙区　指南天门以上的岱顶部分。漫步天街可尽览“月观峰”“日观峰”“丈人峰”“碧霞祠”“玉皇宫”“瞻鲁台”“仙人桥”等风景名胜。尤其当肃立于主峰玉皇顶之上，俯瞰岱下，群峰拱岱，众山若丘的景象甚是耐人寻味。《纪胜》云：“岱岳极顶，北望群山万层，扈从拱扶，或若星罗，或若棋布，或若连营，或若聚幕，鸟、兽、龟、龙剑盾矛戟之形，无不备具。”又《岱志》云：“山后一望，千山万山皆驯伏趾下，如大海波涛，奔腾蹴踊，砑雪惊雷，滂薄无际，信是大观。”举目远眺，河流纵横，阡陌交织，原野苍绿，村庄鳞次，果然给人以“只有天在上，更无山与齐”的感受。名副其实的“旭日东升，晚霞夕照、黄河金带，云海玉盘”是这个景区的眼睛。岱顶观日出是泰山著名的胜景，也是人们孜孜以求的夙愿。在秋高气爽，和风丽日的凌晨，人们多簇拥在岱顶东端的拱北石旁，或伫立玉皇顶的日观亭中，目不转睛地凝望着遥远的东方天地交接处，静候着太阳的出场。在曙星渐没，天色由鱼肚白变黄、变红，越来越亮，越来越红，进而变成金黄，此时，平地涌出一个赤盘，状如宫灯，蹒跚上升，把五彩缤纷的霞帔云锦洒向宇宙，使群峰尽紫。古人总结泰山观日出有“三遇”：即正月（农历）无雨，海晕不升，一遇；荞秋（九月）气爽，新霁（雨后晴天）无尘，二遇；仲冬（十一月）雪后，晓绝云烟，三遇。与这“旭日东升”壮景相呼应的“晚霞夕照”也是别具一格的景色。当夕阳既收，暝色欲来之时，朝霞浴日的景色又重在西天轮回出现，古人有诗描绘曰：“谁持彩笔染长空，几处深黄几处红。”

登泰山凭吊一下日出几乎是人们的第一夙愿，但这样的好景不是时时都有的，特别是在夏季。不过，这个时节的老天终究还是给人作美的，于是便造化出了不想逊色于日出的云海。泰山云海一般在夏季出现，这是因为暖温空气沿坡上升，冷凝所致，“诸峰无雨亦生云”。神奇的云雾，赋予泰山以生命，缥缈的烟云给群峰蒙上一层薄薄的面纱，或者披上了洁白的衣裙。泰山的夏日，一般沉浸在浓淡无常的云雾之中，随时可见轻烟缕缕，清淡素雅。所谓的云海，主要是指云雾特别浓厚的时候，此时泰山上部完全形成云的海洋，浩瀚无涯，白浪翻滚，万马奔腾。远近的山峰在云涛中如海中的岛屿和礁石，时隐时现，变幻莫测，置身其间，如入蓬莱仙境，甚为壮观。著名的“黄河金带”景致一般在天气晴朗时都能观赏到，晚霞夕照之时，举目西顾，一条黄色的带子自西南而东北飘飘而来，在阳光的照射下，闪闪发光。清代文人袁枚曾即兴赋有“一条黄水似衣带，穿破世间通银河”的诗句。

奥区　系指泰山的背阴部分。此处以奇峰突兀、美松异石著称。山之骨在石，这里由于第四纪冰川的地质作用，使峰峦怪石参错林立，各显其美。它们或者单独成景，或者组配成画。九龙岗、尧观顶的传说，丈人峰的史话，黄华洞的奇观，笔直如削的大小天烛峰，后石坞庙观的遗迹……都是人们必去的地方。此处以大自然的景色为主，路隘林深，人迹罕至，是泰山自然生态保护较好的区域。这里花香鸟语，松籁云壑，奇峰环抱、泉歌溪吟，不落它景之俗套，别有一番景致，自然成了美术、摄影艺术家们猎取题材的宝地。泰山之阴的深奥也包含着方山一带的幽绝，这里三山环抱（方山、明孔山、棋子岭）一径通，古松茂密，翠绿苍茫的“灵岩柏”把这里装扮得郁郁葱葱，满山浮现着欲滴的岚光翠色，在这深幽的绿的海洋里，矗立着插入云天的灰白色大辟支塔。以千佛殿为主体的红墙建筑，如万顷碧波中驶入一叶红舟，格外绮丽多姿，再附以一线天、朗公石、明孔山等自然造化景致，更构成一处清雅超俗的“世外桃源”。

旷区　即中天门经凤凰岭至黑龙潭地带。这里为泰山的西溪流经之域，峰峦起伏，岚烟袅袅，谷深峪长，豁达开旷，山光水色，风景如画。游至则使人心旷神怡，大有“人在画中”之概。金人徐琰说：“泰山胜景窈然而深、蔚然而秀者，西溪而已。溪居岱宗之右麓，延袤数十里，树林荫翳，蹬道崎岖，清泉奇石，瑰玮万状，行愈远而山愈奇，境愈胜。”沿着荫翳的林中小径，可眺望龙角山的气势，傲徕峰的姿色，扇子崖的陡峭，还可以信步游览“九女寨”，赤眉军“天胜寨”和竹林寺旧址等历史文化遗迹。古园林学家陈从周先生在《说园》中提出“泰山之能为五岳之首者，就山水而言，以其有山有水”。泰山，由于地下水的运动，往往受晶岩的各种裂隙及至断层的控制，所以常见清泉飞瀑。黑龙潭瀑布为旷区之最，陟峻的百丈坎崖，多处山泉汇聚成西溪急流，长年奔腾不息，经由坎崖变成千匹白练高悬的巨大瀑布，直泻谷底，如倾万斛珠玉，使涧底水击石穿，出现一个巨大的壶穴，这就是著名的泰山黑龙潭。此处上有长寿桥宛如长虹架空，中有悬空而泻的瀑布，下有碧水扬波的碧潭，夏日遇雨，西侧又有西百丈崖，两道飞瀑凌空而下，与龙潭飞瀑号称“云龙三现”。

麓区（或丽区）　指泰山之阳的环山路一带，这里负山临城，山城一体，名胜古迹、城市新貌互映，景趣不凡。此区有环山公路贯通东西，把王母池古庙景点、岱岳观遗址、普照寺景点、范老墓、辛亥滦州起义纪念碑、冯玉祥先生墓，以及三阳观和五贤祠（自宋以来的泰山书院）等人文胜迹串联在一起；梳洗河、吕祖洞、六朝松和一品大夫松等自然美景交相呼应，都在这里与人们晤面。泰山之阳仅有的两个人工蓄水湖分别镶嵌在这个景区的左右，犹如人的两只明净的大眼，更加引人入胜。该区优美的山麓景观与繁华向上的城区有机结合，交相辉映，更是当地人闲暇时多去光顾的地方，信步徜徉其中别有一番情趣。

第三节　自然、人文景观综合体的美

我国著名的自然山川大都经受了历史文化的深刻影响，往往使这些名胜区除了天然美之外，都伴有优秀的历史文化，形成了自然景观与人文景观的综合体，这就是我国风景名胜的突出特点，也是与国外的“国家公园”的不同之处。

从美学的角度分析，自然山水与社会人事是互相区别的两个范畴，同样，自然山水美与社会美也是不容淆乱的两种客观美。地球上的一山一水、一草一木的美是自然存在的，人们利用其中“美”的部分与一定的意志联系在一起，如佛教的寺庙专选幽深、名山名水的地方卓锡，皇室贵族选优秀山水建立宛囿等。所以，自然山水美还有一种人为关系美的形态本质。

泰山有着得天独厚的地理环境，我国著名园林美学专家、古建筑研究专家、同济大学教授陈从周教授评价说：“泰山从风景来讲，山水兼南北之长，有山有水，雄伟之外，兼有深幽，其能独步中外者，其长处即在此，入山唯恐不深，登山唯恐不高，泰山皆得之了。”泰山被誉为海内名山，而且是神圣的山，所以人们在这里长期精心经营。几千年来的古代建筑、题咏刻石，以及与历史关联的树木岩石，琳琅满目、遍布全山。这些光华夺目的文化宝藏，同雄伟壮丽的自然风光交织在一起，相得益彰，构成了这座有别于其他名山大川的风光景色，使这座古老的名山引人入胜，而经久不衰。古人言，“看山如观画，游山如读史”。来到泰山，饱览一下优美的岚光山色，清泉流瀑，奇松异石，浏览一下历代能工巧匠的妙手技艺，无不给人以美的享受，史的熏陶。

古代美学家郭熙在谈到自然景观与人文景观的关系时说“山之人物以标道路；山之楼观以标胜概”。他在《山川训》的文章中更精辟地讲道：“世之笃论，谓水山有可行者，有可望者，有可游者，有可居者。……但可行可望，不如可居可游之为得。何者，观今山川，地占数百里，可游可居之处，十无三、四，而必取可居可游之品。”联系泰山的风景名胜，分析泰山自然与人文景观的有机结合，可使我们看到这样一个特点：即按照泰山雄伟、邃深的自然形势，“崇高”“神圣”的感情因素，贯穿着详略得当，有主有次的审美设计原则。概略于后列：

首先，固守自然的美。就是尊重、保护大自然的神圣权利，不受人为的干扰和破坏。上文已知，泰山主体部分共分五个景区，不管这五个景区的划分何早何迟，这个自然物的特点是早已存在的了。古代的人们在处理自然与人文的结合上始终掌握着这个原则。在幽区里，从岱宗坊到中天门一线山重水复，峰回路转，谷深林密，曲径通幽，因此，多因势利导，营建有大小不同，布局各异的建筑群。这一区域内布以苍翠的柏树作常绿植被，配合以红墙的民族式建筑，似隐似露，和争艳斗奇的石刻构成一种色调的美，特别这些建筑物又被连串错落在中溪两侧，依山傍水，除便于人们欣赏周围景色外，本身也是一景。尤其在峰回路转，谷深林密，视野不阔的情景下，参错以建筑物，可收到“近看取其质”的效果。人行景中，有这些石刻、建筑做向导和伴侣，确使人有“柳暗花明又一村”的感受，不致使这漫长的景观单调划一，枯燥无味。同在一个幽区的中天门至南天门一线，情况就大不相同了。自中天门以上，山势陡峻，八百米海拔以上的奇峰突兀，天然的苍崖绝壁屏列，喷珠吐玉般的瀑布悬挂，特别进入“松门”以后，令人陶醉的古松等等，自然构成了一辐巨大的、富有诗情画意的画面。人们乍步其间，所渴求的是这些大自然造化的神秀，所以，除了搞一些供人欣赏的名诗绝句石刻外，不需要去无味地搞什么建筑物，而且客观也不利于人去做那种无意义的劳动。我们今天所看到这一区域内仅在对松山处出现一座小亭（对松亭）和小龛房（即梦仙龛），“万绿层中一点红”，起到了“画龙点睛”的美学作用。如果把中天门以下的作法延续到这一段中，岂不成了“喧宾夺主”“画蛇添足”了吗？诸如此类，在清雅幽静、奇丽隽秀的岱阴奥区和山明水秀、潭池如镜的岱西旷区都反映比较明显。

其次，突出人文景观的特点，有机地结合自然景观。泰山是历代统治阶级假“神道设教”的地方，“神圣”是这一名山的社会特征，因而如何反映这一特征是历代人所遵循的指针。根据现存泰山的古迹名胜来看，恰恰说明了这一点。这里的古代建筑除了道教、佛教等宗教庙宇以外，基本上找不到其他类型的建筑物，而且从一开端就牢牢把握住了主题。如“一天门”坊、“天阶”等突出一个“天”字。泰山的东路为登山的主路，自王母池开始，渐次排列有关帝庙、红门宫、万仙楼、斗母宫、三官庙、壶天阁等建筑，有的间距仅有几百米。这种处理势必增强宗教的渲染力，给人造成“神秘”的印象。岱顶部分为泰山的“妙区”，是“上天”的象征，所以人们就以此为依附，做了一定“协调气氛”的工作。元代创修了泰山之巅“天庭”的正门——南天门，创修了岱顶的东西大道称“天街”，在泰山主峰建起了最高天神——玉皇大帝的庙所。尤其碧霞祠成为我国少有的高山古建筑群体。虽然年久废圮了一些古庙观，但一遇云雾缥缈之时，整个山首还大有“迢迢天庭”的气派。这些人为东西的设置并无损于岱顶天然的美，反与之互相映衬，彼此依存，取得了情景交融的美的效果。至于那些直接按自然环境的形式建造和命名的庙观就更不必细说了，如红门宫的命名就来自其西北宝藏岭的两块壁立如门的丹崖景致；壶夫阁借着其处的山势若壶，建起了拱门高阁，从而使此处景象更趋完美。

简言之，泰山自然风貌和人文景观互依赖而生辉，相呼应而增色，共同营建了这座别具一格的中国式大山岳公园。

“海内名山首岱宗”，泰山不愧古往今来人们对它的称誉，它确确实实是美的。在我们一饱眼福欣赏泰山名胜之余，能够探讨一点泰山美的实质，也是饶有风趣的事情，如果再能够依据美学的规律珍视和保护好泰山的美容，那就更有意义了。“天开图画即江山”，在我们理解和对待名胜之美的时候，弄清楚自然与人化的关系是至关重要的。这就要求我们既要懂得：自然美一方面离不开人，它是人的本质力量的体现，是人类劳动实践过程中的产物；另一方面，我们又不能任意地创造自然美，任意地用主观情趣来解释自然美，或者单纯用社会性、时代性来解释自然美。对此，我国人民在古代就已经懂得这个美的哲学，明代文人袁中道曾说：“大都自然胜者，穷于点缀；人工极者，损其无趣。故野逸之与浓丽，往往不能相兼。惟此山骨色相和，神彩互发，清不槁，丽不俗。”（《珂雪斋文集》卷六《爽籁亭记》）古代人不仅有自己科学的审美观，而且也懂得按照美的规律去做。还是以泰山为例，历史上曾经有许多有作为的封建帝王来这里活动，但是泰山上没有遗留下他们与风景不相协调的史迹。历史上也曾有过一些帝王的行宫，但都未建造在主山体上。这当然不一定说明是这些帝王们懂得什么美学，至少说明当时的人们已经在自觉不自觉地按规律行事了。历史发展的实践证明：人类越进步，科学越发达，越要求人们按自然规律办事，特别是对待历史的东西更应如此。近些年来，在国际上，许多国家在发展博物馆中出现一种新动向：就是办有个性特色的博物馆。如英国的约克郡城堡博物馆复原了一条19世纪风貌的街道，鹅卵石的路面，古老的市招，昏暗的街灯，街道两旁的银器店、茶叶店、瓷器店、铁匠铺、警察局……就连停驻在街道上的马车和车夫，也是与当年的情景一模一样。这样，就使置身其间的观众有别有千秋的感觉。时代性、民族化的效果就异常强烈。对照泰山也应该是如此。泰山的特点是文物古迹众多，自然风景优美，而且把“自然人化”为“神圣、高尚”事物的象征，这就是泰山的个性。如果不去脚踏实地的登一下，这些特点是无论如何也体察不到的。假若你是乘坐公共汽车（半小时左右）和空中索道车（最多需8分钟）上下的话，就算你能轻松地站在泰山顶上周览无际的群山丘岭，但与徒步登上山顶的人来欣赏“一览众山小”的收获和心情是截然不同的。

谈到这里，我想就泰山名胜“风韵”的保护谈一点粗浅认识，作为这部分的结束语。我认为，泰山的主体部分，尤其是泰山之阳的部位，是形式和内容统一美、自然和人文综合美的典型区域，我们搞管理和建设都应以保护这一典型性出发，任何的不慎重和主观臆想都可能带来相应的损失。造成“操心，花钱不落好”的结局。我们不是说现代人就不能触动泰山，不能再搞任何建设了，问题是要怎样去按照科学规律搞设计和行事，把握住气氛协调特色的一致和统一。譬如岱顶，它的特点应该是高旷自然，素静微妙，给人以超然的气氛。如我们把天街也铺成柏油马路式，并在沿街大兴土木，搞上栉比的房舍楼台，即使是民族的古典形式，也不会产生出神秘的天庭气氛。如果在本来就不宽阔的山巅，把每一个山头、每一块平地都建上房屋，我们再站在月观峰上瞭望一下，看到的将不是虚幻的“仙境”，岂不成了一处不伦不类的地方了吗？再如在泰山架设的一条现代化的空中索道，无论是方便中外游人，还是改善泰山上的物资运输状况等都是需要的。但如果把它设计在后山，或者山的东、西两侧，既可使人观赏到泰山最早的御道（初步考查，西汉前帝王封禅泰山不在现在的东路），后石坞的奥区景色，也可开设和充实一个新的旅游线路，有利于发展旅游事业，又不至有碍于泰山之阳的主要景观，岂不就更合适吗？

第十章
文人荟萃之区

“泰山为古圣贤登临喻道之处，历代名儒硕士履履踵接，故自孔子《丘陵歌》而下。佳篇钜制，美不胜收。”（《泰山述记》卷七）纵观中国历史，有孔子、司马相如、司马迁、东方朔、应劭、班固、张衡、崔骃、陈琳、曹植、陆机、谢道韫、谢灵运、骆宾王、卢照邻、李白、杜甫、魏征、苏颋、刘禹锡、李邕、苏辙、梅圣俞、邵伯温、赵明诚、李清照、范致冲、党怀英、元好问、李简、王奕、王恽、杜仁杰、郝经、宋濂、王弼、颜光敏、李时勉、李东阳、王守仁、姚鼐、王恩仁、王世贞、顾炎武、魏源、康有为、梁启超等先后慕名登临泰山，留下了数以千计的名诗歌赋，光辉篇章，广为后世流传。“诗以山丽，山以诗传”，岩岩泰山，确实成了风雅之林。

有关泰山的最早诗文是《诗经·鲁颂·闷宫》。《诗经》是我国最早的一部诗歌总集。它的创作时代上起西周初年，下至春秋中期。编成年代约在春秋末期，相传曾为孔丘删订。《诗经》中的“颂”系宗庙祭祀时所演唱的乐歌。据山东大学中文系高亨教授分析，“闷宫”篇作于鲁僖公晚年，即春秋中期作品。《鲁颂·闷宫》是鲁僖公派兵征伐淮夷取得胜利后，鲁臣为其告祭祖庙演唱所作。其文曰：

泰山岩岩，鲁邦所詹。
奄有龟蒙[①]，遂荒大东。
至于海邦，淮夷来同。
莫不率从，鲁侯之功。

---

① 奄：古国名。龟、蒙：皆系山名，龟山在今新泰市西南，蒙山在今蒙阴县南。

张衡（78—139），字平子，南阳西鄂（今河南南阳）人。年少好学，知识渊博。他不仅提出“浑天说”，创造铜壶滴漏的浑天仪，画出我国第一张完备的星图，创造了地动仪，是一位杰出的科学家，而且也是一位著名的文学家，他与班固并列为东汉的赋家，以《东京赋》《西京赋》为优秀代表作。《四愁诗》是张衡以泰山为题材的诗赋，从一个侧面褒扬了泰山的伟大形象，其诗曰：

我所思兮在太山，欲往从之梁父[①]艰。
侧身东望涕沾翰，美人赠我金错刀。
何从报之英琼瑶，路远莫致倚逍遥。
何为怀忧心烦劳？……

曹植（192—232），曹操的第三子。年十岁时，就能属文，下笔成章，为“建安七子”之一,三国时著名的文学家。曹魏太和三年（229）被封为山东东阿王，太和六年又改封陈王。由于长期受曹丕猜忌，屡加迫害，年仅41岁就忧郁而死。曹植是建安文学的代表人物之一，他文才富艳，思若有神，情采并茂。尤其他的五言诗，有较高的成就。曹植曾在青年时期登临泰山，有材料分析他是在建安十二年（207），即十六岁时，写有《驱车篇》《仙人篇》等诗。两篇诗文均取材广博、文质相称，表现出很高的艺术成就，也显示出他建功立业的政治抱负。《驱车篇》主要写乘车来泰山路上的兴致，《仙人篇》主要写他登上泰山时的心情。

驱车篇

驱车挥驽马，东到奉高城。
神哉彼泰山，五岳专其名。
隆高贯云霓，嵯峨出太清。
周流二六侯，间置十二亭。
上有涌醴泉，玉石扬华英。
东北望吴野，西眺观日精。

① 梁父：泰山南一小山的名称。

魂神所系属，逝者感斯征。
王者以归天，效厥元功成。
历代无不遵，礼祀有品程。
探策或长短，唯德亨利贞。
封者七十帝，轩皇元独灵。
餐霞漱沆瀣，毛羽被身形。
发举蹈虚廓，径庭升窈冥。
同寿东父年，旷代永长生。

仙人篇

仙人揽六著，对博太山隅。
湘娥拊琴瑟，秦女吹笙竽。
玉樽盈桂酒，河伯献神鱼。
四海一何局，九州安所知。
韩终与王乔，邀我于天衢。
万里不足步，轻举凌太虚。
飞腾踰景云，高风吹我躯。
回驾观紫微，与帝合灵符。
阊阖正嵯峨，双阙万丈余。
玉树扶道生，白虎夹门枢。
驱风游四海，东过王母庐。
俯观五岳闲，人生如寄居。
潜光养羽翼，进趋且徐徐。
不见轩辕氏，乘龙出鼎湖。
徘徊九天上，与尔长相须。

陆机（261—303），字士衡，吴郡吴县华亭（今上海松江）人，为东吴士族陆逊的后代。东吴灭亡后曾闭门读书十一年，后依附成都王司马颖，“八王之乱”时因作战不力被司马颖处死。陆机是两晋时著名的诗人，他的诗赋文辞华美，为后人所称道。陆机是否登览泰山，何时来泰山，有待查考，但从他的

《泰山吟》来看，他登过泰山是确定无疑的。今天我们来欣赏他的诗句，既可吸收艺术营养，也可从中得到研究泰山的宝贵资料，譬如“梁父亦有馆，蒿里亦有亭”句说明当时存有古建筑的情况；“神房集百灵”说明当时的古建筑内可能还设置有许多神像雕塑等，也是研究宗教史的依据。

泰山吟

泰山一何高，迢迢造天庭。
峻极周已远，层云郁冥冥。
梁甫亦有馆，蒿里[①]亦有亭。
幽涂延万鬼，神房集百灵。
长吟泰山侧，慷慨激楚声。

谢道韫，东晋谢安的从女，从小聪颖有才辨，是南朝比较有名的文学家。她是现今所知第一个登泰山的女诗人。

登山诗

峨峨东岳高，秀极冲青天。
岩中间虚宇，寂寞幽以玄。
非工复非匠，云构发自然。
气象尔何物，遂令我屡迁。
誓将宅斯宇，可以尽天年。

谢灵运（385—433），谢玄之孙，陈郡阳夏（今河南太康）人。南朝宋诗人。他自小好学，博览群书，工书画。曾为武帝太尉参军，永嘉太守。谢灵运性好山水，遂肆意遨游，并喜好题咏。常与族弟谢惠连、东海何长瑜、颍川荀雍、泰山羊璿之（羊祜之后）以文章赏会，当时谓之“四友”，谢灵运的《泰山吟》就是他所创作的山水诗的优秀作品之一。他首先摄取泰山的大自然之美，把它的雄伟俊秀精刻地写了出来，然后联系到历代对泰山的崇奉，更加突现了

① 蒿里：泰山南不远的小山，古有“人死归蒿里”的说法。

泰山的伟大形象。诗曰：

岱宗秀维岳，崔萃刺云天。
岞崿既崄巇，触石辄迁眠。
登封瘗崇坛，降禅藏肃然①。
石闾②何晻蔼，明堂③秘灵篇。

杜甫（712—770），字子美，祖籍襄阳，出生巩县（今河南巩义市）。早年刻苦致学，知识渊博。20岁左右开始漫游江淮、山东等地。后入长安应试，遭李林甫压抑。唐天宝十四年，得右卫率府胄曹参军官职。安史之乱后，一度任剑南东西川节度使署参谋、检校工部员外郎等官。他是我国伟大的现实主义诗人。他的诗千锤百炼、朴素自然，鲜明生动，在语言艺术、寓意深远等方面造诣很高。从开元二十四年（736）至天宝四年（745）的10年间，因杜甫的父亲杜闲及朋友李之芳（李邕从侄）在山东的兖州、齐州任职，所以他得以几度漫游齐赵，饱览了山东的名胜古迹。著名的“望岳”诗，就是他在这个时期的得意之作。《望岳》诗全诗仅有四十个字，都着眼一个“望”字，分四层写出了泰山的崇高雄奇，笔力豪健，富有浪漫色彩。精句“会当凌绝顶，一览众山小”，表达了他高瞻远瞩的雄伟气魄和政治抱负，后人多将此诗在泰山沿途镌刻。

望岳

岱宗夫如何？齐鲁青未了。
造化钟神秀，阴阳割昏晓。
荡胸生层云，决眦入归鸟。
会当凌绝顶，一览众山小。

关于杜甫是否登上泰山的问题有不少争论，有的认为《望岳》诗顾名思义

① 肃然：泰山下一小山名。
② 石闾：泰山东北一小山名。
③ 明堂：指周成王、汉武帝封泰山时所连的明堂。

就只是“望”，不证明登过泰山。但从他晚年在成都草堂所写的《又上后园山脚》诗分析，他不仅登游过泰山，而且还可能不止一次。我们特引用该诗的前八句于后：

昔我游山东，忆戏东岳阳。
穷秋立日观，矫首望八荒。
朱崖著毫发，碧海吹衣裳。
蓐收困用事，玄冥蔚强梁。

李白（701—762），字太白，号青莲居士，出生于碎叶城（今苏联吉尔吉斯境内，托克马克一带，唐属西安都护府）。五岁时随父李客迁居绵州彰明（今四川省江油市）的青莲乡，青年时就博览诸子百家书。24岁出蜀，开始了祖国各地的漫游生涯，广泛接触社会现实，结交不少名流，写了大量诗文，遂因诗名大，被任为翰林院供奉。成为我国最有名的浪漫主义诗人。他的诗歌，感情奔放，构思新颖奇特，形象鲜明生动，语言清新俊逸，充满着纵横驰骋的丰富想象和豪迈不羁的强烈感情，形成了他雄奇、飘逸的艺术风格。他的许多诗文倾注了对祖国大好河山的热爱衷情。

唐开元二十四年（736），李白从湖北安陆移家任城（即今山东济宁市）。他与当时的文人孔巢父、韩准、裴政、张叔明、陶沔聚于泰山南麓的徂徕山，酣饮纵酒，号“竹溪六逸”。隐居徂徕山之际，当然要不止一次地登泰山，天宝元年四月，李白写了《游泰山六首》，即：

其一

四月上泰山，石屏御道开。
六龙过万壑，涧谷随萦回。
马迹绕碧峰，于今满苍苔。
飞流洒绝巘，水急松声哀。
北眺崿嶂奇，倾崖向东摧。
洞门闭石扇，地底兴云雷。
登高望蓬瀛，想象金银台。

天门一长啸，万里清风来。
玉女四五人，飘摇下九垓。
含笑引素手，遗我流霞杯。
稽首再拜之，自愧非仙才。
旷然小宇宙，弃世何悠哉。

其二

清晓骑白鹿，直上天门山。
山际逢羽人，方瞳好容颜。
扪萝欲就语，却掩青云关。
遗我鸟迹书，飘然落岩间。
其字乃上古，读之了不闲。
感此三叹息，从师方未还。

其三

平明登日观，举手开云关。
精神四飞扬，如出天地间。
黄河从西来，窈窕入远山。
凭崖揽八极，目尽长空闲。
偶然值青童，绿发双云鬟。
笑我晚学仙，蹉跎凋朱颜。
踌躇忽不见，浩荡难追攀。

其四

清斋三千日，裂素写道经。
吟诵有所得，众神卫我形。
云行信长风，飒若羽翼生。
攀崖上日观，伏槛窥东暝。
海色动远山，天鸡已先鸣。
银台出倒景，白浪翻长鲸。

安得不死药，高飞向蓬瀛。

其五

日观东北倾，两崖夹双石。
海水落眼前，天光遥空碧。
千嶂争攒聚，万壑绝凌历。
缅彼鹤上仙，去无云中迹。
长松入云汉，远望不盈尺。
山花异人间，五月雪中白。
终当遇安期，于此炼玉液。

其六

朝饮王母池，暝投天门关。
独抱绿绮琴，夜行青山月。
山明月露白，夜静松风歇。
仙人游碧峰，处处笙歌发。
寂静娱清辉，玉真连翠微。
想像鸾凤舞，飘摇龙虎衣。
扪天摘匏瓜，恍惚不忆归。
举手弄清浅，误攀织女机。
明晨坐相失，但见五云飞。

张籍（约767—830），字文昌，原籍吴郡（今江苏省徐州）。贞元进士，长期任太常寺太视，水部员外郎，国子司业等闲散官职。张籍是唐中期著名的诗人。由于他出生在生活贫苦的家庭，后来官职也较低微，因而他的诗多反映社会现实，尤其下层人的生活，对民间疾苦，社会阴暗，颇多着墨。他的乐府诗取材广泛，善于叙事，诗句通俗，自然而精炼，所以大得韩愈和白居易的推崇。韩愈称颂他“张籍学古淡，轩鹤避鸡群”，白居易赞许他“尤工乐府诗，举代少其伦”。他的《赠泰山老人》诗，用朴素的文句生动描述了他所见到的泰山老人的生活情趣。

赠泰山老人

日观东边幽容住，葛巾藤带亦逢迎。
暗修黄绿无人见，深种胡麻共犬行。
洞里仙家常独住，壶中灵药自为名。
春泉四面饶茅屋，日日唯闻杵臼声。

李德裕（787—849），字文饶，赵郡（今河北赵县）人。出身名门大族，历官浙西观察使、西川节度使、兵部尚书、同平章事等，唐武宗时由淮南节度使入相。他从小力学，曾来过泰山，写有《泰山石》诗，如下：

鸡鸣日观望，远与扶桑对。
沧海似熔金，众山如点黛。
遥知碧峰首，独立烟岚内。
此石依五松，苍苍几千载。

苏轼（1037—1101），字子瞻，号东坡居士，眉山（今四川省眉山市）人，嘉祐进士。北宋治平年间入官登闻鼓院，得直史馆。熙宁年间，带头反对王安石变法，不久入狱。出狱后遂通判杭州。宋哲宗时入官礼部郎中，后以龙图阁学士出知杭州。元祐年间又召为翰林承旨。苏轼是北宋文学家、书法家，文学创作丰富，为唐宋八大家之一。他的诗题材广阔、意境深邃，清新豪放、独具风格；他的词豪气四溢，不拘律格，因而对当时和后世的艺术影响很大。

和子由[①]韩太祝[②]送游泰山

偶作郊原十日游，未应回首厌笼囚。
但教尘土驱驰足，终把云山烂漫酬。
闻道逢春思濯锦，便须到处觅菟裘。

---

① 子由：苏轼弟苏辙的字。

② 韩太祝：韩宗弼的字。

恨君不上东封顶，夜看金轮出九幽。

苏辙（1039—1112），字子由，苏轼之弟。北宋嘉祐进士，授商州（今陕西商县）军事推官，因反对王安石变法，出为陈州教授、齐州（今济南）掌书记。元祐年间，累官至尚书右丞，进门下侍郎。他系北宋著名文学家，与其父苏洵、兄苏轼合称“三苏”，同为唐宋八大家。在其任齐州掌书记时曾多次登游泰山，我们选其《次韵韩宗弼送游泰山》诗一首于后：

次韵韩宗弼送游泰山

羡君官局最优游，笑我区区学问囚。
今日登临成独往，终年勤苦粗相酬。
春深绿野初开绣，云解青山半脱裘。
回首红尘谈书处，煮茶留客小亭幽。

王安石（1021—1068），北宋政治家、文学家、思想家。字介甫，号丰山，抚州临川（今江西抚州）人。庆历进士，初知鄞县，后任舒州通判，常州知府，江东刑狱提点。嘉祐三年入为度支判官，上万言书，主张改革政治。后又任直集贤院、知制诰、翰林学士兼侍讲。自熙宁三年两次拜相，力主“变风俗，立法度”，致力于改变积贫积弱局面以期富国强兵的变法，终因宋王朝积重难返和保守势力的强烈反对而失败。

王安石为“唐宋八大家”之一，散文以雄健峭拔著称；政论文论理透辟，感情充沛，概括性强，诗歌遒劲清新，词风豪气纵横。他是我国文学史上一位卓越的散文家、诗人，深受古今文人的赞赏。根据宋政和七年（1117）《居中题名》有“居中（即郑居中）效安石游”句，说明王安石曾登游过泰山。他写的《送义公禅师赴任》就比较明显地流露出清新隽永的诗文风度，也是王安石来泰山灵岩寺的资料证明。诗曰：

送道光法师住持灵岩

灵岩开辟自何年，草木神奇鸟兽仙。
一路紫苔通窈窕，千崖青霭落潺湲。

山祇啸聚荒禅室，象众低摧想法筵。
雪足莫辞重趼往，东人香火有因缘。

元好问（1190—1257），字裕之，太原秀容（今山西忻县）人。七八岁能作诗，20岁成学，名闻京师。金宣宗兴定五年登进士第，先后任内乡、南阳令。天兴初，官至尚书省左司员外郎。元好问5岁时，曾跟随其任职县令的叔父（过继）来山东，直到14岁时才离开，45岁左右时，因蒙古军南下，又流离到山东，到过东平、聊城、冠县、济南，游历了名胜古迹，写了一些诗文，如《济南杂诗》10首，《出东平》等。元好问是金末杰出的文学家。他兼长诗、词和散文，尤以诗的成就为高。他的诗词主张真实自然，风格沉郁，多伤时感世之作。

游泰山

泰山天壤间，屹如郁萧台。
厥初造化乎，劈此何雄哉！
天门一何高，天险若可阶。
积苏与累块，分明见九垓。
扶摇九万里，未可诬齐谐。
秦皇憯威灵，茂陵亦雄才。
翠华行不归，石坛满苍苔。
古今一俯仰，感极今人哀。
是时夏春交，红绿无边涯。
奇探忘登顿，意惬自迟回。
借无赏心人，欢然尽余杯。
夜宿玉女祠，崩奔涌云雷。
山灵见光怪，似喜诗人来。
鸡鸣登日观，四望无氛霾。
六龙出扶桑，翻动青霞开。
平生华嵩游，兹山未忘怀。
十年望齐鲁，登临负吟鞋。
孤云拂层崖，青壁落落云间开。

眼前有句道不得，但觉胸次高崖嵬。
徂徕山头唤李白，我欲从此观蓬莱。

张养浩（1270—1329），字希孟，济南人。元武宗时为监察御史，元仁宗时位至礼部尚书参议中书省事。元天历二年（1329）任陕西行台中丞，遇关中大旱，他赈济饥民，整顿吏治，积劳病卒。张养浩是元代有名的诗人和散曲家。

登岱

风云一举到天关，快意平生有此观。
万古齐州烟九点，五更沧海日三竿。
向来井处方知隘，今后巢居亦觉宽。
笑拍洪崖咏新句，满空笙鹤下高寒。

李简，元代文人，元仁宗时曾官泰安倅。

登岱

三峰突兀与天齐，天门未到劳攀跻。
层层石磴出林杪，萦回百折青云梯。
盘石暂憩舒清眺，涧壑风来号万窍。
水声俄在树梢头，疑有于菟天外啸。
向晓才登日观峰，手披云雾开鸿蒙。
火轮欲上海波赤，金霞翻动苍龙宫。
黄河一线几千里，吴越山川真地底。
为数齐州九点青，更将伏槛窥东溟。
李白不遇安期生，安得羽翼飞蓬瀛。

宋濂（1310—1381），字景濂，浦江（今浙江省浦江县）人。元至正中荐授翰林院编修。明洪武二年，任撰修《元史》总裁。书成迁翰林学士，系明初著名文学家。他的《登岱》诗，用简括生动的词句，深刻描写了泰山的雄伟和日出的胜景，也为历代泰山诗林中的佳作。即：

岧峣泰岳拄苍穹，万壑千岩一径通。
象纬平临青帝观[1]，灵光长绕碧霞宫[2]。
凌晨云幔天涯白，子夜晴摇海日红。
玉露金茎应咫尺，举头霄汉思偏雄。

王守仁（1472—1528），字伯安，因曾在阳明洞讲学，亦称王阳明，余姚（今浙江余姚）人。明弘治中进士，先后任刑、兵部主事。嘉靖六年，又官至两广总督。他是著名的明朝理学家，主张“心外无理”“心外无物”的主观唯心主义。同时，他也是有一定才华的文学家，其文博大昌达，诗秀逸有致，《登岱》诗就集中地反映了这一点。他从泰山的高大写到云海，又集中笔墨描写了日出，然后联系到历史，进而抒发了自己的感慨，有别于前人的诗文。文曰：

天门何崔嵬，下见青云浮。
泱漭绝人世，迥豁高天秋。
暝色从地起，夜宿天上楼。
天鸡鸣半夜，日出东海头。
隐约蓬壶树，缥缈扶桑洲。
浩歌落青冥，遗响入沧流。
唐虞变楚汉，灭没如风沤。
藐矣鹤山仙，秦皇岂堪求？
金砂费日月，颓颜竟难留。
吾意在庞古，冷然驭凉飕。
相期广成子，太虚显遨游。
枯槁向岩谷，黄绮不足俦。

乔宇（1457—1524），字希大，乐平（今山西昔阳）人。明弘治初为兵部尚书。武宗时，因保卫南京有功，加太子太保。世宗时又召为吏部尚书。本人有

① 青帝观：岱顶的一庙宇，今圯。

② 碧霞宫：今岱顶碧霞祠。

一定文采，善诗文，兼通篆籀。有泰山诗一首，如下：

登岱

五岳谁争长，东皇万物先。
晦明分日月，呼吸变云烟。
厚脉中盘地，神功上配天。
云亭问封禅，千古竟茫然。

陈沂（1469—1538），字宗鲁，金陵（今江苏南京）人。明正德进士，与顾璘、王韦称“金陵三俊”。嘉靖中出为江西参议，历山东布政使参政。本人少年时喜好苏东坡诗，自号小坡；中年宗盛唐诗，为明朝文学家。《登岳》诗可能写自他在山东任职期间。

飞轩临绝顶，悬蹬更迢峣。
谷响松飞接，天空海雾晓。
琳宫环紫极，玉节下青霄。
路指天门外，来迎笙磬遥。

方孝孺（1357—1402），字希直，宁海（今浙江宁海）人。明惠帝时，召为翰林侍讲，迁侍讲学士，后改为文学博士，写有《夏日登岱》诗。

振衣千仞思悠悠，泰岱于今惬意游。
秦汉旧封悬碧落，乾坤胜概点浮沤。
海明日观三更晓，风动天门九夏秋。
更上云端频极目，紫微光电闪昊钧。

钟惺（1572—1624），字伯敬，竟陵（今湖北天门）人。累官至福建提学佥事。他喜爱名山水，所至必游，不极幽邃不止。善写诗，诗风幽深孤峭，时称“竟陵派”，是明末的文学家。

登岱顶

朝登泰岳望蓬莱，晚带斜阳兴未回。
一路香草都是药，千林树志尽生苔。
浮云似水流将去，怪石如人立起来。
不是此生君园有，探奇直上舍身台①。

施国章（1618—1683），字尚白，宣城（今安徽宣城）人。清顺治进士，授刑部主事。纂修明史。他文章淳雅，尤工于诗。

雪中登岱岳

碧河烟归尽，晴峰雪半残。
冰泉悬众壑，云路郁千盘。
影落燕齐白，光连天地寒。
秦碑凌绝壁，杖策好谁看。

朱彝尊（1629—1709），字锡鬯，秀水（今浙江嘉兴）人。青少年时，即以诗词散文闻名江南。康熙年间，任翰林院检讨，日讲起居注，入值南书房，预修《明史》。他博览群书，并客游南北，所至以搜剔金石为事，擅于考证。工古文、诗词，为清初著名学者和词人。留有泰山途中诗一首。

泰安道中晓雾

苦雾滴成雨，平林翳作峰。
不知岩际寺，恰送马头钟。
汶水已争渡，泰山犹未逢。
忽惊初日跃，远近碧芙蓉。

钱大昕（1728—1804），字晓征，江苏太仓州嘉定县（今属上海）人。清乾隆

① 舍身台：岱顶东南隅的舍身崖，又名“瞻鲁台”。

进士，历任翰林院庶吉士、编修、侍讲学士，山东、湖南、浙江等地乡试正、副主考官。因参修《大清一统志》和《三通》，得到乾隆的赏识。官至詹事府少詹事，提督广东学政。归家后，主讲于江南诸书院。他少时聪敏，青年时就以诗文知名，为“吴中七子”之冠。他对西北地理、元史、年代谱牒、金石铭文等均有研究，后又发现古音韵重要规律，成为清代有名的史学家、音韵学家、金石学家，深受当世学者推崇，对后世有很大影响。他有《登泰山》诗一首，全文如下：

东岱寰中秀，图经手自编。
群山收一览，五岳独居先。
指点寅宾日，心依丙舍田。
吴门天咫尺，白马望依然。[①]

袁枚（1716—1797），字子才，浙江钱塘（今浙江杭州市）人。乾隆进士，入翰林。曾出任溧阳、江浦、沭阳、江宁知县。后辞官告归，于南京小仓山筑“随园”。搜集书籍，创作诗文，以吟咏著作为乐，与蒋士铨、赵翼，并称为“江左三大家”。他是清朝诗人，他的诗文讲求真实感、独特个性，反对拟古和形式主义风气。散文《登泰山》就是他艺术风格的代表作。作者以清新生动的文笔，细致地描述了自己登游泰山所见到的壮丽景色。

不登泰山高，那知天下小。一朝到此间，登临敢不早。士人结绳为木篮，令我偃卧同春蚕。两夫负之走若蟹，横行直上声喃喃。初入万仙楼，旋登水帘洞。众峰似儿孙，罗列争相送。侧侧曲径蟠长蛇，垂垂铁索悬枯枒。一重白云一重水，荡摇千片万片芙蓉花。丹梯碧磴转不已，突然绝壁摩空起。其下涧壑深，其上天门启。来时径路云已封，惟有忍死直上虚无中。后人头接前人踵，径寸草压千尺松。不愁不到蓬莱宫，但愁轻躯细骨不足当天风。欲知齐鲁形如何，几丛蜗角攒蜂窝。一条黄水似衣带，穿破世间通银河。只恨天上酒杯少，不信世间人民多。九州下听声悄然，混茫一气遥无端。脚底叶飞高鸟背，眼底海走胸怀间。始知苍苍非正色，不然

① 吴门、白马：《孔子家语》载，孔子与颜渊登泰山，望到吴国城门外系有白马。

何以俯看黄土如青天。

姚鼐（1731—1815），字姬传，安徽桐城人。清乾隆进士，历任山东湖南乡试主考官，会试同考官，考与编修《四库全书》，官至刑部郎中。辞官后从事讲学四十多年。姚鼐是清代著名的散文家。与方苞、刘大櫆同为古文“桐城派”代表。他的散文笔法讲求雅洁、严整。《登泰山记》是他散文创作的杰作，仅用了短短的四百余字，就把泰山的地理位置、自然形胜、风景名胜扼要写出，尤其把泰山所独有绮丽多彩的日出景象描写到绝处。

登泰山记

泰山之阳，汶水西流，其阴，济水东流。阳谷皆入汶，阴谷皆入济。当其南北分者，古长城也。最高日观峰，在长城南十五里。

余以乾隆三十九年十二月，自京师乘风雪，历齐河、长清，穿泰山西北谷，越长城之限，至于泰安。是月丁未，与知府朱孝纯子颍由南麓登。四十五里，道皆砌石为磴，其级七千有余。

泰山正南面有三谷。中谷绕泰安城下，郦道元所谓“环水”也。余始循以入，道少半，越中岭，复循西谷，遂至其巅。古时登山，循东谷入，道有天门。东谷者，古谓之“天门溪水”，余所不至也。今所经中岭及山巅崖限当道者，世皆谓之“天门”云。道中迷雾冰滑，磴几不可登，及既上，苍山负雪，明烛天南，望晚日照城郭，汶水、徂徕如画，而半山居雾若带然。

戊申晦五鼓，与子颍坐日观亭，待日出。大风扬积雪击面，亭东自足下皆云漫，稍见云中白若樗蒱数十立者，山也。极天云一线异色，须臾成五采，日上正赤如丹，下有红光，动摇承之，或曰，此东海也。回视日观以西峰，或得日，或否，绛皓驳色，而皆若偻。

亭西有岱祠，又有碧霞元君祠，皇帝行宫在碧霞元君祠东。是日，观道中石刻，自唐显庆以来，其远古刻尽漫失。僻不当道者，皆不及往。

山多石，少土。石苍黑色，多平方，少圆。少杂树，多松，生石罅，皆平顶。冰雪，无瀑水，无鸟兽音迹。至日观数里内，无树，而雪与人膝齐。

桐城姚鼐记。

应劭，汝南南顿（今河南项城西）人，字仲远。少笃学博览，举孝廉，拜泰山太守。他是东汉学者，所著《汉官仪》中，收录有东汉马第伯的《封禅仪记》文一篇，详细记述了东汉光武帝建武三十年登封泰山的经过，以及所目睹的历史遗迹。它在研究古帝王封禅、文物古迹，了解泰山自然胜景等方面都有一定价值，特选附于后。

封禅仪记

车驾正月二十八日发雒阳宫，二月九日到鲁，遣守谒者郭坚伯将徒五百人治泰山道。十日，鲁遣宗室诸刘及孔氏、瑕丘丁氏上寿受赐，皆诣孔氏宅，赐酒肉。十一日发，十二日宿奉高。是日遣虎贲郎将先上山，三案行。还，益治道徒千人。十五日，始斋。国家居太守府舍，诸王居府中，诸侯在县庭中斋。诸卿、校尉、将军、大夫、黄门郎、百官及宋公、卫公、褒成侯、东方诸侯、雒中小侯斋城外汶水上。太尉、太常斋山虞。

马第伯自云，某等七十人先之山虞，观祭山坛及故明堂宫郎官等郊肆处。入其幕府，观治石。石二枚，状博平，圆九尺，此坛上石也。其一石，武帝时石也。时用五车不能上也，因置山下为屋，号五车石。四维距石长丈二（尺），广二尺，厚尺半所，四枚。检石长三尺，广六寸，状如封箧。长检十枚。一纪号石，高丈二尺，广三尺，厚尺二寸，名曰立石。一枚，刻文字，纪功德。

是朝上山骑行，往往道峻峭，下骑，步牵马，乍步乍骑，且相半，至中观留马。去平地二十里，南向极望无不睹。仰望天关，如从谷底仰观抗峰。其为高也，如视浮云。其峻也，石壁窅窱，如无道径。遥望其人，端如行朽兀，或为白石或雪，久之白者移过树，乃知是人也。殊不可上，四布僵卧石上，有顷复苏。亦赖赍酒脯，处处有泉水，目辄为之明。复勉强相将行，到天关，自以已至也，问道中人，言尚十余里。其道旁山胁，大者广八九尺，狭者五六尺。仰视岩石松树，郁郁苍苍，若在云中。俯视溪谷，碌碌不可见丈尺，遂至天门之下。仰视天门，窔辽如从穴中视天。直上七里，赖其羊肠逶迤，名曰环道，往往有绠索，可得而登也。两从者扶挟，前人相牵，后人见前人履底，前人见后人顶，如画重累人矣，所谓磨胸捍石，扪天之难也。初上此道，行十余步一休，稍疲，咽唇燋，五六步一休。喋喋据顿，地不避湿暗，前有燥地，目视而两脚不随。

早食上，晡后到天门。郭使者得铜物。铜物形状如钟，又方柄有孔，莫能识也，疑封禅具也。得之者汝南召陵人，姓阳名通。东上一里余，得木甲。木甲者，武帝时神也。东北百余步，得封所，始皇立石及阙在南方，汉武在其北。二十余步得北垂圆台，高九尺，方圆三丈所，有两陛。人不得从，上从东陛上。台上有坛，方一丈二尺所，上有方石，四维有距石，四面有阙。乡坛再拜谒，人多置钱物坛上，亦不扫除。国家上见之，则诏书所谓酢梨酸枣狼藉，散钱处数百，币帛具，道是武帝封禅至泰山下，未及上，百官为先上跪拜，置梨枣钱于道以求福，即此也。

东山名曰日观，日观者，鸡一鸣时，见日始欲出，长三丈所，秦观者望见长安，吴观者望见会稽，周观者望见（齐西）〔嵩山〕：北有石室。坛以南有玉盘，中有玉龟。山南胁神泉，饮之极清美利人。

日入下去，行数环。日暮时颇雨，不见其道，一人居其前，先知蹈有人，乃举足随之。比至天门下，夜人定矣。

当代著名的文学家、历史学家、考古学家郭沫若同志，于1961年和于立群同志一起专程来到泰山游览。他们用了4天的时间饱览了秦山的名胜古迹，并即兴赋诗6首，赞颂了泰山的雄伟壮丽之美，同时也讴歌了新时代的变化。

在岱庙望泰山

磴道七千级，泰山不算高。
只缘天下小，遂使仲尼骄。
实事唯求是，登临岂惮劳。
人功方峻极，绿化到山椒。

访经石峪

经字大于斗，北齐人所书。
千年风韵在，一亩石坪铺。
阅历久愈久，摧残无代无。
只今逢解放，庶不再模糊。

五松亭遇雨

人来看万松，雾至万松蒙。
冠沐及时雨，襟披下岭风。
拏云伸臂手，饮瀣溢心胸。
磴道千寻尽，碧霞铁瓦红。

泰山极顶

麓下培楼视，登临始觉奇。
危岩森壁垒，盘道上天梯。
云雾移时合，雷霆指路迷。
我来登极预，果见众山低。

登泰山观日出未遂

夙兴观日出，星月在中天。
飞雾岭头急，稠云海上旋。
晨曦光晦若，东辟石巍然。
摩抚碑无字，回思汉武年。

咏普照寺六朝松

六朝遗植尚幢幢，一品大夫应属公。
吐出虬龙思后土，招来鸾凤诉苍穹。
四山有石泉声绝，万里无云日照融。
化作甘霖均九域，千秋长愿颂东风。

陈毅是无产阶级革命家。1948年，解放战争胜利的前夕，陈毅司令员南下，因故在泰安短暂停留，借机幸游泰山，惜时间紧急，只游至斗母宫一带而回。对此，他非常惋惜，并在1961年思念起这件事，特写诗一首曰：

我昔登泰山，半途即遄返。
即此失机缘，至今悔不转。

后　记

著名考古学家苏秉琦先生指出："泰山这个'大文物'在中华文明史上是有过特殊地位的。"闻名于世的泰山素以历史的山、文物的山而著称，但真正从历史文化的角度谈论泰山的可谓稀罕。笔者抱着一种使命感，将工作之便积累的微薄材料草著成册，敬奉广大读者，盼能在泰山历史文化的研究上起一点"抛砖引玉"的作用。

在本书的编写过程中，同济大学陈从周教授、山东大学刘敦愿教授、北京大学杨辛教授等老前辈，给予了极大的关怀和指导，尤其承陈从周教授为本书作序、顾廷龙先生为本书题签，谨表示衷心的感谢！同时，还得到山东大学历史系图书馆、曲阜师范大学图书馆、泰安师专图书馆、泰安市图书馆、泰安市文物局资料室工作人员以及同行老友们的热情帮助，借此一并鸣谢！

由于我们水平和资料所限，错误和不妥之处在所难免，热望读者批评指教。

本书中所用图片由翟所淦、宋其忠、王杰等同志提供，特此说明。

著　者

1987年8月5日于岱下

泰山古今

米运昌　著

岱庙全景

岱庙坊

岱庙东御座

辟支塔

经石峪

王母池

天烛峰

遥参亭

长寿桥飞瀑

仙人桥

姊妹松

泰山落日

玉皇顶

无字碑

南天门

碧霞祠

五松亭

望人松

十八盘

孔子登临处

泰山中天门

“万代瞻仰”碑

汉柏

岱庙天贶殿

东岳泰山之神

后石坞

《泰山古今》序

我很高兴地阅读了米运昌同志撰写的《泰山古今》。这部著作是泰山研究的一项新的成果，它体现了泰山风景区事业的发展，显示了古老泰山的新的生命；同时，也唤起我对泰山的美好的回忆。

从1979年到现在我已登泰山13次了。随着登山次数的增多，我对泰山的兴味也更加浓厚了。我是四川人，在北方生活了40多年，对故乡的山山水水很怀念。但是近十来年泰山深深地吸引了我，泰山成了我的第二故乡，甚至可以说我对泰山的爱已超过了对自己故乡的爱。每年到泰山我都有一种“探亲”的感觉。记得还是童年的时候我就熟悉泰山的名字了，常听人们说“重如泰山”“稳如泰山”，但泰山究竟是什么样，脑子里却很朦胧。在我第一次到泰山时，“真的泰山”呈现在眼前，使我完全沉浸在一种敬仰和兴奋的心情中。但是当时我对泰山留下的印象主要还是它在外部特征上的雄伟，对泰山的深刻的精神内涵却了解很肤浅。在多次登泰山中，我逐渐体会到泰山的雄浑、深厚、质朴。像一个“内秀”的人，不是一眼看上去就可以发现它的美的丰富内涵。要深刻地领略泰山的美，需要有一个学习和了解的过程。我们不仅是观赏泰山的自然美，还要结合我们民族的历史去了解泰山。如果不了解我们民族的历史文化，也很难深刻地体验和领悟泰山的美。“欲得泰山神，当识泰山人，天人浑相成，诗兴永不泯。”这是我两三年前写的一首小诗，诗中的“泰山人”就是指我们民族的精神，里面也包含了泰山的朋友许多美好的品质和感人的情谊。我觉得从现代意识去观察和研究泰山，有一个重要的特点，就是从自然中发现了人，体会到泰山是我们民族精神的象征。泰山所给予我们的影响是审美的，也是哲理的。对泰山所产生的美感是情感与理性的交融，泰山不仅使我们获得审美的愉快，而且使我们懂得人生的追求。泰山与人生是一个很值得研究的课题。

《泰山古今》的出版对帮助我们了解泰山，学习泰山，保护泰山都是很有意义的。首先，作者从历史的发展去把握泰山，着眼于弘扬我们的民族精神。对于泰山的历史、现状和风景区发展的规划做了全面的阐明，体现了一种“承古开今”的精神，视野很开阔；其次，作者对泰山的自然景观与人文景观做了综合研究，使两者相得益彰。特别是揭示了泰山作为我国风景区“壮美”的典型的审美价值，说明泰山的壮美对于激励人生、启迪人生、发扬自强不息精神的积极意义；再次，作者综合了新中国成立以来，尤其是近十年来我国科学界对泰山研究的成果。这种对泰山所做的多学科研究，有助于人们对泰山的全面了解。从人和自然的关系上看，可以使人的精神生活升华到一个更高的境界。

泰山在人类生活中的地位和作用是随时代的发展而变化的，今天的泰山不仅是我们中华民族的泰山，也是全世界人民的泰山。对泰山的研究是一个开放性的课题。在历史的长河中，一方面泰山所体现的民族精神文化有它自身发展的连续性；另一方面每一代人对泰山又有自己独特的感受和理解。泰山的精神内涵随着时代的前进而不断丰富，对泰山的学习和研究将是无穷尽的。最后用我在学习泰山中体会到的一句话与运昌同志共勉：

“生有涯，学泰山无涯。”

杨辛

1990年10月6日于北京大学中关园

第一章
东天一柱

泰山是中国古老大山之一。

泰山位于华北大平原的东侧，雄峙于山东省中部，跨连泰安、济南两市，总面积约426平方公里，主峰玉皇顶在泰安市城区北部。泰山南缘为北纬36° 10′，其北缘为北纬36° 42′，西襟黄河，东临黄海，以其得天独厚的地理位置和自然条件成为中国东部的一座雄伟壮丽、巍峨挺拔的高山。

泰山挺立于华北平原内鲁中南一带的中低山地区之中。周围相邻的山地区域中的最高山峰都比泰山主峰低300～400米。泰山主峰玉皇顶海拔1545米，而鲁中地区的最高山峰海拔为1108米，沂山山脉的最高山峰海拔为1032米，蒙山

玉皇顶

一带的最高峰海拔也只有1156米。其他众多低山、丘陵的山顶海拔高度又都在400～800米之间。这就形成了山东丘陵群山之中唯独泰山最高的群峰拱岱的地理形势。广阔千里的华北堆积平原海拔仅百余米，与泰山形成了1300米以上的相对高差。从平原仰望泰山，更觉其气势磅礴、雄伟无比。中国东部，万里沃土之上，唯其最高。这正是泰山在我国五岳之中海拔高度虽然仅居第三位（西岳华山主峰海拔为2100米，北岳恒山主峰海拔为2017米，中岳嵩山主峰海拔为1490米，南岳衡山主峰海拔为1290米），而以突出的相对高差独具其他四岳（甚至中国万千之山）都所不及的“拔地通天”之势！同时，由山麓到极顶，泰山山形起伏显著。以巍巍泰山的主峰玉皇顶为中心，四周低矮群山环绕，而且群山海拔向外逐渐下降直至平原地带海拔100余米处。因此，由下及顶，高度逐步增加，形成泰山山势累叠，主峰高耸之状。整个泰山山脉盘卧、绵亘于100余公里之间。其基础宽阔而形体浑厚，给人以“稳”“重”之感。泰山的形状恰如古人所喻“泰山如坐”，以至有成语“重如泰山”“稳如泰山”之说。

1300多米的相对高差，盘亘于426平方公里的面积之上的巨大形体，终于使泰山成为中国东部的一根擎天巨柱。

泰山是如何开始形成的呢？

泰山地区的地层明显地分为基底和盖层两部分。基底的岩层通常称为“泰山杂岩”。这是指太古界的泰山群地层，它是一套巨厚、复杂的各种成因和类型的混合岩化沉积岩系。主要是由条带状混合岩化片麻岩、角砾状混合岩化角闪岩和混合花岗岩等岩石组成。这类岩系在泰山地区露头良好，其总厚度大于1100米，是我国古老的岩层之一。据新泰市侵入泰山群地层的纬晶岩脉白云母的同位测定，绝对年龄为25亿年。其盖层则主要为下生界寒武——奥陶纪的灰岩，总厚度为2000米左右。其中由灰岩和砂页岩所组成的典型地层，在泰山西部的张夏、崮山、炒米店一带发育最好，是我国华北寒武系的标准地层剖面。在灰岩之上，局部地区零星分布有中生界的海陆交替相含煤地层和侵入岩林及第三系胶结的沙砾层。在平原和山间谷地之中，第四系洪冲积等松散沉积物也较好发育。泰山地区地面大片出露的岩性为混合岩化片麻岩、花岗岩、花岗闪长岩、辉长岩脉等。这些岩石大多数是成分比较均匀，节理发育易于球型风化进行的岩石；经长期风化剥蚀，在方棱的岩块上棱角渐渐不显；表层风化较深，向内逐渐减弱。这就形成了现在我们在泰山上常见的外形浑圆，像洋葱头那样多层的球形风化岩石。

过去有的学者就根据组成今日泰山的最主要的岩层——泰山杂岩的同位素测定的绝对年龄为25亿年，认为是太古代的泰山运动使该地区抬升成为陆地后，又遭受长期的风化剥蚀、侵蚀作用而致，遂定泰山为距今25亿年就开始形成。其实，在泰山地区泰山杂岩之上，广泛地覆盖着厚约2000米的古生代寒武——奥陶纪的海相灰岩和砂页岩地层。局部地区还存在石灰——二叠纪的海陆交替相的煤系地层。这说明该层泰山运动成陆之后，在距今6亿～5亿年间，还经过地壳下沉形成汪洋大海，而后又随着华北地区整体上升，逐渐成为陆地；局部地区仍是时海时陆。虽然今天的泰山所在地，在距今4亿年左右就结束了海洋历史，上升为陆地；但泰山山地的形成，主要是在中生代强烈的燕山运动的影响下，随着整个鲁中南山区发生褶皱、断裂和岩浆活动而迅速上升，才结束了海陆交替的地质发展史。今日泰山的基本轮廓主要是喜马拉雅运动所形成、又在燕山运动所形成的断块山地基本骨架的基础上继续发展的。其后期的构造运动是受燕山运动形成的断裂系统所控制。距今约1亿年前的中生代晚期，由于太平洋板块向亚欧大陆板块挤压和俯冲，泰山在燕山运动的影响下，地层发生了广泛的褶皱和断裂而形成泰山穹窿。在频繁而激烈的地壳运动中，泰山山体沿着100余公里（自今莱芜至泰安）的泰前大断裂快速抬升，并且隆起的过程中遭受风化剥蚀。这时因断块发生了间歇性的升降差异，南部山区猛烈抬升，造成了南高北低的明显掀斜块山。最后在山体高处，原来覆盖着的2000米的沉积岩全部剥蚀掉，古老的泰山杂岩重见天日，开始形成了泰山的雏形。受变质影响的花岗岩，因抗蚀性强，就构成了山势陡峻、河谷深切、危岩千仞、嵯峨峻拔的险峰高崖。也就形成了泰山极顶的较大海拔，以及与周围较大的相对高差和阶梯状的地形特点。因此，应当认为泰山形成的时代是从中生代侏罗纪中期的燕山运动计算起，也即泰山形成距今约有1亿年的发展历史。

泰山及其附近为典型的季风气候。受蒙古气团和太平洋气团的交替影响，形成了冬春干燥多风，夏季炎热多雨，秋季晴朗少雨的气候特点。泰安市平均气温12.8℃，山区比平原低1.6～8.4℃。市区七月份平均气温26.3℃，一月份为-2.7℃。但泰山高于0℃的天数只有280天，而且随海拔高度上升逐渐减少。

泰山海拔高度高，相对高差大。因此，太阳辐射强度大，总量多，日照十分充足。有关资料表明，除夏秋几个月外，泰山顶的日射总量平均比其南部毗邻的平原地区大。又因山高而紫外线丰富，是休假疗养的理想之处。泰山顶的年日照量比济南多156小时，比青岛多400小时。泰山各月的日照量分布有差异，尤以3～6月份最多。山上无暑热，而有寒冷。与海滨城市青岛相比，虽然两地纬度几乎相同，但由于泰山受山地影响，青岛受海洋影响，气温又有明显差异。泰山上最热月七月份，平均气温17.8℃，比青岛最热月八月（平均气温25.1℃）的气温低7.3℃。而最冷月泰山（1月，平均气温-8.6℃）比青岛（1月，平均气温-1.2℃）低7.4℃。因此，冬季泰山比青岛冷，但夏季泰山又远比青岛凉。盛夏时节，我国华北大部地区骄阳似火，酷暑炎热令人难受。而泰山之上凉爽可人，十分难得。泰山上最高气温通常出现在午后，最低气温一般出现在日出之前。泰山冬干夏湿多雾，云雾尤以七八月份为甚。至时，能见度较差。其余月份晴日多，能见度较好。泰山山区各部分降水量不等，主要随高度升高而增多。年平均降水量为1132.0毫米，多集中于夏季。山下平原一带降水量分布也不均匀。泰山以南平原为722.6毫米，西部夏张只有685毫米，都明显比泰山上降水量少。泰山正是由于地形的抬高作用而形成降水量的高值中心。泰山南北坡各水系的分水岭不在泰山山顶，而是在主峰以北的青羊台一带。山南的水汇入大汶河，山北的水汇入玉符河和大沙河，均属黄河流域。泰山周围多为山洪性河道，谷低坡度大。河流源短流急，陡涨陡落，旱季基本断流，河谷多呈“V”型。山谷底层巨石累累，沙地较少。因河道受断层控制，多跌水，谷底基岩被流水侵蚀成穴，积水成潭。遂有黑龙潭、天井湾、白龙池、三潭叠瀑等散布于谷、溪之间的自然奇观。泰山山顶受高空风影响为主，风速大。而山下山谷风明显。由于地形影响，泰山水热条件也随高度增加产生一定的变化，造成泰山垂直气候变化明显。泰安市日平均气温稳定通过10℃以上的持续期为206天，泰山顶上却只有130.4日。因此，泰山顶上属中温带气候，而其所在的泰安以及济南、青岛又属暖温带气候。

泰山地形起伏，在坡地、谷地和森林中形成局地小气候。尤其在山地南坡、东坡的向阳有风的谷地之中，水热条件优良，能生长部分亚热带植物，如茶树、竹子之类。这种气候带系跨度大的特点又造成泰山植被丰富、植物种类繁多。

泰山植被类型多样。各类松林、落叶松林、侧柏林、栎林、刺槐林散布山间，生长上下有序；沟谷、庙宇和村宅附近则有杂木林茂盛生长；小片竹林星散于麓区的普照寺、罗汉崖等处景点；苹果、葡萄、杏、核桃、板栗，各种果园绵延于山麓；山地上下还有不同种类组成的混丛和草本植物群落；陡崖之上则有颇具特色的岩石植物和石隙植物的群聚。不包括农田、果园和水体在内，泰山植被可粗略地划分为11类森林：松林（油松、赤松、华山松、黑松）、落叶松林（华北落叶松、日本落叶松、长白落叶松、兴安落叶松）、侧柏林、栎林（麻栎、栓皮栎）、刺槐林、华北五角枫林、杨树林、（毛白杨、加拿大杨）、赤杨林（赤杨、毛赤杨）、黄檗林、杂木林（枫杨、毛白杨、栾树、梓树、车梁木等）、竹林（淡竹、刚竹、毛竹）；两类灌丛：上部灌丛（连翘、小叶子香，阿穆尔小檗、天目琼花等）和下部灌丛（荆条、酸枣等）；1类灌丛草甸：山顶灌丛草甸（苔草、乌苏里凤菊、拳参、地榆等草本种类和胡枝子，几种绣线菊等灌木种类）；3类草甸：山顶草甸（苔草、乌苏里凤毛菊、地榆等）、中上部草甸（结缕草）、中下部草甸（野生草、管草）；3类石质地稀疏植被：基岩和岩隙植物群聚（地衣、藓类、中华卷柏等岩石种类和来自周围群落的岩隙种类）；古石海、石河植物群聚（含植物种类同上）；石质河滩植物群聚（含植物种类同上）。

泰山植物区系丰富。根据有关资料统计，泰山有维管束植物880余种，分隶于137科527属。其中人工栽培100余种类。常见种类，除前述植被类型中已经提到的之外，乔本中尚有榆树、槐树、桑树、构树、槲树、栾树、梧桐树、旱柳树、臭椿树、黄连木、紫椴树、糠椴树、水榆、花椒等。灌木中有几种胡枝子、孩儿拳头、吉氏木兰、欧李、卫矛、珍珠梅、照山白、映山红等。草本还有白草、大油芒、荻、几种蒿、几种黄芪、山丹、黄花菜、野菊等。

泰山药用植物也非常丰富。根据有关部门最近的调查，确定泰山药用植物有110科、448种（包括野生及栽培的）。其中有四大名药：泰山参（桔梗科党参属的羊乳）、泰山何首乌（萝摩科鹅绒藤属的白首乌）、紫草（紫草科紫草属）、黄精（百合科黄精属）。

泰山植物区系的地理成分主要以华北成分为主。但由于地处暖温带的南部并且受海洋影响较大，因此在暖温湿润的小生物境内，零星分布有一些南方的植物种类。如榔榆、刺楸、盐肤本、山胡椒、白檀、山矾、紫珠、海州常山等。还有一些人工引种的南方植物种类，如茶、杉木、水杉、柳杉、黄山松、络石、毛竹、杜仲、乌桕、油柏等。这些植物种类在泰山山区有利的局部地段上生长良好。同时，近年来还在泰山连续发现了十几个新的植物种类。其中多数以泰山命名，如泰山柳、泰山花椒、泰山盐肤本、泰山椴、泰山菲、泰山苋、泰山麟毛蕨、泰山岩蕨和山东白鳞莎草等。

泰山森林的原始面积是十分茂盛的。有关史籍曾有“茂林满山，合围高木不知有几？”“朱樱满地”“竹树森林，未风先鸣”的记载。但在明清以后的数百年间，泰山植被遭到严重的破坏，茂密森林毁灭殆尽。到新中国成立时，仅存残林3000亩。

泰山天然油松林现在只见于对松山和后石坞两处，面积约700亩。这里海拔1000～1400米，地势陡峻（陡度30～45°），露岩较多（约占地表30%），土层薄而不均匀。古老的松树扎根在岩石间瘠薄的土壤之中，顽强地生长。虽然树龄都在100～300年之间，但松树胸径一般只在30～80厘米，树高多在6～12米之间。由于林相稀疏，阳光充足，树冠多呈平顶“桌状”，形成一种不可多得的巉岩古松奇观。

新中国成立以来，泰山植被演变进入了一个新阶段。自20世纪50年代起，泰安人民政府和人民广泛进行植树造林。现在茂密的人工森林大都建于那个时代。经过30余年的努力，今天的泰山森林覆盖率已达70%以上，而植物覆盖率已近90%，成为中国长江以北绿化最好的大山之一。由于山林茂密，野生动物得以繁衍生存。泰山山间丛林之中有狼、狐、獾、狸、翡翠、火燕、金翅、云雀、百灵、杜鹃等100余种飞禽走兽。而生长在泰山溪水潭池之中的“赤鳞鱼”，更是稀有的鱼类珍贵生物。泰山“赤鳞鱼”肉嫩味美，清代时曾为泰安地方向宫廷进贡的佳品。

由于泰山具有暖温带季风气候，山麓谷峰各处，四季变化十分明显，植被季相变化也各有特点。

泰山以其独具的地理位置和丰富的地貌环境，在大自然的造化演变和人类社会的不断改造之中，一年四季纷呈神韵各异、绚丽奇伟的风貌，总以万千变化的奇丽秀美之姿，时时展现出北国山岳的自然风光之美。对此，有位作家曾有这样一段生动的描述：“晴观群峰拱岳，众山若丘；阴看云浩如海，茫茫如雾；春则遍山吐翠，百花烂漫；夏则云烟缭绕，气象万千；秋则山苍水湲，红叶满天；冬则山舞银蛇，松柏雪帘。”

泰山，这座雄峙东天的高山，不论人们何时登临，它都以博大宽厚的胸怀欢迎来者。任你登高远眺，任你静览细观。总有不尽的景致，给人以无尽的遐思。

第二章
历史长卷

泰山是同中华民族发展史密不可分的一座历史之山。

泰山地处黄河下游，是中华民族先民们繁衍生息的发源地之一。自有人类在这片土地上活动起，泰山及其所在地域就极其密切地同人类的进化、中华民族的形成和发展一起载入史册。泰山养育了人类，中华民族在其形成和发展进程中又不时地将自己的生存、繁衍、进步和文明刻记在这座大山之上。从远古的人类起，历经原始社会、奴隶社会、封建社会、半殖民地半封建社会，到今天的社会主义社会，无不在这座历史大山上留下时代演进的痕迹。纵观泰山上下，就可粗见中华民族几千年，乃至几万年、几十万年的沧桑巨变。泰山是历史的见证者，泰山是一幅中华民族历史形成和发展的立体画卷。

在泰山东南的沂源县发现了距今四五十万年前的猿人化石；在泰山东部的新泰乌珠台附近发现了距今5万年前的“智人牙”化石。这些珍藏在中国历史博物馆的“沂源猿人”“新泰智人”化石的发现，证明了早在人类进化之初，泰山周围地域已经是中华民族的先民们生活栖息、不断繁衍的地方。

1959年，在泰山之南只有25公里之距的大汶口镇首先发现并发掘的“大汶口遗址”，正是距今6000～4000年之间，已经进入了原始社会新石器时代的中国先民们生活的典型遗址之一。这些被后来命名为“大汶口文化”的丰富遗存，体现了黄河下游流域的人类在母系民族时代和母系氏族向父系氏族过渡时代生活的繁荣景象。陶器制品种类繁多：鼎、豆、壶、罐、钵、盘、杯等都有，并有彩陶、红陶、白陶、灰陶、黑陶等多种类型，特别是彩陶器皿，花纹精细匀称，几何形图案规整。磨制的石器、骨器也十分精美。陶器器皿之上还有类似后来象形文字的一些早期符号等。墓葬之中殉葬物（主要是猪头及陶器等）的多寡告诉人们：这个时代已经出现了阶级分化的萌芽——贫富不均现

无字碑

象。大汶口文化以其特有的丰富内涵成为中国史前文化中的一种典型代表，而且在世界古代史上也成为不容忽视的远古文化类型之一，引起了世界史学界的关注。这种文化遗存不仅分布于泰山周围，而且遍布于山东和邻近的几个省份。早于大汶口文化30多年发现的“龙山文化”（1928年发现），同样先见于泰山北麓章丘县（今济南市章丘区）龙山镇的城子崖。大量考古材料已经证明，龙山文化正是黄河下游流域大汶口文化的延续和发展，龙山文化以其素面磨光、胎薄如蛋壳的黑陶精美制品，展现了这个时期源于大汶口文化，又精于大汶口文化的更高的生产水平。龙山文化“是新石器时代末期的文化，分布的地区很广：凡山东半岛、河南地区、杭州湾地区、辽东半岛等地都有分布”（周谷城：《中国通史》）。

大汶口文化、龙山文化的发现，有力地证明了早在远古的新石器时代，泰山一带已是人类频繁活动的重要地域，而且先进于同一时期其他地域的文化。泰山南北养育着一支组成中华民族先民的重要原始部落群体：“中国古代文化，创始于泰族，导源于东方。炎、黄二族后起，自应多承袭之。”（蒙文通《古史甄微》）取代夏朝的商就生活在黄河下游一带，相传商的始祖契曾居于泰山之南的滕县（今滕州市）一带。而相土就曾建东都于泰山脚下。有周以来的两个诸侯大国齐国、鲁国就封疆于泰山。

远古人类艰难地生活在恶劣的自然环境之中，对于一些自然现象如风、雨、雷、电及洪水等的发生不能理解。为生存乞灵于某一种物体，这就形成了各种各样不同的原始图腾崇拜；为生存还要乞灵于上天，也就产生了远古人类心目中的“神灵”。于是，由山岳崇拜，遂又产生了燔柴祭天的活动：“遂类于上帝，禋于六宗，望山川，徧（遍）群神。”“柴，望秩于山川。”（《史记·封禅书》）

生活在黄河下游，而又主导着人类进化的先民们，在他们视野之中，也就自然而然地选中了华北大平原上他们代代栖息生活的地域中可与“天”相通的高山——泰山，作为祈求、答谢天地神灵的场所。于是泰山上下就有了传说自远古起的封禅活动。封禅，“此泰山上筑土为坛以祭天，报天之功，故曰封；此泰山下小山上除地，报地之功，故曰禅”（《史记·封禅书》之唐代张守节正义句）。而且相传“古者封泰山禅梁父者七十二家”。其中就有“无怀氏封泰山，禅云云；虙羲封泰山，禅云云；神农封泰山，禅云云；炎帝封泰山，禅云云；黄帝封泰山，禅亭亭；颛顼封泰山，禅云云；帝喾封泰山，禅云云；尧封泰山，禅云云；舜封泰山，禅云云；禹封泰山，禅会稽；汤封泰山，禅云云；周成王封泰山，禅社首”（《史记·封禅书》）。

当历史进入“家天下”的阶级社会之后，这种封禅活动又染上非常浓厚的“君权神授”的色彩。取得统治地位的集团就要借神权来巩固政权：“王者易姓而起，必升封泰山何？教告之义也。始受命之时，改制应天。天下太平，功成封禅，以告太平也。所以必于泰山何？万物交代之处也，必于其上何？因高告高，顺其类也。故升封者，增高也；下禅梁甫（即梁父山，泰山附近一个小山）之山基，广厚也；刻石纪号者，著己之功绩以自效放也。天以高为尊，地以厚为德。故增泰山之高以放天，附梁甫之基以报地。”（班固《白虎通义》）因此，“惟泰山为天子亲至”的封禅活动，成为中国封建社会历史上各代最高统治者争相成行的旷代大典，成为中国封建社会特有的现象。他们借以粉饰太平，稳固政权，显示自己“君位神授”，至高无上的地位。于是泰山之上又留下了中国信史上可考的5个封建王朝，12个帝王、皇后的足迹。

统一六国，建立了中国历史上第一个中央集权的封建专制国家的秦始皇嬴政（前259—前210），在其刚刚完成统一大业的第三年（前219），为张国威，震慑不甘失败的六国贵族，就决定巡行东方，封禅泰山。秦始皇“东巡郡县”，来到泰山脚下。他自泰山之阳登上泰山极顶，遂命丞相李斯等在泰山顶上刻石以志其功，以颂其德：“皇帝临位，作制明法，臣下修饬，二十有六年，初并天下，罔不宾服。亲巡远方黎民，登兹泰山，周览东极。从臣思迹，本原事业，祗诵功德。治道运行，诸产得宜，皆有法式。大义休明，垂于后世，顺承勿革。皇帝躬圣，既平天下，不懈于治。夙兴夜寐，建设长利，专隆教诲。训经宣达，远近毕理，咸承圣志。贵贱分明，男女礼顺，慎遵职事。昭隔内外，靡不清净，施于后嗣。化及无穷，遵奉遗诏，永承重戒。"(《史记·秦始皇本纪》)用此刻石，以"明其得封也"。然后，从泰山阴道下，禅于梁父山。登封途中，秦始皇还曾遇暴雨，被迫"休于树下，因封其树为五大夫"(《史记·秦始皇本纪》)。因此，秦始皇登封泰山不仅给后人留下了泰山刻石文，还留下了泰山"松得秦封"的千年传说。

其子胡亥"二世元年，东巡碣石，并海南，历泰山……而刻勒始皇所立石书旁，以彰始皇之功德"(《史记·封禅书》)，成为第二个登上泰山的封建帝王。

具有雄才大略的西汉孝武帝刘彻(前156—前87)，17岁即帝位，在位达54年，政绩卓著于史。他重用卫青、霍去病等人，与匈奴多次交战，终于削弱了匈奴人的势力，安定了北方疆界。在频繁的战争间隙，汉武帝曾八至泰山，五次修封泰山，前后逾20年。

第一次是元封元年(前110)。其年三月，汉武帝"东上泰山，泰山之草木叶未生，乃令人上石立之泰山巅"(《史记·封禅书》)。

第二次是元封二年(前109)。其年夏四月，汉武帝祠于泰山。因感到原来在泰山东北麓的周明堂"处险不敞"，遂命人以济南人公玉带所上黄帝时明堂图，作明堂宫于泰山东麓汶水之中(遗址在今泰城东8公里处)。

第三次是元封五年(前106)。其年春三月，汉武帝来到泰山。祭汉高祖刘邦于新作明堂宫上，以配昊天上帝。遂又上泰山，行修封事，"有祕祠其巅"。这次活动声势极众，"山上举火，下悉应之"。

第四次是太初元年(前104)。此次汉武帝巡幸泰山，祀上帝于明堂宫，禅地祇于蒿里山(泰山之南一小山)。

第五次是太初三年(前102)。其年夏四月，汉武帝修封泰山，禅于石闾山。

第六次是天汉三年(前98)。其年三月，汉武帝修封泰山，祀明堂。

第七次是太始四年(前93)。其年三月，汉武帝巡幸泰山，祀明堂，禅于石闾山。

第八次是征和四年(前89)。其年三月，汉武帝至泰山修封，禅于石闾山。

汉武帝如此频繁地登封泰山，也给泰山留下了极顶之上矗立天际的汉石表——无字碑，传为汉武帝亲手所植，至今仍流翠吐黛、葱茏苍郁的岱庙千年汉柏，以及位于汶水之侧、只剩瓦砾满地的汉明堂高大的基址。

第四个封禅泰山的皇帝是东汉王朝的创立者光武帝刘秀(前6—57)。建武三十二年(56)，刘秀终以夜读《河图会昌符》，得"赤刘之九，会命岱宗，不慎克用，何益于承。诚善用之，奸伪不萌"之语，找到了封禅泰山的依据。于是二月登泰山设坛祭天，举行了封禅大典。他成行之前，也曾遣人在泰山上刻石纪行。但刻石早已荡然无存了。现在只有在《后汉书》之中还能读到那块刻石的全文。

其后是东汉中后期的两个皇帝，章帝刘炟(57—88)和安帝刘祜(95—125)。二人先后巡狩泰山，都按照光武帝刘秀旧制修封泰山。因二帝均治世无能，政权日衰，他们的封禅活动也没给历史和泰山留下什么遗迹和印象。

盛唐之间，先有高宗李治(628—683)和皇后武则天(624—705)，帝后共行封禅泰山之事；后有唐玄宗李隆基(685—762)封禅泰山之举。

李治为唐太宗第三子。贞观二十三年(649)，李世民死，李治即位为皇帝。李治虽仁厚无能，但有治世良臣长孙无忌、褚遂良诸人的辅佐，得承贞观之治的余绪。后又册立才貌双全的武则天为皇后，参与政事，决断政务，也就维持了天下太平的局面。

武则天，名曌，并州文水(今山西文水县)人。14岁时，被太宗李世民召为宫中才人。太宗死后削发为尼。后被高宗李治复召为昭仪，武则天入宫之初，伪为卑顺，得王皇后之力取宠于高宗。继以谗言劣行，使高宗废王皇后取而代之。武则天"性明敏，涉猎文史，处事皆称旨"(《资治通鉴》)。到高宗欲行封禅之事的显庆(656～660)年间，武则天已经与高宗威权并重，朝野上下遂有"二圣"之称。显庆四年(659)，大臣许敬宗上表议封禅之仪，高宗准议。决定以唐高祖、太宗配享昊天上帝；太穆、文德二皇太后配享皇地祇。麟德二年(665)，召来新罗、百济、耽罗、倭国使者和高丽国太子福男，准备会祠泰山，行封禅大典。这时，武则天上表高宗，要求参加封禅大典中的禅地之仪。表中称"封禅旧仪，祭皇地祇，太后昭配。而令公卿行事，礼有未安。至日，妾请帅内外命妇奠献”(《资治通鉴》)。言听计从的高宗自然准表，下诏曰：“禅社首以皇后为亚献，越国太妃燕氏为终献。”

翌年春正月，唐高宗登泰山，行登封之仪后，降禅于泰山之南的社首山(在今蒿里山以东，现已无此山)，行祭祀地祇之仪。高宗行初献礼后，所从礼仪执事人员全部退下。换由太监、宫女充任。锦绣帷帘之中，武则天升祭坛行亚献礼。这是亘古以来的封禅大典中，第一次由皇后充当祭皇地祇的亚献。充满权势欲望的武则天开了一个先例。

武则天在未正式称帝之前，与泰山的联系并不多。她只是在显庆六年(661)，遣道士郭行真到泰山行修斋建醮造像之事。道士郭行真此行为其立了一通形制独特的石碑。此碑碑身并不宏大，却用两块同样尺寸的条石并立组成，上下共嵌于同一碑首和碑座间。这绝非因取料困难所为，而是别具匠心的借碑喻事：碑首示天，碑座比地，双石并立其间，借喻帝(高宗)后(武则天)并立，共治同一天地间。此碑巧妙地表达了武则天威齐高宗，摄政治世之志，被后人俗称为“双束碑”“鸳鸯碑”，现存于岱庙碑廊之内。

自天授元年(690)，武则天易唐为周，自称圣神皇帝后，却“缘大周革命”(双束碑碑文语)，频频派遣道士、宦宦到泰山行建醮造像投龙之事。在其称帝的15年中，在双束碑上就刻记了7次这种活动。武则天祈祷于泰山神灵，保其“万福宝业恒隆”“景福永集圣躬”，甚至“圣寿无穷”(均为双束碑刻文)。现在，我们游览此碑时，稍加注意还能找到武则天称帝后自造并且推行的一些文字：𠀑(天)、埊(地)、𤯔(人)、𨲢(圣)、𠡦(年)、[illegible]也写作𠥱(月)、𡆠(日)、〇(星)、𠙺(正)、𥠢(授)、𡔈(初)。

唐玄宗李隆基完全掌握皇帝大权之后，选贤任能，使国家政治局面安定，生产得以发展，出现了李唐王朝建立以来，也是中国地主阶级执政以来的最好时期——开元盛世。于是李隆基答应重臣多次恳请，于开元十三年(725)十一月七日，到达泰山进行封禅大典。

这次封禅，唐玄宗李隆基改变了前代帝王封禅泰山的玉牒文(刻在玉石片上的祈祷文字)，“密祠其巅”的办法。将自己封禅的玉牒文展示给随行众臣，公开宣称：“为苍生祈福，更无秘请。”并亲自撰书记述这次封禅经过的《纪泰山铭》，镌刻在泰山顶上的峭壁之上。这就是现在岱顶大观峰上洋洋千言的唐摩崖刻石。

唐玄宗李隆基这次封禅之行，同时加封泰山神为“天齐王”，成为后来封建帝王累赐泰山神封号的第一人，也就开始了因有封号设神位，立神庙，顶礼膜拜泰山神像的崇祀活动。

相传担任这次封禅使的中书令张说，借此机会将女婿郑镒官位连升四级，晋升为五品。后来引起唐玄宗注意，询问此事，张说无从说起。一大臣十分诙谐的代答“此乃泰山之力也”，妙语解颐。后来，人们就把丈人和泰山联系在一起，称丈人为“泰山”或者“岳父”。泰山顶上也就有了“丈人峰”。

历史上最后一个在泰山上举行封禅大典的是宋真宗赵恒（968—1022）。

宋真宗赵恒是在澶州（今河南省濮阳市）打了胜仗，反而订了屈辱的澶渊之盟（每年都向辽国输银和绢）以后，为息外患内怨，在奸相王钦若的怂恿下，来泰山封禅。希冀通过封禅达到巩固政权的目的。

王钦若先后在泰山搞了“降天书”“出醴泉”的人为“祥瑞”之后，宋真宗赵恒于大中祥符元年（1008）十月在泰山举行了盛大的封禅大典和答谢“天书”的活动。宋真宗是历史上帝王封禅活动中行为最不光彩的一个，以至宰相王旦为此临终抱憾不已：我一生清白，问心无愧。唯独封禅之事无颜去见列祖列宗，九泉之下难以瞑目。但是宋真宗赵恒泰山封禅之行却给泰山留下了三处大的庙宇。其一，因在岱顶发现的一个石雕女像，尊为天仙玉女，建造了昭真祠。这就是岱顶上明清以来香火日盛的碧霞祠。明代拓建，殿宇顶部换成铜鸥铁瓦，成为中国高山建筑中不可多得的建筑群。其二，加封泰山神为“天齐仁圣帝”。仿宫城之制，拓建岱庙，遂有现存的宏大规模。其三，因在泰山得天书而修建了天书观，在泰安旧城西北，已圮。从此，泰山上下道教香火旺盛，连皇帝也要顶礼膜拜，封禅仪式遂止。

最后到过泰山的两个封建皇帝是清朝的康熙帝和乾隆帝。

康熙皇帝爱新觉罗·玄烨（1644—1722），在位期间两次登过泰山。一次来祭泰山神（康熙二十三年，1684）；另一次是南巡经过（康熙四十二年，1703）。每次礼仪都比较简单。他写了一篇《泰山龙脉论》；从政权统治需要的角度，论证泰山发源于满族世居的东北长白山，并有诗文题刻于泰山。他很重视宗教对维护封建统治的作用，曾说，修造一座庙，胜养十万兵。

乾隆皇帝爱新觉罗·弘历（1711—1799）是中国历史上到过泰安次数最多的封建帝王。他在1748年至1790年的42年之间，来泰安11次，登上泰山6次。

他效法祖父康熙皇帝，不搞封禅大典，只“三跪九叩”，简单的祭祀一下泰山神灵。乾隆一生广游历，好诗文。仅围绕泰山就写诗140余首，刻于泰山上下。今日岱庙和泰山登山盘路两侧，都可见到他那飘逸潇洒的书体墨迹。

浏览一下中国史籍，还可看到：尽管中国历史上有许多封建帝王没有登封泰山，但自秦统一中国以后，无论是大一统之时，还是群雄裂土分疆之际，只要泰山在其疆界之内，当权者总不忘遣官致祭泰山。元朝统一中国后，加封泰山神为“天齐大生仁圣帝”。朱元璋建立明王朝后，又以出身寒微，人间天子不宜给上天神灵加封号为由，去历代帝王所加封号，只尊其为东岳泰山之神。今天，朱元璋的《去东岳泰山神封号碑》依然耸立在岱庙天贶殿前。

由于封建帝王在泰山不断进行封禅祭祀活动，宗教活动也随之繁衍发展。自道教形成之初，泰山之上就有名士居洞修行。随着封建统治者把封禅活动同道教融合利用，自汉以来，沿登山封禅主线（今日泰山东路）两侧，道教庙观不绝于途。泰山庙、岱岳观、岱庙、王母池、红门宫、壶天阁、碧霞祠、玉皇庙香火不断。佛教传入中国之后，前秦之时，泰山北麓的昆瑞山就建立了“朗公寺”。北魏时泰山玉符山下建立了“灵岩寺”（该寺同浙江天台国清寺、湖北江陵玉泉寺、南京栖霞寺并称中国的四大名寺）。中溪石坪上刻下了北齐人书写的《金刚般若波罗蜜经》；其后泰山四麓先后创建了神通寺、光华寺、普照寺、竹林寺、谷山玉泉寺等20余处佛院。

泰山不仅是封建帝王登封、宗教寺庙繁衍的一座神山，也是历代人民反抗封建压迫，争取解放，捍卫正义的斗争基地。西汉末年，樊崇领导的农民起义队伍——赤眉军，就安营扎寨在泰山傲徕峰下的扇子崖，把泰山作为他们进攻退守的根据地。公元25年，赤眉军和绿林军一起，推翻了篡汉的王莽新政；著名的唐末黄巢起义也曾把泰山作为依托，顽强地同镇压者进行搏斗，最后，黄巢起义军全部壮烈牺牲于泰山以东的狼虎谷；南宋时，济南人耿京在泰山组织了抗金义军，队伍发展到20余万人，给南侵金兵以沉重打击；泰山中溪崖石上刻记着元末红巾军攻占泰安州的战绩；泰安城下洒下了明末李闯王部属将士的鲜血；清末山东捻军也曾转战泰山南北。研究中国农民战争史的孙祚民教授查阅了大量史料后惊异地发现：在中国整个封建社会时期，几乎每个王朝中都有农民在泰山一带发动起义。孙教授在总结这一奇特的历史现象时认为：既然封建统治者都借这座神山来巩固政权，那么农民们也就希望依仗这座神山保佑起义取得胜利。

抗日战争时期，著名爱国将领冯玉祥先生（1882—1948）也将激励人民抗日的口号刻写在泰山五贤祠旁的洗心石亭之上："别忘了东三省被日本人侵占了去，一切有骨头的中国人都要拼命夺回来！"泰山上下凝聚着几千年来中国人民反压迫、求解放、争独立的英雄气概。

泰山又是中国历代文人荟萃之区。

千百年来，中国历代的文人名士都向往能登临泰山，饱览中国的第一名山，抒发自己的豪情逸志。披览历史，来登临泰山的文人学士，自孔子起，历代都不乏其人。诸如西汉的司马迁，东汉的张衡，三国时代的曹植，晋代的陆机，南朝宋人谢灵运，唐代的李白、杜甫、刘禹锡，宋代的苏轼、石介，金代的元好问、党怀英，元代的王旭、张养浩，明代的王守仁、边贡、王世贞、于慎行、董其昌、宋焘，清代的王士祯、施闰章、朱彝尊、姚鼐等；讴歌赞美泰山的佳作不绝于篇。孔子的"登泰山而小天下"；李白的"天门一长啸，万里清风来""凭崖览八极，目尽长空闲"；杜甫的"会当凌绝顶，一览众山小"，都已成了脍炙人口的千古名句。姚鼐的《登泰山记》成为迄今为止难得的散文游记。历代泰山诗文是中国文化史上的精华之一。

泰山上下，自秦始皇刻石纪功以来，迄今为止保留下了1300余处刻石。所刻内容繁杂：帝王封禅告成，王公大臣致祭，寺庙创建重修，朝山碑铭石经，诗文题景喻志，楹联题记颂岱，涉猎万般不一。其书体真、草、隶、篆俱全。置身其间，可得书法精达之妙趣，可览历史纪实之渊博。泰山石刻堪称一部反映中国历史文化的"石书"。

泰山为什么会得到中国历史的如此厚爱？除了前面所叙述的史前文化的原因，即泰山是中国古代文明的发源地之外，还有一个重要的原因，这就是泰山所独具的雄伟形体，处于中国大地东部的优越地理位置，以及后来被人们把这一得天独厚的条件揉进了中国古老文化的认识演化过程之中。这是泰山的一个非常重要的特点。

泰山，又有岱山、岱宗、岱岳、东岳、泰岳之称。"泰"在古时与"大""太"通义。岱，始也；宗，长也；其意为泰山是高大之山，万物更始之处，群山之宗。"岱山"之名见于《周礼》："河东曰兖州，其山镇曰岱山。""岱宗"之名见于《尚书》："岁二月，东巡狩，至于岱宗。"岱宗者，泰山也；"岱岳”之名见于《淮南子·地形训》:“中央之美者，有岱岳。”“东岳”之名见于《毛诗诂训传》:“岳，四岳也，东岳，岱。”岳，高大之山。“四岳”，最早指尧、舜之时的四方部落酋长。后来指镇守四方的大山:“昔三代之君(居)皆在河洛之间，故嵩高为中岳，而四岳名如其方。”(《史记·封禅书》)

春秋时代的古代思想家企图用日常生活中常见的水、火、木、金、土五种物质来说明世界万物的起源与多样性的统一。创立了“五行”之说，到了战国时代这种学说很流行，并出现了“五行相生相胜”的原理，即“五德终始论”。人们把五岳名山按其方位纳入了这些理论认识中去。泰山居东方，东方又是太阳初升的地方。在此之前，人们已经认为东方是万物交替，初春发生之处。按“五行”东方属“木”；按“五常”(仁、义、礼、智、信)东方为“仁”；按“四时”(春、夏、秋、冬)东方为“春”；在《周易》的“八卦”(乾、坤、震、巽、坎、离、艮、兑)之中，东北方为“震”。“东”字繁体字为“東”，是一个会意字。从人们造写此字时，也可看出，此字从木，日在其中，取日出扶桑之意;“仁”指天地大德;“春”为万物更生之始;“帝出手震”，“震”是帝王出生受命腾飞之地。多元归一，泰山主“生”，化生万物。于是泰山被视为神灵之区，紫气之源，万物交代更始之所。在远古“柴望”“巡狩”的演义下，成为“吞西华、压南衡、驾中嵩、轶北恒”的五岳之首，群山之宗。终于帝王封禅，名士慕游，宗教繁衍，万民祈福;千百年来，纷至沓来，从未有过间断。他们都在泰山上下留下了自己的踪迹。人类社会把泰山雕凿成一幅反映中国历史文化的立体画卷，成为一座东方古代文化艺术的宝库。

第三章
华夏之魂

泰山是中华民族的伟大象征。

北京大学著名美学家杨辛教授多次考察泰山之后，曾赋诗一首，热情赞美了泰山：“高而可登，雄而可亲。松石为骨，清泉为心。呼吸宇宙，吐纳风云。海天之怀，华夏之魂。”高度概括了泰山所独具的崇高价值。

泰山宏大的自然形体，丰富的景观形象，崇高的赋存精神，灿烂的山水文化，悠久的名山历史，使它自有史以来，无论在帝王君主面前，还是黎民百姓心目之中，都是至高无上的。“稳如泰山”“有眼不识泰山”之类的成语，早已深入人心。泰山具有突出普遍意义的多种价值。这些价值概括起来就是：自然形体的稳重高大、雄伟、秀奇，具有中国传统的阳刚之美，成为历代社稷寄重之地；人文景观的历史悠久、丰富连续，又是中华民族自强不息、不断进步精神的突出反映。人文景观和自然景观的融溶于一，使泰山成为中华民族历史的见证，世界范围中的珍贵遗产。

大自然造就了泰山盘亘于华北大平原之上的雄伟高大的躯体，巍巍山体之中蕴藏着奇丽多姿的自然景观。置身其中，登临泰山会给人们奋发向上的启迪和鼓舞、显现出一种魅力无比的阳刚之美。

泰山养育了中华民族的一支先民，更以得天独厚的地理位置成为中华民族几千年来王朝更替、社会兴衰、人民奋争的必临之地。中国历史上几乎每一个时代都在泰山上刻下了他们的印记。人类在改造社会的同时，也不断琢饰着泰山，赋予泰山中华民族的文化、文明和精神。尤其是经过千百年沧桑巨变之后，泰山之上，雄伟的自然风貌和丰富的人文景观交相融溶为不可分割的一体，成为世界上绝无仅有的泰山风景之美。

泰山独具神韵的自然之美，主要体现在它的高大雄伟的形体上。泰山主峰

十八盘

玉皇顶，海拔1545米。如前所述，在五岳之中，它低于西岳华山和北岳恒山的海拔高度，但泰山所处的地理环境之中有一个突出的特点：在北从燕山、太行山，西至华山、伏牛山，南达皖南、浙西，东到渤海、黄海之滨的广大地域之内，没有比泰山更高的山了。尤其在泰山之阳，汶河平原和泰山极顶之间形成了1360余米的相对高差。泰山南坡上有着近东西向的断层，泰山上升，汶河下沉，造成山势陡峻、峰崖如削。人们从南麓起足登泰山，真如上天梯，气势十分雄壮。泰山与周围平原、丘陵高低悬殊，突出的强烈对比在人们的视角上显得格外高大。因此，泰山拔起于华北大平原以东，凌驾于齐鲁丘陵之上，形成了异常高大的拔地通天之势。泰山主体突出，周围群峰罗列，如堆如丘，偃伏环卫，又构成了主从显明的对比形势。由于断层抬升，造成了泰山台阶式的山势。其南面，三条正盘上升的三个断裂：云步桥断裂，中天门断裂和泰前断裂形成了泰山陡峭高峻的三大台阶式的地貌形势，也就产生了由低到高十分显明的层次和居高临下的高旷气势。同时，泰山绵延100余公里，盘亘在426平方公里的土地上，形体巨大，基础宽厚，又给人以“厚重”“安稳”之感。正是这种突出的相对高差，显明的主从排列和宽广巨大的山体基础，构成了泰山雄伟高大形象的基调，也就使人们产生“身临玉皇顶，脚下万重山”“唯有天在上”“一览众山小”的雄伟之感和“直直危巅休怯险，登天毕竟要雄才”的心灵激荡之情。

同时，晕染泰山这种高大雄伟景象的还有遍山的松柏、巨石和变化无穷的泰山气象。泰山多苍松、古柏。松柏墨绿苍劲，尤具庄重神韵。盘道两侧古柏参天、郁闭成洞，悬崖峭壁之上，古松散植其表，纷呈平冠伞状，大有“壮士披甲”的雄姿奇态。泰山之上有许多石壁、石坪，多为花岗岩构成。岩性坚硬，外壳形成球状风化，浑厚圆实，十分壮观。谷溪、石崖处常见巨石重累，时时赫然于目，动人心魄。有人曾把泰山喻作一个力士的躯体，这些累累巨石就是力士筋骨上的团块肌肉结构，蓄积着无比的力量，给人以腾飞的激励。泰山气象变化万千，时而烟海云涛，铺天盖地；时而晴空万里，黄河如带。在泰山之巅观日出，可见旭日冉冉跃出天地之间。在泰山之上赏云海，可见白浪无际，推波助澜于泰山四际。尤其是“云海玉盘”奇观：缭绕于泰山之下的雪涛云浪，宛如一个巨大的玉盘把泰山托起，显现出泰山独立于万顷银海之上的雄姿。人们登临泰山极顶，晴空万里之际，当“呼吸宇宙”；云雾缭绕时，会“肤寸生云”。这些万千气象更使人们在泰山高大雄伟的形体环境之中产生不尽的激情：“眼底乾坤小，胸中块垒多，峰头最高处，拔剑纵狂歌。”

人们通常把自然风景之美的特征概括为雄、奇、险、秀、幽、旷等几种类型。而泰山除了上述宏观上的高大雄伟形象之外，雄中还蕴藏着奇、险、秀、幽、奥、旷等多种美的形象。中天门以下秀的景物较多，斗母宫东侧位于中溪之中的“三潭叠瀑”，黑龙潭百尺银帘之上的长寿桥，可谓“雄中藏秀”；各类危岩陡崖，诸如百丈崖，瞻鲁台、扇子崖等景，可谓“寓险于雄”；而仙人桥、拱北石、卧龙松，又可谓“雄中有奇”；位于泰山主峰东北部的后石坞一带：“古洞滋灵液，危岩挂怪松，可同书法论，入妙在藏峰。”秀丽景致则体现了自然风光的“幽”与“奥”。登岱顶“凭崖望八极，目尽长空闲”“沧海似熔金，众山如点黛”，即“小天下”的视野，更得泰山旷景之妙。

泰山这种以形体雄伟高大为基调的自然之美，反映了我们民族几千年来形成的民族美学思想。泰山的美体现了中国古代美学范畴的“大”“壮美”和“阳刚之美”。同样，在中华民族传统意识中又常把这种“壮美”“阳刚之美”的概念同“国家”“社稷”联系起来，把泰山看作国家稳定、社稷牢固的象征。《诗经》中的“泰山岩岩”；汉武帝登泰山时赞为“高矣、极矣、大矣、壮矣、赫矣、骇矣、惑矣”，明太祖朱元璋的《御制泰山赞》中称泰山“根盘齐鲁兮，亦不知其几千百里”。都是颂扬泰山这种含有社稷稳固的“壮美”“阳刚之美”。人们登泰山，可从领略泰山的雄伟壮美之中，领悟到激励自己攀登事业高峰的雄心壮志。

自然特征是自然美的物质基础，但泰山之美更融溶于我们民族的历史文化。泰山作为历代登临的胜地，不同于一般的自然风光。泰山不是一种纯自然的存在，而是经过了几千年中国人的精心雕饰和营构，形成了自然景象和人文景观高度和谐、融溶于一的泰山风光之美。泰山景观十分生动形象地显示了我们中华民族灿烂的古代文化艺术、历史的发展进程和不息的自强精神。

如上所述，泰山以其特有的地理位置和高大雄伟的自然形体，得到了中华民族几千年的青睐。

中华民族把自己的文化、文明和思想精神留给了泰山。在泰山上，我们可以看到中华民族历史文化的发展：大汶口、龙山城子崖的丰富遗存表明了泰山养育了我们的一代先民；周成王封禅的明堂遗址，告诉人们三代之时这里已成为社稷的寄重之地；风韵犹存的李斯小篆刻石，矗立天际的无字碑，洋洋大观的唐摩崖，铜鸱铁瓦的碧霞祠，遍刻于泰山上下的御笔题刻，展示了泰山在代复一代的封建帝王心目中的地位；那不绝于篇的登岱诗咏，刻于山崖谷壁之上的千处“石书”，赞扬了中国山河的壮美，抒发了心灵深处的正气，悟出了社会人生的哲理，也显示了中华民族悠久的历史和不断进取的民族精神。

正是经过千年不绝的登临和建筑营造，使泰山形成了以富有壮美之感的自然景观为基础，渗透着人文景观之美的环境优良的地域空间综合体，以其特有的风韵，展示了中国名山的特点。

泰山的人文景观主要指建筑物、摩崖石刻和道路等。泰山人文景观的布局和创作是根据自然景观，尤其是地形特点和封禅、游览、观赏、宗教等活动的需要而设计的。布局的主体是雄伟高大的泰山形体；创作的主题是登山封禅、朝天揽胜、祈求国泰民安的思想内容。布局构思的缘起正是从封禅仪式的两组内容，即登泰山之巅告天成功，祭山下小山谢地祇之恩的活动开始的。因此，这种布局形式的重点就是围绕从祭祀社首山（或临近的蒿里山——都是泰山脚下的小山），到进行封天活动的玉皇顶之间10公里的登山道路两侧的范围内，把整个泰山的主体作为完整的自然空间进行巨大的整体构思。

泰山以南坡最为壮观。层次分明，主次有序，而且山势陡峭高拔。因此，历史上的封禅活动先北面（周成王），又东面（汉武帝），最后固定了从南面沿中溪上山的路线，即现在泰山东路的盘道。在这条10公里长的景观带上，大体分为三重空间和一条轴线。三重空间，一是泰安城为中心的人间闹市；二是泰安古城西南郊外过溹河桥至蒿里山一带为“阴曹地府”；三是南天门以上的岱顶区域为“天府仙界”。一条轴线就是联系人间至“天府”的路线，主要部分就是出岱庙北门长6600余级的“天阶”。由此构成一组生动形象的三元（地曹、人间、天府）胜境。

今日的泰安城最初是岱岳镇，因泰山而设。是从作为古代帝王封禅活动、黎民百姓朝山进香、游览观光者登山的处所和泰山管理机构的基地而逐步发展起来的。位于泰安古城北门内的岱庙是封建帝王封禅活动中驻跸和举行祭祀大典的所在。一条轴线从泰安城南门——泰安门开始，穿过岱庙（岱庙就在泰安城南北相直的轴线上），向北延伸到岱宗坊，然后与登山盘道相接而通往“天府”。这样，使山与城不仅在功能上，而且在建筑空间序列上，也浑然一体。这一序列按照朝天登封活动的程序次第展开，一天门、二天门（即中天门）、升仙坊、三天门（即南天门）依次而上。贯串了一种从“人间”到“仙境”的过渡思想。从地形上看，先缓坡，再斜坡，直至陡坡。人们由低到高，步步高升，最后犹如登上巍巍“天府”仙境；从建筑规范上看，则由严整（泰安门、岱庙建筑群、岱宗坊），到自由（盘道之上，因地势而建的建筑体），因自然环境而异；从意境上看，是由人间闹市上达穹宇，渐入仙境；从色调上看，红墙碧瓦始终与苍松翠柏交相辉映。通过三里一旗杆、五里一牌坊，和漫漫的登山石阶连贯起来，形成了一条十分壮观的封禅朝天序列，成为一组人工与自然珠联璧合的杰作。

泰山人文景观最突出的特点是对地理环境的利用。如对封禅活动序列位置的空间选择上，首先充分利用了泰山南坡断层陡壁峭崖之势，造成了登“天梯”的意境。同时，把登山路线辟在谷底，溪畔两侧峰峦如屏，形成半封闭型的自然环境。人在谷中前进，视野受限，而且越行越窄，直至南天门才得放开。前奏特别长，对比十分强烈，造成了环境感应的心理状态。如此登山，犹如步步登天，十分扣人心弦。而对建筑物的修建，无论是单体建筑，还是群体建筑，均借地势而造。有跨道而立的门户建筑，有登山转折处的导向建筑，有临溪而建的休息赏景建筑，有半山悬挂的宗教建筑，还有矗立的祭祀建筑等，各具神采，其中尤以南天门的构筑最为成功。南天门位于封禅盘道的最险处——石壁峪的顶端。这里“两山竦削壁立，东曰飞龙岩，西曰翔凤岭”，是十八盘“天梯”的尽头。两峰夹峙，人从缝隙底处来，仰视天阙，如从穴中视天，非常险要。一旦登上南天门，倍觉天地之宽。古时，因此处极险，呼之为“天门”。但并没有人为的建筑。至元代中统（1260～1264）年间，一道人借此天险筑成一座关阙：红墙壁连飞龙、翔凤二峰，正中辟门独吞沟底盘道尽处，门上高筑黄琉璃瓦楼阁，上悬一匾“摩空楼”，楼阁与苍岩蓝天交相辉映，险中制奇，倍显雄壮无比。天门两侧镌刻一副楹联：“门辟九霄仰步三天胜迹，阶崇万级俯临千嶂奇观”，道出这里的雄伟景致。借天险而筑雄关，建筑虽不宏大却很雄伟。南天门位置的选择和建筑形象的创造，生动体现了自然天门有“境”，人工天门有“意”。人工凭借自然之势，自然巧得人工之力。意境相宜，构成了人类文明的千古诗篇，显示了创建者独具匠心的构思。

泰山古建筑不仅宏制之举因山就势，得力于自然，而且在微小地形处理上，也常不动基岩而美化庭园。岱顶玉皇庙内的“极顶石”就是很好的一例。泰山极顶石原置于玉皇庙殿下，明代万恭才撤殿于其北，突出极顶石于院中。几块浑圆的石头，犹如整座泰山的浓缩。可谓小中见大，使得原来狭小单调的庭院变得很有情趣，十分令人回味。如此佳构，使得庙观融于自然环境之中，自然环境渗入庙观之内，达到了内外呼应，相互渗透，巧借自然，精在体宜的良好效果。

泰山古建筑保存至今20余处。除了战国齐长城，汉武帝石表，大隋四门塔，唐代灵岩寺惠崇塔，宋代灵岩寺佛殿、辟支塔之外，众多的是明清时期的建筑。这些古建筑的存在，不仅为我们留下了山岳建筑顺应自然之势，用不同的艺术形象协调、加强自然之美，表现、深化自然意境的巧妙构思，还为我们留下了建筑与自然景观融为一体的中国古老名山文化精华，体现了中国古代文化艺术传统建筑技艺的精湛。

在泰山的人文景观中，与自然雄伟景象相得益彰的是摩崖刻石。据不完全统计，仅围绕封禅盘道，历代碑碣刻石就有800余处。

刻于中溪溪水石坪上的经石峪《金刚般若波罗蜜经》，被誉为“大字鼻祖”“榜书之宗”，其字体势开张宏阔，古劲深雄，丰润浑穆，传为“北齐人所书”。刻石所在景位幽畅，体例布局舒展自然，峪旁筑一石亭，上有一镌刻对联：“天门倒泻一帘雨，梵石灵呵千载文”，道出了南天门与经石峪景观的呼应和协调。

唐玄宗李隆基《纪泰山铭》刻石，充分利用岱顶大观峰岩壁的自然节理面，既雄伟又自然，其书法的雄强之势，婉润之体，端庄之态均与泰山景观浑然一体。八分隶书之上，后人敷以金箔。蓝天苍岩之中，但见金光灿烂，十分壮观。

盘道沿途，刻石遍布，内容十分丰富。有的即景抒情：如“渐入佳境”“峰回路转”“峻极于天”；有的寓意哲理：如“登山必自”“洗心涤虑”“山险心平”“从善如登”；有的象征民族与国家：如“民族精神”“与国同安”“国家柱石”“平原保障”“山河元脉”；有的点石成景：如“斩云剑”“飞来石”；有的因景寓意，如“虫二”（取“風月无边”之意）；有的因石赋题：如“万笏朝天”“醉心石”“一拳石”；有的即景联想：如“荡胸生层云”“呼吸宇宙”等等。书体流派各异，布局谋篇百态。因石题咏，各宜其景。泰山摩崖刻石规模的宏大，数量的繁多，时代的延续，构景的巧妙，风格艺术的精湛，内容的广泛，都可堪称中国名山之最。

泰山摩崖刻石之中，借景抒情、咏志、喻理的内容很多。置身其间，人们抚石揽胜，会受到民族自强精神的熏陶，会感染奋发攀登的气息，给人以鼓舞，给人以志气。

泰山景观（指人文景观和自然景观的融合）宏大的整体和谐的核心是厚重、壮美！岱庙主体建筑天贶殿的雄伟庄严，七千级登山石阶的通天气势；一系列石坊、石亭的厚重质朴；岱顶汉武帝石表的浑厚，经石峪、唐摩崖刻石的雄浑磅礴，都显示了泰山的这一风韵。同时，建筑物大量使用厚重坚实的泰山花岗岩、片麻岩，和山体基调取得了内在的统一和协调，又突出了泰山的这种风韵。泰山的这种风韵，正如明代一位学者所讲：“泰山元气浑厚，绝不以玲珑小巧示人。”正是这种民族美学的传统熏陶，使泰山经过千年精心琢饰，成为了独具民族精神风韵的历史名山。

泰山人文景观艺术风格的最大特点，就是宏观构思上的整体和谐，微观艺术处理的融于自然。两者互相渗透，浑然一体，使人文景观起到了烘托和渲染泰山雄伟形象及其气象万千的作用。同时，融于泰山雄伟形体之中的民族文化、文明的精粹——泰山人文景观又成为启迪人们前进的风物精华，达到了雄者益雄、秀者益秀的效果，这是人工与自然巧妙结合的结晶。

仅从有信史可考的两千年历史来看，泰山受到整个封建社会国家最高统治者——帝王的朝拜。帝王封禅这一特殊的历史活动，一方面是统治者以神道设教，借以巩固其政权；另一方面，又是四海联合、国家统一兴盛的标志（一般改朝换代，易姓而王，或国家稳定昌盛才行封禅大典）。这就使泰山成为国家和民族的精神支柱——“泰山安，四海皆安”。雄伟高大的泰山，在人民群众的心目中，成了中华民族崇高精神——华夏之魂的代表。“稳如泰山”“重如泰山”“有眼不识泰山”的意识已深入到亿万炎黄子孙的心中。

综上所述，泰山无论从时间的进程——历史，空间的结构——形体，精神文化的结晶——人文景观之中都包含着十分丰富的内容，从而使泰山逐渐形成了中华民族历史文化的结晶，成了中华民族的伟大象征。这就是融雄伟壮丽的自然风光和丰富的历史文化内涵为一体的泰山风光之美的最高价值。

泰山这一独具的价值已经得到世界的承认，1987年联合国教科文组织世界遗产委员会特派官员、新西兰专家卢卡斯在泰山实地考察后指出“从泰山的材料中看到了中国人民的审美观，它启发我们更新对世界遗产的认识”“泰山兼有自然的、历史的、文化的价值，这就是个好特点。这意味着中国贡献了一种特殊的、独一无二的遗产”“泰山把自然和文化独特地结合在一起，并在人与自然的概念上开阔了眼界。这是中国对人类遗产的巨大贡献”。泰山被该委员会接纳，列入世界遗产目录，成为我国第一批被联合国教科文组织接纳为世界自然文化遗产的六个项目之一（其他五个是长城、故宫、敦煌石窟、秦始皇陵（包括兵马俑）、周口店北京猿人遗址）。

泰山将在世界范围内展示它所具有的价值，展示中华民族的文化，为祖国争光。

巍峨泰山，华夏之魂！

壮美东岳，世界遗产。

第四章
造化钟神秀

明代王思仁曾讲：生在中国而见不到泰山，见到泰山而不能游，虽游而不能以两日达到遍游，实在是人生的一大遗憾之事。

要想达到遍游泰山，尽览其胜，必须在行前对泰山重要景区的分布、名胜古迹的历史有一个较全面的了解，经过科学地安排时间和路线，才能达到目的。

泰山虽然盘亘齐鲁大地400余平方公里，但是现在我们所说的泰山风景名胜区及其规划面积只是其中的一部分。1981年第四次规划时的范围是：南起泰城北面的环山公路，北至谷山玉泉寺（即俗称佛爷寺），东起柴草河，西至桃花峪口，并包括泰城内的岱庙、岱宗坊、灵应宫，面积约125平方公里。1987年修改泰山风景名胜区规划时，又扩展到泰山西北麓张夏附近具有较高地质科学价值的寒武纪地质标准剖面地带，面积310余平方公里。在这个范围内集中了泰山绝大多数的自然、人文景点和历史文化遗迹。其中，泰城北面的泰山主峰周围，即南起环山公路，北至玉皇顶、后石坞、九龙岗，西至傲徕峰，东到大小罗汉崖摩天岭（含泰城内的岱庙、岱宗坊、灵应宫），面积为19.5平方公里的范围内又集中了泰山自然、人文景观的精华，显现了中国其他名山所不具的神采，是泰山风景名胜区的主景区。

从目前状况看，泰山有六个主要游览区。这即上述主景区范围内的岱庙游览区、泰山东路游览区、岱顶游览区、泰山西路游览区、环山路游览区和位于泰山西北麓的灵岩游览区。另外，还有几处分布在泰山四周的重要景点。如大汶口遗址、徂徕山风光、谷山玉泉寺、齐国古长城遗迹和张夏标准地层剖面等等。

“万代瞻仰”碑

第一节　岱岳神宫

岱庙游览区包括岱庙、岱宗坊和灵应宫三处与泰山有密切联系而位于泰城城区内的景点，其中最主要的部分是岱庙。

岱庙位于今泰安市城区的东北部。其庙南向，坐落于从泰安旧城南门开始，直通泰山极顶的封禅祭祀古御道的中轴线上。岱庙建于泰安旧城的北部。岱庙南北长约406米，东西宽约237米，总面积近9.6万平方米，是泰山上下最大的古建筑群。

岱庙，也称东岳庙、泰岳庙，俗称泰庙。是封建社会中供奉泰山神、举行祭祀大典的地方。

岱庙始建于何时？目前尚无确切的考证。有人曾以岱庙内《大宋天贶殿碑铭》文中有“秦既作畤”“汉亦起宫”的词句，推断岱庙创建于秦汉之际。此说不能令人信服。根据现有文献资料分析，这里在封建社会之初，曾是筑坛祭祀上天和泰山神灵的地方。至唐玄宗封泰山神为“天齐王”后，才有了明确祭祀泰山神的庙。宋真宗封泰山神为“天齐仁圣帝”后，又易地改建。到了宣和（1119～1125）年间，“增治宫宇，缭墙外周，罘罳（音夫思）分翼，岿然如清都紫极。望之者知为神灵所宅。凡殿、寝、堂、阁、门、亭、库、馆、楼、观、廊、庑合八百一十有三楹”（《宣和重修泰岳庙碑》）。也就形成了今天所见到的岱庙的宏大规模。正是因为尊封泰山神为“帝王”，构筑庙宇自然“清都紫极”“如宫城之制”了。

岱庙是按照唐宋以来祠祀建筑中最高级的标准修建的。采用了以三条纵轴线为主，两条横轴线为辅，均衡对称，向纵横双方扩展的组群布局形式。从岱庙南门外的门户建筑遥参亭起，正阳门（南门）、配天门、仁安门、天贶殿、正寝宫、厚载门（岱庙后门）依次坐落于纵轴线上，采取了院落重叠的纵向发展；同时，两侧沿两条横轴线（东华门和西华门之间，延禧门和炳灵门之间）向横向扩展，形成了对称的四个别院：西为唐槐院（原延禧殿院）和雨花道院；东为汉柏院（原炳灵殿院）和迎宾堂（即东御座）。由正阳门向北，过两座庭院才进入岱庙的中心部分。岱庙的主体建筑——宋天贶殿建于庙正中偏后的高大基址之上。大殿两山引出横廊，南向再折与前面的仁安门两山相连，组成主体建筑突出的中央方整廊院。岱庙四周高筑城堞，四向辟门八个，其中南向五个：正中南门即正阳门，正阳门两侧各有掖门一个，两掖门外，又各辟一门，东为“仰高门”，西叫“见大门”，均取瞻仰泰山“仰之弥高”之意；东向一门称东华门，也叫青阳门；西向一门称西华门，也叫素景门；北向一门即厚载门，取“地以厚为德，大地能载九皇之德”之意。各门之上原都高筑城楼。庙墙四角也有角楼，各以八卦中的方位得名：东北为艮、东南为巽、西北为乾、西南为坤。庙内广植古柏、银杏和国槐等树龄长寿之木。红墙黄瓦掩映于苍柏翠色之中，蔚为壮观。因此岱庙形成了规模巨大、布局严谨、对称规整、主体殿堂突出、绿树苍翠、雄伟壮观的建筑群体。只是明清以来，曾多次毁于战乱和天灾（主要是火灾），屡圮屡建，现存建筑主要是明清以来的重建和增建物，虽然不十分完整了，但仍保持了殿宇威严壮观的风貌。

遥参亭位于岱庙之前，是岱庙的门户。南北长66米，东西宽52米。主要由山门、正殿、配殿、方亭和后山门组成，为纵向二进庭院。山门、正殿、方亭和后山门建于纵轴线上，与岱庙正阳门相直。正殿五间建于院中中央台基之上。九脊歇山顶，上覆黄色琉璃瓦。

遥参亭，又名“草参亭”。封建社会帝王以及王公大臣来泰山举行祭祀大典时，都要先到这里举行简单参拜之后才能入庙举行正式大典。此名取“草草参拜”或“遥遥参拜”之意。遥参亭，唐代为“遥参门”；宋代在门内筑亭，改称“遥参亭”；明代扩建，建殿围墙，并奉泰山老母——碧霞元君像于其中，遂成为完整的庭院建筑。现经翻修彩画，面貌焕然一新。殿内早无神像。泰安市博物馆将正殿和东西配殿装饰粉刷，辟为三个展室，成为泰安市举办各种专题陈列之所。

前院东南树有一碑，系清代康熙五十九年（1720）泰安州官吏告谕百姓不要轻生的《禁止舍身碑》。此碑应当刻立于岱顶舍身崖旁（即瞻鲁台），不知何故弃于遥参亭。1983年掘地重得此碑，管理人员复立碑于遥参亭。此碑颇能反映宗教惑人，愚民轻生的历史现象。

后院新辟盆景园。以泰山松为其精华的百盆树桩盆晕各呈雄姿奇态，十分惹人喜爱。

遥参亭南山门前矗立着一座四柱三门石坊，额称：“遥参坊”，是清代乾隆三十五年（1770）建造。石坊左右，雄踞清代铁铸狮子一对。石碑坊道南，古槐蔽荫之下有一座石砌栏板的长方形水池。因池中西北、东南两角有一对石雕龙头吐吞池中流水，故名“双龙池”。双龙池是清代光绪年间，为了解决泰城饮水，引王母池之水而建。水池栏板之上镌刻“龙跃天池”四个大字。池南树立两通石碑，刻记引水修池工程始末。

双龙池北，矗立一座如刺天利剑状四棱攒尖石碑。南北两面均书“济南五三惨案纪念碑”字样。1928年日军占领济南，于5月3日屠我军民5000余人，省政府被迫迁至泰安，于1929年立此碑，以志国耻。1937年日军侵略者侵占泰城后，爱国志士将此碑埋藏于遥参亭院内。1983年春，因绿化掘土而复得，重立于双龙池前。

遥参亭与岱庙之间有岱庙坊。石坊通高12米，宽9.8米，四柱双挺于两块方体的石座上，坊顶中高旁低，都雕作殿阁九脊歇山顶状，正中脊上立一宝瓶，正脊四端各有高翘龙尾的吞脊鸱吻，其下面作斗拱承于横梁之上，通体雕刻龙凤等各种祥瑞图像、神采各不相同，栩栩如生。四柱南北抱鼓石上各有巨狮蹲列，周围都有幼狮攀耍，姿态各异，引人注目。这是泰山上下石坊中的瑰丽之作。岱庙坊系清代康熙年间山东布政使施天裔等人所建。石坊中间二柱南北两面都刻有对联。南向为施天裔撰书："峻极于天，赞化体元生万物；帝出乎震，赫声濯灵镇四方。"北面是当时的山东巡抚兵部侍郎赵祥星撰书："为众岳之统宗，万国具瞻，巍巍乎德何可尚；掺群灵之总摄，九州待命，荡荡乎功孰与京！"两幅联语高度概括和赞扬了泰山神灵至高无上的神威。

正阳门为岱庙南面正门。其门早圮。现在我们看到的岱庙正阳门及其两掖门和上面的城楼都是1986年复建的仿宋建筑。三座门洞之中都采用了宋代城门修筑中常见的排叉柱加固洞体的构筑形式。所见排叉柱均为仿木水泥构件。正阳门通高20米，其上部城楼五间高达11米，高耸于高高的墙垣之上。九脊歇山顶，上覆黄色琉璃瓦，檐下具施彩画。整座建筑形体宏大，富丽堂皇，十分雄伟。是岱庙建筑群中仅次于主体建筑宋天贶殿的高大建筑。这是中国古代组群建筑中宫城、祠庙的正门通常采用巨大形体，建于高台和城垣之上的习惯做法，以渲染宫城、庙宇气势雄伟。城楼之上南向高悬"岱庙"巨幅匾额，愈发显得岱庙正门十分威严。

由正阳门进岱庙，迎面即是配天门。其名取"德配天地""配天作镇"之意。面阔5间，九脊歇山顶，上覆黄色琉璃瓦，椽梁之上彩绘斑斓璀璨。配天门两侧原有殿堂，东为三灵侯殿，西为太尉殿。三殿之间以墙相连，构成岱庙中间第一进庭院。配天门北向与仁安门之间高筑青砖甬道相通。仁安门，名取"天下归仁"和"以仁治天下，天下则安"之意，建筑面积和形式与配天门相同。两山曾以横廊回连与岱庙主体建筑天贶殿相接。东西各辟神门与前面的三灵侯殿、太尉殿相直。可惜配天门、仁安门两侧的配殿、神门在十年动乱中被拆除。毗连配天门、仁安门两山修筑了现代几何形体的展室，破坏了岱庙古建筑群的布局和风貌，显得很不协调。

两门之前各有狮兽蹲列把守。前为明代铜铸高大的双狮，遍体铜绿，仰首含口蹲居石砌须弥座之上，十分雄壮。后为玲珑石雕玉狮一对，圆睁双目，雄视门前，也很威风。四狮重列，增添了庙貌威严之感。

配天门两侧都有碑碣林立，其中有北宋时代所立岱庙两大丰碑。西南方为大中祥符六年(1013)所立《大宋封东岳天齐仁圣帝碑》。北宋翰林学士晁迥撰文，翰林待诏、朝散大夫尹熙古篆额并书。碑高8米开外，是封建统治者尊崇泰山神为帝王的见证；东南方为宣和六年(1124)所立《宣和重修泰岳庙记碑》。由翰林学士宇文粹中撰文、朝散大夫张崇篆额并书。碑高9米有余，记载着岱庙自北宋已初具规模的情况。两碑阴面各有明代题刻“五岳独宗”“万代瞻仰”四个大字。两碑都立于方整的碑台之上。赑屃山蹲、巨石耸立。对峙双挺，蔚为壮观。

经仁安门向北便是岱庙宽阔的中心院落。这里古柏苍翠，参天蔽日。正面石筑大露台的北面矗立着这座庙宇的主体建筑——宋天贶殿。它与北京故宫的太和殿同为我国形制宏大的殿堂式建筑。

天贶殿面阔9间43.67米，进深5间17.18米，通高23.3米。六柱五架梁，重梁起架，十一檩副阶身内周匝廊式。殿身檐柱下旋隔扇，使前成廊。八根圆粗檐柱耸立于廊前，下承覆盆柱础。檐柱和殿身檐柱上施斗拱。斗拱为单翅重昂七踩计心造。上覆黄色琉璃瓦，五脊重檐庑殿式四注顶。梁、檩、枋，额遍绘沥粉金琢石碾玉彩画。天花板彩绘金龙。顶部中间设藻井。双檐之间高悬“宋天贶殿”巨制匾额。整个建筑，高大宏伟，金碧辉煌。殿内正面神龛之中有1984年重塑泰山神泥胎神像。泰山神肃穆端坐，身着衮袍，手捧玉圭，冕冠九旒，俨然一副帝王之仪。神龛前面上方高悬清代康熙皇帝所题“配天作镇”的巨匾。高大的供案之上陈设着清代乾隆年间御赐的铜质五供。供案两侧陈列森严卤薄，井然有序。大殿东次间内矗立一架明代铜制照妖宝镜。此系遥参亭正殿碧霞之君神像身后之物。原神像既除，后移立于天贶殿中。

天贶殿内，可与梁檩枋额天花板之彩绘竞相争辉的是东、西、北内壁上的壁画——《泰山神启跸回銮图》。壁画高3.3米，全长62米。除山水殿阁树木外，共绘人物691人，生动形象地描绘了泰山神出巡(启跸)和返回(回銮)的巨大场面。壁画最初传为宋代所绘。意在借泰山神反映宋真宗封禅泰山威严浩荡的场面。自宋朝以来，天贶殿屡圮屡修，甚至重修，壁画当然也就绝不是宋代的原作了，只是明清以来的重绘作品。但壁画保留了原作主要部分的内容风格，仍是我国现存道教壁画中上乘之作。由于气候和墙壁颜料的病变，壁画出现了一些剥蚀、脱落现象，引起了中外有识之士的关注。为保护好这一壁画杰作，1987年泰山列为世界遗产之后，已经列为联合国教科文组织为保护世界遗产与我国首次合作的项目之一。

天贶殿前是宽敞的石砌大露台。周围石雕栏板环抱，云形望柱齐列，两侧玉阶成台对称。人们可迂回而登，显得十分庄严。大露台中间，放置一尊明代万历年间所铸大铁香炉。两侧是一对宋朝建中靖国年间所铸大口铁桶，为旧时蓄水防火之物。殿前檐廊之端，露台之上，各有六角方亭一座。其内都树立着乾隆皇帝游泰山所书诗碑，故名“御碑亭”。大露台南向石阶之前，砖砌甬道之上生长着一株苍劲古柏。因为岱庙南北相直的中心道上，独有此树当道不伐又挺立于天贶殿前，故名“孤衷柏”。取“孤柏披衷”之意。孤衷柏南面的小露台上，正中树立一块奇秀玲珑之石。石下有题刻，称“扶桑石”。因此石周身凹凸不一，很不规则。人们闭目抚摸此石环绕数圈后，难辨四向，多数趋北前行，摸不到前面的孤衷柏，故又俗称“迷糊石”。小露台南面，有一方形石砌栏池。栏池内外共有九块玲珑石，观赏九石之姿多如老人龙钟之态，故称石池为“阁老池”。《岱道》记载，扶桑石与阁老池内外九石都是“宋元之间浮海来献者”。

天贶殿前，左右共有四个碑台。碑台之上都暴露着粗大的石柱础，可见台上原都有亭。院中共有碑碣二十二通。东碑台上矗立着一通汉满两种文字的碑，此碑是清乾隆皇帝为其“六十庆辰”、其母“八旬万寿”重修岱庙的御制碑。东南碑台上共有三碑，其中的《大宋封祀坛颂碑》立于宋大中祥符二年（1009），碑文记述了宋真宗登封泰山时的典仪，具有较高的史料价值；《大金重修东岳庙碑》立于大定二十二年（1182）由杨伯仁撰文，黄久约书碑，党怀英篆额。《岱览》载：杨伯仁“文词典丽”；黄久约“书笔秀逸”；党怀英“工篆籀，当时称为第一”。三美汇镌一碑，“实为金源一代金石之冠”。西碑台上矗立着明太祖朱元璋洪武三年（1370）御制《封东岳泰山之神碑》。碑文记载：“皇帝制曰：磅礴东海之西，中国之东，参穹灵秀，生同天地、形势巍然。古昔帝王登之，观沧海，察地利，以安民生。祀曰，泰山于敬则致，于礼则宜。自唐始加神之封号，历代相因至今。曩者元君失驭，海内鼎沸，生民涂炭。余起布衣，承上天后土之命，百神阴佑，削平暴乱，正位称职。当奉天地、享鬼神，以依时统一人民，法当式古。今寰宇既清，特修祀仪。因神有历代之封号，余起寒微，详之再三，畏不敢效。盖神与穹壤同始，灵镇东方，其来不知岁月几何。

神之所以灵，人莫能测，其职必受命于上天后土，为人君者，何敢预焉？予惧不敢加号，特以东岳泰山名其名，依时祀神。”此碑即俗称“去封号碑”。西南碑台上有《大宋天贶殿碑铭》碑，立于大中祥符二年（1009）。主要记述宋真宗东封泰山，谢天书创构天贶殿之事。世人引证岱庙创建时代的“秦既作畤”“汉亦起宫”词句，就出于此碑文中。碑阴有明天顺五年（1461）所刻《重修岱庙碑记》。

天贶殿大露台两侧各有一井。《岱览》记：“大井极香冷，异于凡水。不知何代所掘。不常浚渫（即疏陶）而水旱不减。”“西尢甘洌”。今东井封堵，西井独存，其水清甜。

天贶殿四面环廊毁于清末。自1981年起，国家拨专款，在旧址基础上已经陆续复建廊房62间和位于西侧中间的重檐歇山顶的鼓楼。其中东廊房开辟为历代碑刻陈列室，西廊房建成汉画像石陈列室，西南廊房八间辟为历代石雕艺术陈列室，收进泰安市石雕刻石100余件，各具风采神韵不一，展现了泰安地区古代劳动人民精湛的雕刻艺术，反映了这个地区历史上经济文化的繁荣。

东碑廊中共收进自秦至清九个朝代中的19通碑碣。其中有复刻秦李斯小篆的二十九字碑。这是清代道光六年（1826），泰安知府徐宗干根据当时世上所存明代《秦泰山刻石》残存二十九字拓片复刻而成的。碑文颇具秦篆神韵。另有两通汉碑，其一是《汉故卫卿衡府君之碑》，碑高2.75米，宽1.08米，立于东汉灵帝建宁元年（168）。此碑原立在汶上县郭家楼，1953年移立岱庙中。为衡方的门生在其死去后为追述衡方生平事迹所为。碑为我国现存汉碑中的珍品之一。碑文汉隶书体以体丰骨壮而著名。其二是《汉故谷城长荡阴令张君表颂》碑，立于东汉灵帝中平二年（186）。碑系张迁由谷城长升为荡阴令（汉时，小县之长称长，大县之长为令）之后，故吏为表彰其功绩所立。碑高2.7米，宽1.15米，两侧及顶高浮雕八条蟠龙相戏，显得格外威雄厚重。此碑长期埋于地下，到了明代为掘地所得，始重立于东平州学。1965年由东平县政府院中移存岱庙之中。此碑自明代被发现后为历代金石、书法家所推崇：“词旨谆古、隶书朴茂。”“字体方整中多变化，朴厚中见媚劲。”《辞海》《辞源》中都收有词条。故宫所存《张迁碑》早期的拓片，被列为八大法书之一，收编在故宫博物院的《国宝》一书中，成为国家馈赠友邦的珍贵礼品。此碑不仅有较高的书法艺术价值，还有较高的史学价值。细读碑文就可发现一个特点，在仅仅400余字叙述张迁的事迹中，竟有一半文字是追述其祖系功德的，甚至上溯到1000年前的西周宣王时代。从“以孝友为行”的张仲，“善用筹策”的张良，“建忠弼之谟”的张释之到“广通风俗，开定畿寓”的张骞，无不一一大加褒奖。因此可见，此碑为一个小小的县长升迁表颂，意在褒其族，扬其姓，正是当时士族官僚势力得志的一种风气。碑文中有“黄巾初起，烧平城市”之语，也从侧面反映了东汉末年农民起义势如破竹的斗争场面。张迁碑是现存汉碑中的精品。《晋任城太守夫人孙氏之碑》也立在碑廊之中。此碑始立于西晋泰始八年（272），原在新泰市张孙庄，1965年移立岱庙。碑文中叙述了晋吏部尚书孙邕之女，任城（济宁）太守之妻孙夫人慈孝贤良的美德。晋代多尚短碣，而独此《孙夫人碑》与济南历城的《郛休碑》、河南的《太公望碑》，高大丰雅，文字繁多，被誉为“晋代三大丰碑”。武则天摄政时遣人树立的《双束碑》就收藏在碑廊中。两块条石并立，每一块条石高2.38米，宽0.5米。上下共嵌入同一碑首和碑座之间。碑首影作唐代殿阁九脊歇山顶状，屋檐平直，勾头滴水隐约可见。碑文不仅刻有与武则天有关的八则文字，而且前后共刻唐代六帝一后（高宗、中宗、睿宗、玄宗、代宗、德宗和武则天）在泰山的斋醮造像投龙之事二十则。浏览碑文可一睹武则天所造文字的丰采。同时，还有唐宋两代部分插空题刻，形成了一通四面分层题记的文字集碑，是唐代帝后来泰山崇神活动的大事记。因此，此碑是研究唐代历史，特别是武则天历史的宝贵史料。对于此碑的刻记形式，曾引起《岱览》一书的作者、清代人唐仲冕的一番感慨：“叹唐时六帝一后修斋建醮，凡二十计，共此二碑。亦异乎近代之每岁一碑以劳人而灾石者矣！”碑廊中有清代书法家何人麟（曾任泰安知县）草书唐代诗人杜甫的《望岳》诗碑：“岱宗夫如何？齐鲁青未了。造化钟神秀，阴阳割昏晓。荡胸生层云，决眦入归鸟。会当凌绝顶，一览众山小。”杜诗气势磅礴，何书流畅潇洒，各具精彩，相得益彰，堪称岱庙碑刻中的佳作，颇得游人赞赏，常常有人驻足细吟，拍手叫绝。另外，碑廊中还有《大唐齐州神宝寺之碣》《宋升元观敕牒碑》《金泺庄创修佛堂之记碑》《金谷山寺敕牒碑》以及明代《登岱八首》诗碑等，都有较高的欣赏和研究泰山宗教历史的价值。

与碑廊衔接的东北廊房于1989年建成《泰山封禅蜡像馆》。蜡像馆取材于宋真宗赵恒封禅泰山的历史故事，选取了其中19位典型人物，利用其神采、动作各异的典型动作，再现了古代帝王封禅的宏大场面和情形。蜡像造型逼真，栩栩如生。

西廊内陈列着100余块东汉时期的画像石。这是泰安文物工作者从清理汉代墓穴中收集来的。主要是肥城和大汶口一带的。汉代崇尚厚葬之风，“世以厚葬为德，薄葬为鄙”（《后汉书》）。这就出现了厚重石室中的画像石。我们在汉画像石陈列中可以看到反映死者生前身份的车马出行图，悠闲自得的宴乐图，狩猎图，生活奢侈的庖厨图。还有“子见老子”等历史故事、瑞祥图案和神话传说等等。葬者希望死者在另一个世界仍过上生前的享乐生活。更希望以“孝”之行博取功名，换来富贵。这是汉代突出的一种社会现象。有的人甚至倾家荡产，也要厚葬父母，其目的是为了显其孝行。文物工作者还在陈列室中复原了一座汉墓的主室。浑厚的石室柱体，一根就有2吨多重，可以想象当时的构筑是何等的艰巨。汉画像石提供了研究汉代社会生产、生活、文化艺术和意识形态方面的宝贵资料。汉画像石在泰山脚下的发现也从一个侧面反映了汉代泰安地区社会经济的发达。也可从画像的阴线刻、平面浅浮雕、凹入平面雕、高浮雕和透雕中，窥见中国历史上传统绘画技法同雕刻镕于一炉的精湛技艺。

西廊中间的鼓楼，1990年建成了《钱币陈列馆》。这里展出了我国由开始出现得最早的贝币到今天正在使用的人民币，十分直观、形象地反映了我国货币发展的历史。陈列以在我国流通最长的方孔圆钱作为序厅的入口，设计新颖，引人入胜。

由天贶殿后门出，有高大的砖石甬道与后寝宫相通。后寝宫一字横列分为东、中、西三宫。中宫面阔5间，长23.1米，进深13.27米，高11.7米。四柱五架梁，重梁起架，九脊单檐歇山顶，上覆黄色琉璃瓦。东、西二宫各建于较低的台基之上。三开间，上为九脊歇山顶，上覆青色瓦。三宫之间以红墙相连，形成岱庙的第四进庭院。三宫之间有圆形月亮门，东、西宫外侧各有垂花小门一座，都与后院相通。宋真宗既封泰山为帝，有帝就要有后，于是诏封泰山神夫人为“淑明后”，遂建后寝三宫以祀祭之。现在泰安市博物馆将次第坐落于中轴线上的配天门、仁安门和后寝正宫，辟为展室，举办了“泰安市历史陈列”的三个专题陈列。配天门为“史前文化”部分，以大量的出土文物、图表和模型，反映了中华民族的先民们在泰山地域生活繁衍的历史，重点介绍了大汶口文化；仁安门为“古代科学技术和文化艺术”的部分，用大量的实物反映了泰安地区冶炼、制瓷、水利、雕刻、文字、绘画艺术等方面的发展历史，使观众领悟到自古到今泰安地区都是我国经济发展和文化繁荣的地区之一；后寝正宫为“泰山祭祀”的部分，系统地介绍了自古以来，泰山被原始部落首领、历代君王由柴望、巡狩、封禅到设神祭祀不断演化的一种历史现象，使人们对泰山在中国历史上的特殊地位有一个全面的了解，重点介绍了封建社会12个帝王登封泰山的史迹、有关的记载和在泰山的遗物。展室沙盘之上，坐落于山东中部的泰山突兀一峰的凌天之势，形象地说明了泰山“东天一柱”的自然形势。根据现存拓片和记载复制的泰山刻石，再现了2000年前秦始皇在泰山刻石纪功的风物。俯视岱庙全景模型，人们可以进一步领略“清都紫极”的岱庙宫城风貌，加深人们对泰山的认识和理解。

由三宫之间的月亮门或两侧的垂花门入，北面就是岱庙的第五进庭院。这是庙宇的后花园。现在分成两个小花园，各成一园。东园以树桩盆景为主，各献千姿百态。西园以四季各异的鲜花见长，各绽姹紫嫣红。东园之前，石砌高台之上矗立着一座鎏金铜亭。铜亭又名金阙，整体都是仿木铸铜构件组成，是明代万历年间岱顶碧霞祠中所铸之物。明末移至山下灵应宫。1972年移至岱庙。铜亭结构严密，工艺精巧，是我国现存为数不多的铜铸亭阁中的精品。与铜亭对称，西园之南石砌台基之上有铁塔一座。但仅存三级。铁塔原有十三级，立于泰城旧城西门外的天书观中（已圮）。抗日战争中为日寇飞机所毁，1973年移于岱庙。

北面庙墙正中辟一门，门上城楼高耸。这就是岱庙的北门，也即“厚载门”。原门早毁，这是1984年重新复修的仿宋建筑。方形门洞之内，大红排柱并列。其上筑九脊歇山顶城楼，面阔三间，四面辟门，上覆黄色玻璃瓦。两侧各有石阶登道曲折而上，游人登临向北眺望，巍巍泰山雄姿，一览无余。天晴日朗之时，还可依稀看出天梯高悬的南天门。

天贶殿主院之前，沿两条横轴线扩展，另修四处对称别院。现仅存东面前后两院。前为汉柏院，后为东御座。西侧两院全圮，仅存唐槐枯木朽株一棵。唐槐枯干四垂中空，死于解放初年。随之补植幼槐一棵，已茂盛成长30余年，成“槐（怀）中抱子”一景。树前矗立双碑，其一为明代万历十五年（1587）甘一骥所书“唐槐”二字碑；其二为清代康熙四十九年（1710）河道总督张鹏翮题《唐槐诗》一首：“潇洒名山日正长，烟霞为侣足徜徉。谁能欹枕清风夜，一任槐花满地香。”

进岱庙正阳门东向，可见一座西向山门，西阔三间，中间为门。五脊硬山顶，上覆青瓦成垅。正中门上高悬匾额“炳灵门”，这即“汉柏院”。因院中有苍劲老柏5株，传为汉武帝登封泰山时所植得名。《岱览》记“东为炳灵宫”，是祭祀炳灵太子之所。并引《唐会要》：“泰山有五子，其三曰至圣炳灵王。”今院内除西向山门为清代旧物外，院中原有建筑已经全无。新中国成立后，在院中北部、炳灵殿基址上，高筑两层石台，上筑四面无壁长亭一座。因亭内最初树立衡方、张迁两通汉碑，故名“汉碑亭”。“文化大革命”期间，将二碑移出。因南向可赏院中5株苍翠汉柏，又取其谐音“汉柏亭”。汉柏亭台基高筑近10米。临亭远可得泰山巍巍山体，近可观翠绿松柏掩映之中的岱庙全貌。

汉柏亭南向台基之上与院中东西庙墙之上镶嵌碑刻78块，被誉为岱庙“碑墙”。碑文多是帝王名士赞美泰山之碑。其中，清代乾隆皇帝六登泰山留下的20余块御笔题刻，无一不秀丽潇洒。汉代张衡“我所思兮在泰山，欲往从之梁父艰”的感叹；三国曹植“驱风游四海，东过王母庐。俯观五岳间，人生如寄居”的遐想；晋代陆机“泰山一何高，迢迢造天庭”，南朝谢灵运“泰宗秀维岳，崔崒刺云天”的赞呼，都令人不禁吟咏。

院正中有一八角形状石柱水池。丽日之中郁郁翠柏倒影其中，故名影翠池。南面一栋平房设有旅游用品服务部，也因此取名“影翠轩”。

炳灵门两侧各有碑台一个。北面碑台上树立三碑。中为乾隆皇帝《御制汉柏图碑》，上有乾隆皇帝亲自所绘院中北面一棵双干汉柏和题咏汉柏的诗；南为明代崇祯十五年（1642）陈昌言所绘《汉柏图》碑；北面为清代张鹏翮撰书《汉柏诗》碑：“古柏千年传碧峦，太平顶上觉天宽。晴空白鹤时来舞，云外逍遥得静观。”南面碑台上也有三碑。中为明代张钦所书“观海”碑，南为现代书法家沙孟海书杜甫《望岳》诗句“荡胸生层云，决眦入归鸟”。北为革命前辈舒同所书“汉柏凌寒”四个大字。

汉柏院中，碑阴树下，十分清幽。是游览小憩理想之所。

汉柏院北为东御座。由西向垂花门入内，见一座南向四合庭院即是。东御座，明代为迎宾堂，“有司候王人之所”（《岱览》）。清代乾隆年间拓建改为驻跸亭，为清代皇帝祭祀泰山居住之所，因建在岱庙东华门附近，故俗称东御座。

东御座由南大门、东西配房和正殿组成。殿、房、门之间有环廊相接。大门三间，三柱五架梁，上为硬山卷棚顶。进大门拾级而上，宽敞的露台之后就是正殿。正殿5间，面阔18.8米，进深10.1米，通高6.8米，四柱六架梁卷棚硬山顶。东、西配房各3间，卷棚硬山顶。殿、房、大门及环廊，其上均覆以灰瓦成垅。檩、檐廊下俱饰彩画。院中东南有一伞状古松，庇荫半院。院虽小巧玲珑，但十分对称工整，给人以清幽肃穆之感。

泰安市博物馆在东御座正殿及两配房开辟三个展室。正殿恢复了清代行宫陈设，给人以皇宫居住之所的直观印象。三室之中，围绕皇帝祭祀泰山陈列了明清馈赠岳庙的珍品。其中有乾隆皇帝赠送的沉香狮子和温凉玉圭。沉香狮子是乾隆二十七年（1762）御赠岱庙之物。一只高37.5厘米，长36.5厘米，重3.5公斤；一只高36厘米，长38厘米，重3.75公斤。由珍贵的沉香木疙瘩精雕黏合而成。两狮都作蹲踞状。前腿直立，臀部依地，尾巴翘起。全身疙瘩突起，形似卷毛满身。通体乌黑，双目迥亮，形象十分逼真。温凉玉圭是乾隆三十六年（1771），皇太后赠予岱庙之物。全长92.3厘米，上下分成两块。上块雕刻日月星辰和山水图样，下截凹刻“乾隆年制”四个工整的楷书。玉圭色白微青，属青玉类。玉圭取青色，是承《周礼》“以青圭礼东方”之意，故其名曰：青圭。又因青圭上下两部分玉质成分不一样，用手抚摸会产生温差，因此世间俗称“温凉玉”。这两件文物同乾隆五十二年（1787）御赠岱庙的“蓝花黄地葫芦磁瓶”一对（为明代嘉靖年间制品，现仅存一件，未展出），被誉为泰山“镇山三宝”。

另外还有几种不同质地造型的五供祭器（炉一、蜡台二、瓶二）、佛教吉祥供物法罐、法轮、奔巴壶、七珍、八宝，以及明清时期精美的瓷器。其中最多见的纹饰图案和器物是“八宝”。“八宝”是佛教场所中常见的吉祥物，共八种：盖、鱼、罐、花、轮、螺、伞、肠。或将八种物形绘于器物之上，或雕作在一物之上，或各铸一件，并列在一起。形式变化多种，又称“天神八宝”。各有不同的喻意：华盖，编结覆盖，庄严佛土；金鱼，坚固活泼，福德有余；宝瓶（罐），福智圆满，甘露清凉；莲花，出于浊世，清净不染；法轮，万劫不息，誓不退转；法螺，妙音吉祥，召唤天神；宝伞，张弛自如，滋荫众生；盘肠，回环贯彻，一切通明。天神八宝，在佛学中又称“八部众”“天神八部”“龙神八部”。据《舍利弗问经》等书记载，其名分别为：天众、龙众、夜叉、乾闼婆（香神或乐神）、阿修罗、迦楼罗（金翅鸟）、紧那罗（人非人，歌神）、摩睺罗迦(莽神)。据说其中以天众、龙众最显神灵。

东御座正殿露台西南，砖砌碑楼中镶嵌着泰山刻石之最——秦刻石十字真迹。秦始皇父子先后登封泰山(前219和前209)，都曾刻石于泰山之巅。前后两次刻石均出丞相李斯手笔。因此，世间又称秦刻石为“李斯小篆碑”。秦刻石历尽了两千余年的劫难。宋徽宗政和年间，刻石可识者146字。至明代嘉靖年间，只剩二世诏书中的29个字，移置岱顶碧霞祠东院，后因火灾迷失。清嘉庆年间，由曾任泰安知府的蒋伯生从碧霞祠西的玉女池中搜得刻石残石两块，上仅存残字10个：“斯臣去疾、昧死、臣请、矣、臣。”后移存岱庙中，先置于西侧雨花道院，最后移立东御座。秦刻石下镶嵌清代道光、宣统年间泰安两任知府徐宗干、俞庆澜的题跋。其文叙述了秦碑失而复得的经过。碑楼阴面镶嵌清人王家榕的题跋文及诗一首：“访古因耆旧，临池意渺然。零星两片石，卓越二千年。体变周宣后，功垂汉武先。只今题勒壁，谁共此留传。”

秦刻石是秦始皇统一中国采取“书同文”的措施后，李斯采用通行的小篆体所写。字迹笔画简单，形体整齐秀美。元代郝经曾有诗赞颂李斯小篆体：“拳如钗股直如筋，屈铁碾玉秀且奇。千年瘦劲益飞动，回视诸家肥更痴。”据史载，秦始皇父子刻石共有泰山、峄山、琅琊、芝罘、东观、碣石门、会稽等处。但保留至今的只有泰山、琅琊两处残石。琅琊刻石现存于中国历史博物馆。两石均为稀世珍宝，成为研究中国汉字书体演变和书法艺术的珍贵资料。

东御座露台东南下，也有一碑，是宋真宗御书《青帝广生帝君之赞》碑。为清代俗吏所毁，现仅存61字。

南山门内环廊南段，左右墙上各镶嵌四块碑，俱为郭沫若墨迹。其中六块为郭沫若1961年5月登泰山所赋诗篇。另两块是应泰山管理处之请，所书孟子语“挟泰山以超北海”，庄子语“驭大鹏而游南溟”。书体潇洒飘逸，十分流畅。八块碑刻俱显郭老书法神韵。

岱庙，这所昔日封建帝王的祀神处，新中国成立以后成了泰山管理机构的驻地，群众游览的场所。1986年泰安市人民政府在岱庙建立了博物馆，收藏着全市文物的精华，展现了泰山历史文化的风貌。在这里，可丰富人们的历史文化知识，进一步加深人们对泰山的了解。即所谓：游览登山，奋攀极顶，可观其大；神游岱庙，可览其精。

泰城西南，蒿里山东去不远，原有一座“前后殿庑崇丽，回廊周密，中为崇台”的庙宇“灵应宫”。这即泰山道教神灵——碧霞元君的神庙。《泰山道里记》载：碧霞元君泰山上有上中下三庙。碧霞祠为上庙，红门宫为中庙，此为下庙。庙创建无考，到了明代“万历三十九年奉敕拓建，赐额‘灵应宫’”（《岱览》）。现仅存正殿和东禅院数间。其院现为一工厂仓库。1983年已决定交还文物部门，以便管理和恢复。

由岱庙厚载门（北门）向北眺望，可见宽阔的公路中不远处矗立着一座四柱三门石坊。石坊建于方形石砌台基之上，中高旁低，重梁起架。上以方石做斗拱承以影作殿阁状坊顶。南北两侧各以条石斜拱四柱。正中栏额石板上篆书三个大字：“岱宗坊”。这是泰山的门户，登山开始的标志。石坊，始建于明代隆庆年间，后圮，雍正八年（1730）由郎中丁皂保重建并篆书坊额。岱宗坊通高8.8米，跨度10.4米。通体少雕纹饰，石色微黄，石柱方正浑厚，显得十分稳重大方。

第二节　登封古道

泰山东路游览区是指自泰城以北登山盘道起（也可从岱宗坊算起）至南天门，沿6000余级石阶盘道周围形成的自然景观和人文景观区域。

泰山主峰以南，沿三条山峪溪谷自古形成了三条登山之路，称之为泰山东路、中路和西路。三条路到中天门交汇成一路，过石壁峪（即十八盘），穿南天门而至山顶。由于泰山中路在泰山之阳形成了一条南北向的登山路线，把古岱岳镇（即岱庙所在地）、中天门、南天门等组织在这条线上。而且路线通直，沿途景观雄伟壮观。其路形势先平缓，后斜陡，再陡立，愈登愈艰；两侧谷坡，先平低后陡峭，形成视野越上越狭，具有强烈的“登天”气势。故自唐以来，封建帝王都是选定泰山中路为其登封祭祀的路线。道家随之沿此路立庙设教。也就逐渐完成了以泰山中路为轴线的朝天祭祀的整体构思的宏大布局。泰山中路成了连接天府仙境（天街）和人间城郭（泰城）的“天阶”。达官贵人、文人学士、道众佛徒、黎民百姓纷纷接踵而至，沿此路登山。原来的泰山东路行人少至，遂废。后来，人们就把泰山中路改称为泰山东路了。

这里，名胜古迹荟萃，自然景观丰富。二者交相辉映，是泰山上下最为胜览之区。沿泰山东路步行登泰山，尽览其胜，才能始得泰山胜景之妙。

出岱庙，过岱宗坊沿路北行不远就是关帝庙。关帝庙位于泰山登山盘道西侧，盘道由此开始。关帝庙创建无考，自明清以来，都有拓建。现存建筑群因山就势建造。从山门前影壁至后殿南北纵深100米，高差10余米，14幢建筑分建在七层台级之上，高低错落有致，平面空间布局都非常丰富。整个关帝庙建筑群分沿3条南北方向的纵轴线扩展，形成3组各有风格的民族建筑。前为关帝庙正院，北为关帝庙后院，西为山西会馆。

关帝庙正院自南面的影壁开始。向北为石砌方形露台。台前古槐双株，台上两个须弥石座上各蹲踞1只石狮。高大的山门筑在露台以北的台阶之上。山门为两层，上为卷棚硬山灰瓦顶。南面设假重檐，北面为单檐。山门面阔三间，中间辟门。北面贴墙下有石砌拱形门洞。上面成台，构筑四根条石立柱的歇山卷棚顶方亭，成为戏台。南面与山门二层房屋相连，成为戏台化装休息室。穿过戏台下的券洞，拾级而上又成一台级。台前各有古槐1株，婆娑高挺，庇荫整个前院，传为唐代所植。台基南面转西均砌十字露孔砖墙。西面有茶厅5间，上为五脊硬山灰瓦顶。台级南向与西茶厅环抱戏台，形成最佳视角。台基北面，与山门相直，筑面阔3间拜棚——为祭拜关帝之处。左右为东西配殿，配殿南山墙均有月亮圆窗。拜棚与两配殿均可南向观戏。拜棚以北，再成台级，其上高筑关帝庙正殿5间，为五脊硬山灰瓦顶。正殿和拜棚之间有一东西向甬道，道连东墙，辟边门1间，与院外登山盘道相接。其对面有憩厅1座。甬道西行不远即是西院——山西会馆。

山西会馆为一凹形庭院，北为正殿5间，左右配殿各3间，均为五脊硬山灰瓦顶。南面砌以矮墙收拢成院。山西会馆三殿同关帝庙正殿筑在同一地形平面上。

由前院正殿东山墙外穿过厅北行，即为关帝庙后院。后院南北纵长，地面前后高低悬殊明显。自过厅至后殿，其间连续形成三层台级。后殿建于整组建筑群的最后，面阔5间，中间3间前有出廊，为五脊硬山灰瓦顶。西有配房3间。东侧组有山石小景。后院建筑借山势而高踞，显得格外高爽、疏朗。尤其在殿前俯视甬道东侧临墙的一株苍老郁翠的古柏，更有一番景致：主干短粗矮曲，枝干四散弯曲蔓长，犹如虬龙腾空盘悬。树侧庙墙之上，面东镶嵌一块条石。上面镌刻四个楷书大字："汉柏第一"，即指此树。

沿关帝庙东侧盘道北行不远，就可见石坊叠立。其后有阁楼跨道高筑，左右各毗连庙观一座。这就是红门景点。

当道叠立三座石坊，前后均为两柱一门。中间一座为四柱三门，中高旁低。三坊重梁之上都是方石作拱斗，上承以影作殿阁状的坊顶，通体不多巧饰，显得深厚、庄重、大方。最前面一座石坊，额题："一天门"，创建于明代，清代康熙年间重建。由泰山盘道登泰山，要经过三道天门，这即是其一（二天门即中天门，三天门即南天门）。一天门坊前，两侧有"盘路起工处"和"天下奇观"大字碑。中间为"孔子登临处"坊。创建于明嘉靖三十九年（1560），明人罗洪先题额。两中柱之上刻有对联："素王独步传千古，圣主遥临庆万年。"相传这是孔夫子曾经登临的地方。坊上有青藤缠绕，坊前两侧各有一碑。西为明代人李复初题"第一山"，碑阴有怪篆体"入云有路"四字；东为"登高必自"碑。第三座石坊，创立于明嘉靖四十二年（1563），明人高应芳题额"天阶"。喻义此道为登天之路。两立柱上刻有对联："人间灵应无双境，天下巍岩第一山。"

坊北跨路道而筑阁楼。下为石砌拱洞，洞口正上方镶嵌"红门"石匾。其上平面台中央构筑三间前廊后殿的"飞云阁"。飞云阁前廊左侧有石阶与西院相通。飞云阁西院为碧霞元君中庙。庙门东向，共辟三门。中门前树立二柱石坊一座，造型与天阶坊相同。两柱有联语："万壑泉声沉宝磬，千峰云影护禅关。"坊额题曰"瞻岩初步"。额上横梁上题刻"红门宫"。坊与中门相连，左右旁门稍低，上为仰瓦卷棚顶，突出了中门的高大庄重。入门进入一座扁长形的四合庭院。北为正殿，面阔3间，与飞云阁相同，也为前廊后殿式。前廊为悬山卷棚顶，殿为五脊硬山式。东与飞云阁相连，殿内原祀碧霞元君，"文革"中神像被毁。1983年殿内移置1尊明代铜像——九莲菩萨。南为五脊硬山顶穿堂式建筑，面阔3间，名为"合云亭"。过亭可与南面花园平台相通，旧为登山者饮茶休息之处。西有配殿3间，前出廊，上有题匾"且止亭"。飞云阁东为弥勒院。山门与红门宫庙门斜对，上为歇山卷棚顶。入门进入一方形四合庭院。北有正殿3间，五脊硬山灰瓦顶，前有廊。殿内原祀弥勒佛，俗称此殿为弥勒殿。殿与飞云阁相接，南有过厅3间，可达南面花园。东为更衣亭3间，前堂后廊式。后廊临溪，廊宽3米有余。旧为帝王及达官贵人登山更衣小憩之处。

红门景点3座建筑，虽各有特点，或扁长（红门宫），或立高（飞云阁），或方形（弥勒院），但同属一个组群。布局主次分明，三者统一在“飞云阁”主体建筑之下。三个院落组合得非常相宜，既有统一又有变化。这个组群建筑都具有参神、休息、观景的多种功能。尤其三处建筑跨道形成“冂”形的半封闭形势，一统山南四方登山之众。穿红门而进山，形成泰山的进山门户。采取欲张先收的手法，其选址组群都颇具匠心。这里虽然刚刚离开熙熙攘攘的闹市区，但地势已高。西依山峦，东临中溪。南望可俯观“人间城郭”的概貌，东览可得溪畔山林的秀色。而“红门”一名所得，又取自飞云阁附近西北大藏岭南崖丹壁之形。《泰山小史》记载“岱之南址，苍翠层叠中有片石，其形似门而色赤，历世不磨”，故名红门。今日游人若有意寻找红门石，可由一天门坊南，沿西去小径前走不远，北望附近山峦南崖中段，可以看到“红门”石迹。“红门”石迹所在的大藏岭以西山头，名叫“垂刀山”。正是宋真宗所谓因此山现“祥瑞”而得“天书”的地方：“宋大中祥符元年六月乙未，泰山西南垂刀山上，有红紫云气，渐成华盖，至地而散。其日，得天书于醴泉。”（《通志》）

清人赵国麟曾有诗一首描写此处景致：“出郭四五里，岳云当面来。一水出巨壑，双峰豁然开。西峰悬丹户，石洞扃云隈。定有餐霞人，长年卧绿苔。”

值得注意的是，这里东院供奉弥勒佛，当为佛院。西院祭祀碧霞元君，属于道观。但旧时，两院主持都是僧侣佛徒。据说佛徒们先在东院立佛设教，但信徒稀少，香火甚微，难以养生。无奈，只好又在西院供上道教神仙——碧霞元君，信徒骤增，香火日盛。于是泰山脚下就出现了佛徒供神仙，佛道共融，以道为主的宗教奇异现象。

出红门北行，山道辟于山峦半腰，西依峰峦，东临溪谷，平缓的山道隐现于山林秀色之中。其下溪涧之中有一块方平巨岩，上刻“小洞天”三个大字，其意取自由溪中观道中行人若隐若现，终日不断，可谓“别有洞天矣”（《岱览》）。再前，沿溪谷至黑石阜，可以寻得泰山杂岩环状节理构造典型的巨石。溪中，水从石缝中流出。汉代枚乘称这种现象为“泰山霤穿石”，其言滴水可穿泰山石。沿山道北行，间或可闻溪水潺潺之声，时而可见刻石，不绝于路边。其间有“云山胜境”“勇登仙境”“渐入佳境”等引人入胜之语。北行约半公里，又见一座跨道城楼建筑，这就是万仙楼。

万仙楼高筑在二层台地之上。盘道从楼下石砌拱洞穿过。洞口前后均镶匾额，其南题为“万仙楼”，其北大书“谢恩处”。洞上砌成宽大平台，其上耸立三间楼阁。上覆黄色琉璃瓦。北面呈单檐，南面置重檐双步廊。烘托了南向的仰视气氛。平台东有石阶可通上下，北面又有石砌通道与前面盘道平直相通。这座跨道建筑始建于明代万历四十八年（1620），旧称望仙楼，后改为万仙楼。楼阁中曾祀王母等列仙，而以碧霞元君尊居正中。平台之上，楼阁四面墙基环镶明、清以来善男信女结社朝山“万古流芳”题名碑60余通。

万仙楼南面盘道东侧，古柏参天。其中3株粗壮环立，尤显稳重挺拔。有好事者借此喻比三国刘关张结义的故事，刻石立于道旁取名叫“三义柏”。

万仙楼建于谷口地形之上。南面地形开阔，盘道渐升。高耸的重檐楼阁矗立于高大的平台之上，增加了人们登临的仰视之感。穿过其下石砌拱洞，先有小段平缓空间，随即借山势转东北向，有石阶可上。登上盘道高处，又呈宽阔视野，给登山者造成“登天”途中又上一重天之感。

万仙楼附近的桃花峪沟之中，溪水东壁之上有“大元至正十八年二月初八日因为红巾占据泰安州。调遣淮南府口元帅杨世瑛统兵一十七府……”的字样。这是一处很有历史价值的刻石，是元末农民起义的红巾军攻占泰安州取得辉煌战绩的佐证。

由万仙楼北行不远，盘道右侧翠柏环抱之中矗立着一座革命烈士纪念碑。纪念碑南面铭刻着“英名与泰山并寿”！寄寓人们对革命烈士为人民而死比泰山还重的敬重之情。

再行，留神注意盘道西侧的石壁之上，可以寻得“虫二”石刻。其形系“风（風）月”二字删去四周笔画而得，故成“风月无边”之语。寥寥几笔字形删舍，借人之口赞美泰山风光秀丽多姿。此石系清末历下人刘廷桂刻立。其间，还有“初步登高”“蔚然深秀”“肤寸生云”“神州磊落”等即景赋题刻石。

再上不远，就是斗母宫。

斗母宫位于盘道东侧台地之上，东临中溪。临溪砌石成院。院与溪水高低悬殊明显。其西北有龙泉峰，东南有罗汉崖。中溪溪床之上有“三潭叠瀑”玲珑秀景。道路之西巨石之上，有根连两株的卧龙古槐奇观。斗母宫置于群山环抱之中，周围林木茂密，郁蔽深幽，别有一种景致。斗母宫，古名“龙泉观”，创建无考。明代嘉靖年间重建。

整组建筑建于南北窄长地段之上，分为北中南三院。中院西墙辟山门临道。

钟鼓二楼紧接西山门而建，造型玲珑纤秀。山门西侧两旁有石狮一对，石质细腻油润，造型非常生动。中院之内，北有斗母殿3间。上为五脊硬山灰瓦顶，前出廊。雕梁画栋，彩绘斑灿秀丽。殿中原祀斗母神和二十星君神像。传说斗母是北斗众星之母，神像有24个头，48只手，掌心有眼，俗称“千手千眼佛”，“文革”中被毁。后移置明铸智上菩萨铜像一尊，仍有尼姑奉祀。东配殿3间，西与山门相直，东临中溪深谷。前殿后廊，五脊硬山顶与悬山卷棚顶相勾连。前殿为祀神之所，原祀观音、文殊和普贤三菩萨。后廊因观景而设，居内可览中溪景致。南置穿堂3间，与斗母殿相对，过穿堂为南院。南院地形北高南低，成二层台级。南院西北处有角门可与中院相通。南院北有“蕴亭”一座，南有石阶可下至南部低处，院南有一座石砌玲珑水池，取名“天然池”。蓄水以浇院中花木。院内东部，有南北走向的二层楼阁，叫作“羁云楼”。下层为砖石构筑，面西辟门为室与院中南部地基平，作蓄物之所。上层为木构架，歇山卷棚顶。四周围廊，檐柱为石作，内柱为木质。其上层地板与南院北部平，游人可直接步入其室。凭栏可远眺泰城，近观中溪秀色。今辟为茶室。南院中植丁香、蜡梅、木瓜、榆叶梅等，环境幽雅可人。由中院东北角垂花门转北可入北院。迎面有砖砌影壁，中间镶嵌该院僧尼所属佛宗世系图碑。院中北有“观音殿”3间，与斗母殿南北叠立。西有配殿4间，俱为五脊硬山顶。东有“听泉山房”3间，前后廊式，后廊临溪，沿外檐下构置通长窗扇。南北山墙上各辟一门沟通南北侧院。由听泉山房可进后侧院，内有“龙泉亭”3间，周围六根石作立柱承梁，中置石几石凳。北有渡槽引进龙泉流水。这里山林愈静，鸟语泉声时续。其下中溪内高低叠列三潭碧水，溪水流过，可见瀑布三起，甚为秀奇。居此处观山景，赏林色，听鸟语，看溪流，有享受不尽的大自然情趣。

斗母宫整组建筑由一条南北纵长轴线贯通。蕴亭、过厅、斗母殿、观音殿等三院中心建筑，俱在轴线之上。但东侧临溪都别构赏景憩息建筑。寄云楼、东配殿后廊、听泉山房、龙泉亭都向东敞开，尽得中溪一带山色泉林之妙。因此，建筑冲淡了寺院庙观较为严格的布局，增添了浓厚的生活娱乐气息。此处恰是登山盘道到中天门路程的一半。庭院、景色如此宜人，成了登山者中途游览小歇的必临之所，甚至流连忘返，夜宿此处。清代宋思仁曾有诗咏斗母宫夜景：“上方钟磬出云微，斗母宫严静掩扉。满涧松阴尘不到，夜深风雨有龙归。”此处，初为道观，后易僧尼主持，曾有一番兴盛“清末光绪时尚盛。幼尼皆妙婉秀丽，解文字，衣装如美少年。其室宇陈设饮食供客，极其豪奢。故游客多乐而忘返”（《新刻泰山小史》），《老残游记续集遗稿》中对此曾有过生动详细的描述。

出斗母宫，历高老桥，至三官庙不远，登山盘道北向。另有一条石砌护墙盘路伸向东北方向。两路分叉处，东侧路旁立一自然石，上刻行书“经峪”二字。向东远眺，又见一座四柱四方石亭矗立于隔溪岭巅。那石亭东去不远处就是泰山刻石奇观——经石峪。

循路东行，越溪涧，登上岭巅。未见经石峪，先临“高山流水之亭”。亭额题：“源头清水”。立柱之上镌刻对联：“天门倒泻一帘雨，梵石灵呵千载文。”经石峪，又称“暴经石”“经台峪”“晒经石”“石经峪”。自清以来，多称其为“经石峪”。在一片数亩的石坪上，东北至西南向，刻写着《金刚般若波罗蜜经》文。书体从隶，字大如斗。每字直径大都在50厘米，共29行，每行9～28字。经多年风雨剥蚀至今尚存1043个字。历代金石学家从其书体结合历史多方考察，多数认为此石系北齐人所书。经石峪为世间写经最大的石刻。书法遒劲有力，字体雄奇壮观，被誉为“大字鼻祖，榜书之宗”，堪称中国古代珍贵的历史文化瑰宝。李志敏先生在《泰山碑刻赞》一文中曾有论述：“泰山经石峪金刚经刻石介于隶楷之间，在书体中占极其显著的地位。这一驰名中外的刻石，体制雄伟（占地面积为2064平方米）。字大如斗，历来被视为‘大字之鼻祖’‘榜书之宗’。康有为《广艺舟双辑》云：‘榜书亦分方笔圆笔也，亦导源于钟、卫者也。经石经，圆笔也。白驹谷，方笔也。然自以此经石峪为第一，其笔意略同于郑文公，草情篆韵，无所不备。雄浑古穆，得之榜书。较观海寺尤难也。’该石刻于北齐天保（550～555）间，体势开张宏阔，大气磅礴，古劲深雄，丰润浑穆。书兼篆、隶、楷、行、草各种笔意。唯默契秦汉风采，奄迈魏晋风规，始能达到此种境地，成为擘窠大字的典范。”为了保护经石峪石刻，国家拨专款修建了四周石栏，以防止人为践踏性的破坏。经石峪石坪上还有多处题刻，诸如“暴经石”“千古奇观”“枕流漱石”“泠然清韵”等。还有“人不点头空设法，石能暴腹也传经”的长句，其西北陡峭石崖上有摩崖刻石多处。其中有雨溪山人书的“高山流水亭石壁记”。高山流水亭原立于此石东北，1965年移立于现址。对于此亭易址，陈青慧在《泰山古建筑考察研究》一文中曾表示遗憾：高山流水亭“位于斗母宫东北方向。为观经石而筑，是登山途中的小插曲。原基址与环境结合极佳，‘瀑流千派，飞喷字面，上构石亭一，宽容数人。危壁在后，雪浪在前。每风鸣雨响，万籁俱怒’。如今可能因筑水库，护经石，改溪流，而迁亭址。故此，亭址意境不如以前。只是群山环抱一石亭，翠绿丛中一点金。仅闻溪水潺潺过，不见浪花与石经。”陡峭石崖上还有郭沫若1961年所写咏经石峪的诗：“经字大于斗，北齐人所书。千年风韵在，一亩石坪铺。阅历久愈久，摧残无代无。祇今逢解放，庶不再模糊。”游人至此，凭栏放目，字映眼帘，遐思万千。

复循登山盘道北行，刻石不绝于途。有“万古凌霄”“我亦登临”“云路”“放怀”“万笏朝天”“仰之弥高”“曲蹬盘云”“天衢”等语，多为触景即兴题刻。

跨东西桥子，越总理（指孙中山）奉安纪念碑，只见盘道两侧，古柏参天，森荫蔽日，形成一条苍翠的林荫道。人行其间，如入洞中，故名“柏洞”。南面起处，有“柏洞”刻石镶嵌于盘道东侧石崖之中。

穿“柏洞”不远，迎面又是一座城楼建筑跨盘道而立，这是壶天阁。

壶天阁选址在山间小台地上。东、西、北三面环山，东为十峰岭，西为九峰山，北为“回马岭”。三面郁闭，山势若壶，故名壶天阁。壶天阁南向，下层中为石砌券洞门户。洞门上额，匾题“壶天阁”三个字。门旁镶嵌两副对联。内联为“登此山一半已是壶天，造极顶千重尚多福地”；外联为“壶天日月开灵境，盘路风云入翠微”。洞顶平台上建殿阁3间，黄琉璃瓦九脊歇山顶，南向有廊。平台边砌十字露孔砖墙，东侧有台阶与下层相通。阁北有元君殿3间，其门与壶天阁洞门相直。内供奉碧霞元君铜像。壶天阁，西有依山亭3间。中间南北辟门，南通一平台花园，北对登山盘道上的回马岭坊。院内古柏参天。东北石崖陡壁上有乾隆御笔诗刻。登山者由南面迂回登入，从西北角而出，形成一条“S”形路线。壶天阁红墙黄瓦掩映于翠柏绿树之中，人们登上此关只见依稀青天，俨然“登天”途中再上一重天。壶天阁巧借地势而设玲珑迂回布局，达到了“进壶天参拜元君，依山亭歇足观景，回马岭坊示崎岖，毅然起步登山顶”的意境效果。

由回马岭坊再上，登山盘道愈加陡峭。回马岭，又名“瑞仙岩”，旧名“石关”。重峦叠嶂，很难行走。《岱览》有记：“是岭岌嶪陡绝，车骑不可前驰”，“登山者至此，不得不解铁獭而扶青猿矣”。途中有“峰回路转”刻石。继续向上前行东向，迎面有金星亭一座，五脊灰瓦四坡顶。红墙四角处有石角柱，造型古朴。盘道由此左拐，又见三大士殿依山面南而立。登上步天桥，翘首北望，可见中天门建筑群立于高崖之上，即可见又不可及。登山者至此，无不为之振奋。其后为“十二连盘”。急于成功者，不觉脚步急连，谁料此间距离虽短，但盘道叠升，陡立明显。登上中天门，人人莫不汗流浃背，气喘吁吁。登泰山盘道行程至此已经过半，唯有壶天阁以上始觉艰辛。

中天门位于黄岘岭脊之上。岭因“土色黄赤异于他处”而得名。这里恰是由泰山南面正盘上升的中天门断裂形成的台阶地形。黄岘岭海拔800余米，突起于泰山主峰前怀。北望可见泰山主峰峭立如嶂，南天门若有若无，千级天梯高悬；南眺又见群峰低首，徂徕如丘，汶水如带；东有中溪山势压群岭；西有众峰吐翠，逶迤连绵。登山到此，已升“半天”。目光四至，视野开阔。景观各异，美不胜收。始觉天地之宽，泰山雄伟。

中天门古建筑早圮，唯有复修过的中天门石坊（亦叫二天门坊）斜向耸立。面东南以迎来者，向西北为送登者。虽立于岭脊平台正中，仍不失跨道而筑之坊。泰山管理部门围绕中天门坊建成了几座仿古亭阁，供作旅游服务之所。这里原是东西两路交汇之处，自从修通了泰山公路，西路蜿蜒山道已经不太畅通了。中天门附近，近几年增添了几处建筑物：西面建成中溪宾馆、索道站，东面中溪山巅架起重檐六角慈恩亭，北有玉液泉宾馆，中天门停车场。这里由于楼阁四起，大大冲淡了原来的意境。尤其是索道站，毁誉参半。匆匆飞上又飞下，它为一部分人很快实现了登临泰山之巅的梦，却又破坏了泰山的自然风貌，也使游人难睹泰山全面风采。

中天门以北，又有盘道迭下，被称之为“倒三盘”。盘道东侧累立巨石上有几处题刻。其中有1932年，吴迈欲唤醒国人爱国之心的五言绝句：“接踵过中天，高山群仰止。为问熙攘人，曾否忆国耻？”其南有黎玉书刻“中华精神”。其北为蔡懋星题刻“保障平原”。

沿路前行，到盘道处再登，登山者又入峡谷之中。几盘石阶之后，步入一段平坦土路之上。路旁林木茂密，蔽日成荫。至此，已履数千石阶的人们顿觉足平、体轻，心情舒坦。这段土路并不很长，但在登山攀高之中实属难得，故名“快活三里”。有人因此十分感慨：“人情轻便易，世路重艰难，不走巉岩路，谁知快活三？”更有人大书岩壁“快活林”“逍遥游”“登欢喜山”“妙极！”

快活三里北行，盘道渐升，前面不远处就是云步桥。其间山峰突起，陡峭对峙，累累巨石。或立于道旁，或置于谷溪之中。刻石遍布，有“蛟龙石”“斩云剑”“从善如登”“若登天然”“既雨晴亦佳”等短句，又有“愿同胞努力前进，上达极峰，独立南天门。高瞻远瞩，捧日拏云。可以张志气、拓胸襟，油然生爱群拯世之心。感斯山之固，国家柱石。曰岩曰峻，巍然吾民族之威棱”之长语。有的点石为景；有的触景生情；有的寓景于理；有的发浩然之气，刻石内容十分丰富。再前，忽见溪谷升起，石崖突立，瀑布飞溅，珠玉万千。一座单拱石桥跨溪东西，桥上构栏正中书题“云步桥”。桥东依山有座全石构筑四柱攒尖方亭，名叫“观瀑亭”，又名“酌泉亭”。两面立柱上都镌题对联。其西向：“风尘奔走历尽艰辛思跪乳，因果研究积成功德敢朝山”，“跋险警心到此浮云成梦幻，登高极目从兹俗虑自销沉”。其北向：“且依石柱观飞瀑，再渡云桥访爵松。”置身桥上看飞瀑，只见峭崖之上珠玉飘洒，一片银白，疑是“银河落九天”！崖上有“飞泉挂碧峰”“千古清秀”“霖雨苍生”“河山元脉”“涤虑”“泉清自洁”等石刻。此崖名“百丈崖”，又叫“飞瀑岩”。崖上石坪之中有柱础遗迹。传说宋真宗登封泰山时曾驻跸于此，月夜赏景，故名“御帐坪”。这里松翠、瀑鸣、山青、水秀，景色迷人：“绝壁临大壑，飞流千尺下。松涛与水声，喧寂不相假。石色漾月影，寒飙涤炎夏。坐久风雨来，松花任飘洒。”（赵国麟《御帐坪》诗）

御帐坪西有五松亭。亭筑砌石成院的西部，面阔5间，四周围廊，上为歇山卷棚顶。亭以五大夫松得名。院中有古松两株，龙干虬枝蟠蜿屈展，郁荫半院，十分壮观。“五大夫松”之名是由《史记》所载“（秦）始皇之上泰山，中阪遇暴雨，休于大树下”演义而得。宋代许观著《东齐纪事》叙述甚详：“秦始皇上泰山，风雨暴至休大树下，因封其树为五大夫。初不言其为何树也。后汉应劭作《汉官仪》始言为松。盖松在泰山小天门，至（应）劭时犹存，故知其为松也。五大夫，盖秦爵第九级。如曹参赐爵七大夫，迁为五大夫是也。后人不解，遂为松之封大夫者五。唐人松诗有‘不羡五株封’之句，盖循习不考之过也。”这里“松旧有二株，苍秀参天。四周碧石栏，根无土，蟠于石上。（明代）万历三十年，泰山起蛟遂失松所在，以为化龙去”（《泰山纪事》）。到了清代雍正年间，丁皂保补植五棵松树于此，有碑立于院中。现存院中两棵古松即为丁皂保补植之松。并立石坊一座：“今（指清代）新栽五松，有坊额曰：‘五大夫’，皆好事者为之。坊即小天门。”（《泰山道里记》）1983年泰山管理部门复立“五大夫松”石坊于院东盘道之上，以志其景。石坊西南有巨石当道，题刻“飞来石”。五松亭周围岩壁石刻数处，多颂“秦松”。亭后西北高崖处有古松一株，树身前仰，有长枝伸出似招示其下攀登之人，故名“望人松”，是泰山胜景之一。

前有“朝阳洞”，位于盘路西侧，南向。洞内正面石壁上有线刻碧霞元君之像。崇神者常常焚纸于内，终日香烟缭绕。与朝阳洞隔溪相望，东北御风岩危峭青壁之中，有一块巨大刻石悬于其上，字迹隐约可见。这是乾隆皇帝御题《朝阳洞诗》刻石，俗称“万丈碑”。因为刻石选点突出，人们远在泰城，甚至火车站都能目视所及。

过朝阳洞北行不远，即入对松山中。此山又名万松山。只见东西两峰夹路，万松碧甲披于峰岩危石之上。两山多绿，风吹松吟，十分秀奇。《岱览》一书胜赞其美：“两峰翼径。敷岩被壑无杂树，唯虬髯龙甲对舞，交吟于风涛云海之中，不知其几千万重也。”“独此苍崖翠粒增乔岳之奇秀，南天门外第一佳胜。”“登乎泰山下临千仞之渊，上荫百仞之松。萧萧然，神王乎？一丘矣。”其景千年，赞语纷示于途：“风涛云壑”“至此又奇”；“从此看山”“松云绝壁”；“与天地参”“万境皆空”；“空翠凝云”“群松排岳”；“举足腾云”“景胜山雄”“千山闻鸟语，万壑走松风”；“梦游天地外，身坠烟霞中。愿举饱腹稿，万古开心胸”。对松山中间，盘道西侧依山高筑一亭。东向设门窗，南北辟圆窗，上承歇山卷棚灰瓦顶。临亭纵目，可见万松叠翠，碧海生波，蔚然秀美。与对松亭隔溪相对的摩崖题刻之中，可以觅得乾隆皇帝亲笔题写的诗句：“岱宗最佳处，对松真绝奇。”

对松山以北，登山盘道劈石而进，两边残岩立削若门，此处称之为“开山”。登山到此方才进入“十八盘”。对松山饱览泰山秀奇，十八盘倍觉泰山险雄。盘道沿石壁峪底部步步延伸，崎岖盘旋而上。两侧峰岭渐高，峭岩壁立，夹道空间愈窄。东为飞龙岩，西是翔凤岭。盘道尽处，南天门雄峙峪口。登者“仰视天门，窔辽如入穴中视天”，陡峻险奇。由开山到南天门行程不足1公里，垂直高度400余米，十分陡峭。汉代时，这里并无盘道：“赖其羊肠逶迤，名曰环道。往往有絙索，可得而登也。两从者扶挟。前人相牵，后人见前人履底，前人见后人顶，如画重累人矣，所谓磨胸捍石，扪天之难也。”“后易以铁索而盘皆密级。”（《泰山道里记》）正如岩壁之上题刻“上天梯”“天门云梯”之语。

沿道刻石集中，多是歌颂雄伟，鼓励人们奋力攀登之词。十八盘共有1633级，79盘。民间有“紧十八，慢十八，不紧不慢还十八”之语。言其攀登艰苦，不能轻易而就。盘道之中有一石坊矗立于南天门之下，坊额题刻“升仙坊”。由升仙坊到南天门还有盘道473级。道坡陡立，攀登愈难。人们登此，常有手脚并用者。这里是登山盘道中最艰难处，被称之为“紧十八盘”。至此，仰首可见南天门雄关，近在咫尺。胜利在即，精神为之振奋。当你征服了十八盘，奋力登上南天门，仰首天外，高吟雄关之上“门辟九霄仰步三天胜迹，阶崇万级俯临千嶂奇观”的对联、唐人李白“天门一长啸，万里清风来”的佳句之时，就会感慨万分，欣喜若狂。

游泰山东路虽然需要付出汗水，却给人们雄奇的山色，丰富的景观。

泰山盘路给你艰辛，更给你精神。

登泰山不至东路，枉此一行。

第三节　极顶揽胜

岱顶游览区主要指南天门以上，围绕泰山极顶的自然风光和人文景观区域，面积约0.6平方公里。另外还包括主峰北去不远的后山“奥区”——后石坞景点。

泰山雄峙齐鲁。置身岱顶，“凭崖览八极，目尽长空闲”，可得大自然赋予泰山的奇异风姿。旭日东升，晚霞夕照，黄河金带，云海玉盘等泰山奇观会使人如醉如痴。岱顶又是几千年来人类社会不断营构的“天府仙境”。那镶嵌于陡崖山巅的天阙琼阁，又有说不尽的神话传说，更令人感叹不已。这里人间天上，天上人间。神采风韵，奇妙无比。

南天门，即三天门。其势如《泰山小史》所云：“三天门在十八盘上。高插霄汉，两山对峙。万仞中鸟道百折，危级千盘。松声云气，迷离耳目衣袂之间。俯视下界则山伏若丘，河环如蚓。天空地阔，无可名状。”南天门西南下有石室一座。室内西面石壁上刻有《天门铭》，是元代杜仁杰记述南天门构筑经过之文："泰山天门，无室宇尚矣。布山张炼师为之经构，累岁乃成。可谓破天荒者也。"这里，自元代构筑室宇以来，天门愈雄："磴道盘空，一关独启而朝天有路！"（《泰山图志》）

进入南天门后，迎面是一座面阔五间，硬山五脊顶的殿宇，这即"未了轩"。名取杜甫《望岳》诗句"齐鲁青未了"之意。这是1965年在原来关帝庙旧址上新构建筑。其前廊下还有一通后人镌刻的关公竹叶藏诗碑。其屋顶呈铁红色。这是因为顶上所用仰瓦、筒瓦均为铁铸做成所致。内有明代所铸东岳大帝的神像。1984年，又在未了轩左右复建了东西配殿，形成了一座四合庭院式关阙。未了轩后面新辟小广场，周围石砌护栏。人们凭栏北望，可赏万岭卧伏的碧绿山色。西去不远，可见危石峭立若墙，中间有一个空缺处如门窦大开，此即"西天门"。西天门南面山峰上，矗立一座四柱石亭，这是月观峰，又名望府山。因为夜清月朗之时，西望可见济南灯火，故名。这里也是观赏泰山四大奇观之一的"晚霞夕照"的好地方。每每夕阳欲下的时候，登临岱顶的人们，放眼西望，可见夕阳如血。如圆似球，把云霞尽染，五彩缤纷。云缭霞缝之中，金光四射，岭头峰巅镶嵌上一层发亮的光环。到处是浓彩重抹，一片金赤满天。真不知"谁持彩笔染长空，几处深黄几处红"。

由小广场东去，拾级而上即是天街。街头矗立着一座四柱三门高大石坊。这是1986年重建的"天街"石坊，由武中奇题额。在这里，旧社会一些贫苦的山民曾沿道北搭起一排茅草小店，接待朝山进香的善男信女，以糊口养生。他们多在门户悬挂物件以示店名，香客也就以此区别店家，分别称呼他们为"棒槌家""金钟家""鹦哥家"等等。现在，泰山管理部门仿照"天街"意境规划改建了这条街，拓宽了路面。在原来的茅草小屋旧址以北，建起了一排毗连错落的阁楼廊舍，开设了商店、饭店和旅馆，犹如天府街市。

天街中段，蓬元商店附近，有石阶行道下去，转入山崖西南。其崖石东向，似一只低垂的象鼻，上有题刻"象鼻峰"。循崖下小道西去，可见一个砖砌拱形的洞口，上题"白云洞"。洞口有篆书对联："品物流天万民所望，山泽通气百谷用成。"这里，夏秋之间常有白云缭绕，故名。其实，这是崖峰南向，危岩多窍，洞内空气湿润所致。此洞又名云窝。象鼻峰之东另有"青云洞"。

沿天街东行，有一座双柱单门石坊立于道路北侧，额题"望吴圣迹"。这是取《韩诗外传》中有关孔子的故事而立的。相传孔子登上泰山看到了吴国（今苏州）阊门外系有白马，于是问弟子颜渊看到什么？颜渊回答他看到的是吴国阊门外有一匹白绢。于是就有人附会传说，讲马以“匹”作量词是从这个故事开始的。对此传说，东汉王充在《论衡》中提出了疑问：“物大者易察，小者难审。使颜渊处阊门之外，望太山之形，终不能见。况从太山之上，察白马之色，色不能见明矣。非颜渊不能见，孔子亦不能见也。”

过望吴圣迹石坊北行不远即是孔子庙故址。庙貌残破，仅存庙门。庙门两侧墙壁上镶嵌有一幅石刻对联：“仰之弥高，钻之弥坚，可以语上也；出乎其类，拔乎其萃，宜若登天然。”孔子庙以北有崖峭立，上有题刻，叫作“孔子崖”。

望吴圣迹石坊东北，岩石上有明人题刻“振衣冈”三个大字。其上为鲁班洞，再上有1984年重修的方形高台，四面辟门而中通。上复为台，此为北斗台。取“泰山北斗”之意。其东有黑丽巨石，上镌“天柱峰”三字。附近有宋人刘衮题刻。相传此处即秦始皇登泰山刻石记功之处，有题刻“斯碑岩”。

天街东首，又见盘道陡升，上入一座崇丽宏伟的古建筑群。这即碧霞祠，是碧霞元君的上庙。根据《岱史》记载：“宋（代）建昭真祠。金（代）称昭真观。明（代）洪武中重修，号碧霞元君。成、弘、嘉靖间拓建，额曰：‘碧霞灵佑宫。’”关于碧霞元君的来历，众说不一。清代顾炎武在《日知录》中所记述：“泰山顶碧霞元君，宋真宗所封。世人多以为泰山之女。后之文人知其说之不经而撰为黄帝遣玉女之事，以附会之。不知当日所以褒封，固真以为泰山之女也。今考封号，虽自宋时，而泰山女之说则晋时已有之。张华《博物志》：‘文王以太公为灌坛令，期年风不鸣条。文王梦见有一妇人当道而哭，问其故，曰：我东海泰山神女，嫁为西海妇。欲东归，灌坛令当吾道。太公有德，吾不敢以暴风疾雨过也。文王梦觉，明日召太公。三日三夕果有疾风骤雨自西来也。文王乃拜太公为大司马。’此一事也。干宝《搜神记》：‘后汉胡母班尝至泰山侧，为泰山府君所召，令致书于女婿河伯，云：至河中流叩舟呼青衣，当自有取书者。果得达。复为河伯致书府君。’此二事也。《列异传》记蔡支事，又以天帝为泰山神之外孙，自汉以来不明乎天神、地祇、人鬼之别。一以人道事之。于是封岳神为王，则立寝殿为王夫人。有夫人则有女，而女有婿又有外孙矣。唐宋之时，但言灵应即加封号，不如今之君子必求其人以实之也。”由此可知，碧霞元君是神道设教者附会杜撰之神，根本无确凿出处。

碧霞祠坐落于极顶前怀之中。北、东有峰峦为屏，南临悬崖，西近天门雄关。盘道由东西神门沟通，成为登临极顶的一个门户。这座高山建筑选址之妙恰如《重修碧霞宫碑》所记：“神庙在兹。日月之峰，拥层峦之秀。左则岳顶之峻极，右则天门之开朗。历选名胜之所，无逾此境之妙意者。”

碧霞祠整组建筑沿南北轴线对置。由神门、大山门、香亭、正殿依次坐落于纵轴线上。东西神门、钟鼓二楼、左右御碑亭、配殿对称地分立两侧。整组建筑布局十分规整。南神门分为两层，下层为石砌方形门洞。有石阶南下可达火池、照壁。宽大照壁上题刻“万代瞻仰”四个大字。上层筑有歌舞楼3间，歇山卷棚顶。南墙上有三个月亮圆窗。北面无壁，向院内敞开。东西神门也是两层。下为石砌圆拱形门洞，上筑阁楼3间。东西各有石阶可通山门外院。其北紧依钟鼓二楼。钟鼓楼均为方形重檐五脊歇山顶楼阁。其上又起台级，5间高大的山门居中而立。中柱式九脊歇山铁瓦顶。正中辟门上悬“碧霞祠”匾额。两端间分立4个铜像：青龙、白虎、朱雀、玄武。个个正襟危坐，二目圆睁，十分威武雄壮。进山门为内院，东西各有亭阁构筑，如钟鼓楼。其内，各树立一通清代乾隆皇帝御题之碑。其碑石质晶亮莹润，因明代铜碑称为“金碑”，这两通碑则呼为“玉碑”。故此两亭被称为“玉碑亭”或“御碑亭”。其北各有配殿3间，均为五脊硬山铁瓦顶，前出廊。内祀“眼光奶奶”“送子娘娘”铜质神像。院内正中为“香亭”。方形九脊歇山黄色琉璃瓦顶，四周环廊。内祀碧霞元君铜质神像。岱庙内铜亭最初构立于此处，搬下山后，又筑今亭。相传旧社会香亭后面的正殿并非日日常开，一般香客多在此跪求神灵。香亭南侧，各有一座铜碑，俗称金碑。东为明代万历四十三年（1615）所立《敕建泰山天仙金阙碑记》。西为明代天启五年（1625）所立《敕建泰山灵佑宫记》碑。铜碑南面台下各有一座铜铸焚纸之器，西名“千斤鼎”，东称“万岁楼”。正殿5间，九脊歇山铜瓦顶。上有瓦垅360行，借喻一年360天周而复始。瓦垅端处都立有一条铜铸飞龙。大脊之上铸有二龙戏珠图。顶部构件俱为铜铸而成。恐难负重，大殿四角正檐下都有一根立柱承扶。顶上大脊鸱吻一件，就有一吨多重，由此可见当年铸造构筑工艺之高。殿内天花藻井，富丽堂皇。正中神龛仍供奉碧霞元君铜像。左右神台之上也端坐“送子娘娘”和“眼光奶奶”铜像。正中神龛上方高悬乾隆皇帝题匾：“赞化东皇”。整个建筑群雕梁画栋，遍施彩画，十分雄伟壮丽。碧霞祠内铜铁铸件俱是明代所冶制：“恐凌空壁立，易为风雨所剥蚀。故陶土为砖，冶铁为瓦，覆仰比次，务为坚确。”（《修碧霞灵应宫碑》）实在是高寒地带永久性建筑的范例，堪称我国高山建筑群的杰作之一。这组建筑空间可划分为二：山门内院封闭严整，富丽华贵，井然有序；山门外院秀丽开敞，高雅明亮，歌舞升平。在这里，既有神灵设道的威严，又有与民同乐的逍遥。这种意境在碧霞祠的布局、选材、造型、装修各方面都有所反映，真不失为高山建筑中的优秀作品。

出碧霞祠东神门，北有一座仿古建筑的四合院。此为清代东公署旧址，是收取香税的总巡官所居之处。康熙年间为更衣亭，乾隆年间拓建为驻跸亭。（早圮）。此组建筑是1978年国家拨款重建，现为神职人员所居。

碧霞祠东南有怪石突立，形似一只雄狮状，故名“狮子峰”，也称“宝藏岭”。

在碧霞祠附近，倘若有缘，你可一睹泰山云雾奇观——“碧霞宝光”：“碧霞宝光即气象上的‘峨眉宝光’或‘佛光’。在早晨或傍晚，人站在山上，前面是弥漫的密云浓雾，阳光从背后照来，人影或头影出现在云雾幕上，周围还有一圈彩色的光环，好像佛像头上的光圈，故得名‘佛光’。佛光是太阳光在密云浓雾的孔隙中发生衍射分光作用而形成的。宝光光环内蓝外红，绚丽夺目。泰山的佛光因多出现在碧霞祠上空而得名。观赏碧霞佛光必须选择半晴半雾的天气。早晨到上午，应站在泰山东部的阳光下，朝西面碧霞祠上空的雾幕上观察。下午到傍晚则应站在泰山西部的阳光下，朝东部的雾幕上观察。而且离雾幕不能太远，才可能观察到比较罕见的‘佛光’。”（刘继韩《泰山的旅游气候资源及其评价》）傅先诗曾在《山河齐鲁多骄》一书中抒发了他看到碧霞佛光时的心情：“啊！果然一个巨大的五彩缤纷的光环，呈现在面前。它的彩带边缘还搭栅在碧霞祠的檐角上呢。彩带呈现出红、橙、黄、绿、青、蓝、紫七色，绚丽极了。最外一层的艳红光圈如斑斓的日珥一样，光彩夺目。在巨大的光环中还有人影攒动，这是我们自己的影像。人们激动得手舞足蹈，光环中的影像也随着在招手。此时此刻，我情绪激昂，真有点‘目睹宝光惊心魄，飘飘欲飞成仙人’了。这时候，白云飘忽、雾气氤氲，光环时隐时现，时浓时淡，开合幻化。我忘情地望着这灵丽的光环，目光随着光环徐徐地移动着。”

泰山佛光出现多在6～8月之间，每年6次左右，并不多见。

由碧霞祠东去，有小路可达瞻鲁台，即舍身崖。而沿盘道再上可至极顶。

沿盘道缓缓而上，不远处有一片宽阔的空地。地面之上，依稀可见殿屋基址。这即东岳大帝的上庙，已圮。仅有一碑独立其中。北东两面都是陡崖之墙，这即“大观峰”，又名“唐摩崖”。其上，唐玄宗御书《纪泰山铭》最为壮观。刻石高11.3米，宽5.3米，体制崇高宏伟。通篇字体为八分隶书，秀劲绝伦，为稀世珍宝。《述书赋》称赞唐玄宗书法为：“开元应乾，神武聪明，风骨巨丽，碑版峥嵘，思如泉而壮风，笔为海而吞鲸。”1982年重新贴金。青岩壁立，金光璀璨，十分壮丽夺目。宋摩崖刻于大观峰东南立壁上，其名为《真宗述功德铭》，是仿唐玄宗所为。高约8米，宽4米，气势稍逊于唐摩崖。后人又题“德星崖”诸词于其上，致使宋摩崖残毁不全。唐摩崖周围题刻多处，书体不一，各具神韵。其中有康熙皇帝所题“云峰”二字，乾隆皇帝御笔《夜宿岱顶诗二首》。还有“青壁丹崖”“与国同安”“尊崇”“弥高”“天地同攸”“置身霄汉”“呼吸宇宙”等即景抒情之词。

大观峰西盘道再起之处，道南有一石突立，约1米余。上有题刻，北为“聪明正直”，南面书“一拳石”。

拾级再上，盘道西侧有殿宇毗连。这里旧为两处庙宇，东为“青帝宫”，西为“神憩宫”，内曾祀碧霞元君卧像。均已圮，现在都是复建之物，只是保留了其中一部分的殿堂布局，成为岱顶宾馆的一部分。

前面不远即是极顶峰巅。循道路曲折而上，周围巨石累立，题刻遍布：“天路非遥”；“五岳独尊”；“蹑云捧日”；“深远高大”；“超然尘表”；“俯察万类”；“万法唯识，登峰造极”；“俯视九州自高下，仰观万象时有无”；“只有天在上”。

玉皇庙建于泰山极顶——天柱峰上，故又称“玉皇顶”。盘道自东南上，山门南下成一平台，四周筑以十字露孔砖墙。平台北面矗立三石。中间一石巨大高耸于山门正前。呈方形，下宽上窄，四边稍有抹角，上承以方顶，中突，有柱顶。高6米，宽约1.2米，通体无字。这即世传泰山无字碑。此碑为谁所立，有两种说法，其一认为秦始皇所立。此碑东侧有碑，上题七绝一首：“莽荡天风万里吹，玉函金检至今疑。袖携五色如椽笔，来补秦王无字碑。”其二认为此石系汉武帝所立。清代顾炎武在《考古录》中认为：“岳顶无字碑，世传为秦始皇立。按：秦碑在玉女池上，李斯篆书。高不过四五尺，而铭文并二世诏书咸具。不当又立此大碑也。考之，宋以前亦无此说。因取《史记》反复读之。知为汉武帝所立也。”“《封禅书》云：（汉武帝）东上泰山，泰山之草木叶未生，乃令人上石立之泰山巅。”“此无字碑明为汉武帝所立，而后之不读史者误以为秦耳。”郭沫若从其说，有诗刻立于无字碑之西：“夙兴观日出，星月在中天。飞雾岭头急，稠云海上旋。晨曦光晦若，东辟石巍然。摩抚碑无字，回思汉武年。”

玉皇庙是一座由山门、玉皇殿、迎旭亭、望河亭、东西配房组成的四合院。山门单间南向，石砌拱形门。上镶门额：“敕修玉皇顶”。玉皇殿3间，硬山五脊灰瓦顶，前出廊。内祀明铸玉皇大帝铜像。“迎旭”“望河”二亭俱为硬山卷棚灰瓦顶，前后出廊。院中央为极顶石，四周围以石柱。院西北侧有碑刻“古登封台”。玉皇殿后有矮墙绕砌，人们立此北望，可眺后山景色。西北方向山脊上有石坊一座，即北天门坊。石坊前有条蜿蜒山道东去，那就是到后山石秀松奇的自然“奥区”——后石坞之路。

玉皇庙是泰山的最高处。这里既是古代帝王燔柴祭天，行告成之礼的地方，又是东观“旭日东升”，西观“黄河金带”泰山奇观的最佳处。极顶冠以庙观，庙貌耸立峰巅，突出了泰山极顶的所在，形象更加巍峨。极顶石突立于院中，又见自然之峰于小天地之中，加深了人们对极顶石的印象。庙得峰高，顶得庙小。无怪乎古人有诗感慨：“地到无边天作界，山登绝顶我为峰。”

天高气爽，新霁无尘之时，恰是登临玉皇顶，观赏泰山奇观“黄河金带”的最好时机。举目远眺，可见泰山西北层峦叠岭的尽头，有一条金黄色的彩带由西南向东北延伸，直至天际。这就是滔滔东去的黄河水。登高放眼，黄河如带。河川如此大，泰山小天下。这也是泰山奇景之秀。

玉皇庙前，沿一条步游路西行不远，有一巨石矗立路旁，很像一位老态龙钟的长者。上题“丈人峰”三个大字。由此人们自然而然地联想到传说中张说借唐玄宗封禅泰山之机，将女婿郑镒由九品跃升五品的故事。

在玉皇顶东望，不远处有一组仿古建筑。北首是一座重檐六角亭。六角亭南接一排长亭，全部东向开窗。这就是建于日观峰上的观日长廊。六角亭下东北处不远，有一巨石翘首北望，若金蟾蹲踞状，也如一老人垂手北躬而拜。因此，巨石得名“探海石”，也名“拱北石”。每每拂晓日出之前，探海石上总有人翘首东望，以待日出。这巨石既是岱顶一奇景，又是泰山的一个标志。

下玉皇顶，由大观峰上至日观峰，沿途石刻颇多。有“孔子小天下处”“首出万山”“拔地通天”“飞仙驻足处”“长伴白云居”“只有天在上，更无山与齐”“唯天为大”“烟横云倚”诸语题刻，俱颂泰山“雄”“高”之妙。

拱北石所在的日观峰，和玉皇顶一样，都是观日出的理想之地。一年365天，但有一线希望，在拂晓晨曦之前，这里总是人群密集，蚁拥蜂攒，盼得“旭日东升”。

旭日东升，是泰山最壮丽的自然奇观之一。每当天高气爽，在曙星渐没的拂晓，东方的天空渐渐泛起粉红色的霞光。这霞光又渐渐地变浓变深，先成为橘红，又成为鲜红，越来越红，越来越亮。广阔无垠的天空和大海，渐渐地被金色的霞光溶合在一起。这时，一轮红日从水天一体的苍茫远方冉冉升起。霎时间金光四射，群峰尽染。天地山峦，一片金光璀璨的壮丽景象。唐代丁春泽《日观赋》中尽述泰山日出之妙观：“泰岳东南，峰开一室，旁接天路。低临晓日，阴霾玉兔，动霄汉之微明，晓报天鸡，越氛埃之迴出。初，其暝色葱茏，悬崖倚空。独出清虚之外，遥分莽苍之中，隐雾犹白，经天渐红。披草树以灯乱，耀波涛而血融。及夫林岭寒消，烟云色变，星河寥落以初没，峰峦逦迤而徐见。火动山顶，轮移水面，穿暗隟以飞镜，历幽窗而走电。至若门宇萧条，霜空泬寥，暗开曙景，暖入残宵。扬晶彩以艴艴，散芒角而飘飘。露洒交薄，风牵影摇。望极天涯，生从地表。扶若木之历历，出阴山之杳杳。万壑收暝，千岩送晓，消古砌之晴雪，动寒庭之宿鸟。遥空泠滑，伤寸晷之难留。碧嶂岧峣，望孤光而渐小。拔地生疾，腾空影斜，气乱山烧，光分水花。绝壁孤危，觉灵海之津狭，炎辉咫尺，信长安之路赊。既而背阳谷以徐来，泛园灵之不碍，蒙水气以珠暗，露松阴而璧碎。霞色收绵，天风敛黛，披云阙以斜视，豁天门而俯对，依崖乍吐，威生齐鲁之间。过岭逾明，煦及草茅之内。由是远挂寥落，高辞绝溟，万象焜煌而毕照，六龙夭矫以无宁。安得足踏耸峭，手扶青冥，陈白昼之苦短，愿阳乌之暂停。”

登泰山者都希望自己能见到泰山日出的壮丽奇景，但如愿者并不十分多。这其中原因是多方面的。通常在岱顶向东眺望最大视野距离为141公里，而岱顶距最近黄海海面也有230公里之遥。因此，只有在大气产生折光在52′以上，人们在岱顶上的视野才可达到海面。大气产生折光必须具备两个条件：一是根据日出方向角、地球公转速度以及海面的位置和距离证明，只有在夏至前后各约31天和冬至前后各约47天内，方有可能见到海上日出；二是在这156天内看日出，必须是无风或微风的晴夜，利于气层形成上暖下冷的逆温，使空气密度上疏下密，从而有利于大气产生折射。因此，登山者要想有较大把握看日出，最好在上述时间内，选择风和日丽，特别是晴朗无云的日子登山为宜。同时，泰安雨季多在6月28日至8月26日之间，显然看日出较理想的夏至后的31天中，看到日出的机会大为减少。不过这时间登山，倘若遇上雨过天晴，可观云海上的日出，也十分壮观：天空霞光四射，彩云绚丽，冉冉升出的红日跃出万顷云海雪涛之上，“浴海而丽天”，更使人们为之倾倒。

在岱顶不仅能看到日出，有时还能看到世界上难得一见的日珥。日珥是太阳表面上喷射的火焰状炽热气体。其他地方只有在日全食时，人的肉眼才能得此壮观。明代文学家于慎行曾描述了他在泰山看到的日珥情形：“顷之，平地涌出赤盘，状如莲花，荡漾波面而烨炜不可名状。以为日也！又一赤盘大倍于先所见，侧立其上，若两长绳左右汲挽，食顷乃定。”山东师范大学地理系孙庆基教授也于1962年夏季在泰山上看到了日珥：“突地从地平圈上喷发出两个红色强大的火舌，初露时是烛焰状，下宽上窄，玫瑰色，下浓上淡。倏忽间两火舌上端连成拱桥。”

拱北石东去不远，有危石矗立在日观峰东崖边。这组自然石称为“东天门”，与西天门相对，取自然石门之形。

拱北石东，有步游路南去可达瞻鲁台。瞻鲁台名取可远瞻鲁国（曲阜）之意，又名“舍身崖”。崖出东南，北、南、东三面峭立，极其险危。这里有路可与西边不远处的碧霞祠相通。旧社会，常有人轻信神灵，难解困苦，到此跳崖绝生，因此得名“舍身崖”。明代山东巡抚何起鸣，命人筑墙禁止这种愚昧行为，并立石碣更名为“爱身崖”。旧社会时期的黎民百姓难以忍受饥饿病苦，筑墙、立石、更名都难禁轻生者。今复立于遥参亭院中的《禁止舍身碑》即为明证。

瞻鲁台西，有一深谷，中有三块自然石悬空迭连，夹立其间，把两崖连在一起。这即是泰山奇景之一的“仙人桥”。明代曾有人赋诗写此景致：“三石两崖断若连，空蒙似结翠微烟，猿探雁过应回步，始信危桥只渡仙。”

仙人桥西崖上有平坦巨石向南探立，上有题刻“望海”“双流翼注”等语，俗名“望海石”。

漫步泰山峰巅，倘有机缘，能赏泰山奇观之一的“云海玉盘”。

观日出一般要避开云雾天气，但观云海却要选择多云雾的夏季和大气日渐变冷的秋季。夏季空气湿度大，对流旺盛，容易形成云雨。但对流云云顶高于泰山顶时，是观赏不到云海的。一般是在雨后天晴，受高压控制，且有逆温存在时，云顶高度才会低于山顶。这时，置身岱顶，可以看到波浪状似的层云像大海一样绵延起伏，泰山诸峰像海岛一样时隐时现于玉波之中，或被托起突立于万顷银色之上。洁白玉色之中，青峰矗立，这就是云海玉盘的美景。同时，在泰山上还可以观赏到沿山坡上升的“爬山云”，沿山坡奔腾直下的“云瀑布”。在夏天白昼还可在泰山顶观赏积云的演变，初时如雪白的羊群在草原上游动，而对流旺盛时，积云又会向垂直方向迅速发展，突起的云朵如蘑菇，云顶仍急剧往上翻滚，景象也非常壮观。

气候云雾衬托了泰山的高大雄伟，也给泰山增添了无尽的秀丽。这不仅仅是“日出云海”“云海玉盘”，那冬季因气候骤冷而形成的雾凇、雨凇也是一种难得的奇丽景致。

泰山上冬季气温常常在零下十几度，有时候还会降到零下20多度。这时的云雾滴碰撞在树枝、草木之上，会立刻冻结成白色固体结晶。这种现象在气象学上称为“雾凇”，其厚度甚至大于背风面。冬季在泰山上还有过冷却雨滴（低于0℃，但仍为液态），降落到地面和物面冻结成坚硬的冰层，呈白色透明或半透明的冻结物，这在气象学上又称为雨凇。泰山雾凇的最大结晶直径和结冰重量在我国都名列前茅。隆冬季节登上泰山，纵目四览，观赏银装素裹的雪景，欣赏那晶莹剔透，挂满树枝的雾凇和雨凇景致，也会使人体会到泰山的奇丽秀美，令人叫绝。

岱顶之上，虽然区区0.6平方公里，却是泰山庞大躯体烘托出的精华。奋勇攀登其上的人们，既可睹巧夺天工的人文景观，又可得变化千般的自然奇观，因此这里被称为泰山“妙区”。

位于岱阴的后石坞，是泰山“奥区”中的最佳处。后石坞景点尤以自然景观秀奇为主要特色。

沿丈人峰侧的步游路北行不远，循北天门石坊前的蜿蜒山道东去，约1.5公里即可到三山环抱中的后石坞。山道跨过一条乱石沟，沿半山腰际东上。北依山崖峭壁，南临百丈深壑。路以山石砌成，为明代万历年间所辟，称为“独足盘”。因盘道临崖处多有野生黄花，明人林古度题刻“黄花栈”于盘道旁边的崖壁上。独足盘隐于万株松林之中，这里危石挂怪松，大壑悬瀑流，雾蒙云绕，清奥异常，环境十分幽静。

后石坞原有一处庵观，称为元君庙。北依天空山而筑，有万松亭、蔚然阁等，均已早圮。只有石砌拱形门洞——“透天门”依然耸立在庙圮废墟之上。庵观选筑于三山前怀之中。东为棋子岭，北为天空山，西是方山，背风朝阳，十分安静。而且庙址四周，无论是危岩立石之上，还是陡崖深壑之中，遍是古松林立，其状多奇。有的探臂空崖，有的高耸峰巅。株株龙干虬枝，个个盘曲伞冠，姿态百异。那独足盘侧的卧龙松、婷立于九龙岗上的姊妹松，更是奇秀古松中的佼佼者。千株苍松秀枝，汇成百亩松海，漫蔽后石坞山峦深壑，一片碧波荡漾。山风时来，波涌浪拥，松涛迭鸣，若虎啸龙吟，景象十分壮观，形成了泰山自然奇观之一的“石坞松涛”。

庙后天空山下有两个石洞，西边一个名为“黄花洞”。因环洞四处多黄花，故名。洞顶渗水成珠，汇集成潭，珠落潭鸣，取名“灵异泉”。因黄花洞背阴寒冷，终日云雾缭绕，即使夏令时节，洞中依然寒气袭人。旧时曾出现冬结冰柱而至来年夏季不融的现象，成为泰山上盛夏见冰柱的奇观，古有“洞名黄花洌清泉，六月寒冰坚玉柱”的赞誉。东边一洞名为“莲花洞”，“石芽瓣瓣，倒茁如菡萏出水”，因此洞中之泉，悬流涓滴，叫“石乳泉”。周围有“云根灵液”“雪巘云凝”“岱岳奥区”“作出世想”等语题刻。

后石坞庙址东南，临溪谷北侧有两根高度分别为100米和80米左右的立峭石柱。拔地而立，直插云天，酷似两只欲燃的蜡烛，故名大小天烛峰。又因双峰形状若凤，明人吴同春书“双凤岭”，刻于石崖之上。这里峡谷万丈，双峰争奇，溪水飞流，松涛作响。奇、险、雄、秀、奥五景兼备，是泰山自然奇观之一。

后石坞为泰山“岱阴第一洞天”。这里“苍松郁草阁，十里岱山阴。萝迳穿云杳，苍岩府洞深。月明双鹤舞，风细老龙吟”。就自然景观而言，后石坞独居秀色，堪称泰山绝奇。登泰山不至后石坞，难得泰山自然景色之妙。

第四节　西溪旷秀

泰山西路游览区是指自天外村起，沿泰山公路（或原来的蜿蜒山道。到中天门止的西溪流经区域）以及周围的自然景观和人文景观区域。

泰山西路，原来仅有一条蜿蜒崎岖的山道，或临于西溪侧畔，或穿越山峦峰脊，到中天门与东路登山盘道交汇。1980年修筑的一条简易盘山公路，与西路山道交错盘旋而上，1985年公路又拓宽铺筑成水泥路面。人们沿泰山盘山公路多乘车而上，这里路宽视野广，虽然古迹较少，但自然景色却十分旷秀：峰峦叠绿起伏，谷深略长溪鸣，青岩泉清林秀，极目万状瑰玮。沿路行进，纵目尽览峦溪景色，会使人旷然自得，神采奕奕："泰山胜景窍然而深，蔚然而秀者，西溪而已。"（元代徐琰《萃美亭记》）自古以来，这里就被誉为泰山的"旷区"。泰山西路之间有几处秀丽壮美的景致，是难得的胜览之区。若登山者无意顾及，不能饱览，也是此行中的一失。

由天外村前行不远，就见西溪中突起一面高大的石坝。其上积水成湖，碧水如镜，尽收西侧山峦秀色。这即"龙潭水库"。因所积水系黑龙潭流入，故名。

龙潭水库北去不远，有一桥横跨西溪峪谷，公路转入溪水东畔。此桥为新中国成立后所修，取名"建岱桥"。沿水库东侧，也有路隐于山林之中，北与建岱桥渡路相接。临崖路畔尚有数处石刻，多是颂景记游之词。

再上，溪水西侧青崖峭立。有绿树青草，散植其上。溪中流水多处积潭。溪水东侧时有巨石陡立，并有几十处刻石镌于其上。这里有白龙池，是旧社会官民天旱祈雨之所。曾筑"渊济公祠"，早圮。这一带流传着小白龙行雨的神话传说："傲徕东下秀且奇，丹崖翠嶂色迷离。况有古涧飞流澌，银河倒落溅珠玑。声响如雷影崩欹，下而汇作白龙池。白龙曾作白衣儿，坦腹东床聘异姿。旱魃为虐民苦饥，润泽生民神所司。我来游此喜如痴，欲拜神龙献一卮。深潭变动不敢窥，聊看波浪起如堆。作霖作雨世所期，或潜或现谁能推？龙乎龙乎系我思，我思云从天上时。"（清代徐钦祉《游白龙池》）当然，还有一些不尽相同的传说。

白龙池上行不远，只见北面溪谷之中悬崖突起百丈。上有瀑布似千尺银练飞流而下，中间一跌后，流入底部一个积水深潭中。潭水呈黑绿色。这就是泰山胜景之一的"龙潭飞瀑"，其高崖名"万丈崖"。那飞瀑一跌处，叫作"老龙窝"。其下深潭就是"黑龙潭"。黑龙潭南面，东侧溪畔有座石砌四角方亭，北面临潭辟门上有石镌楹联，道出了这里的景致："龙跃九霄，云腾致雨；潭深千尺，水不扬波。"飞瀑所临石崖，称之为"东百丈崖"。而西侧临溪突起的峭崖中，又有两处水冲光滑的高大陡立之处，分别被称为“西百丈崖”“南百丈崖”。若遇雨急或长降之时，也会形成两股飞瀑流落黑龙潭南面的溪谷之中。因此，每当夏秋阴雨连绵之时，这里常常出现三股瀑布悬流。上有云雾缭绕，宛如白龙从云中呼啸而下，飞珠溅玉，直驰潭溪之中。形成泰山自然奇观中的“云龙三现”胜景。

夏天风雨骤至之后，或大雨长作之时，常见有人顶伞冒雨而来。“冒雨游山也不嫌，游山遇雨景更深”，他们为的是一睹“云龙三现”奇观。

自南北眺，可见一座大孔铁桥横跨龙潭瀑布于百丈崖巅。铁构桥栏呈铁红色，如彩虹显现于飞瀑之上。红桥、白瀑、青山、绿木，景观十分艳丽秀美。桥端南侧，各有白色四角石亭一座，亭亭玉立于两边石崖半山之间，愈添龙潭飞瀑奇色。此桥名“长寿桥”，始建于1924年。沿东侧盘道石级可登上长寿桥。凭栏南望，又是一番景致：近得桥下溪流湍急，飞流直下；远望峰峦壁立，瀑鸣溪谷，非常奇丽。桥下溪床南端有东西方向自然石线一条。人不敢至，俗称“阴阳界”。溪床上有数处石刻，点缀着此处的景致。黑龙潭景观十分秀奇，清朝赵国麟曾赋诗歌颂：“峭崖谁倾美斛珠，探奇人到但狂呼，空传庐岳千寻练，得与飞涛仿佛无。”

过长寿桥，沿溪西侧一条小径北行不远，有一座四方院落。东侧南向辟门，前有砖砌照壁，这即“无极庙”。1924年，军阀张宗昌部下张培荣任兖州镇守使时，封其夫人为“无极真人”，建造了这座庙舍。庙内房舍门、窗、墙、顶俱是石构。山门单间，其上影作九脊硬山顶。门上题额：“无极庙”，两侧镌刻楹联：“天台岩下藏五百，须弥顶上隐三千。”入内，东西厢房各3间，中间辟门，上作平顶向前流水。正殿3间，中柱承梁，前有廊，上作五脊硬山顶。中间辟门，两侧间面南开窗，透雕金钱状石棂。门窗上面俱镶嵌石额，各有楹联刻于两侧。门上额题“太虚灵妙”，对联为“玉楼琼华高出阆苑，青琳翠水俯视昆仑”；东窗上额“泰岳仙宗”，对联为“涵阴育阳两仪之始，开天辟地万法所宗”；西窗上额“乾坤正体”，对联为“普降甘霖慈云垂荫，宏开宽路宝月增辉”。正殿两侧各有耳房1间。殿前两侧有古藤1棵缠绕其顶。院内古柏参天，蔽日遮荫。建岱桥和长寿桥畔的三座四柱石亭都是这座庙中之物，新中国成立后移立现址。现在无人居住，空留石庙，显得十分荒凉。

据传说，无极庙所在之地为泰山竹林寺遗址：“竹林西河（今西溪一段）名以竹林寺。寺在百丈崖北。自唐迄今（指清代），屡兴替。元（代）元贞初，固陵僧法海重修。明（代）永乐间，高丽僧满空拓建。”“泰山竹林禅寺者，名冠天下。”（《岱览》）这里十分清幽：“石径俯云壑，竹林开幽境。寺古僧徒稀，山深岚气冷。”可惜寺院早已荡然无存，只留青竹万竿，令人追想。

由无极庙跨溪东去，可与泰山公路相接。沿路北上有马蹄峪，是古人附会史书中汉武帝曾获汗血马，飞奔起来汗注若血，一日千里，踏石有迹之说，见峪中石上有迹印如马蹄，故名。再上有黄西河，因西溪水上接中天门北面的龙峪之水，绕经黄岘岭以西得名。循路览景可得西溪秀美景色。路边溪水潺潺。溪谷中巨石突立，槐树千株蔽日。时有流水萦绕巨石，时而只闻水声不见溪影，又常见积潭碧水盈尺。西溪之中，石得流水青，水映万木绿。空气清新，环境幽雅。夏天临此，休憩其中，冷风拂面，疲惫顿消，十分惬意。至盘山中段“S”形转弯处，有条小径跨溪北去，前面就是黑虎峪。倘若有情趣探险，循路北上，到达龙角山口。东去攀爬可至九女寨。九女寨，因“昔有九女避兵于此”（《岱史》）得名。九女寨三面陡峭千丈，仅北面稍与山接。这里“孤峰绝涧、深藤密菁；废宇封尘，空庭落叶；明月清风，自作来往”（《泰山纪胜》）。明代肖协中曾赋《九女寨》诗一首：“千峰攒峭接青云，虚寨曾回九女裙。不独避兵还避世，花香草绿自氛氲。”

由无极庙沿盘道山路往西，可达扇子崖、傲徕峰景点。这里盘道背依峭峰半山，南临峪谷深涧。道侧槐树松柏相间，环境清秀奇险。扇子崖庙宇建于三面峭峰环抱的巉岩危壁之前，南面临谷，形势十分峻拔。据记载，西汉末年樊崇率领的农民义军——赤眉军，曾屯兵于此：“琅琊人樊崇起兵于莒。转入泰山后，兵数十万，鼓行而西。”至今“犹有演武场、张旗石，及柱窝、碓硙遗迹”（《岱览》）。这里曾是古代农民起义的根据地。

循盘道逐渐登高，至山径依峰转南再向西行处，有自然石峭崖相对，中通似门状，这就是樊崇屯兵所据泰山的“天胜寨”寨门。寨门东南下临深谷百米，形势十分险要，真有“一夫把关，万夫莫入”之势。入内，地广亩许，开阔坦荡。相传这里是当年的演武场，西南山岗为跑马场。至今张旗石、柱窝、石臼等寻觅可见。北侧峭峰半山处有一座石洞，前有砌墙，中间辟门可入其内。门上题额：“玉皇上帝”，这就是“玉皇洞”。又因洞中有三处透顶可窥天，又名“三透天”。自玉皇洞上峰崖开始，道北不远都是怪崖陡立。嶙峋屏障，壁连傲徕峰。沿道西行约半公里，可到扇子崖庙宇处。扇子崖庙宇建于乱石高砌的石台基上，北依傲徕峰峭壁。庙门东向，高辟于盘道尽头。砖砌拱门，上有题额："扇子崖"。顶作卷棚硬山状。进门南折西向便至扇子崖庙中主体建筑前。前有3间卷棚，中间开门，后为无梁殿。全部石作，顶上再覆瓦。前有门额，上由创构者明代王无欲所题："天尊殿"。内祀道教神元始天尊。卷棚西侧有古松1株，探枝东南，蔽荫半庭院。两侧有巨大的旗杆石，再前为戏台。东西各有配房3间，硬山五脊顶，前有廓。西配房作穿堂式。穿越西上，又有依山3座殿宇。中为双层，为"吕祖祠"，内有新塑吕洞宾泥像。东为"地母宫"，西是"太阳宫"。地母宫东北，有自然洞一处。前有条石砌厅，上书"圣贤洞"。另有题刻"仙径云横"四个大字。这几处建筑俱是（1924年前后）道士梁鸿峻募资修建，曾有一段时间香火很盛。现存庙中十几块残碑多是"万古流芳"捐资碑。新中国成立后，游人少至，逐渐冷落荒芜。自1987年起，山前"迎胜居委会"投资开发，现在庙貌焕然一新。

庙西沿山径前去不远，傲徕峰下有清泉一处，水质甘洌。庙东沿盘道再上，几经转折盘旋，可至峭立山崖脚下。峭崖形如半开折扇，又似巨大并拢手掌。因此，得名"扇子崖"，又名"仙人掌"。扇子崖三面峭直壁立，唯西南稍有斜坡，但有块石累立。有不畏险者，可从此登临其巅。明代创构天尊殿（无梁殿）的王无欲曾筑室此崖巅，现在其上仍有基址。其北为青桐涧，因古时多青桐而得名。青桐涧北为壶瓶崖，危崖万丈，状若古鼎。站在扇子崖北眺，有山其峰状如龙角，那即龙角山。其东，山峰半腰处又有山若柱，上有树丛，即九女寨。西为傲徕峰，壁立若环，傲立苍穹，非常巍峨。

傲徕峰突立于泰山主峰西南，南向峭崖千丈，十分险峻。因其距离泰城近，南方、西向登山者，先见其峰若插天利刃，常常感到它比泰山主峰高。其实傲徕峰海拔才仅有玉皇顶的一半。当地有句俗语说得好："远看傲徕高，近看不到泰山的半山腰。"

傲徕峰和西溪一带，崖峭峰险，崎岖路缓；树木荫郁，蜿蜒数里；清泉奇石，万状瑰玮。而且行愈远，峰愈奇，景愈胜。实在是一处宜人休憩，别有景致的好地方。

第五节　环山丽麓

泰山环山路游览区是指西临龙潭水库，东至虎山公园，在泰城环山路以北，散布于泰山南麓的几处各自独立的人文景观和自然景观区域。

泰山南麓掩隐于苍松翠柏之中的几处景点，其建筑依山就势，布局十分灵活：背负雄山峻峰，前临千年古城，旁有溪水环流。虽然接近市区，但环境依然十分幽静。很久以来，这一带就被称为泰山的“丽区”。近几十年来，随着时代的演进，这里又增添了几处名胜，风景更加秀丽。

天外村附近的西溪之上，有一座长20多米的单孔石拱桥，臂连溪谷两岸。桥呈东北、西南方向，铁棂构作栏杆，漆成红色，在青山绿水之中十分醒目。石桥拱洞之上，左右各镶嵌一块桥名石。

这座石桥是著名爱国将领冯玉祥先生30年代隐居泰山时，看到泰山西麓一带因溪谷所阻，群众上山不方便，出资修建的。筑桥为了百姓，故名“大众桥”。桥名石系冯玉祥先生亲笔书题。

1953年党和人民政府将1948年黑海遇难的冯玉祥先生的骨灰安葬在泰山之上。

冯玉祥先生之墓恰好坐落在大众桥北侧。陵墓台阶与大众桥隔环山路而相直。桥首耸立着一座青色单门石坊，作为陵墓起点的标志。墓台下石阶共66级，取冯玉祥先生渡过的人生岁月之数。石阶分四盘，喻比冯玉祥先生一生的四个阶段：一、出生至弱冠从军；二、满清时代的军旅生涯；三、民国革命；四、抗日救国，致力于民主主义革命。墓台之上，泰山花岗岩砌成的墓墙正中镶嵌着冯玉祥先生浮雕侧面铜质头像。其上为郭沫若所题墓名：“冯玉祥先生之墓”。其下是他的一首自题诗手迹碑：“我，冯玉祥：平民生，平民活。不讲美，不要阔。只求为民，只求为国。奋斗不懈，守诚守拙。此志不移，誓死抗倭。尽心尽力，我写我说。咬紧牙关，我便是我。努力努力，一点不错。”

整个陵墓掩映于松柏苍翠之中，显得十分肃穆、庄重。墓东侧有他的元配夫人刘德贞女士之墓，这是其子女在冯先生安葬泰山后迁葬于此的。

沿环山公路东行约半公里，又有一座隐于郁郁柏林之中的陵墓。仍是泰山花岗岩砌成，墓台成方形，正中有用条石砌成的长方形墓室，内储灵榇。墓台北面并立三通石碑，中间一通镌刻着“山东省参议会范故参议长明枢先生之墓”；右侧一通碑，是林伯渠题词“革命老人永垂不朽”；左侧一碑为谢觉哉的题词“永远是人民的老师”。周围有石砌墓栏，东、南面都有甬路可通，这就是抗日战争时期被山东军民誉为“抗日寿星”“革命老人”的范老之墓。墓台素石构砌，不巧纹饰，显得格外朴实无华，反映了这位以80岁高龄加入中国共产党的革命者的高洁品德。三通石碑的背面镌刻着这位革命老人的生平事迹。

范明枢和冯玉祥迁葬泰山，表达了人民对他们的敬慕。爱国者英名与泰山同寿!

范老墓东面不远的高坡之上矗立着一座纪念碑。这是冯玉祥先生隐居泰山期间，报经当时的国民政府批准树立的“辛亥滦州革命烈士纪念碑”，以纪念和冯玉祥一起策动辛亥滦州起义的王金铭、施从云等遇难的爱国志士。

范老墓和辛亥滦州革命烈士纪念碑之间，有一条石铺路面。循路北去不远就是泰山古刹之一的普照寺。

北去先入一条翠柏蔽荫的土径，途中有一处峭石壁立似门的地方，两侧南向都有题刻。右题“云门”二字；左镌“迎送柏”三个篆体大字。据传云门为佛地之界，内是佛门静土，出为尘世凡界。僧人迎送客人一般不过云门。左侧峭石中原有一株古柏，因此得名“迎送柏”。可惜树死，空留残根朽木在峭石之中。

前面有一座平板石桥横跨绕流寺前的溪水之上，称作“子午桥”。过桥拾级而上就是普照寺。寺名取自“佛光普照”之语。有关史籍记载，寺院为唐宋时创建。寺中有一棵古松传为六朝所植，故世间又常常称其为“六朝古刹”。这里有过两位较有名气的住持，其一是明代永乐（1403～1425）年间高丽（今朝鲜）僧满空禅师，他留下了中朝两国人民之间进行文化交流、友好往来的历史，二山门下《重开山记》石碑刻记着满空禅师重兴普照寺的经历；另一位是清代康熙（1662～1722）年间诗僧元玉和尚，他构筑了东禅院厅的石堂，东去不远的溪峪荷花荡中，还有他命名题刻的“石堂十二景”。他曾留诗百首，有“积水半潭涵瘦影，疏香一圃宕寒烟”之句。两人都圆寂于普照寺。

普照寺坐落于两山环抱之中，后依凌汉峰，前临东来溪水，上有古松蔽日，环境清幽。清代和尚奚林有《普照寺》诗一首，道出这里的景致："门前几曲流水，寺后千寻碧峰。鸟语溪声断续，山光云影玲珑。"

寺院依山势而建，层层起台叠升。起伏中不失严谨，规整中不少灵活。普照寺中为三进庭院，坐北朝南。大山门、二山门、大雄宝殿、筛月亭、摩松楼依次坐落在纵轴中心线上。前有钟鼓二楼对峙，中有左右配殿分列两旁，后有边门对开两院，东是禅院，西为花圃，布局严谨，构筑十分对称。而东、西两院各有区别：禅院内房舍多向，曲折迂回，利于居住；菊圃中多植树木花草，南有青竹千竿，又宜人欣赏、养憩。

大山门面阔3间，中柱式硬山五脊顶，中间开门，上悬"普照寺"匾额，门前有石狮蹲居两侧。

二山门内又起一台，进入即是寺中主院。大雄宝殿面阔3间，硬山五脊顶，前有出廊。殿内正中供奉释迦牟尼铜像，高螺发髻趺坐，像高1.33米。两边配殿均为硬山卷棚顶，前有廊。院中银杏双挺，古松如盖，中间一铁铸香炉，婆娑阴影之中，时有缕缕青烟。由正殿两侧垂花门入，循台阶而上，又成一台。正中是一座四石柱方亭。亭东有一株粗过一围的古松，龙干虬枝，枝蔓展伸整座寺院之上，郁郁碧叶，生机盎然。这就是泰山上下闻名遐迩的"六朝古松"，因传为六朝时所植而得名。树旁有郭沫若《咏普照寺六朝松》诗碑："六朝遗植尚幢幢，一品大夫应属公。吐出虬龙思后土，招来鸾凤诉苍穹。四山有时泉声绝，万里无云日照融。化作甘霖均九域，千秋长愿颂东风。"每当月色清朗之时，古松之下，月光点点。因此，四柱方亭取名"筛月亭"。石柱之上，四面都有颂咏此处佳景的楹联。东面书"高筑两椽先得月，不安四壁怕遮山"；南面题"引泉种竹开三迳，援释归儒近五贤"；西面为"曲径云深宜种竹，空亭月朗正当楼"；北面是"收拾岗光归四照，招邀明月得三分"。

亭后一楼双层五开间，也为九脊硬山顶。因楼壁与六朝古松枝叶相触，取名"摩松楼"。

由边门入西院，北面为5间与摩松楼相接的平房，正中门上悬有一匾，题曰"菊林旧隐"，因诗僧元玉和尚曾居此而得名。（元玉晚年有号为"菊林盂隐"）门侧悬挂清道光年间泰安县知县徐宗干所书一副楹联："松曰好青，竹曰好绿；天吾一瓦，地吾一砖。"上下联语均取元玉和尚诗句。上联取其诗《结交行》句意，诗全文为"泰山松，蓬岛竹，路隔虽万千，情结逾金玉。竹寄松曰子好青，松寄竹曰子好绿。买镜所贵为端容，买剪所贵为成服”。诗句比喻人与人之间的交往贵在至诚，彼此了解；下联取自元玉《渡江》诗，全诗为“缆解邗（音寒）关，帆悬邗水；日暖风和，直渡扬子。帆悬邗水，缆解邗关；扬子即渡，夜泊河山。水既有舟，陆自有马，地吾一砖，天吾一瓦”。这里讲僧人云游，当跋山涉水，天地为家。徐宗干取元玉和尚诗句撰此对联，是为纪念这位诗僧，彰其旧居。

“菊林旧隐”房前也有一株古松。主干挺立，枝干盘曲四向，如伞似盖，青绿平散。树下耸立一块自然石，其上有清代光绪年间楚人何焕章题刻：“一品大夫”，誉其形状上乘。郭沫若《咏普照寺六朝松》诗中，曾有褒奖六朝松，欲夺此松“一品大夫”称号的诗句。其实，此松除高度不及六朝松外，形状秀丽别有一种风姿神韵，于色于形都不亚于六朝松。

因冯玉祥先生30年代两次隐居泰山时都曾住在普照寺，所以泰山管理部门借用此处举办了《冯玉祥先生在泰山》纪念陈列。院中重刻了当年冯玉祥先生同著名画家赵望云合作的画配诗《泰山社会生活写生集》石碑48块。冯玉祥先生以其通俗的“丘八”诗揭露了旧社会贫穷百姓的疾苦，号召人们抗日救国，改造社会，改造国家。西院前部还树立了一通巨大的大理石碑，镌刻了周恩来总理1941年写给冯玉祥先生60寿辰的祝词手迹。浏览院中的这些石刻和室内的陈列，人们会加深对冯玉祥先生爱国情操的认识。

普照寺居山临城。虽近闹市而不染喧哗，隐于山中又多秀姿。松青竹绿，溪鸣鸟啼，十分清幽：“清馨度流水，寒山空夕阳，每苔纷古色，花鸟悦清光。”自古以来，文人学士常常寻觅而至：“石乳茶三碗，松花饭一瓯。清谈应不厌，逸兴二人幽。”现在，这里是市区人民星期日休息时常临之地。外地游人偶至此处，更是长坐不走。

普照寺风光清幽，环境宜人，实在是泰山脚下难得的一座佳构之所。

普照寺东去不远，有冯玉祥隐居泰山时出资修建的“革命烈士祠”，内祀烈士多是参加辛亥滦州起义先后牺牲的将士。后殿中有冯玉祥的题联：“救民安有息肩日，革命方为绝顶人。”祠内外自然石上有许多题刻，敬挽献身者。祠南门外，西侧平面上有楷书挽联一副：“诸公豹已留皮，黄土泰山真并重；精气虹常贯日，白衣易水至今寒。”祠东自然石上留刻李宗仁挽联：“百世名犹存，众所瞻依，祠巍泰岳；三代道未泯，闻兹义烈，气肃冰霜。”西南路侧巨石上有鹿钟麟摹写经石峪大字：“寿”，其下有冯玉祥题注：“人欲得寿，须要为大多数人们牺牲寿命。”环视四周题刻，一片浩然正气之歌。

普照寺西北处不远，半山中有一片院落旧址，背依峦峰，峭石上题刻多处。如“讲书台”“授经台”“能使鲁人皆好学”等。东侧临涧有一座四柱石亭，称作“洗心亭”。亭北矗立一碑，上镌“胡安定公投书处”。这就是泰山古老书院故址——“五贤祠”。这座书院最初名“泰山书院”，北宋时，因拓建岱庙，原在岱庙东南隅的泰山书院（今汉柏院）被占，迁至此处。北宋初期，学者孙复、石介先后在此讲学。后有江北学者胡援访学至此，师从孙、石二人，“读书泰山，攻苦食淡，终夜不寝，十年不归。得家问，见上有‘平安’二字即投之涧中，不复展读”（《岱览》）。洗心亭北，石碑所题“投书”即讲此故事。亭东一涧，也因此得名“投书涧”。至明代嘉靖年间改学堂为祠，祠祀孙复、石介二先生，取名“仰德堂”。后又合祀胡援，易名“三贤祠”。至清代又增祀泰安名儒、明代的御史宋焘和清代的文渊阁大学士赵国麟，遂有今名“五贤祠”。现在祠毁景荒，只有石刻及石亭。洗心石亭创构于清嘉庆年间，因亭北有额“洗心”得名。亭东、西面也有题额：东为“迎旭”，西是“送爽”。洗心亭四面五联，道出了这里山岚秀色，更得师者治学严谨，从者攻读刻苦之情。其一是清代嘉庆年间举人泰安蒋大庆撰题“艮止坎流会心不远，言坊行表即目可寻”；其二为清代嘉庆年间泰安训导周桐撰题“秋月清光凝碧涧，春风余韵满烟萝”；其三是清代泰安人赵起鲁（五贤之一的赵国麟之子）撰题“碧涧潺湲，溯游道脉，苍岩巀嶭，卓立儒修”；其四为清代嘉庆年间山东候选布政司理问、泰安人贾培荣撰题“真山水不须图画，大圣贤皆自奋兴”；其五为清代乾隆年间泰安知府、安徽休宁（今芜湖）金棨撰题“书孝弟睦姻有学问，考德行道艺而劝之”。

洗心亭内上四周，还有环刻的冯玉祥亲笔书题东北三省人口、面积，大声疾呼抗日的口号：“你忘了没有，东三省被日本侵占了去，有硬骨头的人应当去拼命夺回来！”

五贤祠南面不远处，有一巨石盘伏，如象卧之状，上有题名：“卧象石”。

五贤祠虽然早已庙室荒废，但自然景色秀丽依然。每年四时都还有人来此凭吊先贤：“石上苍松影倒垂，流云带雨洒清地。悬崖几点飘红叶，好拨青苔读断碑。”

五贤祠上，峰脊松林深处有三阳观。因明代道士王三阳始创得名。由五贤祠“螺旋而上五里许，抵山门。青松落阴，云物泠泠。层峦断壁，积翠欲流。殿宇数十楹（间）”。前有“救苦台”，后有“全真崖”。现仅存块石构砌的混元阁和阁后直通全真崖上的百级石阶。

明代大文学家于慎行曾畅游三阳观，留诗九首以颂其胜。其中一首写道：“半岭通仙界，萦回岱麓西，已看三观回，犹觉万峰低。暮雨瑶华落，春云玉洞迷，游情浑未减，缥缈望丹梯。”（《下泰山游三阳观》）

环山路东首，为近年新辟的虎山公园。其南古柏郁蔽深处有一组丹墙青瓦的庙宇，这即王母池，又称瑶池，也叫群玉庵，是一座供奉西王母的道观。曹植《仙人篇》中有“东过王母庐，俯观五岳间”的诗句，据此推断，王母池始建时间不会晚于三国。不过当时既然称为“庐”，可见其规模不大，建筑也不会崇丽。至宋以后，历代不断增建重修，才有今天这个规模。现存建筑都是清代重建之物。王母池依山傍水，其东流水之上，原有王母梳洗楼，故得名梳洗河。河得中溪之水，曾被引入旧城之内，过岱庙前双龙池而供城中居民饮用。河上原有一座王母桥，早已废。新中国成立后，在王母池南梳洗河上又筑一石桥，取名“八仙桥”。过桥北折，立崖西向之下有一石洞，因传吕洞宾曾炼丹于此，故名“吕祖洞”。洞中镶嵌石碣之中，有所谓吕洞宾题诗两首。其一为“昔年留字识曾来，事满华夷遍九垓。无赖蛟虬知我字，故留踪迹不沉埋”。后人借此附会传说：“昔吕公题诗石壁，有虬常对诗顶礼。一夕，吕公复至，挥笔点其额，遂化龙飞去。”（《泰山纪事》）于是，梳洗河中有“虬在湾”，其东北山丘名“飞虬岭”。洞中还有清代徐元圭书题对联一副：“五夜慧灯山送月，四时清籁水吟风。”

王母池山门南向。入内有雕栏围砌池水，中有拱桥沟通南北。池栏望柱之上有玲珑狮雕，池中蓄西侧王母泉中甘洌清液。拾级而上，配殿对峙左右。东配殿东、南两面各延筑一亭，上为歇山卷棚四柱顶。东面方亭，高峙于梳洗河流水之上。上可观北面虎山水坝万珠银帘，下可见流水绕穿山石缝缭之中，水声似有似无。亭内悬匾“观瀑亭”，又有一匾曰“咽石山房”。

北面露台之后，正殿3间，硬山五脊顶，前有出廊。中有王母池铜质神像，门前悬额“灵佑四方”。每日有道士供奉，香烟缭绕不绝。院中古柏参天，百年腊梅愈茂，更有奇石巧立，古碣挺姿。由东侧过穿厅至后院，庭院倍加宽阔。南面紧靠王母正殿后墙，高耸一座四柱叠梁攒尖方亭，因与北面七真殿相对，取名“悦仙亭”，也称“会仙亭”，意取西王母约会群仙聚会之处，下有坐几栏杆。北面再成高台，上筑前廊后殿的七真殿，前廊5间，硬山卷棚顶。内间四梁均用八根四棱石柱承负。近殿四柱南向镌有一诗：“朝游北海暮苍梧，袖里青蛇胆气粗。三醉岳阳人不识，朗阴（吟）飞过洞庭湖。”传为吕洞宾诗句。后殿3间，硬山五脊顶。内塑吕洞宾、李铁拐、何仙姑以及吕洞宾的四个弟子焦成广、苗庆、纪肖唐和柳树精七尊泥像。原塑形象逼真，栩栩如生，可惜毁于“十年动乱”。今塑像为1985年重立，其神韵大减，不及原塑一半。东接七真殿有阁一座，东向歇山卷棚顶，两檐飞挑院外，称为“蓬莱阁”。

西为禅院，西墙因地势多折，起伏蜿蜒。北有小边门，北去，可至虎山水库赏景，尽览虎山公园之胜。

清代同治年间泰安知府何玉福曾有一首吟咏王母池的诗，词句流畅，寓意清雅，读来琅琅上口，颇俱风采：“瑶池小醉几经年，金碧楼台见不鲜。偶踏闲云来岱麓，翻疑此地会群仙。会群仙，将进酒，半缕斜阳挂杨柳，风送山泉入耳清，尘嚣一洗无何有。心超何地不蓬莱，斯世何代无仙才？壶中天地怀中月，吸到心胸万古开。”

泰山环山路游览区，介于山城之间，背依岱峰，前临泰城，是山亦城，是城亦山，几处景点各有特色。环山路“丽区”扩大了泰山风景名胜的范围，呈现了与中轴登山线有所不同的景观环境。游泰山者，既可遍游，也可择其一二观览。这样既丰富了旅游的层次，又丰富了游览的内容。倘若能细品其中，可陶冶情趣，宜人心胸。

第六节　灵岩胜境

灵岩游览区是指位于泰山西北麓，在长清县（今长清区）灵岩山之阳的灵岩寺及其周围的柏林山石等自然景致区域。

灵岩寺位于新辟104国道（国家主干公路之一）东侧，南距泰安市30公里，北离济南市40公里。灵岩寺北依古山，最初称作“方山”。因为其峰功德顶青壁四削，如旧时的方印形状，故名。也称“玉符山”。至东晋时“京兆（今陕西西安）人竺僧朗，事佛图澄，硕学渊通。初上琨瑞山（也是泰山余脉之山，在泰山东北方向，灵岩东南），降锡焉。往来与此说法，猛兽归伏，乱石点头。人以告朗，朗曰此山灵也”。于是，方山遂有灵岩之称。灵岩一带建寺历史比较早，除上述朗公来此讲经传说外，据《岱览》记载：“自北魏孝文帝太和三年（479），起灵泉殿、思远佛寺于方山，遂屡兴焉。”到了北魏孝明帝正光初年（520～525）法定禅师在今灵岩寺东南、甘露泉西复兴拓建寺院，始名“灵岩寺”。因此，法定禅师也就被誉为灵岩寺的“开山第一祖”。到了唐代贞观（627～649）年间，高僧惠崇又将寺院迁于甘露寺西南山麓。至北宋熙宁（1068～1077）年间开始将寺院移建今寺之址。随后“历代修葺加隆”至于清代。现存殿宇仅是其中的一部分。这里群山环抱，峰峦叠嶂，陡峭壁立。柏檀葱绿。殿宇依山而筑，房舍错落有致。碑刻四布，文物古迹丰富，风光十分宜人。早在唐宋之际，灵岩寺和浙江天台国清寺、湖北江陵玉泉寺、江苏南京的栖霞寺同被称为天下寺院“四绝”。而且其中灵岩寺居四绝之首，“海岱间山水之秀，无出其右者”。以致清代学者王士桢有“灵岩为泰山背幽绝处，游泰山不游灵岩不成其游”之说。

灵岩寺是泰山上下较大的佛教寺院。自创建寺院以后，宋代景德（1004～1007）年间因敕赐改称“景德灵岩禅寺”。到了明代成化（1465～1487）年间，曾一度奉敕易名为“崇善禅寺”。至明代嘉靖时期仍改为“灵岩寺”，沿用至今。

灵岩寺的范围，金代之前未见文献记载。根据寺内金代明昌五年（1194）的《十方灵岩禅寺田园记》碑和《灵岩志》所载，灵岩寺和田园范围为：东至棋子岭，南至明孔山，西至鸡鸣山，北至神宝寺（在方山之阴），东西约10公里，南北逾5公里，面积辽阔可观。由于历代封建统治者都注意利用宗教稳固政权，因此，对灵岩寺的保护和税收均有免纳的敕赐。如宋代“免服差徭、止纳税粮”。金、元、明各代也都奉旨不纳税，粮、徭全免，立石明文规定“寺户籽粮全为供奉香烛之用”，官定“瞻寺地三十五顷”。因此，附近村民多是寺院的佃户，现在的刘家庄、第四峪庄、野老庄、小寺里等都是原来的佃户村。

灵岩寺的僧人，在北宋有500余人。金人南侵时，部分寺僧南迁。到了金代明昌（1191～1196）年间，就只有和尚、沙弥200人左右了。根据现存石刻和墓塔林的立石来看，到了元、明之际，灵岩寺又趋兴盛。至清代即逐渐衰落。

灵岩寺原有一组历史悠久的建筑群。到明代，尚存伽蓝殿、地藏殿、韦驮殿、观音殿、十王殿、般舟殿、后土殿、千佛殿、藏经殿、达摩殿、驻跸亭、超然亭、倚翠亭、铁架裟亭、辟支塔等共约30余所。这些殿宇散布于主体建筑千佛殿周围，或殿舍连接成组，或单独成院，依山就势构筑，层次分明，布局灵活。后因长年失修，逐渐荒废，有的现在仅能辨其基址。现存的主要建筑有千佛殿、大雄宝殿、辟支塔、御书阁、积翠证明龛、钟鼓二楼、两座山门、墓塔林和五花殿石柱等，还有唐宋以来的历代雕刻石碑，对研究我国的宗教历史、文化艺术都有较高的价值。特别是千佛殿中四壁台座上泥塑40尊罗汉，塑造技法精湛，线条流畅，比例适中，以动态变化各异，神态逼真见长，被誉为“海内第一名塑”（梁启超语）。

由104国道行至万德镇北，循一条东去沥青公路穿过津浦铁路线，进入一条两山夹峙的谷地之中，行至公路绝处，即是灵岩寺一山门外。

东去途中，先见于一座青石石坊，矗立于北侧之上原来道路之上。四柱三门，中高旁低，四柱前后都有巨大的雕纹抱鼓石，其下承以宽厚的长方体石基础上。四柱上端，都有一个形态神似相同的朝天吼石兽两厢对踞。中间两架横梁之间的栏额上，两面俱题“灵岩胜境”四个大字，这即灵岩胜境坊，为寺院西界标志，系清代所筑。其南有鸡鸣山，北为黄现山。

前行不远，在一座跨溪新筑石桥的北面，还有一座古老的大桥。上面平板桥栏已不完整，下面块石高砌。中为单孔拱形桥洞。桥北峭崖壁立，溪水西来遇崖壁改向南去。桥身北侧有两株古柏探枝崖空，盘曲多叉，枝叶茂密。这即与新桥同名的“通灵桥”。古桥西面北侧路旁有碑两通，告诉人们石桥的历史。东面一碑为《齐州灵岩崇兴桥记》。碑文叙述了北宋大观年间，灵岩寺主持仁钦禅师利用构筑献堂（今大雄宝殿）余资修筑这座石桥的经过。此桥初名“崇兴桥”，后易名“通灵桥”。西碑为明代所立《重修通灵桥记》碑。碑文中有感赞灵岩美景之语“灵岩厥形若龙蟠、若虎踞、若狮象，起伏然者。岩左右群峰簇秀，万壑争流”“与泰山并美”“登泰山者亦未始不灵岩”。

通灵桥，俗名“大石桥”。其下沟壑称为“大横沟”，它与其东的“小横沟”均是北溪中饮马沟的分支。东去不远的小横沟上也有一座单孔石桥，俗名

"小石桥"。这座桥为明代重建之物，桥名"明孔桥"。桥用其南山名。南面环谷有一山，其半山腰处有一洞贯通、南北相望如户牖，故名"明孔山"。明孔桥小而单调，无景可言。但石桥两侧有古柏四株长于其上，均探干悬空，再向上长。干粗有围，干桀多枝郁蔽桥上，也可堪称"灵岩柏奇"一景。附近村民常常置摊位于探出桥侧的悬空树干之上，引人休憩。

在小石桥附近，游人放目东眺，可见朗公山峰南侧有一怪石突立，酷似一位老僧伛背依杖南向讲经之状。这就是朗公石。前后峰头峦巅，树形峭石林立，如众人肃立聆听之姿。其景颇得传说"朗公讲法，顽岩点头"之意，是灵岩胜景之一。东北方向，又可观方山功德顶秀姿：方山（即灵岩山）山顶四向若削，呈正方体状。其上中间微高，树荫其上。因其顶南向有证明龛一座，原有刻石"修证明功德记刻"，故名。

再往前行，灵岩郁柏荫蔽路侧。尤其道路南侧有青色巨石卧伏，平突各异。其上有一四角砖柱方亭，上作歇山卷棚式顶。此亭名"接官亭"，是历代住持高僧迎接官宦之处。古人附会苏东坡"醉中走上黄茅岗，满岗乱石如群羊。岗头醉倒石作床，仰视白云天茫茫"的诗意，称此处为"黄茅岗"。路旁有题刻于自然石上。

前面一座小石桥。北侧崖壁上镶嵌一块题名石，上书三个大字："十里松"。小桥前后，柏林郁翠，遍生溪谷坡地之上，直至灵岩寺，约数里之遥。确如诗言"十里灵岩翠如荫"，故名。可惜这里"翠如荫"的不是松树，而是柏树。不知何故，灵岩柏易生长，多桀枝杈。常见古柏主干矮粗，多虬龙盘曲，树冠大如松状。

穿过"十里松"坡，迎面矗立一通石碑。其上为元代文书讷题"大灵岩寺"四个大字。其书法功力深厚，神采秀劲，引人瞩目。碑后东面峭崖上镶嵌乾隆皇帝诗碑八块。乾隆皇帝每到泰山之际常临灵岩，灵岩境内许多地方可见乾隆皇帝的题刻。

大灵岩寺碑南面不远处有一棵苍老的千年青檀。青檀属稀有树种之一，其松突枝茂，宜人观赏。古檀树南新建一处宾馆，因此得名"檀园"。

大灵岩寺碑北面即是寺门。一山门面阔3间，中间开门。上为五脊硬山顶，前有出廊。门前有一对蹲踞的玲珑石狮。室内两侧间，新塑两尊金刚泥像，双目突睁，张口欲呼，样子十分雄壮。过接引桥，稍东为二山门，仍为3间硬山五脊顶。室内陈设碑幢共十八通，其中有宋代皇祐时期的《佛顶尊胜陀罗尼真言并序》经幢、北宋熙宁年间的《敕赐十方灵岩寺碑》、金代明昌年间《灵岩寺田园记》碑、明代正隆年间立的《释迦宗派图》碑等等，都是研究佛教和灵岩寺历史的珍贵资料。

二山门两侧不远处有钟鼓二楼对峙。北面大露台后即为大雄宝殿。创建于宋代，初名“献堂”，为祭祀之所。明代供奉观音、文殊、普贤三佛像于内，改称今名。大雄宝殿为前廊后殿连接一体，前后都是五开间，进深四间，中间三间辟门。前为硬山券棚顶，南面有出廊。后为硬山五脊顶，其上具覆灰瓦。现存建筑是清代中期重建之室。其中部分柱基沿用宋代旧物，但础大柱细，显得很不相称。殿中佛像已无。

大雄宝殿后面是五花殿废墟。现在仅存四面辟门的高大石砌墙体和一部分环廊石柱、石鼓及柱础等石构件。五花殿亦名五花阁。根据《岱览》记载：“大雄（宝）殿北为五花阁。上供三大士，下供圆通菩萨。阁四面各五楹、门四，曲廊绕之。宋嘉祐中琼环长老建。”至明代正统年间、清代乾隆年间均曾重修。现存门前八棱石柱和复盆莲花柱础，上刻盘龙、神童、牡丹、宝相花纹图案。刻工精细生动。从雕饰风格看，当为宋代遗存。

五花殿西有一个石砌柱台，中生一株古柏，探首东南，这即灵岩寺有名的“摩顶松”。根据《大唐新传》记载，相传玄奘法师西域取经时，曾手摩灵岩寺一株小柏桧讲道：我西去你要西向；我归来，你就东向。待玄奘西去，小柏桧果然树冠西向。一年多后，树枝忽然东向。弟子们见此而言：我师将归来。后果然见玄奘回来。于是此树得名“摩顶松”。现在古树两侧各有一棵柿子树。人们巧借两树树名，称此景为“百事（柏柿）如意（一）”。

摩顶松北面恰与千佛殿南北相直。千佛殿为灵岩寺主体建筑。周以短垣，单独成院。南辟一间为院门。院内高砌石台约两米为殿址基础。千佛殿面阔七间，进深四间，单檐庑殿顶。上施黑瓦和绿色琉璃瓦。彩绘斗拱，疏朗宏大，出檐深远。尚保留宋、金风格。柱础雕饰精丽。殿内顶部正中有八角二龙戏珠藻井，宏丽华贵。殿内正中置长方形的须弥座，上有大佛三躯。中间为毗卢佛，史称“髹漆为之”（《岱览》）。现经有关部门查核，此佛像实际是木雕而成。东侧为药师佛，明代成化十三年（1477）用铜五千斤铸造。西侧阿弥陀佛，是明代嘉靖二十二年（1543）用铜铸造。周围上下各有无数高约30厘米的小木雕佛像，因此，此殿才有“千佛殿”之称。这些小佛像，多为明代所置，可惜现存不足半数。殿内四壁台座上，置四十尊罗汉泥塑。台座高80厘米，像高101～120厘米，皆坐姿，敷以彩色。这即被称为“海内第一名塑”的彩塑泥像。塑像以世间真人为基础。打破了一般佛教造像的固定模式，以形似神拟为标准，力图酷似真人。细观四十尊罗汉，神态体姿无一雷同。喜怒哀乐，栩栩如生。啼哭者，若见其泪；谈笑者，如闻其声；体胖者，血肉圆润。著名书画大师刘海粟先生1983年参观千佛殿泥塑后挥毫赞誉，称颂不已：“灵岩名塑，天下第一。有血有肉，活灵活现。”堪称我国古代雕塑艺术的珍品。1982年管理部门在维修四十尊罗汉的工程中，在泥塑的腔体内发现了大量铜币。其中除一枚五铢、十六枚“开元通宝”以外，其余都是宋代前三朝铜币，计十八种六十一枚。另尚有宋代“亚”形枝铜镜多面并宋治平三年（1066）六月的墨书题记等。据此可证实罗汉泥塑像大部分为宋代所塑。千佛殿为唐代惠崇禅师创建。宋、明、清各代都曾拓修。现在梁间有“时大明万历十五年岁次丁亥九月初八日德府重修”字样，可见现存殿宇为明代重建之物。但殿前的八根石柱及复盆莲花柱础等建筑构件，线条生动流畅，花纹精丽细秀。据有关专家推断当为唐末宋初物件。

千佛殿西北，寺院墙内半峦之上有辟支塔。辟支塔为八角九层楼阁式砖塔。基座八角，石砌筑成。四周环刻阴曹地府酷形场面浮雕，现埋入地下。顶端塔刹为铁制，由复钵、相轮、圆光、仰月、宝珠组成。另有八根铁链分别由九层塔上的八尊金刚拽引加固。辟支塔通高54米。第一至三层为重檐，其他层均为单檐。塔檐具砖作华拱两跳组成，朵数逐层有变化。塔层高度与塔横经自下而上逐层收减，收分适宜，塔体雄伟挺拔。塔内底层有塔心柱。至第四层塔内设登塔阶梯。自第五层起改为实砌塔体。登塔者须沿塔檐上仅70厘米宽的平座绕转再上。登临九层塔檐，可尽收灵岩风光。辟支塔体灰白，挺立于万亩碧峦之上，显得非常雄奇秀伟。翠峦银塔，为灵岩胜景之一。

千佛殿后有般舟殿旧址。门口各砌一石，上书四个大字“持戒”“绝俗”。为明代李复初书题。其下墙垣上镶嵌碑刻十六块，多系历代文人官宦与高僧唱和，题咏灵岩诗记。

千佛殿东北是御书阁。最初为唐代惠崇禅师所建，现为明代建筑。红墙上覆绿色琉璃瓦，为歇山九脊顶。因附会“唐贞观三年陈玄奘译经于此，文皇赐以手敕，因建阁以奉之”的故事，取名“御书阁”。阁前有北宋大观年间仁钦禅师篆书门额，明代万历年间重刊的“御书阁”碑。阁壁上下镶多处历代石刻。阁下有拱洞可通阁外院中，院中旧有超然亭，早圮。现有一座四合小院，平房青瓦，十分恬静。据说这是民国时任山东省主席的韩复榘别墅，俗称“韩宅”。拱洞南向洞额处有一株千年青檀。根曲盘绕突出洞前，枝干多茂，争上生长。青檀根突，其状若云朵，成为灵岩一景，称作“千岁云檀”。拱洞东壁下有宋代蔡安持咏灵岩诗刻：“四绝之中处最先，山围宫殿锁云烟。当年鹤驭归何处，世上犹传锡杖泉。”诗中所讲“鹤驭”“锡杖泉”就是指御书阁南面的“五步三泉”胜景传说。

千佛殿东面，御书阁东南，峭崖之下有三个泉，一名“卓锡泉”，一名“双鹤泉”，一名“白鹤泉”。相距仅数步，故有“五步三泉”之说。汇泉成池，又称作“镜池”。卓锡泉“世传为佛图澄锡杖卓出者”，故名。又名“锡杖泉”。其东有“二井相连，碣曰双鹤泉”，昔传“法定（禅师）建寺，患其无水。双鹤飞鸣，其下涓涓，果得二泉”。这里泉水甘洌。北有峭崖，南面临佛殿，上有碧树郁荫，环境淡雅清幽。明人吴轼有诗镌于千佛殿墙垣东外：“焚香思上五花殿，煮茗更临双鹤泉。”吴轼诗刻旁有一株苍劲挺拔古柏，称为“汉柏”。其下有明代王之士所立《汉柏纪》碑，其上所言，多系附会之语。汉柏北侧墙上还有后人仿刻苏轼《黄茅岗》诗手迹碑。

由“五步三泉”处东行，过一新筑拱形单孔石桥北去，即是一条盘旋可至方山功德顶崖下证明龛处的盘道。新筑石桥因其下为灵带河，故名“灵带桥”。灵带桥西南30余米，路南峭崖附近，地上有一生铁铸物。半埋土中，恰似宽大衣衫，故名“铁袈裟”。其旁曾筑铁袈裟亭，早圮。宋代张舜曾赋《铁袈裟》诗一首：“线蹊针孔费掺掺，铁作袈裟信不凡。大庾岭头提不起，岂知千古付灵岩。”

沿盘道北上，中途一处突起平台。南下柏林郁茂，北有峭崖陡起。平台宽阔东伸。这里即是北魏时期法定禅师初建灵岩寺的遗址。东至立崖下有石砌长方形水池。池壁西向有石雕龙首伸出，中通池中，池水满溢时可由此流淌。池蓄崖下泉水，上有题刻镶嵌于崖壁之中“甘露泉”。清代乾隆皇帝曾在此建行宫一座，每次来灵岩都在此居住。现在其遗址可寻。

沿盘道再上里许，至峭崖近处，有一石径东去。石径北依峭岩，南临柏林深壑。纵目南望，可得灵岩寺全貌。东去100米处，峭崖壁立之下有两层石岩。最上石台状若石几，可容一人躺卧。石几南向上有题刻“可公床”，传为真可禅师入定之处。其上东壁有乾隆诗刻两处。西壁上有大字题刻“灵岩一派”。其下近石床处，石壁上有宋代僧人知晓书刻《东晋朗公传》。东去不远，东南立壁下有石厂如室。宽20余米，深约4米。其内石壁上镶嵌吾庐题刻“名山石室”。石室上面立壁上有大字题刻“禅林洞天”，字形方整，笔力遒劲。

沿盘道再上，又见一石径贴依峭壁伸向东南。沿石径东去20米有一洞开西南。自然石雕成石阶入内，洞成二进。前洞高约4米，宽约3米，两壁上具刻乾隆皇帝御笔诗刻八首。其一为：“天半嵌岩名白云，晴空无雨亦氤氲。前春忆得探奇到，路至英英蔚处分。”二进洞口砌石成拱形，洞高两米。整个洞穴纵深达15米，最深处东南折，洞深无测：“仅容一人行，秉烛而入，登降者数，有巨堑，深数丈。风涛震荡，瘁瘃不可下矣。”(《岱览》)此洞即白云洞，洞门上有题额，传为乾隆皇帝所书。沿石径东南行，约300米处，有一岩峭缝隙可沟通内外，缝宽刚容一人，高约5米，长约10米。这即灵岩“一线天”景观。一线天所辟两峰，左为“狮尾峰”，右为“灵辟峰”。此景也叫“小天门”，又称“东天门”。循石径继续南行，可达灵辟峰南的朗公石。朗公石西南有一方形巨石，俗称“香炉石”。

沿南道西折，依峭崖崎岖上升。绕过功德证明龛下立崖，只见一簇峭岩壁立当路，有古柏散植其上，这即“拂日岩”。盘路转向东上，即可达灵岩最高建筑——证明龛。证明龛前为一石砌方形殿室，背依山崖。石室东、西、南三面叠涩出檐，其上三面逐步收分直至崖壁。室上有丛树郁蔽，墙壁遍施红色。后室内部为一高大宽阔的石洞，这即最早的自然石龛。石龛内雕刻释迦牟尼偏袒跏坐石像，高约5米。面容壮硕生动，体态丰满自然。左右侧立四行者。前侧洞口处有石兽对踞，洞口以砌石作拱洞状。石室南向辟门，其上有额：“积翠证明”，俗称“红门”。龛内镌刻唐代大中八年(854)《修方山证明功德记》和唐宋题记多处，但多已磨泐不清。石龛外增筑石室是在明代嘉靖三十八年(1559)。石室两侧峭壁上有宋代人张励题刻“灵岩观音道场”。龛上绝壁立崖如削，为灵岩胜景之一。积翠证明龛的石室筑在南向高起平台之上，其下立壁悬崖，非常险危。灵岩四周，柏林万亩，碧透整个山峦谷地。站在证明龛前和西南巢鹤峰巅，都可尽览灵岩秀色。

巢鹤峰在证明龛西，拂日岩正南。功德顶去拂日岩两峰之间有石径北通，“两峰夹径如雄关”，与一线天（也即东天门）遥遥相对，称作“小西天”。

巢鹤峰突立众群峄屏障之前，南向三面悬崖，其上石坪轩豁，迭岩层积，上有题刻“巢鹤”“蹲狮岩”“别是乾坤”。1986年在原来旧亭基础上新构四柱方亭一座，上覆黄色琉璃瓦。居下远视黄亭，耸立于峰巅，犹如万顷碧波之中涌出一颗明珠，其景甚佳。

由寺内摩顶松沿路西去约半公里，碧树丛中有灵岩寺墓塔林。这里是唐以来灵岩寺历代高僧的墓地。共有蟆塔167幢，墓志铭、石碑81通。墓塔一般由塔座、塔身和塔刹组成。塔座有方有圆，有须弥座形式，有莲花座式，下多有力士顶托，狮首伏其下；塔身为墓塔主体部分，有圆柱体，有多棱长方体，也有金钟形体，上镌塔主僧之名号及年代；塔顶一般为长方体雕莲瓣，或圆形相轮，上置宝瓶或相轮式宝尖。墓塔的高低层次不一，或高或低，或多或少，其中尤以慧崇塔为最著名。慧崇塔建于唐代天宝（742～752）年间，为塔林首建之墓。塔体方形，全部石作。塔基作中间内收的须弥座状，塔身方体，南面辟门，东西面镌雕假门半掩，有侍者作半入半出之状。门上雕有狮首，飞天、伎乐、力士等图案。塔顶双层出檐，以板石叠涩挑出又均匀内收，上置露盘、莲瓣、宝珠组成的塔刹。结构简洁，古朴和谐，为我国墓塔林中的精品，有较高的雕筑工艺价值。其中还有日本山阴道但州正法寺住持僧邵元所撰《息庵禅师道行碑》，堪作古代中日文化交流的见证。由于塔体修建年代久远，常年风吹雨淋，多呈青碧之色。高低错落相间，隐于古柏荫森之中，自成一景。

灵岩，景胜寺古。深入其中，方得其妙。其秀奇景色恰如一古诗所颂：“松门十里苍山曲，宫殿参差依岩腹。盘盘一迳入云中，又登绝顶最高峰。石壁苍然起秋色，远溪深处时闻钟。磴道崎岖达岩下，几派清泉在涧泻。月色朦胧出远山，忽惊星斗在檐前。倦客游来不知返，清光皎皎严霜寒。一出禅林复回顾，白云已满山头路。”

灵岩胜景，令人留恋。

第七节　名胜撷萃

泰山其他名胜点是指分布于以上六个主要游览区以外的一些风景名胜，多在泰山四周的麓区。现选择其中几处较为重要的名胜点做一简单介绍，以供游览者寻古访幽。

大汶口遗址　国务院公布的第二批全国重点文物保护单位。位于泰城南面大汶河畔，距离泰山约25公里的泰安市郊区汶口镇附近。大汶河横穿遗址东西，遗址被分割为南北两片。南片在宁阳县堡头村，北片在汶口镇卫驾庄以东。整个遗址面积约12万平方米。1959年修筑津浦铁路复线时首次发现，并组织了发掘。经考证定为距今6000年至4000年之间的原始社会新石器晚期的遗存。随后，考古学界即将大汶口遗址及其类同的其他文化遗存命名为“大汶口文化”。其后，于1974年、1978年又先后进行了发掘。遗址内涵丰富，有墓葬、房址、窖坑等等。出土的生活用具主要有鼎、豆、壶、罐、钵、盘、杯等陶制品。分为彩陶、红陶、白陶、灰陶、黑陶几类。其中，特别是彩陶器皿，花纹精细匀称，几何形图案规整。个别器皿上还有类似象形文字的符号。生产工具中有磨制精致的石斧、石磅、石凿和磨制的骨器。墓葬以仰身直肢葬为主，有随葬獐牙的风习。还有的随葬猪头以象征富有。大汶口文化的发现，为山东地区的龙山文化（也最早发现于泰山北麓章丘县（今济南市章丘区）龙山镇一带，故而得名）找到了渊源。同时，也为研究黄淮流域及山东、江浙沿海地区原始文化的发展，提供了重要线索。至今大片遗址被覆盖在地下未有发掘。1983年泰安市文物管理局在大汶口遗址北片树立了大汶口遗址的保护标志。人们到此游览，既可欣赏汶河风光，又可借以追想中华民族先人们在这里生活的情景。

泰山齐国古长城　我国现存最古老的长城之一。始筑于齐桓公元年，至今已有几千年的历史。最初是齐国为防其他诸侯国进犯而筑：“大约齐（国）之边境，青州以南则守在大岘，济南以南则守在泰山。”（顾炎武《山东考古录》）“齐长城横绝泰山。”（《岱览》）齐国古长城西起黄河岸边的古防门（今济南市长清区广里店），沿泰山主峰北面的山峦峰头蜿蜒东去，跨越十几个县市，至胶南县（今西海岸新区）的南琅琊台而临黄海，全长500余公里。其修筑历史早于秦始皇的万里长城。如今齐古长城大部分地带都尚有墙址残垣存在，有的地段保存相当完整。在泰山主峰附近，如西麓桃花峪以北的北顶山，东北麓的仙台岭、梯子山等处，都可清楚地看到两千年前的古长城残垣。若登临其上，顺长城遗迹眺望，可见长城墙垣蜿蜒起伏于岭峦之巅，气势十分磅礴宏大。特别是泰山东北麓谷山玉泉寺以北仙人岭一带的古长城遗址，更有一番风姿。城墙以北遍生松柏，残垣南坡尽是刺槐。树种以长城为界，截然两异。每年槐花芬芳时节，这里北是一片绿，南是一层雪，景色十分秀奇喜人。倘若有兴趣，沿齐国古长城作一次长足考察，一定会很有意思的。

桃花峪　泰山著名自然景观区域之一，位于泰山西麓，距泰安市城区约15公里处。桃花峪沿一条溪谷延伸，约10公里长。溪谷两侧峰峦起伏，群山逶迤，丛林浓荫如黛，溪水清澈碧透，峪中花果飘香。这里有彩岩缝隙的“一线泉”，有临潭壁立的“钓鱼台”。过去这里曾经桃树满山，每逢早春三月，桃花吐蕾，一片粉雪，故有桃花峪之称。乾隆皇帝所题《桃花峪》诗中有“春到桃花无处无，峪名盖学武陵乎”的赞誉。桃花峪生殖着泰山独有的中国稀有珍贵名鱼——赤鳞鱼。赤鳞鱼方头阔嘴，红鳞俏丽，在光照下金光闪烁，在暗处则全身变黑，其肉质细腻鲜嫩，味美无腥。盛夏暴晒可化为油，仅剩皮骨，它不仅是营养丰富的珍肴，还是名贵的药材。桃花峪远离城区，这里无噪音，无污染，山清水秀，林木葱郁，空气清新，环境幽深。置身其中，可观鱼赏花，看山景，听鸟啼，沐清溪，穿茂林，人人都可做陶渊明“世外桃源”的联想，是一处十分理想的度假之处。现在已经进行投资修缮，可以接待少量游客食宿。简易房舍，山珍野菜，别有一番风味。从这里，盘循山径可至岱顶。

徂徕山　泰山支脉，位于泰山东南20公里处。其东为莲花山，汶河之水自东而西绕经其下。主峰海拔1028米。这里山清水秀，峭石突立，自古享有“小泰山”的美称。其主峰顶部宽阔平整，称为“太平顶”，其上有巨石屹立的感应侯故址和夕阳赞红散紫的“紫霞祠”遗址。太平顶东侧是古松郁蔽的万松岭，太平顶南侧有奇石若人的贵人峰，其西北侧有传为吴王伐齐时设立中军帐的故址。徂徕山上下有许多观赏价值很高的自然景观和人文景观。其中较著名的有：北齐武平年间刻于巨石峭壁上的《金刚般若波罗蜜经》，其字体酷似泰山经石峪经文，故成为泰山经石峪书体断代的旁证之一；还有称为：“徂徕第一奥区”

的南麓礤石峪；东南麓有创建于北魏的光化寺；其西南麓有唐代诗仙李白曾经隐居过的“竹溪六逸（堂）”故址。徂徕团山下还有1987年树立的“徂徕山抗日武装起义纪念碑”。1938年1月1日，中共山东省委在徂徕山发动起义，打响了山东敌后武装抗日的第一枪。新中国成立后，人民政府组织了植树造林活动。现在整个徂徕山林木茂密，绿树映翠。人们登岱顶南望，虽然“徂徕如丘”，但登临其中，却松石奇秀，刻石瑰丽，景色也十分迷人。

谷山玉泉寺　位于泰山北麓约20公里处，俗称“佛爷寺”。南北朝时期的北魏高僧意师创建。到金代善宁禅师重建，后屡经兴废。现仅存寺址。这里山高峪深，环境幽恬。寺院北依山峦，南屏翠峰，前有深峪。院中银杏数株，都粗达两围（一人两臂展伸为一围），树高20余米，十分雄壮，堪称泰山银杏之最。寺中尚存碑刻10余处，其中有金代大学士党怀英撰书的《谷山寺记》和“玉泉”碑。玉泉在古寺东侧，水色碧黛，大旱不涸。东西山腰处有天然足印，当地群众称为“东西大佛脚”。寺后高坡之上有一株古松，树冠十分硕大，可蔽荫大片山岗，被誉为“一亩松”。寺前有山径可通往泰山主峰，旧时为济南历城一带群众朝山进香之路。

汉明堂故址　位于泰安市城区东北8公里的谢过城村。故址为一高大的圆形台垣，西侧有河水南流。再西不远处有一泉，周砌八角护栏，汇泉成池。旁有一碑，上题“明堂泉”。据《史记·封禅书》记载，汉武帝封禅泰山时，因见原来位于泰山北麓的周明堂“处险不敞”，遂在泰山东麓另筑明堂于汶水之侧。其形制如济南人公玊带所献《明堂图》：明堂立于水上。中有一殿，四面无壁，上以茅草覆顶，下有复道。后世时常有人来此凭吊，以发幽古之情。今残垣高台周围尚有许多汉代陶片可寻。

张夏—崮山地区寒武纪地层标准剖面　标准剖面位于泰山西北麓，距泰安市以北25～32公里处，距济南市西南15～22公里处。在北纬36° 25′和36° 30′之间，东经116° 50′附近。环绕津浦铁路线和104国道两侧3公里范围内，交通十分方便。这种山地属于溶蚀构造低山，其海拔一般在500～800米之间。相对高度在200米以上，山体主要是由古生界沉积岩层组成。当顶部覆盖有厚层的灰岩时，相对抗风化、剥蚀、侵蚀的能力较强。山坡主要靠重力的崩塌作用而不断地后退，坡面较陡，一般都在45度以上。当四周都有沟谷则形成四壁都很陡硝，顶部平缓的“方山”，若在两个谷地之间形成两壁陡峭，顶部平缓的长条形平台的低山；有的山顶被侵蚀，变成互相不连续，成为堡状山脊。这些灰岩山地的溶蚀现象也较明显，甚至使长条形的岭脊被侵蚀溶蚀的非常狭窄，可以在洞穴中通过缝隙观看天空，形成多处“透明山”。这些山体上，形成下伏太古宙泰山群花岗片麻岩，上覆寒武系张夏组厚层灰岩（常常由各色（杂色）页岩和泥质灰岩组成），形成一种典型的地质地貌现象。这种地质剖面是中国北方寒武系（主要是中、上寒武统）标准地层。张夏一崮山地区寒武系地层的研究开始于20世纪初（1907），从20年代以后，才主要由中国地质学家来研究。这个地区的寒武系地层标准剖面是由四个可相互连接的剖面组成，即馒头山剖面、虎头山至黄草顶剖面、唐家寨剖面和范庄剖面，共包含下、中、上寒武统的七个地层单位。这组标准剖面具有多种重要价值：其一，它是我国地层和生物研究历史最长，研究工作最多、最详细的地层剖面之一，在我国地质历史上占有重要地位；其二，这里是古生物许多种属的命名地或模式标本原产地；其三，是我国寒武系中、上统的标准剖面，在我国寒武系区域地层对比和国际寒武系地层对比研究中起了重要作用，我国地质学家凡涉及寒武系研究者几乎都要到这个地区来观察研究；其四，是我国大专院校地质学的重要实习基地，仅近几年中就有十几个大专院校来这里实习考察。因此游览这个地区的地质标准剖面即可学得一定的地质学知识，又可增加旅游的情趣。

第五章
齐鲁青未了

泰山是座中华民族的精神文化之山，1982年被国务院批准为第一批国家重点风景名胜区，1987年又被联合国教科文组织列入世界遗产清单。这就必须严格按照世界遗产公约和国务院有关风景名胜区保护条例等法规，对泰山风景名胜区进行保护。同时为适应科学文化和旅游事业的蓬勃发展，对风景名胜区做必要的开发和建设。

泰山风景名胜区曾经在1958年、1960年、1979年和1980年先后搞过4次规划。这些规划对泰山风景名胜区的保护、管理、开发、建设都起过一定的指导作用。1982年国务院批准泰山为第一批国家重点风景名胜区以后，泰山风景名胜区的性质、地位发生了新的变化，国家对泰山规划提出了新的要求。在山东省泰安市人民政府以及泰山风景名胜区管理委员会委托北京大学地理系承担编制新的泰山风景名胜区总体规划过程中，泰山又被列入世界遗产清单，从而对泰山规划提出了更高的要求和标准。

几乎与编制泰山规划同时，北京大学又组织7个系13个学科的专家、教授等专业人员，承担了城乡建设环境保护部关于《泰山风景资源综合考察和评价》的科研任务。这项科研任务所取得的丰硕成果，又为泰山规划的制定提供了比较充分的科学依据和坚实的工作基础，使这次规划顺利获得有关专家的评议认可。规划现已经报国务院待批，批准后的《泰山风景名胜区总体规划》将是泰山风景名胜区保护、管理、发展和建设的蓝图。遵循泰山风景名胜区总体规划去保护，去管理，去发展，去建设，泰山的明天一定会更加雄伟秀奇，一定会更加美好。下面将规划中的部分内容简要叙述如下：

天烛峰

第一节　泰山风景名胜区的性质

泰山突兀雄伟的山体，丰富的历史文化内涵，体现了一种不同于其他风景名胜区的突出特点。泰山一个最大的特点，也是最能反映泰山性质的特点，即泰山是中华民族历史文化精神的缩影。所谓精神缩影，从有文字记载的中国几千年的历史来看，泰山受到了整个封建社会国家最高统治者——帝王的朝拜。帝王封禅，一方面是以神道设教，巩固其统治；另一方面又是四海联合、国家统一的标志。这就使泰山成为国家和民族的精神支柱。雄伟高大的泰山在人民群众的心目中，则成为崇高精神的代表。“稳如泰山”“重如泰山”“有眼不识泰山”等成语早已深入亿万炎黄子孙的心坎之中，名扬世界。所谓泰山是中国历史文化的缩影是指它的历史几乎与中华民族的历史同龄。泰山连续而丰富的文化，恰如郭沫若所讲“泰山应该说是中国文化史的一个局部缩影”，甚至可以说是一部中国通史的缩写。

因此，泰山风景名胜区的性质，概括地说就是：泰山是五岳之首，景观雄伟，历史悠久，文化丰富，形象崇高，是中华民族历史上精神文化的缩影，是具有重大科学、美学和历史文化价值的国家重点风景名胜区，是世界的遗产。

第二节　泰山风景名胜区开发建设的指导思想

根据泰山所具有的价值和性质，要求我们必须严格地保护泰山风景名胜区的自然景观和历史文化风貌，在保护的前提下做到合理利用，不仅为当代，而且为世世代代的人们享用。分析泰山的历史，可以看到中华民族雕凿泰山的主题思想和主要功能是：登山封禅，神道设教，祈求国泰民安；朝山进香，游山览胜，领悟崇高精神。那么，我们今天的泰山规划，应该是继承历史上泰山的精华，摒弃其迷信色彩。从而确定泰山规划的主题思想和主要功能是：审美求知，博览世界的自然文化奇迹；登山览胜，弘扬民族的奋发向上精神。也就是以游览审美、科研普及和精神文化交流及爱国主义教育为中心，以及包括登山、度假、休养、宗教多功能的风景名胜区。

由于历史上的泰山主要以封禅祭祀和朝山进香为中心，因此主要游览区在岱顶以南，即泰山南坡至岱庙之间一片不足20平方公里的范围。这一区间的景观内容已经满足不了现代旅游以及科学文化活动的要求。这就需要在严格保持岱南“登天序列”的历史风貌基础上，因景制宜地开发泰山博大而丰富的风景名胜资源，发挥泰山风景名胜区的多功能作用。遵循这一原则，今后需要新添少量（主要在新开发景区）与自然景观、人文景观协调的保护和游览服务设施，以利于控制和减轻岱顶的容量。

为了保持传统游览区的自然和历史文化风貌，恢复某些被破坏了的景观，还将需要重修个别古建筑，并逐步改造或拆除某些破坏景观的建筑工程。

今后仍将保持山城一体的景观布局。泰安城是因为泰山而发展起来的，是为泰山服务的基地。因此，保持山城一体，既是历史的传统，又是现在和未来旅游事业发展的需要。所谓山城一体，首先是在景观布局上，保持和适当恢复“三重空间一条轴线”的基本布局。尤其是保持泰安门（泰城古城南门）—通天街—遥参亭—岱庙—岱宗坊—岱顶景观带的历史风貌，以及和它相临空间的景观协调。

同时，对于风景区内具有科学价值的地层剖面、地质露头、古树名木以及赤鳞鱼等要严加保护，禁止随意开山取石、狩猎和伐木毁林，以保持生态平衡。风景区内的居民从事经济活动，首先要服从于风景区的保护和建设。

今后泰山的旅游业，要充分体现泰山特色。没有泰山特色的旅游业，不但没有生命力，还会破坏泰山珍贵的自然和历史文化遗产。泰山旅游业的发展必须要与泰山性质和世界遗产这一特殊的性质相适应，要具有丰富而深刻的科学、美学和历史文化内容，并具有体现中国社会主义精神文明的第一流服务。泰山的旅游市场应以省内为主，逐步争取向省外和世界市场转化。

第三节　泰山风景名胜区的规划面积

根据城乡建设环境保护部、文化部、国家旅游局联合签署，并报经国务院批准的《关于审定第一批国家重点风景名胜区的指示》报告中的要求：“风景名胜区的规划和管理范围要从保持景区自然和人文景观的完整，有利于保护，便于管理和组织旅游出发，不应受到行政区划的限制。”因此，针对泰山风景名胜区的具体情况，为了管理上的方便，综合考虑到林场、铁路、乡镇行政区划以及山脊线、山脚、河流等界线，泰山风景名胜区的范围，南面应自泰安古城的南门——泰安门开始，东南、西南两侧以环山公路为界，东、西、北三侧与林场界线相吻合。而西北方向则应包括灵岩寺、万德至张夏之间的寒武纪地质剖面。尽管灵岩和寒武纪地层剖面地带都已不隶属泰安市的行政区划（这是因城市区域范围变动所造成的），但是灵岩是泰山山脉的一部分，而且在历史上有着不可分割的渊源关系。泰山佛教文化最早传入者之一的高僧朗公曾到灵岩寺讲法，封建皇帝封禅泰山也去游览灵岩，“游泰山不游灵岩，不成其游”的说法广为流传。灵岩一带无论从地理位置，还是历史文化方面，都是泰山风景名胜区不可分割的有机组成部分。把灵岩一带划入泰山风景名胜区，将会有助于保持泰山景观序列的完整性。而泰山西北麓的寒武纪地层区域，即张夏—崮山地区，在地质学上早已被确定为我国寒武纪中、上统的标准剖面，是我国区域对比的重要依据，也是国际上寒武地层对比的重要依据。把这个地学区域划入泰山风景名胜区统一规划管理，将会大大提高和丰富泰山的科学内容和价值。开拓新的旅游区间，将上述两处划入泰山风景名胜区范围内，完全符合国务院《风景名胜区管理暂行条例》中“凡具有观赏、文化科学价值，自然景物、人文景物比较集中，环境优美，具有一定规模和范围，可供人们游览、休息，或进行科学、文化活动的地区，应当划为风景区”的要求。因此，泰山风景名胜区的规划面积为310多平方公里。

第四节　目前游人量的时间分布规律和控制游人的措施设想

自1978年泰山对外开放以来，游人数量明显增加。从1983年开始，游人骤增。近几年几乎每年都在接近200万游人的数量上。目前泰山风景名胜区游人量的时间分布规律主要体现在以下几方面。

首先，每年都有一个三峰突起的月游人量。进山游人分中路（即东路）和西路，总游人量各月的分布是极不均匀的，呈三峰突起、峰谷变化非常显著的特点。主峰在4～5月，总游人量约62万人次，占全年游人数的38%；第二次高峰在8月，游人量约20万人次，占全年的13%以上；第三个高峰在10月，游人量在15万左右，大约占全年游人量的9%。三个高峰月的总游人量占全年游人量的60%，但游览天数不到全年的1/3。12月到翌年3月为全年的谷峰，这四个月的游人数的总和只占全年总游人量的10%。

其次，“五一”和“十一”前后是两个高峰游览日。高峰月中的游人量，相当一部分人集中在“五一”和“十一”两天节日前后。而其中，尤以“五一”游人量最高。1982年“五一”，进山游人量竟高达12万人次。每年的“十一”游人略低于“五一”，这种数万人的高峰日游览，造成泰山中路游览路线上人山人海的超容量游览状态，极不利于景观的保护。游人始终处于拥挤状态中，也很难全面欣赏泰山风光。

最后，24小时的日游人分布。几乎每天24小时都有人登山游览。其中早上8点前后和夜间23点左右是两个高峰时间段，有时甚至是夜晚超过白天。而多数夜游泰山的人，目的是凌晨赶到岱顶观日出，披星戴月登山也有一番情趣。浩浩荡荡的夜游队伍，本身就构成一种特殊的景观：“夜则灯火万点，下至山麓，上至天门，煌呼如烛龙衔跃，谓天下奇观。”

但是，这种东路主景区内游人量的大增大减，特别是节假日超容量的游览，给泰山自然和人文景观的保护、管理造成很大危害，必须采取综合疏导的措施来减缓这种危害。

控制东路游人的措施，可以有如下几种方法：其一，是通过开展新景区，减少东路游人量；其二，是在东路盘山道另一山谷中新辟一条步游路，形成往返分开的环形游览路线，可以减缓东路下山游人的压力；其三，疏导中天门、岱顶等主要景点上的服务设施，扩大游览面积；其四，是通过宣传和组织，控制“五一”“十一”期间游人数量。譬如，在两个节日期间，分散和限制本省本地区的人们游览泰山；另外，可以采用浮动票价调整进山游人，不同景区、旺季、淡季、节日与平时的票价有所不同，借以达到时间、空间上合理分配游人的目的。

第五节　景区划分及规划设想

泰山风景名胜区资源丰富，地域广阔。但从目前现状来看，可供游览的面积太少，而且集中分布从岱庙到岱顶的中轴线上，人们匆匆而来，只在东路（甚至只是乘索道直至岱顶）一带游看而返，难窥泰山风景名胜全貌。同时，环境容量非常有限，远远不能满足日益发展的旅游业和人们对泰山精神文化上的渴求。因此，在保护自然和历史文化遗产风貌的前提下，有节制地开发泰山的风景资源，在总体布局上打破仅仅是几千年来一条轴线朝天登顶的格局（这条登天轴线的风貌不动），是非常可取的。

根据泰山风景资源的分布特点，要做到一方面在地域上有连续性，另一方面各个景区都有特色鲜明的中心景点，使游览者不到一处，都有所失。根据以上条件，本着有利于组织游览、便利于管理的原则，结合自然景色界线，参照现有林场各林区的界线，泰山总体规划中把泰山风景名胜区划分为九大景区来保护、管理和开发。主要有：

1. 登天景区

2. 天烛峰景区

3. 桃花峪彩石溪景区

4. 樱桃园景区

5. 玉泉寺景区

6. 齐鲁长城景区

7. 灵岩寺景区

8. 古地层景区

9. 其他待开发景区

规划中的各景区特色及设想如下：

1. 登天景区

这个景区即几千年来形成的泰山主景区。景区以东路登天路线为主，包括大直沟古登山道（由中天门东，中溪山头北侧东去，曾为汉武帝登封泰山的道路）、扇子崖游览线和以普照寺为中心的环山路中段各个景点，是泰山雄伟高大、名胜景点丰富、景观集中体现的区域。

东路（即古登山盘道中路），从泰安城南的泰安门开始，经通天街、登山盘道到岱顶，外加其西南部的蒿里山，格局上呈三重空间一条轴线及登山封禅的景观序列，是泰山两千年来不断雕凿形成的一幅伟大精品，生动形象地反映了道佛家关于“人间、天堂、地府”的宗教传说，集中了泰山风景名胜区现存的绝大多数奇观，是泰山风景名胜区的特色所在。因此，对于这个景区的规划主导思想是整体保护，重点恢复，原则上不搞新项目。在视野范围内，将对原有历史风貌和自然环境产生干扰的刺眼物，逐步改造或者拆除。在关键地段恢复个别重要古建筑，其中岱顶区域又是这个景区的精华所在，应当是保护和整治的重点。为了疏导旺季主景区内游览日的拥挤，修整开辟中溪以东沿山脊东侧，从王母池到岱顶的登山道（即前文中控制东路游人的措施之二），登山盘道与西溪公路之间贯通岱顶，拦住山、凌汉峰、三阳观、普照寺等处的登山便道。

古东路，即大直沟登山道，现尚存汉武帝登封故迹，自然景观也十分清秀，逐步整修古登山道，既可以扩大游览空间，也能起到疏导中天门的游人，减缓东路登山盘道上游人的压力。

扇子崖、傲徕峰游览线，则以傲徕峰一带为中心景点，包括黑龙潭、白龙池、百丈瀑、天胜寨、龙角山等景点，这里峰险、石怪、潭深、瀑奇，自然景观十分丰富。逐步恢复“天胜寨农民起义军”旧址，整修好扇子崖庙宇，使其成为游人小憩、游览的处所。有计划地开辟黑龙潭至傲徕峰、傲徕峰至中天门的登山道。这样可以扩大主景区范围内的游览景点，使人们更加充分地欣赏泰山旷区的美景。

2. 天烛峰景区

天烛峰景区包括后石坞三面悬崖峭壁，一片古松蟠结，旧有泰山奥区之称，尚有庙宇残址。其间有多处大小石峰，相对高度80～100米，危峭如壁，较突出的是大小蜡烛峰。中有溪谷长达5公里，溪中清流潺潺，景观十分雄奇幽奥。溪谷之中，时有大片基岩出露于河谷两岸，或平坦于谷底，成为摩崖刻石极好的地理环境。自后石坞以下到溪谷东口的扫帚峪，除一樵行小道，无任何人文景观。其自然景色之秀，堪称泰山第一。尤其是古松怪石，更为雄奇瑰玮，令人叫绝。

为了开发这一景区，保护古代珍贵的摩崖石刻，刻制我国现在尚存的优秀摩崖石刻和国际友人的珍贵题词，设想把天烛峰景区规划为文化谷，以丰富这一奇奥自然之区内的人文景观。其大致设想为：重建后石坞元君殿宇，使其成为泰山艺术之家。设十个床位，为艺术家创作泰山艺术作品服务，可设艺术佳作展览室，使游人更得艺术升华后的自然景物之妙。在谷溪岩石之上复镌古代摩崖石刻的精华作品，如泰山经石峪摩崖石刻，邹县铁山摩崖石刻，以及全国各类碑林中的上乘之作。特别是一些古代摩崖石刻都已面临风化剥蚀殆尽的危险，再过千年或许就不复存在了，但后来存于天烛峰文化谷的石刻又会成为千年之作。同时，征集评选现代人中的优秀书法作品和国际友人的题词，继续泰山人文景观的延续性，发扬泰山历史文化丰富的特点，使泰山成为全人类文化的荟萃之地。要加强保护措施，使后石坞原始油松林保持苍翠秀奇的美姿。

3. 桃花峪彩石溪景区

这个景区包括桃花峪、彩石溪流域的范围。景观特色是五彩基岩构成的溪谷河床，终年不枯的清澈流水，植被丰富的优良环境；这里也是泰山稀有珍贵鱼种赤鳞鱼的产地之一。景区应恢复溪流两岸的桃花林，再现桃花源意境。在今天桃花源景区区部基地上，改建一所“桃园山庄”，设置30个床位，供人们住宿、休养，并进一步修整桃花峪通往岱顶，桃花峪通往傲徕峰的步游路，扩大景区之间道路的联通，减少游人走回头路的状况。同时，要求桃花峪溪流上游的一切设施都要有无害化处理设备，以保证赤鳞鱼的生存环境不受污染；并且要避开现在已经破败不堪的采石区，另选一处更有自然意境的景区入口，使桃花峪景区处在一种非常和谐的自然环境之中。

4. 樱桃园景区

樱桃园景区位于泰山西麓8公里处。这里环境幽静，小气候优良，容量较大，而且交通方便。这里拟逐步恢复樱桃植被景观，建成一处度假旅游的基地。

5. 玉泉寺景区

这个景区以玉泉寺为主景，逐步恢复玉泉寺庙宇，修整玉泉寺至岱顶的登山便道。

6. 齐鲁长城景区

这里以齐鲁分界的齐古长城为主要景观，严格采取措施，较完整地保存长城遗址。修整北麻套至长城的一条步游路，并加强山腰下部的植被景观。使人们在绿树青山之上再睹古长城蜿蜒起伏的雄姿。

7. 灵岩寺景区

以灵岩寺为主景，保持环境幽静，植被茂密，文物古迹丰富，殿宇塔林壮丽的景观。今后注重全面保护，加强林场外围环境的绿化。在景区入口处，进一步完善停车、饮食、商业和旅游纪念品销售的服务设施。

8. 古地层景区

重点在张夏—崮山一带，包括馒头山、唐家寨等标准地质剖面，开辟一条轻便的地质科学考察路线，设立标准剖面的标志牌，在适宜的地方建立一座介绍地质学标准剖面的陈列室，或者是一处宣传长廊，使游览者进一步全面了解泰山一带地质标准剖面所具有的科学意义，增加地质科普知识。

9. 待开发景区

包括巴山林区和桃花源林区的部分，区内耕地较多，近期主要是荒山绿化，保护植被，以待远期开发。

第六节　重点景区保护措施

东岳泰山是五岳之首，在古代帝王的封禅史上、在宗教史上，都享有非常特殊的地位，一直受到历代统治者的特别保护，派要员专管或者设置管理机构严格管理。早在春秋战国时代，就已设有专门掌管泰山的岳牧。以后都由帝王派员严守泰山，对泰山上下的名胜古迹屡加维修拓建。特别是在帝王封禅或者国家重大庆典之时，都要对泰山进行祠庙修葺。平时，帝王也常常下诏令，拨资给庙观主持，令其“晓夜尽心，兼可时加修葺，以壮往来观瞻”，倘遇自然灾害被毁之时，则命大臣督工修复，“务使庙貌辉煌，工程坚固，速行告竣，以辅朕为民报享之至意”。对泰山的山水林木，则视为珍宝灵物。先秦之前，“古者封禅为蒲车，恶伤山之土石草木”，后代封建帝王在兴盛时期均下诏令，不准在泰山上砍柴牧畜。宋真宗赵恒登封泰山时，“凡两步一人，彩绣相间，树当道者不伐”。举行封禅大典之后，又下诏令：泰山四面7里之内，不准樵采，并给近山20户，以奉神祠，同时在社首山、徂徕山也禁止樵采。到了元代，因为邑人山民和游人香客常在王母池梳洗河内污染溪水，泰安州官台便下一条禁令：“诸人无得于池上作秽，如违，决杖八十”，并将此禁约刻于王母池石崖上，以告众人。由此可见，自古以来，泰山就受到上至君主帝王，下至州长岳令的高度保护，从山石、林木、水体至寺观庙宇建筑等均有保护措施和禁令。这一方面，在中国名山保护史上也是独一无二的。那么，今天的泰山，作为被列入世界遗产后的全国重点风景名胜区，更要采取积极的保护措施，使其精华永传千世。

为此，泰山总体规划中明确了三条保护原则：

第一条，泰山的一切风景资源的开发利用均应将保护放在首位，忠实地反映原始环境的特征，而不是人为地改变、削弱甚至破坏它们。因此，当二者之间发生不可调和的矛盾时，宁可暂时不开发，也要保护起来。

第二条，泰山风景名胜区自然景观与人文景观浑然一体，是历代开发的特点。因此保护规划必须对景区、景点实行整体保护，尤其是对“天上、人间、地府”三重空间的整体保护，不得改变其空间序列与意境，要突出保护历代帝王封禅祭祀活动序列的景观环境，因为它们强化了自然空间的特征，点明了主题，成为原始环境中的印象强烈地带，在游人感知心理中形成高潮。

第三条，加强管理，严禁在景观环境强烈地带出现破坏景观和与环境不协调的“刺眼物”“干扰物”与“干扰活动”，严格控制各种破坏因素的产生（包括游人、居民、外单位以及开发者本身的人为主动破坏，与自然风化剥蚀和各种灾害所带来的自然毁坏）。旅游业的经营以不破坏景观为原则，山下为主，山上适当经营。目前已有的设施，不等于“存在即是合理”，应服从统一规划，该拆的就要拆，该改造的就改造，一切服从景观环境的许可度。对于重要景物，已遭破坏的要尽可能恢复，面临毁坏灭绝的要极力抢救，尽量恢复其原始环境特征。

根据上述保护原则，将列入上报世界遗产清单的景区、景物和具有较高科学、历史、美学价值的景点、景物作为特级保护进行管理。这些属特级保护的景点、景物，即：岱庙、岱宗坊、红门宫、王母池、普照寺、万仙楼、斗母宫、壶天阁、中天门、五松亭、南天门、碧霞祠、玉皇庙、灵应宫、灵岩寺、辟支塔、慧崇塔及墓塔林等古建筑群；无字碑、经石峪、唐宋摩崖等石刻；望人松、五大夫松、姐妹松、六朝松、一品大夫松、汉柏等古树名木以及对松山、后石坞古油松林；极顶石、丈人峰、仙人桥、拱北石、飞来石、斩云剑、虎卧石、西天门、君子峰、嚇人峰、醉心石等自然石景；齐古长城、桃花峪彩石溪与赤鳞鱼、延岭河天井湾、牛角洞处的赤鳞鱼、寒武纪地层标准剖面、油桶构造岩石现象等等。

同时，在规划中把特级景点、景物所在的周围环境以及其他有较高价值的景点定为一级保护区。一级保护区是泰山风景区的精华所在，这些区域需要保护自然原貌和历史环境，其中的重点是对封禅祭祀活动序列空间的整体保护。

过去祭天活动（也称登封）是从泰安古城南门——泰安门开始的。因此，这里需要重建泰安门阁楼，以标志登封活动的开始处，并在这里设立旅游咨询服务站，做游览者的参谋。在通天街恢复单层清代风格的文化商业街面貌，建筑简朴淡雅，形成收缩空间，烘托岱庙建筑群的效果。遥参亭两侧扩成东到仰圣街，西到二衙街的广场，会使空间为之一放。清乾隆时期，遥参亭前曾是：“四民辐辏，炉烟釜气”的景象。因此，在扩展后的遥参亭广场四周可以设置一些带有浓郁地方色彩的风味小吃铺，再现这一意境。按照宋代规模恢复岱庙建筑的历史面貌，并严格控制岱庙四周其他建筑的层高。今岱庙北街已经恢复商市，食品、饭店、小吃、旅游商品为主，建筑高度宜在两层以下，最好都是灰瓦坡顶，与岱庙建筑群和谐，岱宗大街到岱宗坊要保留两侧的两片绿地。环山路与登山主轴线（今红门路）相交处，在环山路口各设一座体量小于岱宗坊的石坊，以示封闭。而中轴线方向向北开敞，以示延伸。整个红门路段，都应增植绿化带，郁荫两侧，形成由城到山的意境、环境。红门路应由城市道路改为游览道，城市交通不再入内。

登山盘道两侧的建筑物与原来景观不协调的，一定要拆除、改造。

中天门一带建筑体量过大，已经成为游客过往的闹市，失去了旧时过壶天阁、登上中天门后形成的一种“小旷”的意境。因此，今后要限制再建，逐步减少。有些工程待远期拆除后进行绿化，恢复黄岘岭西端登山步游道。

逐步恢复沿途登山盘道上“三里一旗杆，五里一牌坊”的壮观气势。

岱顶区的保护是整个风景区的关键。旧时，登上南天门，天界骤开阔：“天门一长啸，万里清风来。”整个序列空间为之一放，同中天门相对比，其境界是一个大旷：“凭崖览八极，目尽长空闲。”岱顶是“天界”的意境，在“步步登天”的序列中是游人最后“漫步天庭”的阶段。到达终级（极顶），即为古代帝王登封泰山与“天”“神”对话的场所。古人们为帝王设置了天宫神阙、金殿玉阁，神奇虚幻的环境；天高云低，寂静空杳、吾天同在的心境。过去封建帝王在这种环境和气氛中完成了君神对话的仪式，掀起登封活动的高潮，山呼万岁，松涛齐鸣；今天作为游览区、名胜地也不能破坏它的历史环境。因此，对岱顶的保护原则是保护自然与历史文化遗迹，尽可能恢复原貌，保持“天界”即自然美的意境：松柏葱郁，花木繁茂，云烟缭绕，青天高寥，金殿玉阙，神奇虚幻，寂静空杳，钟磬隐约，悠悠扬扬，漫步天庭。可惜目前岱顶上的建筑物太多了，近乎人烟稠密、房舍毗连的山上城镇，已失去了“仙境”的自然美。所以，山上建筑只能成组不能成片，不宜在主景区内大搞建设。要将已破坏了的景观尽快恢复。岱顶其他建筑的体量、形式与色调宜与自然环境协调，烘托意境，成为古建筑的陪衬，要以沉着、朴实的灰褐色的基调突出红墙庙宇。同时，还要严格控制游人量，限制性地安排游人在山顶上的吃住。

封建社会封禅仪式中的“禅地”活动的场所多在泰山附近的几座小山，其中最近的一处即现在泰安火车站东南的蒿里山。与其相连的社首山也曾是唐、宋之际的帝王禅地之址。但是此山已毁，不复存在。因此，拟在蒿里山上刻石立碑，以示地所。并以石刻浮雕的形式再现蒿里神祠，影指地府冥界的所在。这样完善泰山“三重空间”的整个意境，揭示封建统治者“神道设教”、麻痹统治人民的精神枷锁。

第七节　景区旅游步行道路的规划

泰山风景名胜区内旅游可行道路的总体格局以岱顶为中心，放射性登山道为基础，再加上岱顶以下，东、西、南、北方向的游览道为辅，构成各景区或相互景区自成系统，且又与岱顶有方便联系的网络，为游人全面、多角度、多层次的游览、欣赏泰山风姿提供方便。步游道路宜简易，小径、石阶，隐于丛林、沟溪、山坡之中，既有利于行走，又不破坏景观。具体路线有以下八条：

1. 后石坞至扫帚峪步行道，即规划中天烛峰景区主要的一条步游路。并使这条步行道把尧观顶（后石坞上面的最高峰）和后石坞相通。其下与东环山路（今泰佛公路的一部分）有便捷的联系，这条步行道开通以后，可以吸引并分散岱顶上的一部分游人。这条路以自然景观取胜。所穿行奥区，雄、奇、险、秀、幽、奥特色俱全，尤以奥、奇、幽、秀最为突出。铺设路面，因山就势，听其自然，陡坡处铺筑石阶。道路沿设想的摩崖刻石文化谷穿行，奇峰、怪松、古庙、刻石尽得其便。

2. 沿中溪山山脊线东侧开拓一条步游路，即解决登天景区（主景区）往返走回头路的矛盾。修在山脊东侧，一方面展现泰山多方位的自然秀色，另一方面不与原登山盘道在同一溪谷中，不破坏原来登山意境的设计。这里路面保持过去樵夫山间便道的风格，蜿蜒曲折，尽得泰山险峻旷远景色之妙。

3. 桃花源景区至岱顶的可行山径，即规划中的桃花源彩石溪景区与岱顶相通的便道。道路隐于丛山密林之中，山林野趣甚浓，路长坡缓，由此处登泰山极顶，会有另外一种感受。又可疏导部分游人由此路上、下泰山，减轻泰山东、西两条主干路游人的压力。

4. 中天门至傲徕峰或远达樱桃园的步行路。拟以此路代替原有的西溪游览步行道，减轻中天门的游客压力，并在步行路与泰山盘山公路交叉处设立旅游车停车点，便利游人乘车或步游，可改变目前西溪旷景只能乘车观览的缺憾。引导游人游览扇子崖、傲徕峰、樱桃园诸景点，把囿于主景区两条干线路上的游人多方向撒开，开发泰山新的自然奇秀景观。

5. 桃花源景区通西溪公路黄西河的步行路。此路沟通两个景区不经岱顶的联系，中间经临龙角山、九女寨，又是一条吸引游人探奇历险的步游路，仍以自然景观为主。

6. 修铺岱顶经拦住山、凌汉峰、三阳观到普照寺之间的山径步游路，这条路一方面分散东路登山盘道上的游人，另一方面游人可取便利之径游凌汉峰、三阳观、普照寺，既有山林秀美，又有寺观妙景。

7. 中天门至上梨园步行路，即古登山东路。可寻汉武帝登临旧迹，览溪谷石色，下与泰佛公路相连，交通较便利。

8. 岱顶至佛爷寺步行道。此路为林场工作线，道路漫长，多在泰山主峰以北的群峦山脊上行走，自然旷景为主，传为秦始皇“从阴道下，禅于梁父（山）”所行之路。这里山峦叠伏，碧林万顷，宜于作长足山游之径，下有玉泉寺风光，并与泰山东环山公路——泰佛公路相通，往返道路较便利。

第八节　风景区的绿化设想

关于泰山风景名胜区的绿化现状，粗略估算一下，森林覆盖率约达80%，而主景区及其附近，植物覆盖率90%左右。绿色苍茫的泰山和周围其他荒山秃岭相对照，景象特别鲜明。置身岱顶，极目四望，杜甫《望岳》诗中“岱宗夫如何，齐鲁青未了”和明代钟宇淳描绘的“远眉横黛出霄汉”的境界油然而生，大面积绿化的实现，再现了泰山历史上“茂林满山”“竹树森森，未风先鸣”的景观，烘托了泰山的雄伟壮丽，并且在防止水土流失、保护自然环境方面，显现出了越来越明显的效益。

但是，从长远的观点来分析，泰山绿化中还存在一些问题。

第一，风景林少，分布范围狭窄。根据1984年林场的调查，当时的风景林占有耕林面积仅34%，其他为防护林和用材林，而风景林主要分布于泰山前怀主景区和灵岩景区之中。这与国家重点风景名胜区和世界自然遗产的要求是不相称的。

第二，树种少，多纯林。泰山林种仅有松类、侧柏类、栎类、刺槐，而且多为纯林，混交林很少，造成景区景观上的单调感。尤其是刺槐，落叶期长，冬春林相景观十分荒凉，也容易滋生病虫害。

第三，破坏植被较为严重。索道施工，西路盘山公路施工出现大量生石面、碎石坡，仅岱顶月观峰就被砍去1/3，出现的生石面60余米，施工碎石坡长500余米。无论站在泰山之阳哪个角度，只要前面无遮挡物，都会清楚地看到这一破坏痕迹，严重影响了泰山绿树青岩的雄伟景观。

第四，迷信压石造成对泰山植被的破坏。树上压石是一种传统的迷信现象，是一种落后、愚昧的行为，严重破坏了林象，影响了树木的生长。

第五，古树名木的长势日趋衰落。古树名木是泰山上“活的文物”，但毕竟是生长了千百年漫长的岁月，日趋衰老是生命必然的规律。尽管泰山的园林科技人员进行了很多努力，但挽救、保护工作仍然是非常艰巨的。

因此，要正视现实，对泰山绿化进行一个科学的规划是很有必要的。

规划的原则首先以暖温带原有植被分布为基础。根据泰山在植被分区、气候、土壤、历史文献各方面资料可以判断，泰山植被属于暖温带植被区系，其类型最主要的是油松林和落叶阔叶林，或者是两者的混交林。山顶和上部以油松为主，混有少量的棣椴、紫椴、花椴等落叶阔叶林，也可能兼混有油松林。次要树种有榆、椮、槭槲、栎、杨、柳、栾树及臭椿等。灵岩和泰安火车站附近的蒿里山，原始植被更可能是侧柏林和以青檀、朴树、旱榆等石灰性土植被为代表的落叶阔叶林。准确分析原始植被面貌，为泰山大面积的绿化，防护林、用材林的改造，提供了科学的依据。

其次是调整营林方向，扩大风景林的面积和分布范围，改造全部防护林、用材林为风景林，改造部分单纯林的林相成为混交林，特别是改造刺槐林。努力做到美化、防护、生产（果树、油料植物等与景观效果相一致的经济植物）相结合。林木的修枝、砍伐、防护、管理等都要以不影响景观和促进风景林的健康生长为原则。

其三，以松柏常绿树为基调，体现雄伟神圣、庄重深厚的泰山风格。成为衬托“百花烂漫”“云烟缭绕”“红叶映天”“松柏雪帘”四季季相景观的背景；渲染神圣、肃穆、幽静的奇观外围环境气氛。

其四，与各景区景点的景观气氛相协调，树种的选择和种植位置应注重体现雄中藏秀、藏奇、藏幽，雄中有旷，雄中有奥的意境，使景区景点各有特色。

其五，种植配置要做到“虽由人作，宛若自然”。大面积的山地风景林、登山盘道、寺观外围，绿化要自然式种植，切忌规整等距离。同时，还要满足山岳风景区、游人视点多变的要求。登山时的仰视，应表现树冠层层相叠的深远感觉，并使林冠线的起伏变化与悬崖峭壁的参差交融，使青岩与绿树互为衬托。“长松入云汉，远望不盈尺”“蔚葱葱，青蒙蒙，千株万株插芙蓉”，就是这种林相的仰视效果。在岱顶、群峰和山脊线上俯视，更应注意大面积的色彩构图，产生一层层、一带带、一片片的树林色异效果。那种“远眉横黛”“碧浪苍龙”“遥看一坞桃花红”，正是古人们俯视景观的心理感应。林中空间要注意下层花草的配置，使深邃郁闭之中具有活泼亲切的气氛，恰似“林光宠兰芷”。

其六，恢复生态环境，保护植物资源。对于后石坞、对松山两片原生油松林，一定要划定保护圈，规定游览路线，控制游人数量，严格执行防火、防病虫害的措施。桃花峪、延岭河是泰山赤鳞鱼幸存的重要生息地，在其保护范围内的植被种植、管理都要有利于赤鳞鱼生存的环境水质的保护，利用绿化积极治理人为活动对自然环境的破坏。

关于东路（即登山盘道）主景区一带的绿化。首先，通天街路面两侧的绿化，要清除长势高大的国槐、银杏，代之以不遮挡视线的灌木或小乔木，以清除绿化障碍，达到入门（泰安门）即见泰山的效果，使人一临景区就能得到群峰拱岱、崇楼金殿可与天通的雄伟神圣之画面，加深第一远视印象。

岱庙内绿化要改造绿篱、雪松等西方式绿化格调，恢复以柏树为主的规则式树林，恢复岱庙后花园。

出岱庙外的红门路，成片规整种植常绿树，以便收缩现有宽阔的红门路空间，遮挡两侧不协调的高大建筑物。

登山盘道至南天门，要加强充实松柏常绿树，路边适当点缀以灌丛野花，创造步步登天的意境。

岱顶绿地要结合“三天胜迹”“天宫神府”的意境，做到以花灌丛为基调，常绿树与灌丛草本形成上、中、下不同层次的生态结构，逐步恢复“万松侍卫”“金茎遥草”“苍苔半蚀摩崖字”的景象。

对于寺庙宫观要做好三个空间层次的绿化：第一，要保持、充实外围大面积的常绿松柏林，增强静穆超脱的环境特色；第二，管好松柏、国槐、银杏等寺院庙宇中的慢长骨干树，保持“四季常青，古树成精灵”的宗教气氛；第三，利用灌木花丛、花草美化庭院，以达“曲径通幽处，禅房花木深”的意境。突出普照寺的菊花、王母池的腊梅、红门宫的牡丹、斗母宫的榆叶梅等，使每个寺庙都有自己的特色。

对于索道、盘山公路的生石面、碎石坡，要尽快以爬藤植物遮障；西溪盘山公路两侧植以高大乔木隐蔽盘旋多曲的公路裸石路面。

另外，一些用植物命名的峰峪景点，如青桐涧、海棠峪、丁香沟、藤萝坊，努力使其名符其实，形成一些风格各异的森林奇观，丰富扩大泰山的景观效果。同时，还可以在新辟的景区内增加一些以植物为主题的景观，如长城岭上的“梅花岭”“枫林坡”，玉泉寺的“银杏坞”，扫帚峪的“栎树峪”，大直沟的“海棠峪”，各具风姿，林相多变。

当然，泰山的未来，还需要不断利用最新的科学技术进行防火、治虫以及自然景观和文物古迹的保护，也需要在不影响景观的前提下，采用高水平的服务措施。诸如通信、供电、供水和废弃物的处理，以求科学与自然既相吻合，又能互相利用。

泰山有日趋完善的管理机构，全面严格的保护措施，周密科学的总体规划，伴随时代步伐前进的古老泰山，明天一定会更壮丽！

附

一、岱庙创建溯源

岱庙是中国古代封建帝王供奉泰山神灵、举行祭祀大典的地方，因泰山古称“岱山”“岱宗”而得名。又因为泰山是我国五岳名山之中的东岳，故岱庙也称“东岳庙”“泰岳庙”。而俗世百姓则常常叫它“泰庙”。

岱庙位于泰山南麓，今泰安市城区的东北部。其庙南向，坐落于从泰安古城南门开始直通泰山极顶的封建帝王封禅祭祀的古御道上。其址位于泰安古城的北部。岱庙（不含其前面的门户建筑遥参亭）南北长406米，东西宽237米，面积为9.6万多平方米，是泰山上下现存最大的古建筑群。

今存岱庙是按照唐宋以来祠祀建筑中的最高标准进行建造的。整座庙宇采用了以三条纵轴线为主，两条横轴线为辅，均衡对称地向纵横两方面扩展的组群布局形式。

岱庙四周高筑墙堞。《泰山志》载：“庙城周三里，高二丈。有奇门凡八。”其南向辟门五个：正中为正阳门，左右有两个掖门，东掖门之东有仰高门，西掖门之西有见大门；东向辟门一个叫东华门，也称青阳门；西向辟门一个叫西华门，也称素景门；北门即厚载门，又叫鲁瞻门。门上都有城楼。四隅也都建有角楼，各随八卦的方位命名，分别称作巽楼、艮楼、乾楼、坤楼。从岱庙的门户建筑遥参亭起，正阳门、配天门、仁安门、天贶殿、正寝宫、厚载门依次坐落在南北中轴线上。岱庙主体建筑天贶殿矗立于正中偏后的高大基址上，面阔9间、进深5间。高23.30米，东西长为43.67米。其形制采用了我国古代宫廷建筑营造法式中的一种最高形式：五脊重檐四柱庑殿顶，上覆黄琉璃瓦，金碧辉煌，宏伟庄严。它和北京故宫的太和殿同为我国现存形制宏大的殿堂式建筑。早在北宋时期，岱庙已经“凡为殿、寝、堂、阁、门、亭、库、馆、楼、观、廊、庑合八百一十有三楹（间）”“岿然如清都紫极，望之者知其为神灵所宅”（《大宋宣和重修泰岳庙记碑》，今存岱庙院内）。庙内多柏树、国槐、银杏等树龄长寿的古树，尤以柏树为最。红墙碧瓦掩映于苍翠树林之中，显得景色十分秀丽壮观。

岱庙自新中国成立以来，一直受到党和人民政府的重视和保护。1988年1月，国务院公布岱庙为全国重点文物保护单位。

关于岱庙创建的时代，迄今尚未发现确切的史料记载。较为流行的说法主要有两种：一说岱庙创建于秦汉，此说引矗立于岱庙院里的《大宋天贶殿碑铭》刻记的“秦既作畤”“汉亦起宫”为据；一说岱庙建立于唐宋，认为是自唐玄宗封泰山神为“天齐王”时才开始立庙，而宋真宗加封泰山神为“天齐仁圣帝”后方使庙堂崇丽，“如清都紫极”。持这种说法的人多以清代人金棨撰《泰山志》中所引《旧州志》“庙创始于唐，恢拓于宋，重修于金元明”为理由。两种说法都有令人难以置信之处。前一种说法，即以“秦既作畤”“汉亦起宫”为据的岱庙“秦汉创建说”，笔者曾撰文提出了疑问（详见《山东师大学报》1985年第2期中拙文《岱庙“秦既作畤”“汉亦起宫”质疑》）。我认为，首先从有秦一代（指自春秋之季秦襄公被周平王分封为诸侯立国，一直到秦始皇统一六国建立的秦王朝），秦在历代虽有立“畤”之为，可是秦所作畤都在黄河上游的陕甘一带，从没有在泰山上“作畤”的史实。可以断定，秦在泰山从无“作畤”之举。汉虽在泰山下有“起宫”之为，这在史书上有明确记载，“上（指汉武帝）令奉高作明堂汶上，如带图（指济南人公玊带所上黄帝时明堂宫图）”（《史记·封禅书》）。但是，这里的“汉亦起宫”系指两汉之间只有汉武帝在泰山下所做的汶上明堂宫。今天泰安市城区东去七八里处，汉代所置奉高故县地望的西边，世传汉明堂泉沟溪的东侧，临水有一高大基址，其上尚有许多汉代陶片可寻，这就是汉代明堂宫的遗址。显然，“汉亦起宫”也不是岱庙创建的前身。同时，秦之畤、汉之明堂宫与岱庙的崇神职能相比较，也可以看出它们前后之间并无因袭关系。秦之畤，系祭天地五帝的固定处所，汉作汶上明堂：“祠太一、五帝于明堂上坐，令高皇帝（指汉高祖刘邦）祠坐对之。祠后土于下房。”（《史记·封禅书》）它们都是祭祀天地五帝的地方。而岱庙则仅仅是祭祠泰山神的地方。可以说岱庙的崇神职能只是古时“畤”“明堂宫”祭祀天地五帝活动时附带的“怀柔百神”“祭天下名山大川”中的一小部分，前后两者不可相提并论，绝非一脉相承。何况“秦既作畤”“汉亦起宫”又是从原碑铭中分别摘录出来的。细读《大宋天贶殿碑铭》原句：“（宋真宗）讨论前载，追求遗范：辉景下烛，秦既作畤；珍瑞云获，汉亦起宫。其后因轨迹而增崇，建名称而不朽者非可以悉数也。”文字之中，可以看出并无用此说明岱庙创建于秦汉的意思。最近有位同志经过多方考证，指出天贶殿并非岱庙主体建筑大殿的原来称谓，而是宋真宗当时在泰山别处所建殿宇的名称，只是到了民国初年，后人张冠李戴悬挂上去的。如果此说成立，那么根据《大宋天贶殿碑铭》刻记文字提出的岱庙“秦汉创建”说，就没有任何价值了。后一种说法，即岱庙“唐创宋拓”说，也欠准确。宋代“恢拓”岱庙是有案可稽的。宋真宗封泰山神为“仁圣天齐王”后，“复思严饰庙貌，彰灼威灵。责大匠之职，议惟新之制”“逾年而成”“栋宇加宏丽之状，象设贲端庄之容。”到了大中祥符四年（1011），宋真宗又“特尊列岳咸加帝号，由是奉升泰山之神曰天齐仁圣帝。乃命案驰道之东偏，直宸居之巽位，辟地经始，别建五岳帝宫，以申崇尚之礼焉”。于是“有诏改作，俾受金模，协心董役，丰资庀徒，技殚功倍，雷动星敷，大厦咸新，群黎改观”（《大宋封东岳天齐仁圣帝碑》，此碑今存岱庙院中）。以至北宋宣和年间岱庙殿宇已达“八百一十有三楹”。但是要讲岱庙始创于唐，则有些笼统而且不十分妥当。因早在北魏时代的郦道元所著《水经注》中已经提到了泰山有庙：“《从征记》曰：太山有下中上三庙。”（《水经注校》）东汉人应劭所著的《风俗通义》一书中也指出：“岱宗庙在博县（汉所置县，县治在今泰城东南的旧县村）西北三十里，山虞长守之。”《隋书·礼议》中记载：“（隋文帝开皇）十五年（595）春，行幸兖州，遂次岱岳。为坛，如南郊。又壝外为柴坛，饰神庙，展宫悬于庭……”由此可见，泰山有祠庙的提法当在唐朝之前已经出现了。

那么，岱庙到底创建于哪个时代，又是如何承袭和发展的呢？

笔者对岱庙的创建时代，虽不同意以“秦既作畤”“汉亦起宫”为据的始于秦汉说，但并不否定秦汉时已经有了祀岱岳之所，甚至还可能将时代再向前推；虽然许多史书中在唐之前的记述中多处提到“泰山庙”“岱宗庙”“神庙”等，但笔者也不赞成完全否定清代《泰山志》中所引《旧州志》“庙创始于唐”之说。这里有个关键的问题：历史上什么样的处所可以称作“庙”？对庙的概念认识不同，自然判断就会不一样；还有中国封建社会演进中祠祀泰山神灵方式的变化造成奉祀场所建造形式的变化问题。关于“庙”的含义，《辞海》释义中有一说："旧时奉祀祖宗、神佛或前代贤哲的地方。"因此，《史记·封禅书》中，舜"岁二月，东巡狩，至于岱宗。岱宗，泰山也。柴，望秩于山川"，"天子祭天下名山大川，五岳视三公"。这种古代凡在泰山上下的柴望之处、祭东岳如三公之礼的地方，都可以看作岱庙的早期处所和形式。不过这时古代帝王多以祭祀天地五帝为主要内容，而祠祀泰山仅是祭祀活动中的一项附带内容。同时这种祠祀泰山神灵的祭典活动又常常派遣官员去举行"及秦并天下，令祠官所常奉天地名山大川鬼神可得而序也"(《史记·封禅书》)。"历代岳祠之祀，皆以太守、牧宰主之。汉泰山太守应劭云：余承乏东岳，忝素六载，数聘祈祠"(《岱览·岱庙》)。无疑，东汉末年的泰山太守"数聘祈祠"之所，应当是汉代的泰山庙了。也正是因为祈祠泰山神灵的活动，仅为遣官或地方官员充任，在正史上就难以详载，其祠之所的名称更是难见。笔者从所查阅的资料中看到，目前能读到的提及泰山庙较早的详细文字，恐怕只能是前文提到的《水经注》转引的《从征记》的记载"太山有下中上三庙"，并较详尽地叙述了泰山下庙的情景："门阁三重，楼榭四所。三层坛一所，高三丈，广八丈。"这里，应当引起我们注意的是"三层坛一所，高三丈，广八丈"的记载。毫无疑问，"三层坛"则是那个时代举行祈祠泰山神灵的主要场所——祭坛。这种祭坛突出的祠祀形式，也就反映了早期祠祀泰山神灵的方式：高筑坛壝(壝：围绕祭坛四周的矮土墙)，陈立神位(远古时代不设)以祈祠。这种祈祠方式，联系前文中已经引述的隋文帝开皇十五年在泰山的活动，就十分清楚了："(隋文帝)行幸兖州，遂次岱岳。为坛，如南郊。又壝外为柴坛，饰神庙，展宫悬于庭。为埋坎二，于南门外。又陈乐设位于青帝坛，如南郊。帝服衮冕，乘金辂，备法驾而行。礼毕，遂诣青帝坛而祭焉。"这种祠祀泰山神灵的方式可以讲一直沿袭到唐开元之际："开元礼云：祭前一日，岳令清扫内外。又云：祭日，岳令帅其属入诣坛东陛，升设岳神座于坛上。"(《岱览·岱庙》)因此，唐开元十三年以前，祠泰山的庙所，只是一个高筑祭坛，四周围之以壝的地方，虽有几处屋宇也是作储祭祠之物的地方，如《从征记》记载："库中有汉时故乐器及神车木偶，皆靡密巧丽。又有石勒(应为石虎)建武十三年(347)永贵侯张余上金马一匹、高二尺余，形制甚精。"(转引自《水经注校》)这种神祠之所又多是祈祠之前，临时设祭崇饰的："祭日岳令帅其属入诣坛东陛，升设岳神座于坛上。""饰神庙，展宫悬于庭。"更重要的一点是，在唐开元之前的祈祠泰山神灵的活动"但祭不立尸为”(《史记集解·如淳语》)。尸者，神像也。因此，这个时期以前的所谓“泰山庙”“仿宗庙”突出的是高大的祭坛，是举行祠祀泰山神灵的行礼之处。

到了唐开元十三年(725)唐玄宗李隆基“诏封泰山神为天齐王，礼秩加三公一等，令所管崇饰祠庙”(《册府元龟》)。于是就出现了“乾封后世易公尸而像设、即不得不易坛壝而庙宇矣”(《史记集解·如淳语》)。从此，泰山神灵才有了明确品级封号，殿宇之中立有像设的庙宇。封建统治者的祈祠泰山之仪的中心，才由临时、单纯的露坛之祭而逐渐演变为经常供奉神像于内宇殿堂之中的庙宇祭祀。而这时的祠祀之所才变为神宅之宇。这就是封建统治者祈祠泰山神灵的方式变化而形成的祠祀场所的变化。从岱庙是指泰山神宅之所这个变化角度讲，岱庙创始于唐代，是有道理的。

综上所述，笔者认为岱庙创建时代的确定，不能笼统而言，应当明确三点：

其一，如果把祈祠泰山神灵的坛壝之所，统称为泰山庙、岱宗庙的话，岱庙始建时代不晚于秦王朝：“及秦并天下，令祠官所常奉天地名山大川鬼神可得而序也。”“于是自殽以东，名山五，大川祠二。曰太室。太室，嵩高也。恒山，泰山，会稽、湘山。水曰济、曰淮。春以脯酒为岁祠，因泮冻，秋涸冻，冬赛祷祠。其牲用牛犊各一，牢具珪币各异。”(《史记·封禅书》)甚至还可能再向前推。

其二，如果以修置祠所以作神宅，恭制神灵像设以立于殿宇之中作为泰山庙的标志，那么这种神宅之宇的泰山庙，应当是创构于唐：“唐开元十三年诏封泰山神为天齐王，礼秩加三公一等，令所管崇饰祠庙。”这里的“祠庙”是供奉泰山神——天齐王的神邸，应是名副其实的“泰山庙”，也即岱庙。这段文字中的“祠庙”应是泰山庙见诸正史中的最早记载。

我们把唐玄宗封泰山神为天齐王而“崇饰”的“祠庙”当作岱庙创建时代的根据，还有两个佐证：一，《隋书》记载：“(文帝)开皇十四年(594)将祠泰山。令使者致石象神祠之所。”这里未称“神祠之所”为泰山祠庙。另外，前所引“开元礼云：祭前一日岳令清扫内外。又云：祭日岳令帅其属入诣坛东陛，升设岳神座于坛上，是奉祠有专官也”。这里记述的正是以坛壝方式祭祀泰山神的地方，但文字中无一处有“祠庙”的字样。而主持者称作“岳令”而不称其为“庙令”。二，相反，自开元十三年，唐玄宗“令所管崇饰祠庙”后，“后周太祖广顺二年(952)五月亲征兖州，遣翰林学士窦仪祭东岳庙”，北宋“太祖建隆元年（960）六月平泽潞，遣官祭泰山庙”（《册府元龟》）。《文献通考》又记载：“宋开宝五年（972）诏以本县令兼庙令，尉兼庙丞，专掌祀事。”在唐朝以后的后周、北宋记述皇帝行踪中才出现了“东岳庙”“泰山庙”。北宋甚至改“岳令”为“庙令”，并由县令、县尉分别兼任庙令、庙丞之职。可以推断，自唐开元之后，正史中才把泰山神的像设供奉之所，称之为泰山祠庙的。因此，真正成为神宅之宇的泰山庙，一个明其位、立其像于殿宇之中的泰山神祠庙，应当是“始创于唐”。

其三，今日岱庙是北宋大中祥符年间易地另构之庙宇，不能称之为“唐创宋拓”之庙。这在史料中有两个细节值得注意：宋真宗效法唐玄宗给泰山神加号的做法，先是于大中祥符元年（1008）加封泰山神为“仁圣天齐王”，随之“严饰庙貌，彰灼威灵。责大匠之职，议维新之制”。“逾年而成”“栋宇加宏丽之状，像设贲端庄之容”。这时，宋真宗是在原唐代庙宇上进行了维修扩建。这个岱庙可称为“唐创宋拓”之庙。但大中祥符四年加封泰山神为“天齐仁圣帝”之后，却又易地新建了一座泰山神庙。这在前文中已经引述的《大宋封东岳天齐仁帝碑》中讲述的很清楚：“辟地经始别建五岳帝宫，以申崇尚之礼焉。”这个问题，明代人汪子卿已经注意到了：“唐庙在岳之南麓，岱岳、升元二观前，当为汉址。宋改今地，其后废兴修葺。”（《泰山志》）因此，就今存岱庙这座古建筑群来讲，其创建时代应当定为北宋大中祥符年间，距今已有900余年的历史了。

（原载《泰山研究论丛》第一集）

二、泰山唐代双束碑与武则天

泰山唐代双束碑于1982年12月重新移立于岱庙东碑廊中，这是唐代在泰山上所立碑中唯一遗存至今者（泰山大观峰上的唐玄宗《纪泰山铭》摩崖刻石不属碑类）。此碑原立在泰山脚下的岱岳观内（已圮，遗址在王母池以西），1959年移立于虎山水库西畔，并建鸳鸯亭保护。“十年动乱”中，文物工作者将双束碑埋藏于地下，才幸免于毁。碑文主要记唐高宗李治、皇后武则天以下六帝一后（高宗、中宗、睿宗、玄宗、代宗、德宗和武则天皇后）在泰山上行斋醮造像之事[①]。他们每派员行一次祷神之祭，就在这通碑上刻记一处，前后共刻记20则，时间延续137年之久（显庆六年至贞元十四年）。另外，尚有唐宋两代的一部分插空题刻。于是，此碑成为一通四面分层题记的文字集碑，是唐代帝后在泰山斋醮造像活动的大事记。

此碑型制奇特，碑身由两块同样尺寸的条石并立组成。每块条石高2.38米、宽0.50米、厚0.22米。双石上下共嵌入同一碑首和碑座之间。碑首作唐代殿阁九脊歇山顶状，屋檐平直，勾头滴水隐约可见，类同河南博物馆所藏隋代开皇二年石刻殿阁状。只是脊顶鸱尾无存，但碑首顶部呈平面。两端部都有方孔榫眼一个，可以断定碑首上部还有脊顶鸱尾组合件，后被破坏。碑座为长方体，上沿四边作内弧线抹沿。碑身部分，除下部少有剥蚀，字迹残缺外，大部分条文尚完好可读。明清以来，有关泰山的著录中都称此碑为“双束碑”或“鸳鸯碑”。

唐双束碑树立和题记的主要内容都与武则天有关，是一通对研究唐史、特别是武则天历史有一定价值的实物资料碑。

碑文刻记唐代帝后20则斋醮造像之事。其中最早一则是：“显庆六年（661）二月廿二日。敕使东岳先生郭行真，弟子陈兰茂、杜知古、马知止，奉为皇帝皇后七日行道，并造素像一躯，二真人夹侍。”由此可知，此碑最初系道士郭行真等为唐高宗李治、皇后武则天所立。武则天（624—705），名曌，并州文水（今山西文水县）人。14岁时，被太宗李世民召为宫中才人。太宗死，削发为尼。30岁时，又被高宗李治召为昭仪。永徽六年（655），被册立为皇后，从此渐摄朝政。显庆五年（660）时，已是“百司奏事，上或使皇后决之。后性明敏，涉猎文史，处事皆称旨。由是始委以政事，权与人主侔矣”（《资治通鉴》卷二百）。而立碑者东岳先生郭行真，是一深得武则天赏识，可以“出入禁中，尝为（武则天）厌胜之术”的道士（《资治通鉴》卷二百一）。因此，双束碑最初立于武则天权摄朝政、威齐高宗之时，当系按照武则天旨意派员所为。

---

① 斋醮造像：道教设坛祭神，为神仙塑像的活动。“斋醮”即供斋醮神，以此求福禳灾。李唐王朝宗道教始祖老子李耳为其祖先，崇道礼神，时有所为。

该碑所记唐代帝后在泰山所行20则斋醮造像之事中，就有8则与武则天有关。除上述初立碑之时的一则外，其他7则均系武则天称帝以后所为。7则纪事刻文内容如下（文中凡武周新字，均以本字外加括号表示）：

大周（天）（授）二（年）岁次辛卯二（月）癸卯朔，十（日）壬子。金台观主中岳先生马元贞，将弟子杨景（初）、郭希元、内品官杨君尚、欧阳智琮，奉圣神皇帝敕，缘大周革命，令元贞往五岳四渎投龙作功德。元贞于此东岳行道章醮投龙，作功德一十二（日）夜。又奉敕敬造石元始（天）尊像一铺，并二真人夹侍，永此岱岳观中供养。祉承官宣德郎行兖州都督仓曹参军李叔度。

大周万岁通（天）贰（年）岁次丁酉。东明观三洞道士孙文儁奉（天）册金轮（圣）神皇帝肆（月）伍（日）敕，将侍者姚钦元诣此岳观祈请行道。事毕，敬造石（天）□□壹躯，并贰真人夹侍。庶兹景福，永集（圣）躬。聊纪其（年），用传不朽。专检校博城县主簿关彦、录事张明、上护军□□□。

大周（圣）历元（年）岁次戊戌腊（月）癸巳朔贰（日）甲午，大宏道观主桓道彦、弟子晁自揣奉敕于此东岳设金箓宝斋河图大醮。漆（日）行道，两度投龙。遂感庆云叁见。□斋醮物。奉为（天）册金轮（圣）神皇帝造等身老君像壹躯，并贰真人夹侍。兖州团练便都虞侯银青光禄大夫试卫尉卿上柱国高晃、兖州团练使押牙忠武将军守左武卫大将军赵俊、专当官博城县尉李嘉应。

久视二（年）太岁次辛丑（正）（月）乙卯朔二（日）丙辰，神都青元观主麻慈力亲承（圣）旨，内赉龙璧、御词、缯帛及香等物，诣此观中斋醮。功毕，伏愿我皇万福，宝业恒隆。敬勒昌龄，冀同砺而无朽。侍者道士麻宏青。

长安元（年）岁次辛丑十二（月）己亥朔廿三（日）辛酉，道士金台观主赵敬，同侍者道士刘守贞、王怀亮等奉十一（月）七（日）敕，于此泰山岱岳观灵坛修金箓宝斋三（日）三夜。又于观侧灵场之所设五岳一百廿槃醮礼，金龙玉璧，并投山讫。又用镇彩纹缯敬造东方玉宝皇上（天）尊一铺，并二真（人）、仙童玉女等夹侍，□□□□供养。其（日）祥风暂息，瑞雪便停，香烟氤氲，(星)(月)明朗，神灵降祉吉祥。事毕，故刻石纪时，勒石题(日)。都检校官承议郎兖州□都督府户曹参军王杲、专当官宣义郎行博城县丞公孙杲、专当斋并检校众官博城县主簿登仕郎董仁智。

大周长安四(年)岁次甲辰玖(月)甲申朔捌(日)辛卯。敕使内供奉襄州神武县云表观主玄都大洞叁景弟子中岳先生周玄度，并将弟子贰(人)、金州西城县元官观道士梁悟玄奉叁(月)贰拾玖(日)敕。令自于名山大川投龙璧，修无上高玄金玄玉清九转金房度命斋。叁(日)叁夜，行道，陈设醮礼。用能(天)(地)清和，风云静默，神灵效祉。表(圣)寿之无穷者也。专当官朝散郎行参军敦煌张浚并书。专当官文林郎守博城县主簿韩仁忠，专当官宣德郎行□□□刘玄机。

大周长安四(年)岁次甲辰十一(月)癸未朔十五(日)丁酉。大宏道观威仪师邢虚应、法师阮孝波、承议郎行官□丞刘怀慈、邵□□等奉敕于东岳岱岳观中建金箓大斋，卌九(日)，行道设醮，奏章投龙荐璧。以本命镇彩物奉为皇帝敬造石玉宝皇上(天)尊一铺十事，并壁画(天)尊一铺廿二事。敬写《本际经》一部、《度(人)经》十卷。以兹功德奉福(圣)躬。其(月)四(日)已前行道之时，忽见(日)彩扬光加以抱戴，俄顷之际云色稍殊。遂有紫霞间起，黄云顿兴，遍覆坛场，并成舆盖。睹斯嘉瑞，敢不书之。斋醮既终，勒文于石。专当官宣德郎行兖州都督府参军事王处广、专当官岳令刘元机、专当官文林郎守博城县主簿韩仁忠、岱岳观主伦虚白。

从以上7则斋醮造像的纪事刻文中，不难看出武则天自天授元年(690)易唐为周，自称“圣神皇帝”后，曾多次派员遣使至泰山祷神祈福。她在称帝后的第二年(691)就“缘大周革命”，派道士马元贞在泰山“敬造石元始天尊一铺，并二真人夹侍，永此岱岳观中供养”。

武则天称帝期间，几乎每更换一个年号就进行一次祷神之祭，15年中共行过7次，甚至“建金箓大斋，四十九日行道”。武则天满心希望太上老君、元始天尊众神仙能保其“万福宝业恒隆”“景福永集圣躬”，甚至能“圣寿之无穷者也”！然而历史无情，公元705年，大臣张柬之、崔玄暐等发动宫廷政变，逼武则天传位予儿子李显(唐中宗)，复国号唐。同年十一月，武则天死。不久(景龙二年)，唐中宗李显继续派员到泰山斋醮造像。如碑云："大唐景龙二年岁在戊申二月甲子朔十二日乙亥。大龙兴观□□□□□奉敕往东岳陈章醮荐龙壁。以期廿七日辛卯于岱岳观并□□□□□设金箓。行道九日九夜。烧香燃灯□□，并设五岳名山河图等。醮□三座□□功德事毕，奉用本命纹绘及余镇彩敬造镇国□□□铺。□□皇猷永固，与灵岳而恒安，国祚长隆……"自显庆六年至景龙二年，经历了武周易唐、唐室复辟的过程，此双束碑是历史的见证。

另一方面，双束碑较系统地反映了武则天改字及其推行使用新字的情况。武周时代的刻文中共留下了12个武则天造字(不包括重文)。这些字的字形如下：

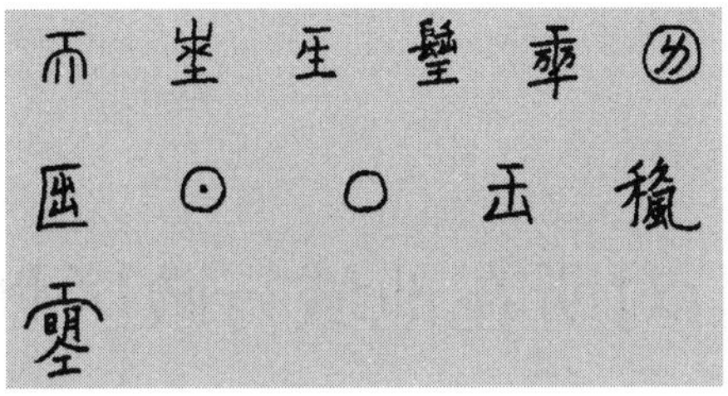

造字不仅在斋醮刻文中使用，唐双束碑上同一时期的插空题刻中也使用。如久视二年，陪同敕使麻慈力观主祭岳的博城县令马友麾留在双束碑上的诗刻："我皇盛文物，道化(天)(地)先。鞭挞走鬼神，玉帛礼山川。忽下玄洲使，来游紫洞前。青羊得处所，白鹤怪时(年)。虔恳飞龙记，昭彰化鸟篇。岩风半山水，垆气揔云烟。光抱升中(日)，霞明五色(天)。山横翠微外，室住绿潭边。缇幕灰(初)应，焚林火欲然。(年)光著草树，春色换山泉。伊水来何日，嵩年去几千。山疑小(天)下，(人)是会神仙。叶令乘凫入，浮邱驾鹤旋。麻姑几(年)岁，三见海成田。"诗刻中"天、地、年、日、初、人"都书武则天的造字，这可以证明武则天的造字在当时是广为推行使用的。双束碑刻文中武则天造字的使用时间基本同施安昌同志《从院藏拓本探讨武则天造字》一文(载本刊1983年第4期)中所总结的《武后改字及石刻文字分期表》相吻合，只是证圣元年(695)改写的"国"字，在双束碑圣历元年(698)的纪事刻文中未采用，仍书"国"字，可见刻碑时亦有疏误。圣历元年腊月的一则刻文中也未开始使用这一年正月武则天第二次改写的"(月)"字，仍用第一次改写的"(月)"字。此可视为不规则情况，即分期表中戊期B'式。但中宗李显复国后，于神龙元年三月敕使在泰山斋醮纪事的双束碑刻文中则已经完全恢复本字，而不再使用武则天的造字。造字前后推行时间不过15年左右。

双束碑虽然自初唐至解放初期一直矗立在泰山下岱岳观旧址上，却没有引起宋元以来金石学家的重视，只是在明清两代有关泰山的著录中始有记载。其原因如《岱览》一书作者、清代人唐仲冕在记述此碑时所言：“此碑在山下，以小而双束，故不仆。书非名笔，故摹拓者少而独完至今。”唐仲冕还对此碑的刻记形式发出感慨：“叹唐时六帝一后修斋建醮，凡二十计，共此二碑。亦异乎近代之每岁一碑，以劳人而灾石者矣！”

（原载《故宫博物院院刊》1986年第3期）

三、泰山对所在地域行政区划的影响

泰山位于山东省中部，盘桓于泰安市泰山区、郊区和济南市历城县（今历城区）、长清县（今长清区）四区县（今四区）之间，总面积426平方公里，其主峰玉皇顶在泰安市泰山区境内，海拔1545米。泰山为我国华北平原上突出的一座高山，北有黄河东去，南有汶水西流，是中国境内人类早期生活栖息、繁衍生殖的地域。泰山东部的新泰市发现了5万年前的一颗少女牙齿的化石；泰山之南的泰安市郊区大汶口镇是人类发展到原始社会后期、父系氏族公社时代典型文化遗存之一——“大汶口文化”的命名地；泰山之北的章丘县（今济南市章丘区）龙山镇又是沿承大汶口文化的山东龙山文化的最早发现地。这就告诉人们黄河下游的泰山一带是中华民族古文明的发祥地之一。进入奴隶社会以来，特别是进入封建社会以后，泰山被历代君王视作中国的名山之一，封为五岳之首的东岳，成为历代统治阶级借神权巩固政权的一处特定场所，甚至虚构为一尊神灵。因此，随着封建社会的不停演进和封建统治阶级对泰山的不断尊崇神化，也使泰山对所在地域（主要指泰山主峰以南地区。下同）的行政区划产生了较大的影响。现将个人在这方面的粗浅认识试述知下：

（一）历代统治阶级对泰山尊崇神化的不断提高

历代统治阶级对泰山的重视和尊崇神化大致可划为两个阶段。

1.泰山自古以来，就被统治者视为名山之一，但至唐玄宗以前主要当作登封告祭之所。

据《史记·封禅书》记载："自古受命帝王，曷尝不封禅？盖有无其应而用事者矣，未有睹符瑞见而不臻乎泰山也。"舜"岁二月，东巡狩，至于岱宗。岱宗，泰山也。柴，望秩于山川"。"泰山，一曰岱宗，东岳也。""禹遵之""周官曰，……天子祭天下名山大川。五岳视三公，四渎视诸侯。"秦始皇嬴政（前259—前210）"自泰山阳至巅，立石颂秦始皇帝德，明其得封也"。秦"二世（胡亥，前230—前207）元年，东巡碣石，并海南，历泰山，至会稽，皆礼祠之，而刻勒始皇所立石书旁，以章始皇之功德"，"自殽以东，名山五"，"曰太室。太室，嵩山也。恒山，泰山，会稽，湘山"。汉初，高祖刘邦（前256—前195）曾言："吾甚重祠而敬祭。今上帝之祭及山川诸神当祠者，各以其时礼祠之如旧。"汉武帝刘彻（前156—前87）"乃令人上石立之泰山巅"，并"令奉高作明堂汶上"。《后汉书·祭祀中》记载：至东汉"顺帝（刘保，126—144）即位，修奉常祀"无改。《资治通鉴》卷二百一记载：乾封元年（666）"正月，戊辰朔，上（唐高宗李治，628—683）祀昊天上帝于泰山南。己巳登泰山，封玉牒，……庚午降禅于社首，祭皇地祇。"以上帝王都只是"在泰山上筑坛以祭天，报天之功"，在"泰山下小山上除地，报地之功"（《史记·封禅书》张守节正义之句）兼"望山川，徧（遍）群神"（《史记·封禅书》）。

2.自唐玄宗李隆基（685—762）开始，泰山除仍有以上封禅用所之外，正式加封泰山神。以后逐渐由王而帝，不断尊崇，到清代达至尊地位。

唐玄宗开元十三年（725）"封泰山神为天齐王，礼秩加三公一等"（《资治通鉴》卷二百一十二）。宋真宗赵恒（965—1022）大中祥符元年（1008）"封禅毕，加号泰山为仁圣王天齐"。至大中祥符五年（1012）加号"上东岳曰天齐仁圣帝"，并为泰山神封了一个皇后："诏又加上五岳帝后号：东曰淑明。"（《宋史·礼志》）金世宗完颜雍（1123—1189）大定四年（1164）诏以"立春祭东岳于泰安州"，"其封爵并仍唐宋之旧"（《金史·礼志》）。元世祖忽必烈（1215—1294）"至元二十八年（1291）春二月，加上东岳为天齐大生仁圣帝"（《元史 · 祭祀五》）。明太祖朱元璋（1328—1398）则以"神之所以灵，人莫能测，其职受命于上天后土，为人君者何敢预焉！惧，不敢加号。特以东岳之神名其名"（《岱览 · 岱庙》）。故去唐宋元之封号，称之"东岳泰山之神"。清代"列圣相承重熙累洽，百神怀柔而报功崇。祀典特隆焉"！康熙、乾隆之际"皇帝跪""皇帝行三叩头礼""皇帝行二跪六叩头礼"，在岱庙中大礼参拜泰山神偶像（《泰安县志 · 盛典》）。

从以上历代统治者对泰山不断尊崇神化的两个阶段，可以看出远古至唐初泰山主要为封禅场所。虽也祭山川神灵，"望山川，徧群神"，并不专一突出奉祀某神。但自唐玄宗封泰山神为天齐王以来，宋真宗又加号天齐仁圣帝，元世祖加号天齐大生仁圣帝，明太祖更以"予起寒微、详之再三"，终不敢以人间天子给神灵上封号。清代皇帝则对泰山神偶像大礼参拜，使泰山由封禅场所、告祭山川神灵处而逐渐演变成为祭祀代表上天的专指神灵——泰山神。继而以封建爵位晋升：由神而王，由王而帝，并且修庙、建殿、立像，终于"为寰岳之统宗，万国是瞻。巍巍乎，德何可尚；掺群灵之总摄，九州待命。荡荡乎，功孰与京"（《清岱庙石坊楹联句》）。成为天下神灵之首，达到至灵至尊的地步。而且自宋代之后，帝王来泰山不再行封禅之事，只是进行祭祀泰山神的活动。

（二）泰山所在地域之行政区划的沿革

泰山所在地域行政区划的沿革（这里主要指县级行政区划的变迁），我们仅从秦统一中国，全面推行郡县制以来谈起。秦时泰山所在地域"属齐郡"（《泰安县志 · 沿革表》），汉初高祖刘邦"置泰山郡"（《汉书 · 地理制》），在今泰安市泰山区和郊区范围内，秦、汉初都沿承春秋以来鲁、齐两国就有的博、嬴二县。到汉武帝时"嬴、博二县共界"，"封禅割置此县以供祀泰山，故曰奉高"。《泰安县志 · 沿革表》中在此段文字后，加以解释，"旧志于汉时为奉高、嬴、博三县地。而省志则以嬴当莱芜。盖汉时县小。嬴既分割于奉高，则嬴地之在今邑境内者皆属奉高矣。"因此，汉武帝时，今泰安市泰山区、郊区范围内（下文中简称两区）是为博（故城在今郊区旧县村）、奉高（故城在今郊区故县村）二县。三国至隋统一中国前，朝代更替纷乱。其间，北齐曾为“博、岱山地”（《重修泰安县志》卷一，1929年修）。其中“岱山县由梁父县改名，其奉高、拒平、蛇丘一时皆省”，北齐置岱山县，依徂徕山。“隋开皇三年（583）废为奉高县”。开皇六年（586）又“改曰岱山”。“大业初废，入博城”（《泰安县志·沿革表》）。这就是说至隋大业年间，奉高（岱山）、博城二县合并。在今两区范围内只设有一县——博城。唐“乾封元年（666）更名乾封”“总章元年（668）又曰博城”“神龙元年（705）复曰乾封”（《新唐书·地理志》）。宋朝“开宝五年（972）（将县治所）移置岱岳镇”（《宋史·地理志》）。“大中祥符元年（1008）改名奉符，又筑新城于东南三里（即今泰安城南关外），旧城废”。金“大定二年（1162）改（泰安）军为州，属山东西路，治奉符。城还岱岳镇，复开宝之旧”（《泰山志·城邑》）。至此，泰山所在地域行政区的州县治所定于岱岳镇（今泰安城），沿袭至今无改。清代泰安州升为泰安府，下“设附郭县疆围如旧，赐名泰安县”（《泰安县志·沿革表》），从此几乎无大改动，基本上已形成了现在泰安市与两区（也即1982年前之泰安县）的行政区划的隶属关系。

（三）泰山对所在地域行政区划的影响

我们将上述泰山被历代统治阶级不断尊崇神化的行为与主峰以南地域自秦汉至清行政区划的沿革相对照，就可以看出泰山对所在地域行政区划产生了较大的影响。这种影响有两点比较明显，其一，由于统治阶级对泰山的不断尊崇神化，围绕泰山封禅祭祀、吉祥祐安设县日益明确。汉初，沿袭春秋以来城邑，仍设置嬴、博二县。汉武帝时，“济北王以为天子且封禅，乃上书献泰山及其旁邑，天子以他县偿之”（《史记·封禅书》）。于是“汉武割置此县，以供祀泰山，故曰奉高。”以供祀泰山设县定名，西汉是第一个朝代。北齐以岱山易梁父县名，奉高等省入。隋时“奉高县，开皇六年改曰岱山”。北齐、隋都曾以泰山之别称“岱山”再易泰山附近县名。隋并岱山县入博城县，至唐高宗李治乾封元年（666）“正月戊辰朔，有事于泰山，壬辰御朝观坛受贺，大赦改元”为乾封（《册府元龟·帝王部》），且以新更年号易博城县名：“乾封元年，（博城）更名乾封”，中间虽有总章年间改复博城旧名，但至神龙元年女复称乾封，沿用至宋初。因此，唐朝也以封禅泰山事易其所在地域县名。宋真宗澶渊之盟后，在泰山搞所谓降天书的闹剧，于1008年到泰山行封禅之事，改元大中祥符，诏加泰山神“为天齐仁圣王”，改“乾封县为奉符县”(《宋史·礼志》)。宋用奉符为县名，取在泰山得“天书”之吉祥意。至明代，“洪武初，隶属于州治，奉符县省入”，是为泰安州，取泰山祐安之意，也是用泰山吉祥设县(州)得名。清代“雍正十三年(1735)(泰安州)升为府，设附郭县疆围如故，赐名泰安”。“县仍府名，通志之取安益求安之意”(《泰安县志·沿革表》)。清以府、县迭用泰安之名，仍是取泰山祐安吉祥之意，从此一直沿用至今。其二，泰山所在地域行政治所也随统治阶级对泰山尊崇神化的提高日趋迁近泰山，最后与岱岳镇合，固定在泰山脚下。汉初，今泰安两区一带沿袭旧制，有嬴、博二县，以博治所离泰山较近，治所在今泰安市郊区旧县村，距岱岳镇(今泰安城)12.5公里。汉武帝分割嬴、博二县设置奉高县，治所在今泰安市郊区故县村，距岱岳镇20公里。隋时，岱山、博城二县合一，治所仍在郊区旧县村。宋“开宝五年(972)(将治所)移置岱岳镇”(《宋史·地理志》)。大中祥符元年又筑县治所新城于城东南1.5公里(即今泰城南关外)。金再迁奉符县治还岱岳镇，县治所第二次迁至泰山脚下的岱岳镇，从此无改。从宋代一度，而从金代起长期使县治所固定在岱岳镇，则使泰山所在地域行政治所(主要指县治所)同供祀泰山神的岱岳镇统一起来。正如《泰山志》所云：“旧有岱岳镇使、都虞侯，又有岳令、庙令，及(县)移治就岳，始以邑令兼摄焉。”供祀泰山神的官吏由所在地域行政长官兼任，二者统一治理，也就使泰山对所在地域行政区划的影响达到顶峰。

综上所述，泰山对所在地域行政区划的影响(包括设县、县名和治所位置)是因统治阶级对泰山的日趋尊崇神化而明显。当对泰山神推崇至尊后，因泰山设县，其治所与岱岳镇合，并且从此长定于泰山脚下，使岱岳镇成为泰山所在地域政治、经济、文化的中心。泰山所在地域2000余年行政区划(主要是县治)的沿革，有力地证明了由于历代统治者对泰山的尊崇神化，而使其对所在地域行政区划产生了很大的影响。进而言之，泰山对现在的行政区划仍产生着不可忽视的影响。这种影响当然不再是政府和人民群众对泰山的封建迷信所致，而是由于历代帝王封禅，对泰山的尊崇神化，给后人留下了大量遗迹；历代文人墨客慕名登临，写下了无数吟咏诗篇，泰山现存墨迹石刻就有1100余处；道家佛徒纷至，塑神立像，建寺造庙，引来了多种宗教信仰，现在尚存寺庙宫观古建筑群10余处，使泰山堪称“一部中国文化史的长卷”。以中国的一座历史文化名山驰名中外，兼之山势突兀挺拔，自然景色秀丽，使泰山成为一处人文、自然景观并茂的旅游胜地。随着我国旅游事业的发展，1978年泰山正式对外开放，1982年国务院批准泰山为第一批全国重点风景名胜区之一。同年，奉安县升为省辖县级市，由泰安地区行署代管。但这种行政体制仍不适应旅游事业和地方政治、经济进一步发展的需要。1985年国务院又决定撤销泰安地区行署，建立省辖地级市——泰安市，将原泰安市划为泰安市泰山区和郊区。泰安市人民政府制定了泰安市城市建设方向：“把泰安建成一个风景优美、经济繁荣、文化发达、交通方便、清洁文明、独具特色的旅游城市。”（摘自宋法棠市长《关于泰安市一九八五年国民经济、社会发展计划和建市后工作任务的报告》）很显然，这其中不乏泰山对泰安市升格（省辖县级市升为地级市）和泰安市人民政府制定城市发展方向的影响。而且这种影响也不能与过去历代封建王朝对泰山不断尊崇神化的历史截然分开。笔者认为：大自然造就了泰山，人类社会历史的演进又改造和丰富了泰山，使其成为中国社会发展中的有机组成部分。同时，泰山也影响着人们对自然和社会的改造。这两者之间相辅相成的关系，可以在泰山对所在地域行政区划的影响中得到证明。①

（本文第三部分原载《地名知识》1986年第6期）

① 文中引《泰安县志》系清乾隆四十七年（1782）刻本。

泰山名胜古迹图

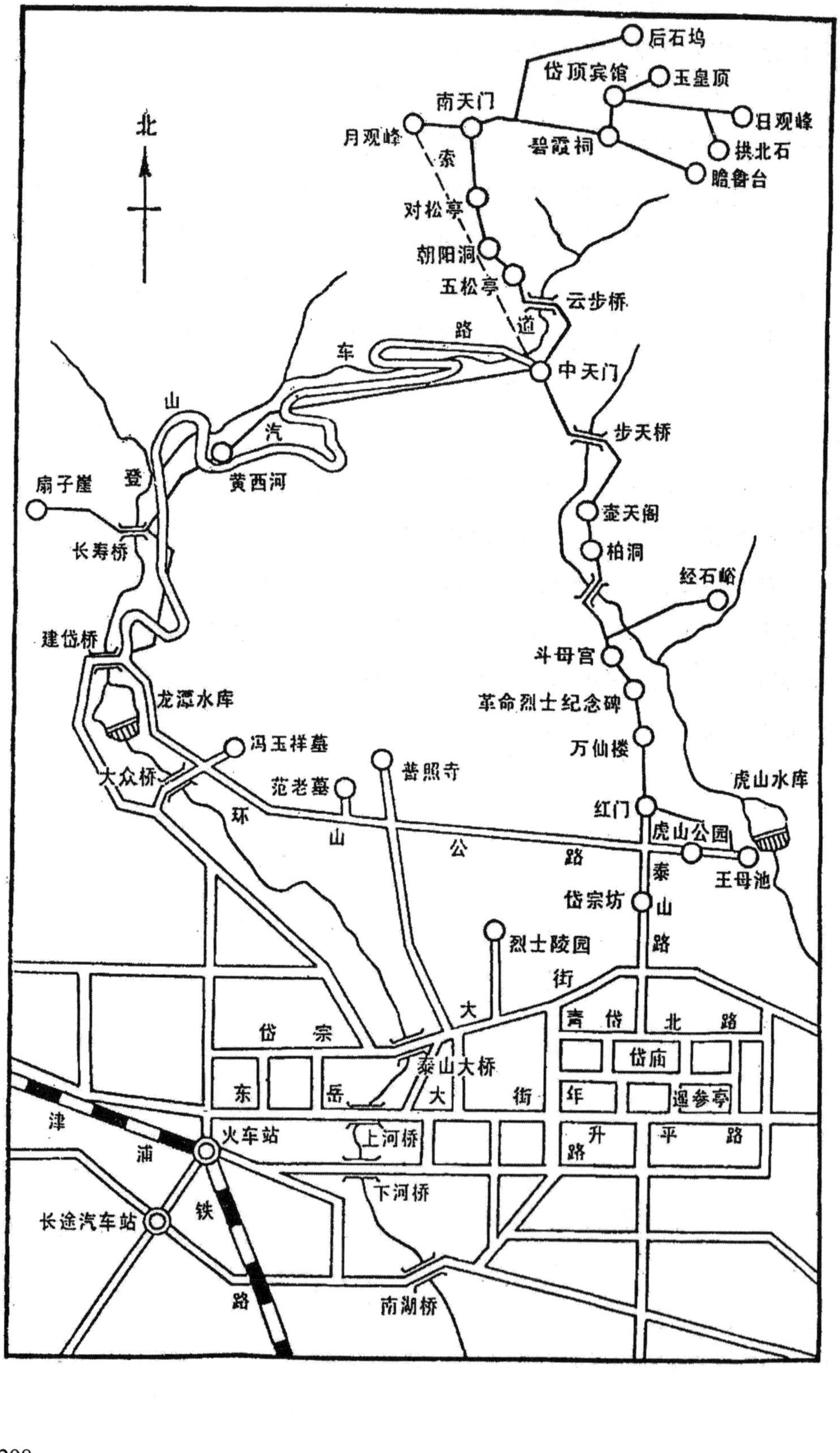
北
后石坞
岱顶宾馆
玉皇顶
南天门
日观峰
月观峰
碧霞祠
拱北石
索
瞻鲁台
对松亭
朝阳洞
五松亭
云步桥
路
道
车
中天门
山
汽
步天桥
黄西河
扇子崖
登
壶天阁
长寿桥
柏洞
经石峪
建岱桥
斗母宫
龙潭水库
革命烈士纪念碑
冯玉祥墓
万仙楼
普照寺
大众桥
范老墓
虎山水库
红门
环
虎山公园
山
公
路
王母池
泰
岱宗坊
山
路
烈士陵园
街
大
青
岱
北
路
岱
宗
泰山大桥
岱庙
东
岳
大
街
红
遥参亭
津
火车站
上河桥
升
平
路
浦
下河桥
长途汽车站
铁
路
南湖桥

岱庙游览图

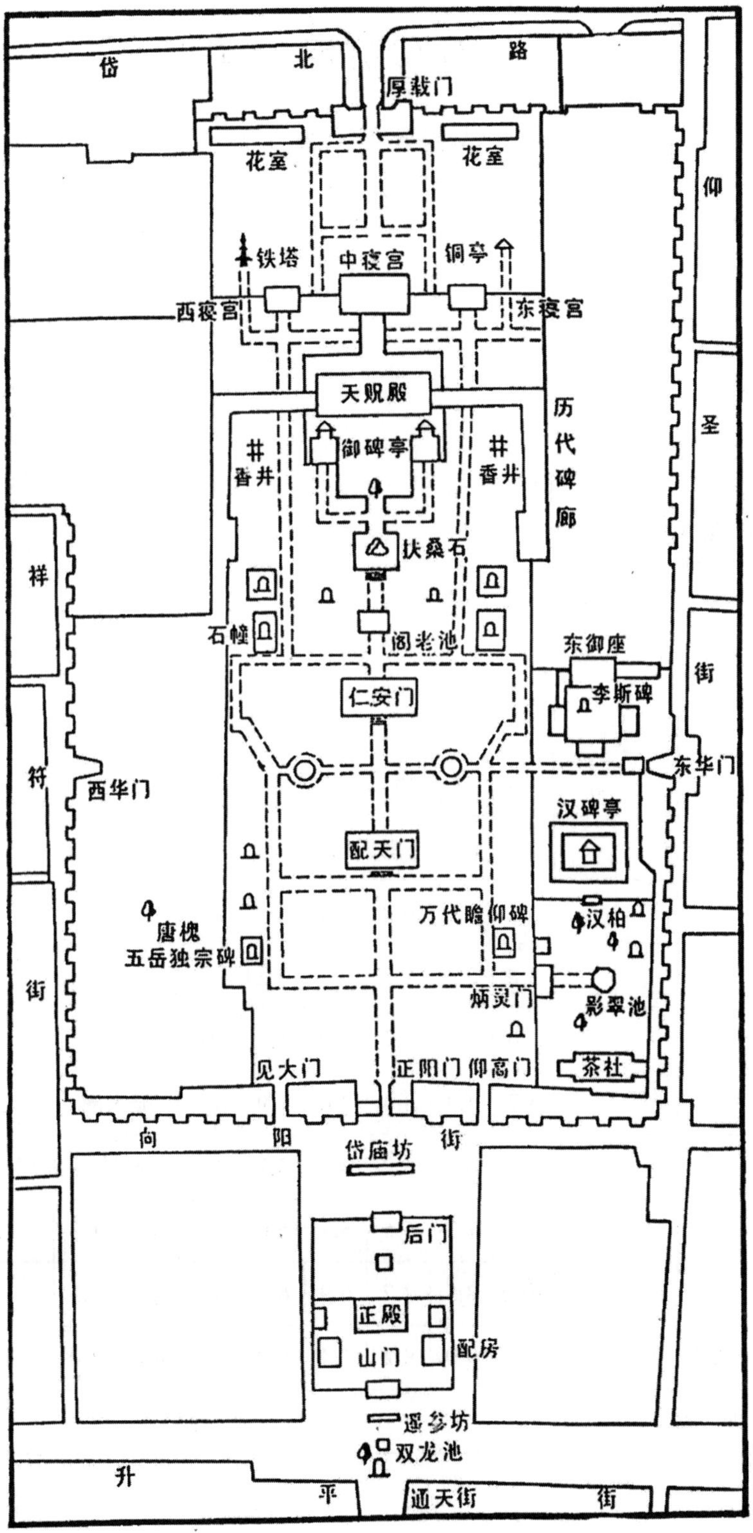

岱
北
路
厚载门
花室
花室
铁塔
中寝宫
铜亭
西寝宫
东寝宫
天贶殿
历代碑廊
御碑亭
香井
香井
扶桑石
石幢
阎老池
东御座
李斯碑
仁安门
东华门
西华门
汉碑亭
配天门
万代瞻仰碑
汉柏
唐槐
五岳独宗碑
炳灵门
影翠池
见大门
正阳门
仰高门
茶社
向
阳
岱庙坊
街
后门
正殿
山门
配房
遥参坊
双龙池
升
平
通天街
街
祥
符
街
仰
圣
街

泰山游览里程表

（表内数字为公里）

	扇子崖	长寿桥	龙潭水库	大众桥	普照寺	后石坞	玉皇顶	南天门	对松亭	五松亭	中天门	壶天阁	斗母宫	红门	岱宗坊
长寿桥	3.3														
龙潭水库		1.3													
大众桥			0.6												
普照寺				0.8											
后石坞															
玉皇顶						1.5									
南天门						2.3	0.8								
对松亭						3.1	1.6	0.8							
五松亭						3.8	2.3	1.5	0.7						
中天门						5.0	3.5	2.7	1.9	1.2					
壶天阁						5.7	4.2	3.4	2.6	1.9	0.7				
斗母宫						7.5	6.0	5.2	4.4	3.7	2.5	1.8			
红门						8.8	7.3	6.5	5.7	5.0	3.8	3.1	1.3		
岱宗坊						10.0	8.5	7.7	6.9	6.2	5.0	4.3	2.5	1.2	
岱庙	7.8	4.5	3.2	2.6	1.8	10.5	9.0	8.2	7.4	6.7	5.5	4.8	3.0	1.7	0.5
	西　路					东　路									

岱顶日出时刻表

月	日	时	分	月	日	时	分
1	1	7	15	7	1	4	47
	11	7	15		11	4	52
	21	7	11		21	4	59
2	1	7	05	8	1	5	07
	11	6	55		11	5	16
	21	6	44		21	5	24
3	1	6	34	9	1	5	33
	11	6	20		11	5	41
	21	6	05		21	5	49
4	1	5	49	10	1	5	57
	11	5	33		11	6	05
	21	5	21		21	6	15
5	1	5	09	11	1	6	25
	11	4	59		11	6	35
	21	4	51		21	6	46
6	1	4	45	12	1	6	55
	11	4	43		11	7	04
	21	4	43		21	7	11

泰山全年气温对照表（摄氏度）

季节	月份	季平均度	月平均温度	游览点气温情况			山顶山下温差
				山下（岱庙）	山腰（中天门）	山顶（玉皇顶）	
春	3	11	9	6	1	–2	8
	4		10	14	9	6	8
	5		15	20	14	12	8
夏	6	21	20	25	19	16	9
	7		22	26	21	18	8
	8		21	26	21	17	9
秋	9	10	16	20	16	13	7
	10		10	14	10	7	7
	11		3	7	3	0	7
冬	12	–4	–4	–1	–4	–6	5
	1		–6	–3	–6	–9	6
	2		–3	0	–3	–7	7

泰安火车站列车时刻简表

（北去）　　　　　　　　　　　　　　　　　　（南去）

车次	车种	区间	到	开	车次	车种	区间	到	开
232	直快	上海—青岛	8:46	8:52	517	普客	济南—兖州	8:36	8:41
172	直快	上海—太原 石家庄	9:21	9:28	309	管快	济南—菏泽	8:50	8:56
162	直快	上海—北京	9:56	10:00	307	管快	济南—徐州	9:39	9:44
104	直快	兰州 西宁—青岛	11:18	11:24	115	直快	三棵树—济宁	10:58	11:03
196	直快	上海—沈阳	12:10	12:16	511	普客	济南—莱芜东	11:14	11:19
156	直快	常州—包头	12:21	12:25	305	管快	济南—石臼所	11:38	11:43
314	管快	徐州—青岛	12:49	12:56	135	直快	沈阳—杭州	12:15	12:21
270	直快	西安—济南	13:14	13:20	581	普客	辛店—泰安	13:31	
252	直快	上海—济南	13:37	13:44	155	直快	包头—常州	13:43	13:48
518	普客	兖州—济南	14:43	14:49	313	管快	青岛—徐州	14:26	14:32
306	管快	石臼所—济南	15:35	15:40	123	直快	天津—上海	15:57	16:05
582	普客	泰安—辛店		15:23	55	特快	哈尔滨—上海	16:18	16:23
512	普客	莱芜东—济南	16:28	16:33	281	直快	烟台—上海西	17:08	17:15
136	直快	杭州—沈阳	16:43	16:50	215	直快	济南—郑州	18:01	18:08
310	管快	济宁—济南	17:40	17:48	145	直快	长春—上海西	18:29	18:35
116	直快	菏泽—三棵树	18:16	18:23	231	直快	青岛—上海	19:17	19:23
308	管快	徐州—济南	19:03	19:08	503	普客	济南—湖屯	19:46	20:00
56	特快	上海—哈尔滨	21:45	21:51	269	直快	济南—西安	19:53	19:59
266	直快	徐州—北京南	0:21	0:27	109	直快	北京—苏州	21:42	21:48
124	直快	上海—天津	1:00	1:04	103	直快	青岛—兰州 西宁	22:37	22:42
214	直快	武昌—青岛	1:38	1:44	119	直快	北京—杭州	23:52	23:58
282	直快	上海西—烟台	2:23	2:44	213	直快	青岛—武昌	0:25	0:29
120	直快	杭州—北京	3:03	3:12	169	直快	三棵树—徐州	0:43	0:48
170	直快	徐州—三棵树	3:37	3:44	251	直快	济南—上海	0:57	1:02
216	直快	郑州—济南	4:03	4:09	65	直快	北京—南京	1:13	1:19
110	直快	苏州—北京	4:28	4:36	171	直快	太原 石家庄—上海	1:50	1:56
128	直快	合肥—北京	5:33	5:37	127	直快	北京—合肥	3:07	3:14
146	直快	上海西—长春	6:42	6:48	195	直快	北京—上海	4:50	4:55
142	直快	浦口—齐齐哈尔	7:22	7:28	161	直快	北京—上海	5:58	6:03
66	特快	南京—北京	7:48	7:54	265	直快	北京南—徐州	7:34	7:39

（一九九〇年四月一日）

泰山管理机构沿革表

（1949 ~ 1988）

起止时间	机构名称	驻地	归属	备注
1949.08 ~ 1950.07	泰山古代文物管理委员会	岱庙	鲁中南行署	新成立
1950.07 ~ 1951.10	泰安专区古代文物管理委员会	岱庙	泰安行署	由前改组
1951.10 ~ 1954.03	山东省古代文物管理委员会泰安分会	岱庙	业务归省古物管委会，行政归泰安行署，1952年又归泰安县	由前改组
1954.03 ~ 1956.08	泰安古物保管所	岱庙	泰安专区行署	由前改组
1956.08 ~ 1958.10	山东省泰山管理处	岱庙	省文化厅	由前改组
1958.10 ~ 1961.10	泰安专署泰山管理局	岱庙	泰安专署	由前改组
1961.10 ~ 1962.05	济南市泰山管理处	岱庙	济南市	撤行署归济南
1962.05 ~ 1968.07	泰安专署泰山管理处	岱庙	泰安专署	恢复泰安专署
1968.07 ~ 1970.02	被撤销，由毛泽东思想大型展览接管			
1970.02 ~ 1976.04	泰安地区泰山管理委员会	岱庙	泰安地区革委会	重建
1976.04 ~ 1978.04	泰安地区革委会泰山管理局	岱庙	泰安地区革委会	由上改
1978.04 ~ 1980.11	泰安地区行政公署泰山管理局 泰安地区行政公署文物管理局	岱庙	泰安地区行政公署	文物管理局于1978．12新组建，合署办公
1980.11 ~ 1982.03	山东省泰山风景区管理局 泰安地区行署文物管理局	岱庙	泰安地区行政公署	合署办公
1982.03 ~ 1984.06	泰安市园林局 泰安市文物管理局	岱庙	泰安市人民政府（县级市）	合署办公
1984.06 ~ 1985.08	泰安市泰山文物风景管理局	岱庙	泰安市人民政府（县级市）	合二为一
1985.08至今	泰山风景名胜区管理委员会	岱庙1987．12迁到红门路	泰安市人民政府（撤地区改市，省辖地级市）	与泰安市文物局、泰山林场合并

注：本表参照泰山管委会有关档案材料汇制。

后　记

《泰山古今》一书是作者阅览个人所收集的古今有关泰山的书籍，吸收了十几年来泰山研究的众多成果，特别是亲自参加了1987年泰山风景名胜区总体规划评议会和北京大学泰山风景名胜资源综合考察评价及其保护利用的研究成果评议会，聆听了许多专家、学者对泰山雄伟壮丽的自然风貌和丰富多彩的人文内涵的阐述评价，积自己在泰山管理部门多年工作之所得而成。虽然《泰山古今》不可能深刻全面地反映泰山全貌和所赋存的精神，但在一定程度上反映了作者近十年来所悟出的泰山与中国人类社会之间的相辅相成的关系：大自然造就了泰山，人类社会历史的演进又改造和丰富了泰山，使其成为中国社会发展中的有机组成部分。同时，泰山也影响着人们对自然和社会的改造。

由于作者学识短浅，加上本书涉猎学科较多、范围较广，也就难免出现叙述不当、甚至有错误的地方。在此，谨候专家、学者和广大读者的指正。

本书承中央美术学院钱绍武教授题写书名，北京大学杨辛教授欣然为之作序，十分感激。撰写过程中曾多次得到泰山风景名胜区管理委员会领导的关怀和支持。东方出版社综合编辑室的同志为本书出版做了大量的工作。宋其中、张仁东、丛树敏、王长民、王杰同志热情提供了照片。在此一并致谢。

米运昌

1990年10月6日于岱庙